NOS RECORDARÁN

Clara González Freyre de Andrade
CLARAMORE

NOS RECORDARÁN

UNA MIRADA LGTBIQ+ AL ARTE DE TODOS LOS TIEMPOS

temas de hoy

Para todas aquellas personas que han tenido miedo de ser.

Para las que nos han abierto camino.

Y para Sara, porque ni prohibiéndonos en cada rincón del planeta dejaría de elegirte.

CARTA DE LA

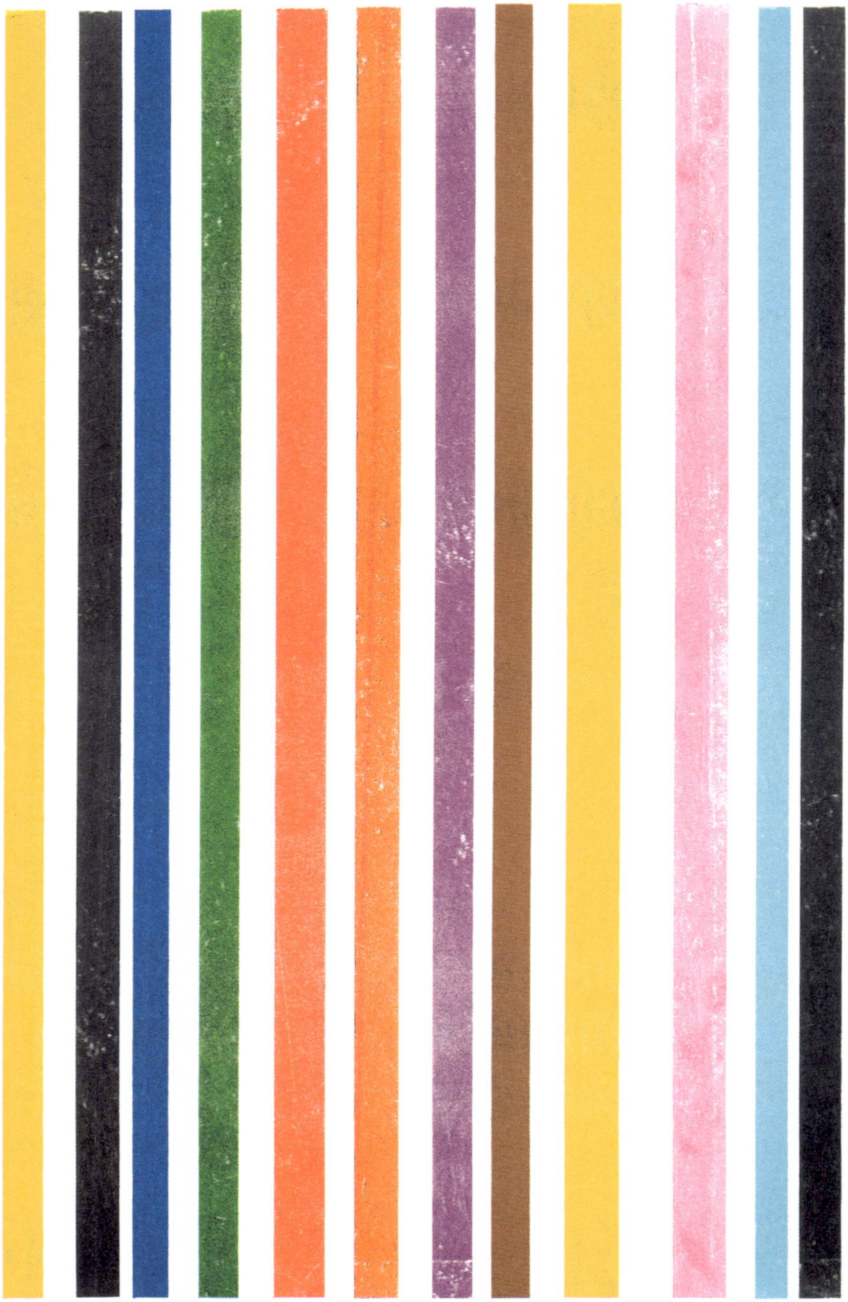

DIRECTORA

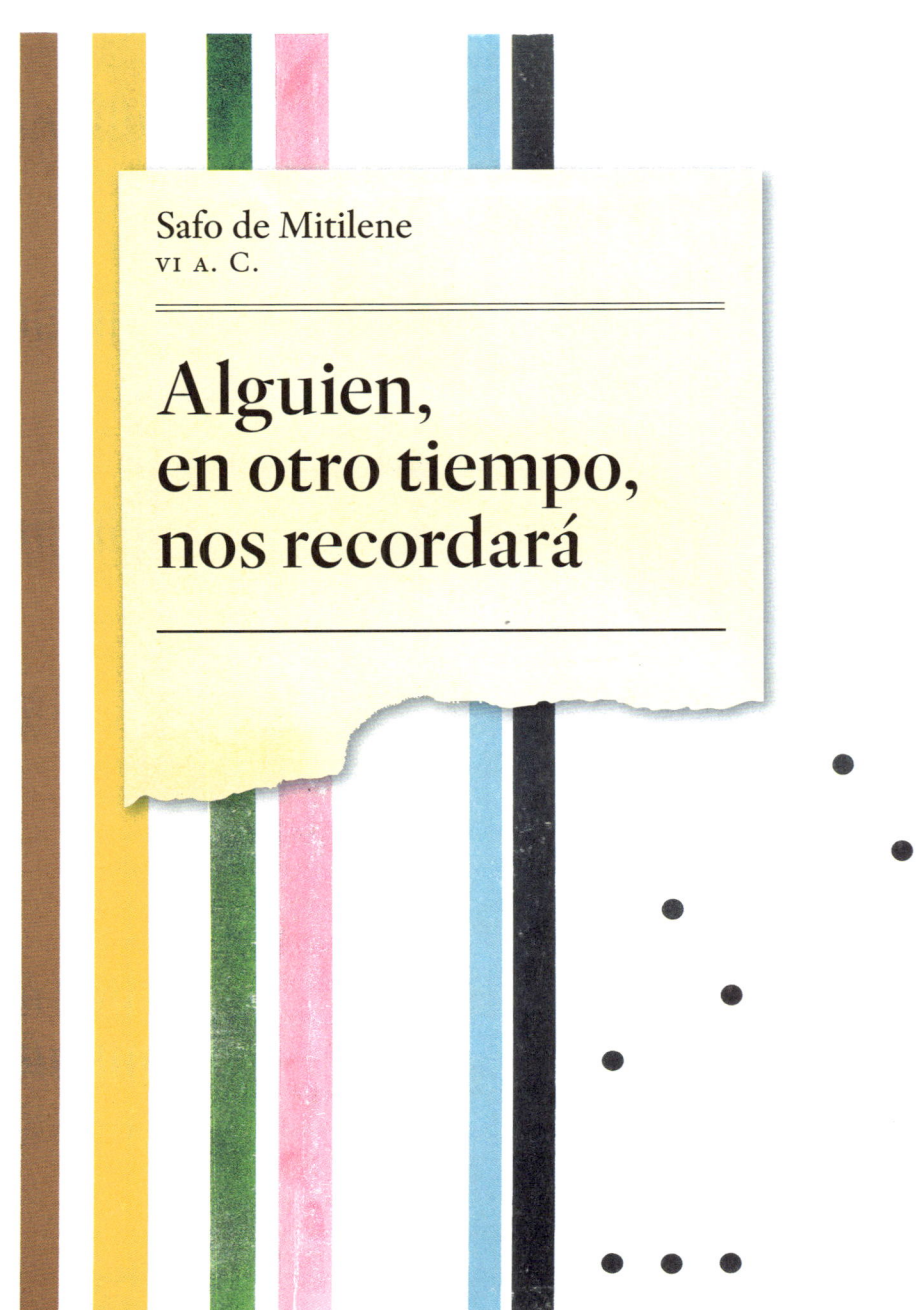

Safo de Mitilene
VI A. C.

Alguien, en otro tiempo, nos recordará

El día que empezó todo

La primera vez que recuerdo sentir un cosquilleo en el estómago producido por otra mujer, tenía doce años. Entonces no entendí lo que me estaba pasando. Tampoco fui capaz de hacerlo durante los siguientes seis años, cuando situaciones de este tipo se hicieron cada vez más comunes. Mi caso, aunque pueda parecerlo, no es excepcional; la mayor parte de las personas del colectivo —sin importar la sigla con la que más nos identifiquemos— atravesamos una etapa en la que decidimos, o más bien necesitamos, ignorar todas las señales. Realmente no creo que sea una elección, más bien es una cuestión de supervivencia. Solo cuando volvemos la vista atrás somos capaces de identificar esas pistas, rastrearlas y entender que siempre estuvieron ahí. En mi caso, la falta de referentes tuvo un papel determinante: no tener con quien verme reflejada me hizo difícil nombrar lo que sentía y, por tanto, naturalizarlo.

Más adelante, cuando por fin fui consciente de que mi sexualidad no encajaba en la norma, atravesé un profundo estado de negación. En la intimidad de estas páginas, os confieso que la primera vez que besé a una chica, recorrí el camino de vuelta a casa llorando. Aún hoy no sé si lo que sentía era culpa, miedo o pura confusión. No sé si podría calificarse (casi) como una especie de remordimiento. Lo único que sé es que la situación se repitió otras tres veces sin que yo fuera capaz de frenarla. Me pasaba horas armándome de valor ante el espejo, repitiéndome que no era lo que quería, pero llegado el momento, una comodidad que hasta entonces me había sido desconocida, me hacía incapaz de apartarme. Y es comprensible: aquella fue la primera vez que alguien me miró con ternura y yo fui capaz de corresponderle.

Hoy me duele reconocer que toda aquella angustia era una consecuencia directa de un pensamiento recurrente: no quería tener una vida difícil. Como tantas otras personas disidentes, mi adolescencia estuvo marcada por el *bullying* y, en consecuencia, por un profundo miedo al rechazo. En esta situación, toda la angustia sólo iba *in crescendo* ante la idea de que, esta vez, las que podían darme la espalda eran las personas a las que más quería en el mundo.

Pero llegó un momento en el que la necesidad fue más fuerte que el miedo. Fue entonces cuando tuve que abrazarlo. En realidad, no tardé demasiado; una no puede —o más bien, no debe— vivir toda la vida negándose a sí misma. Soy muy consciente de que escribo esto desde el privilegio. Primero, el de haber nacido en Occidente, en un país que es cabeza en derechos sociales, en el que sigue habiendo muchísimo por hacer (por desgracia, vistos los últimos acontecimientos, cada vez más), pero en el que, al menos, tenemos derecho a existir. Segundo, el de no haber experimentado ningún tipo de rechazo por parte de mis seres queridos, algo que no debería aplaudirse pero que, visto que no todo el mundo puede decir lo mismo, decido hacerlo. Pero ni desde esta posición privilegiada puedo afirmar que mi camino hasta la aceptación ha sido fácil.

Aunque mi generación ya pudo experimentar en cierta medida lo que significa ser y amar en libertad, siento que en la última década se ha marcado una enorme diferencia. Para empezar, se han multiplicado los espacios seguros, lugares donde aquellos que sienten o se identifican desde la diferencia, pueden encontrar el abrazo de un igual. Pero, sobre todo, hemos ganado referentes: cada vez conocemos más casos de personas públicas con sexualidades, identidades de género y/o modelos relacionales diversos.

Pero la misma visibilidad que nos está salvando la vida, ha producido un efecto rebote. Y no, no me refiero a los crecientes casos de violencia y agresiones —que siempre estuvieron ahí, simplemente ahora se denuncian y visibilizan más— ni a las múltiples formas de discriminación que sufrimos por el mero hecho de existir. Me refiero a algo mucho más cotidiano, mundano incluso, pero no por ello menos dañino: el cuestionamiento constante.

A veces este se manifiesta de formas sutiles, incluso de la mano de aquellos que dicen estar de nuestro lado. Lo hace a través de la duda constante de la autenticidad de nuestras vivencias, de la sospecha de que eso que «nos pasa» es solo una fase o de la idea de que todo lo que sentimos responde a una necesidad de llamar la atención. A veces parece que cada gesto o cada deseo deben estar justificados. Es como si nuestra propia existencia necesitara una explicación racional para poder ser aceptada.

En otros casos, el rechazo es mucho más explícito. Ahora mismo se nos califica como un *lobby*, como una agenda ideológica e incluso como una moda o un capricho generacional. Nuestras historias se tachan de «inclusión forzada», como si reclamar un lugar donde vernos reflejadas en espacios donde se nos ha negado un hueco, no tuviera nada que ver con la justicia. De forma recurrente se nos pregunta si «todo esto es necesario», cuando la respuesta, en realidad, es más que obvia: la visibilidad es imprescindible porque, aquello de lo que no se habla, simplemente, no existe.

Justo bajo esta misma premisa, surge la idea de este libro. Nace desde la urgencia de ocupar un espacio que nos fue negado, pero, a la vez, la de demostrar que nuestra existencia no es un invento moderno y que, salvando determinadas diferencias, puede rastrearse prácticamente desde el origen de los tiempos. ¿Y qué mejor forma de hacerlo que a través del arte? Al final este siempre ha sido un reflejo de su tiempo y por ello ha recogido los vestigios de personalidades cuyas prácticas, deseos o

identidades hoy podrían entenderse como *queer* o LGTBIQ+. Por mucho que hayan dejado sus sentimientos apenas esbozados o que hayan usado un lenguaje codificado, están ahí.

Este libro nace para quienes alguna vez sintieron que estaban solxs, que no encontraron referentes, para que descubran lugares desde donde sentirse acompañadas y legítimas. También quiere ser un abrazo a todas aquellas personas que nos acompañan, que se interesan por entender nuestra existencia y que aman el arte casi tanto como lo hacen con la diversidad. Sin embargo, este libro persigue, ante todo, que recuerdes lo siguiente: que siempre fuimos y seremos y que nunca más vamos a volver a escondernos.

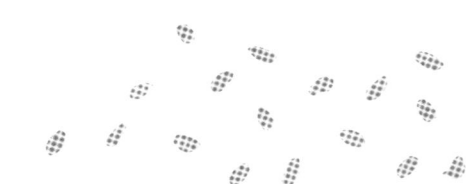

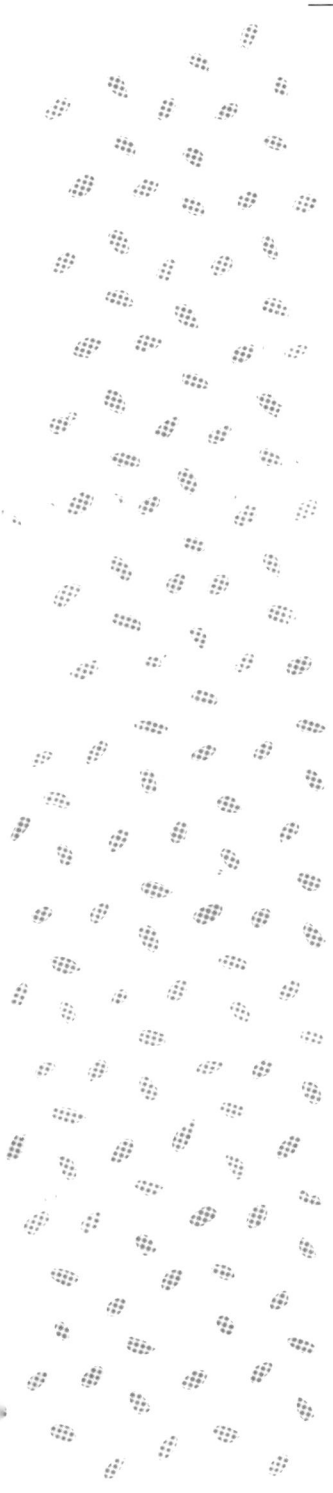

Lo que necesitas saber antes de empezar a leer este libro

Antes de sumergirnos de lleno en nuestra propia historia, es imprescindible que aclaremos un par de puntos generales que van a facilitar la comprensión de esta lectura, así como el contexto e intenciones que persigue.

Como te decía, este libro pretende recopilar y traer al presente ejemplos de vidas, prácticas e historias, siempre con el arte como hilo conductor, cuyos deseos, gustos e identidades hoy podrían entenderse como parte del colectivo LGTBIQ+. Si bien, es importante remarcar que soy plenamente consciente de que aplicar categóricamente términos como homosexual, bisexual, trans o no binario a vestigios de épocas anteriores al siglo XIX (y ni eso), es caer en anacronismos, dado que las identidades y etiquetas que hoy utilizamos no estaban ni cerca de existir tal y como las entendemos. Esto, sin embargo, no quita que existieran ejemplos enmarcados dentro de la diversidad sexual y de género anteriores a esta fecha, solo nos indica que estas se manifestaban bajo nombres, códigos y roles sociales completamente distintos, hasta el punto de que algunos hoy nos son muy difíciles de entender.

Pese a esto, debo decir que no veo del todo problemático ofrecer una relectura del pasado en clave LGTBIQ+ si de esta manera conseguimos entender mejor nuestro presente. El arte debe ser (y de hecho es) un ente vivo que, más allá de ofrecer una lectura del tiempo, lugar e incluso artista que lo vio nacer, también da pie a infinidad de acercamientos. Hace un par de años, el Museo Nacional del Prado editaba y publicaba un breve pero bellísimo itinerario que invitaba a descubrir su colección desde el amor entre personas del mismo género y la no normatividad, recogiendo en sus páginas la historia de aquellas identidades y deseos que han pasado desapercibidos. En su introducción, la catedrática Estrella de Diego, un referente para todas aquellas que trabajamos por hacer la historia del arte más amable e inclusiva, calificaba nuestra disciplina como una «maestra en ocultaciones» y acto y seguido llegaba a la que para mí es la pregunta clave, la que debemos hacernos al enfrentarnos a este tipo de manifestaciones: «¿qué enseña el pasado al presente y qué desvela el presente del pasado?».

Por lo tanto, aquí encontrarás un acercamiento a esas identidades que la historia mantuvo a los márgenes, por considerarlas desviadas o pecaminosas. Por alejarse de la moral o de la norma. Han recibido infinidad de nombres: hermafroditas, tribadas, sodomitas, desviados, travestis, maleantes, maricones, bolleras, viciosas... Pero la clave es que siempre estuvieron ahí. No pretende, sin embargo, traer al presente todos los ejemplos existentes, pues esta sería una tarea titánica (aunque por verle una parte positiva, este libro se convertiría en una increíble arma arrojadiza contra discursos de odio). Simplemente pretendo ofrecer un breve pero intenso paseo por la historia de la desviación —haciendo un guiñito a Mikel Herrán— con un doble propósito: el

de ofrecer referentes históricos a aquellas personas que lo necesiten y el de convertirse en un acto de resistencia. Porque en un mundo que sigue insistiendo en cuestionar nuestra existencia, cada historia contada, cada obra descubierta y cada espacio ocupado son una afirmación de vida.

Sin embargo, aunque todo esto suena muy bonito, siempre he sido consciente de las limitaciones a las que me enfrento. Hablamos de una amplitud temporal y espacial que hacen este trabajo prácticamente inabarcable, más si quiere llevarse a cabo aplicando en la medida de lo posible la perspectiva de género y decolonial. Eso por no hablar de la dificultad de cara a rastrear la disidencia cuando los rastros de esta, en la mayor parte de los casos, han sido sistemáticamente destruidos o silenciados. O directamente no han existido, dado que la sociedad no ha dado pie a que las personas que los sintieran dejaran rastro de ello. La autocensura es una de nuestras mayores enemigas.

Aun así, he intentado que cada ejemplo de disidencia tenga su lugar en estas páginas. Reconozco que algunos tienen más espacio que otros. Esta desigualdad está relacionada con dificultades de carácter documental. En el caso de las sáficas, por poner un ejemplo, la problemática de cara a rastrear sus afectos es doble. Si como norma no se han tenido en cuenta los deseos de las mujeres hasta el punto de ni plantearse que pudieran tenerlos, ¿cómo iba a hacerse en el caso en el que estos se dirigen a otras señoras? Muchas vivieron décadas junto a otras, se dedicaron poemas de amor y compartieron hasta la cama, pero ante la ausencia de referencias explícitas a encuentros íntimos, se ha negado que su unión fuera más allá de la amistad. Como si la asexualidad no existiera o como si no fuera posible que, sencillamente, no dejaran constancia de sus relaciones sexuales en un momento en los que estas ni se planteaban posibles.

Pese a todo, en el caso concreto de las mujeres sáficas, he puesto todos mis esfuerzos en que no queden como un destacado al final, como siento que —tal vez sin maldad— ocurre en muchas otras lecturas. He luchado porque ocupen su lugar, el que siempre debieron tener. La fotografía histórica de la portada, por lo tanto, es simbólica y busca reflejar lo que encontrarás en el interior. Su protagonista es ni más ni menos que la magnética Natalie Clifford Barney, escritora que en las primeras décadas del siglo XX convirtió su villa parisina en espacio seguro para otras que, como ella, amaron a otras mujeres. Ella misma era una versión moderna de Safo, como si esta se hubiera reencarnado.

En otro orden de cosas, uno de los puntos del libro que merece detenernos un instante es el de su estructura. Soy consciente de que es un tanto peculiar y que, si acostumbras a leer ensayos históricos, lo común es encontrar un orden cronológico del que pronto vas a notar que he huido. Hay un motivo de peso, lo prometo. De hecho, en cuanto empieces la lectura vas a identificar la clave: todas las secciones de este libro se desarrollan en torno a un color. La elección de los mismos no es arbitraria, en un vistazo podrás comprobar que estos se corresponden con las franjas de la bandera del orgullo más actual, nacida tras múltiples intervenciones. Esta decisión tiene un sentido más profundo de lo que a priori puede parecer, pero para que puedas entenderlo, necesito remontarme a sus orígenes.

La primera versión de la bandera del orgullo fue creada en 1978, por Gilbert Baker, un activista y *drag queen* asentado en San Francisco. Esta era, sin embargo, ligeramente distinta a la que seguramente tienes en mente: a los 6 colores que tradicionalmente lleva la bandera más extendida, le acompañaban el rosa y el azul cian, que más tarde se descartaron por motivos de legibilidad y por dificultades de producción. Por cierto, este último tono de azul, presente en el arcoíris, sí sigue apareciendo en la bandera de Cuzco que, por si no lo sabes, también es una bandera multicolor. ¿Por qué te cuento esto? Porque tengo una amiga que se compró una pulsera para mostrar su lesbianismo con orgullo y que, sin saberlo, en realidad estaba demostrando un hasta entonces desconocido amor por esta ciudad peruana. Te voy a contar un secreto, la amiga soy yo.

Aun así, volviendo a esta bandera en sí misma, el motivo por el que elegí estructurar la lectura en torno a las franjas de color es un detalle que hasta ahora he pasado por alto: la bandera tenía un muy buen *branding,* dado que sus creadores tampoco eligieron sus colores al azar, sino que les asociaron un significado profundo. El simbolismo de cada uno de ellos lo descubrirás durante la lectura (aunque te hago un pequeño *spoiler* en la imagen que tienes aquí abajo). Sin embargo, sí me gustaría compartirte las ideas que encerraban los dos colores descartados: el rosa y el cian estaban asociados a la sexualidad y al arte/magia respectivamente. En un primer momento, ambos iban a tener presencia en este libro, pero finalmente dimos un giro a su estructura por una cuestión de lógica... ¿No sería mejor acercarnos a nuestro arte precisamente a través de la bandera más completa hasta la fecha? Al final, esta debería (por fin) representarnos a todas.

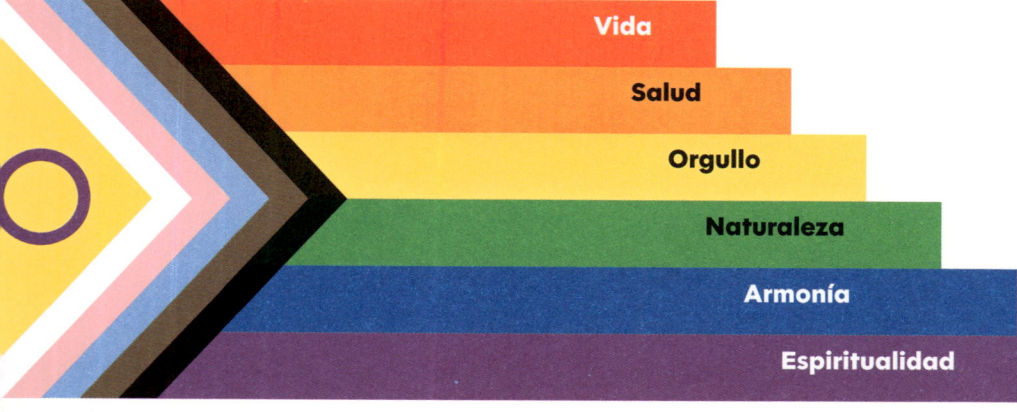

Más allá de la estructura, el diseño y la maquetación —para la que he estado tremendamente bien acompañada— también se ponen al servicio de una causa muy concreta. Ante el silencio y la invisibilidad a la que históricamente se han sometido nuestras vivencias, este libro persigue poner nuestras historias en el centro. Por eso mismo, el formato escogido no podía ser otro que el de las páginas de un periódico, lugar en el que durante mucho tiempo se ha negado o tergiversado nuestra existencia. Así, recoge el testigo de mi primer libro, *Un Van Gogh en el salón*, que, a través de las páginas de una revista adolescente, perseguía desacralizar el arte y hacerlo accesible para todos los públicos.

Cada uno de los capítulos, encabezado por su correspondiente color, se abre con un titular periodístico extraído de publicaciones reales (o en su defecto, de una cita histórica), cuya referencia podrás encontrar junto al mismo. Para evitar confusiones y con el fin de que la maquetación también te lleve a las páginas de un periódico, abriré el capítulo con una especie de entradilla en la que explicaremos la forma en la que interpretar cada una de las palabras y los temas que recorreremos a lo largo de sus distintos apartados.

Y, por último, antes de dejar por fin que te sumerjas en los cientos de historias que aquí se recogen, sí me gustaría incluir una pequeña nota aclaratoria que, por lo integrada que está en mi día a día, olvidé explicitar en mi primer libro. Tiene que ver con mi uso del femenino genérico. Notarás en estas páginas que, con carácter general, evito hacer referencia al género de la persona que sostiene este libro, pero, en caso de ser inevitable, suelo optar por el plural femenino. Esta es una decisión que tomo a título personal, al ser el lenguaje que acostumbro a usar en mi trabajo como divulgadora, y que, claro está, tiene en cierta medida intenciones reivindicativas. Pero en ningún caso mi intención ha sido dirigirme a un público exclusivamente femenino, sino que este funcione en código de universalidad. Al fin y al cabo, mi principal motivación es ofrecer un refugio en el que cualquier persona sin excepción se sienta bienvenida. Espero haberlo conseguido.

Porque como dijo Safo de Lesbos en un fragmento que se le atribuye, el mismo que da nombre a esta introducción y en el que se inspira el título de este libro: «alguien, en otro tiempo, nos recordará». Procuremos pues, que ese futuro remoto, sea ahora.

Intersexualidad

Racial

Disidencia de género

VIH/Sida

VIDA

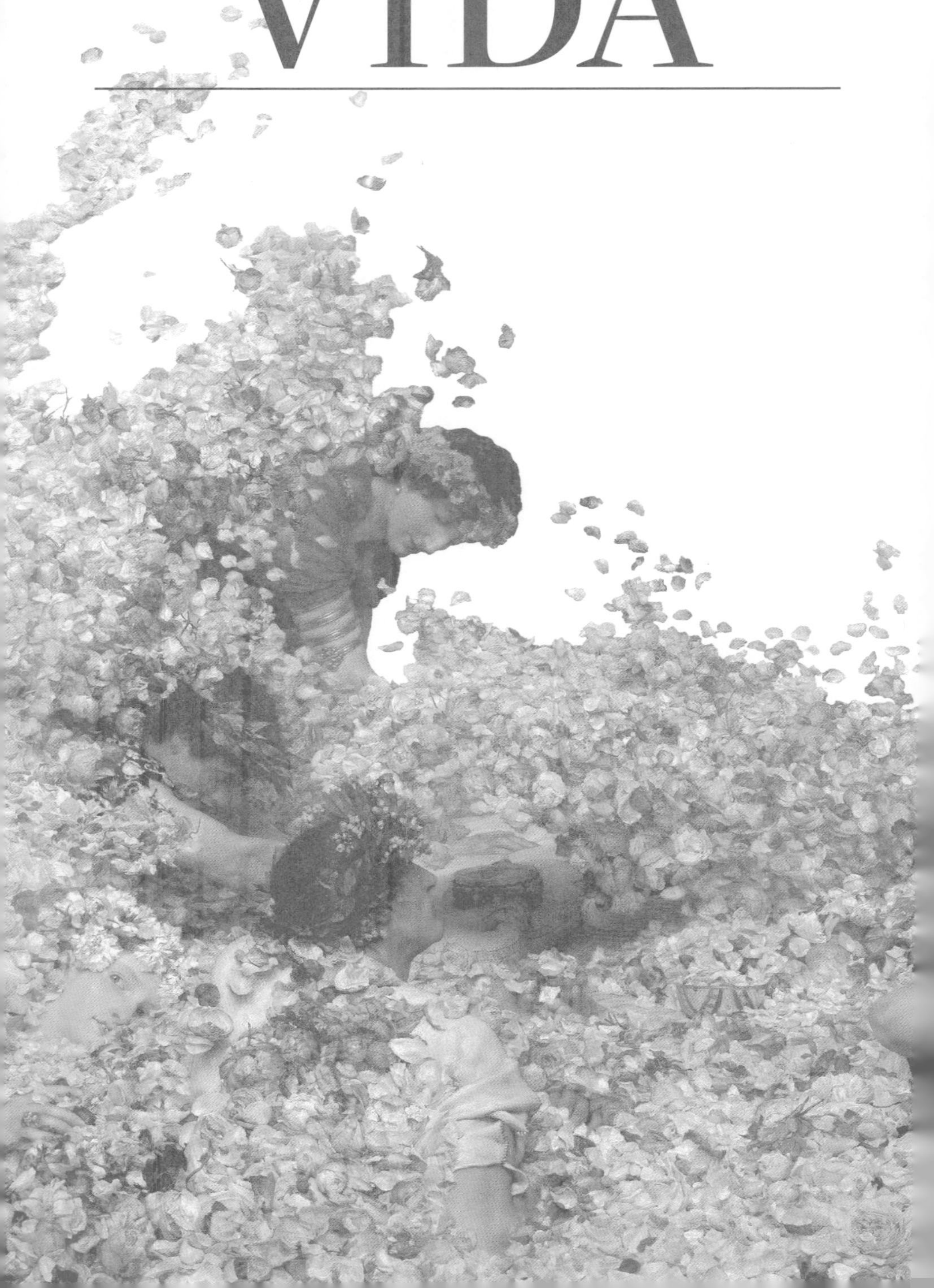

Alfred Douglas
TWO LOVES, 1892

El amor que no se atreve a decir su nombre

¿Alguna vez han negado tu identidad? ¿Te han acusado de ser como eres para sumarte a una supuesta moda? Sobra decir que nada de esto es cierto, pero voy más allá: las identidades y los deseos que reivindicamos bajo etiquetas modernas hunden sus raíces en tiempos remotos. Si hoy no son tan conocidos no es porque no existieran, sino porque la historiografía ha pasado de puntillas por ellos o, directamente, los ha expulsado del relato oficial. Rastrear la disidencia en la historia no es una tarea sencilla, pero sí posible. En el capítulo rojo —el color de la vida— no pretendo etiquetar el pasado con categorías contemporáneas, sino encontrar ejemplos de existencia que, a través de sus afectos y/o deseos, demuestran que no somos tan modernas como a veces creemos. Y, obviamente, vamos a explorar cómo todo ello se manifestó en el arte.

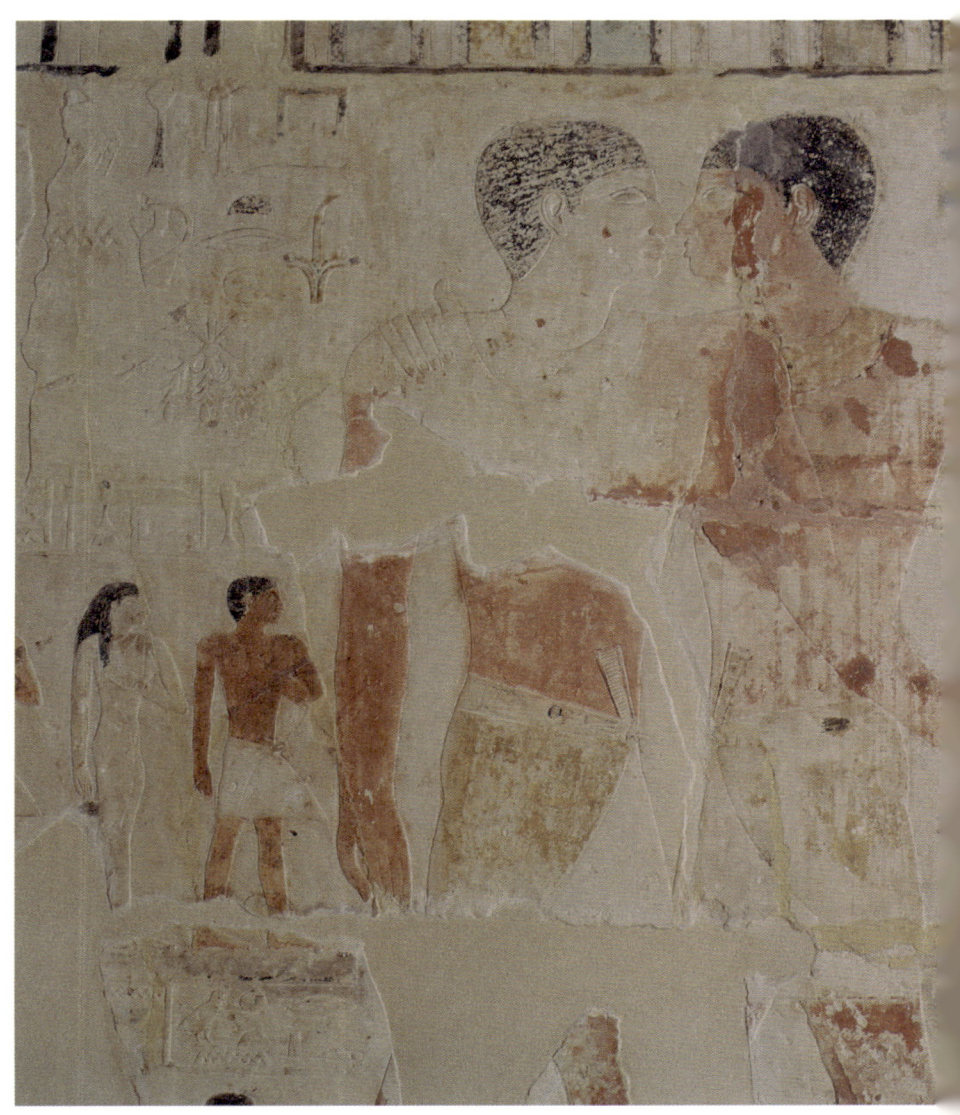

Te elegiría en todas mis vidas

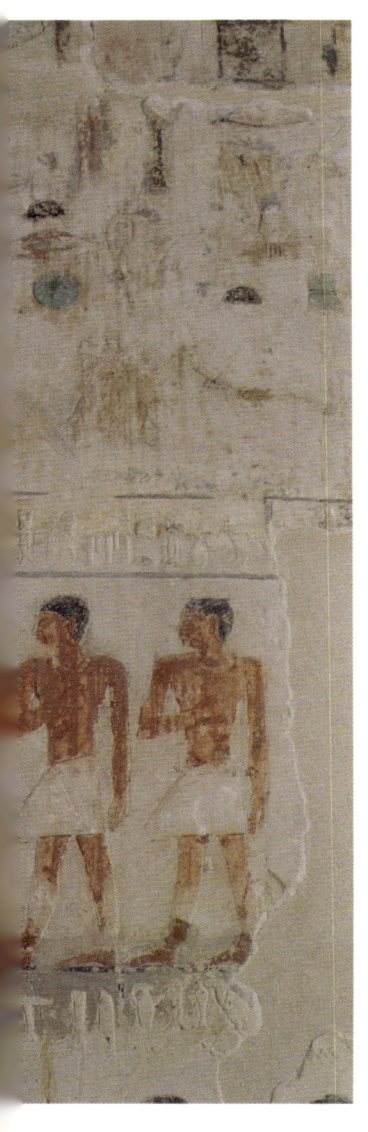

¿**A**lguna vez te has preguntado cuál fue la primera representación artística que inmortalizó un beso gay? Lo sé, esto es empezar fuerte y lo es sobre todo porque sienta un precedente: plantea una cuestión que, como muchas de las que encontrarás en esta lectura, no admite una respuesta fija. Jamás podremos saberlo con certeza. Triste, pero cierto. Es mejor que te vayas acostumbrando, porque verás que es algo que suele ocurrir cuando nos enfrentamos al estudio de otras épocas. Afirmar categóricamente lo contrario supondría incurrir en el temido anacronismo, pero eso no quita que podamos proponer lecturas fundamentadas a partir de los datos de los que disponemos.

Aun sabiendo esto, durante mucho tiempo se consideró que la primera representación del afecto entre dos hombres formaba parte de un mural en una tumba del Antiguo Egipto, una imagen creada hace más de cuatro mil años. Estarás de acuerdo conmigo en que no es que este lugar sea el más romántico del mundo, pero la escena es de una ternura como ninguna encontrada hasta la fecha. En el *mural de la mastaba de Niankhkhnum y Khnumhotep* vemos a dos hombres que, mirándose frente a frene, se abrazan de manera afectuosa. Aunque no aparece un beso representado en el sentido moderno del término (vamos, que los labios de ambos no se juntan), algunos investigadores han señalado una posible alusión a este gesto en la forma que tienen de rozar sus narices. Un contacto íntimo y de absoluta afinidad entre ambos.

Este enterramiento, situado en Saqqara, la misma necrópolis donde se alza la pirámide escalonada de Zoser, fue descubierto en 1964. Desde el primer momento dejó a los investigadores sin palabras: por primera vez se habían topado con una mastaba que servía como lugar de descanso eterno para dos hombres y que, además, habían decidido representarse a sí mismos en escenas de intimidad impensables hasta entonces, no una, sino varias veces a lo largo del conjunto.[1]

Las inscripciones nos permiten saber datos interesantes sobre estos dos hombres. Primero, que ambos fueron funcionarios durante la v Dinastía, más concretamente durante el reinado del faraón Nyuserra (la mayoría de las fuentes lo sitúan entre el 2445 y el 2421 a.C.). Pero lo más llamativo es que ambos ostentaban los mismos títulos: confidente real, sacerdote del Templo Solar y supervisor de la Manicura Real. Esto descartó de un plumazo —haciendo doble uso de esta maravillosa palabra— la primera hipótesis que se planteó para explicar aquel enterramiento doble masculino: que uno fuera el esclavo del otro y hubiera sido enterrado junto a él para servirle en la otra vida. Al pertenecer ambos a la misma categoría, esta opción se volvía imposible. Pero, entonces, ¿estaban los arqueólogos ante una de las primeras parejas homosexuales de la historia? De confirmarse, esto alteraría mucho la noción que se tenía del Antiguo Egipto.

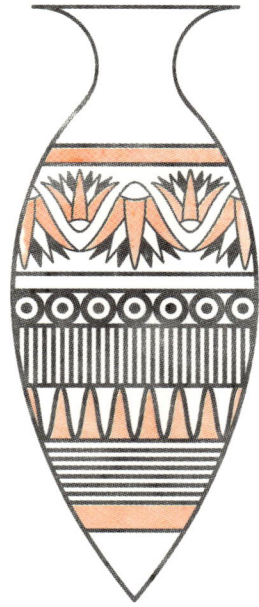

Como comentaba en la introducción (que espero que no te hayas saltado), afirmar categóricamente que estamos ante dos «desviados» sería caer en un error insalvable. Por desgracia, las cosas no son ni tan sencillas ni tan evidentes como a veces parecen en esta preciosa disciplina que es la historia. Para que nos entendamos, afirmar que los dos hombres que rozan sus narices con ternura en este relieve egipcio son indudablemente gais tiene exactamente la misma validez que viajar hasta Berlín y hacerte una foto con tu novio emulando el famoso mural del beso de tornillo por considerarlo «un icono homosexual». O sea, es un sí, pero no. En ambos casos, puedes leer las obras como emblemas disidentes, es correcto e incluso es probable que otras personas compartan esta lectura. Si por el contrario quieres hacerlo desde un punto de vista históricamente riguroso, la cosa se complica bastante.

> El citado mural berlinés se conoce como *Dios mío, ayúdame a sobrevivir a este amor mortal* o *El beso fraternal*. Fue creado en los años noventa por el artista ruso Dmitri Vrúbel, y su significado original resulta más fácil de rastrear, ya que contamos con documentación al respecto. La obra toma como punto de partida el beso que el líder soviético Leonid Brézhnev y el dirigente de la Alemania Oriental, Erich Honecker, se dieron décadas antes y que la cámara del fotógrafo Régis Bossu inmortalizó en una imagen icónica. Así, este beso no sería un emblema gay como tal, sino que se trataría de un símbolo de hermanamiento político.

Puedes imaginar que, con lo rupturista que resultó el descubrimiento de la tumba de Niankhkhnum y Khnumhotep, las hipótesis en torno a su relación han sido de lo más variopintas. La mayoría se inclina por la posibilidad de que fueran hermanos gemelos, o incluso siameses; otros apuestan por la baza de que eran simplemente buenos amigos (todas las personas del colectivo lo somos de nuestros novios/as). El caso es que uno de los argumentos más utilizados para descartar por completo una posible homosexualidad primigenia —siempre sin entenderla en un sentido moderno— es que en la misma mastaba aparecen representados junto a sus esposas e hijos. Resulta irónico porque, al menos a mí, este hecho me genera todavía más preguntas: si así fuera, ¿por qué entonces se eligieron el uno al otro como compañeros de viaje hacia su otra vida?

A lo que quiero llegar es a que todas estas teorías son tan válidas como aquellas que plantean que el vínculo entre ambos pudo trascender lo estrictamente amistoso, siempre teniendo en cuenta, claro está, las limitaciones de su época. No es una hipótesis que venga de la nada: existen fundamentos para así creerlo. Por ejemplo, el investigador independiente Greg Reeder toma como referencia, para sustentar la tesis del deseo entre iguales, las representaciones presentes en tumbas conyugales del Imperio Antiguo. Y si bien la expresión del afecto a través de un abrazo o del gesto de darse la mano que observamos en los relieves de Niankhkhnum y Khnumhotep es única para dos señores de la misma categoría social que comparten un enterramiento privado, sí aparece con frecuencia en tumbas compartidas por un marido y su mujer.[2]

Lo mismo ocurre con la escultura de Idet y Ruiu, una pieza de la Dinastía XVIII que muestra a dos mujeres sentadas y abrazadas. Aunque no se establece la relación entre ambas de forma «explícita» —ya sabes, con alguna inscripción de por medio—, la escena responde al mismo modelo visual con el que se solía representar a los matrimonios heterosexuales.

Los griegos y romanos no eran tan hetero como te contaron

La primera —y de momento única— vez que fui al British Museum, tuve sentimientos encontrados. Hay varios motivos por los que me siento incapaz de situarlo entre mis favoritos (ver a una señora toqueteando esculturas de hace milenios sin consecuencias, desde luego no ayudó). Pero, por una vez, voy a tratar de centrarme en lo positivo: reconozco que siempre me pone contenta poder ver en vivo y en directo piezas con las que llevo años obsesionada, que he estudiado en la carrera o que me he cruzado en algún que otro libro. Soy muy prodigital, sí, pero también soy muy consciente de que nada sustituye la experiencia de ir a una exposición y ver una obra físicamente, sobre todo por primera vez (aún más si está en tu lista de «cosas que ver antes de morir»). Y otra cosa no, pero el British tiene en su poder un buen puñado de este tipo de piezas: desde la *Piedra Rosetta*, que fue clave para descifrar los jeroglíficos egipcios, hasta los mármoles que decoraban el Partenón, tal vez la construcción más emblemática de la Acrópolis de Atenas. Sobre cómo han llegado hasta allí y la legitimidad de su pertenencia a los fondos del museo, hablamos mejor en otra ocasión. No quiero empezar este apartado enfadada.

El caso es que aquel día también me topé con un objeto que no conocía y que, para mi sorpresa, acabó llevándose toda mi atención. No imagines nada espectacular, al menos no a primera vista: no era más que una copa de plata, de dimensiones más bien discretas, cuyas asas no habían podido hacer frente al paso del tiempo. Te preguntarás qué tenía entonces de especial. Pues muy sencillo: toda su superficie estaba decorada por bellísimos relieves que, en lugar de cualquier otra escena doméstica o decorativa, representaban dos encuentros sexuales entre hombres. Así, como lo lees, sin posibles equívocos ni ambigüedades. Aquel día descubrí la existencia de la **_Copa Warren_**.▼ ¿Cómo no iba a quedarme impactada cuando tenía ante mis ojos un objeto fechado entre el 15 a.C. y el 15 d.C., explícitamente homoerótico?

A ver, entiendo que igual a ti este hallazgo no te resulta sorprendente, pero ponte en mi lugar. Yo solo era una chica que acababa de salir del armario hacía apenas un par de años. Fue todo un descubrimiento, aunque más lo habría sido si esta escena hubiera sido protagonizada por dos mujeres, no me oculto. Aquel día aprendí dos cosas que se me han quedado grabadas a fuego: que si quería conocer toda la historia no era suficiente con quedarme con lo que daba en clase (era yo un poco ilusa por pensarlo) y que el deseo entre iguales ha existido desde el origen de los tiempos. Por distintos motivos, pero es así. La imagen que nos han vendido de la homosexuali-

▼ El nombre de esta pieza viene del apellido del coleccionista que la tuvo en su poder: Edward Perry Warren, un famoso coleccionista que sintió especial afecto por ella. Tal vez porque vio reflejada en la obra su propia homosexualidad.

dad como una idea moderna —por mucho que su concepto lo sea— resulta más bien errónea.

Empecemos a comprobarlo por la que se considera la cuna de la civilización occidental. En la antigua Grecia, tener revolcones con otros hombres como los que aparecen en este relieve no solo estaba a la orden del día, sino que ocupaba un lugar específico dentro del entramado social.▼ Conviene hacer aquí un apunte para evitar equívocos: el sexo entre varones era común, sí, pero dejando a un lado el chiste fácil que da nombre a este apartado, soy muy consciente (y tú también deberías serlo) de que eso no significa que quienes participaban en estas prácticas puedan ser calificados como homosexuales o bisexuales. Bueno, al menos no pensándolo en términos de identidad. Por muy chocante que nos parezca hoy, en esta sociedad entraban en juego otros factores a la hora de entender la sexualidad, mucho más determinantes que el género de sus participantes. Y aunque existían los encuentros con esclavos, para los griegos estas relaciones sexuales formaban parte de un ritual simbólico importante para los hombres: el del crecimiento, el paso de la adolescencia a la adultez.

Que dos varones se acostasen no estaba mal visto, pero, ojo, eso no quiere decir que se pudiera hacer libremente y con cualquiera. Este tipo de relaciones solo eran aceptables entre un adulto y un joven (lo que hoy entenderíamos como un adolescente), entre un *erastés* y un *erómedes*. El primero se convertía en modelo cívico para el segundo: lo instruía (*paideia*), le daba dinero y otro tipo de obsequios, lo introducía en sus redes de contacto políticas y profesionales y, dependiendo de la zona, incluso le proporcionaba cierta formación militar. Ambos pasaban mucho tiempo juntos. Vamos, lo que viene siendo un *sugar daddy* de manual.

El cortejo entre ambos es un tema ampliamente representado en la cerámica griega, especialmente en aquellas provenientes de la zona del Ática. Aunque en el Museo Arqueológico Nacional, en Madrid, contamos con varios ejemplos (eso sí, en la cara B, por lo que son menos visibles en una visita general), el Louvre conserva un caso mucho más explícito: una *coupé* (o vaso) de figuras rojas atribuida al Pintor de Briseida, en cuya escena interior vemos un beso entre ambos personajes, distinguibles por la presencia (o no) de barba y por su altura. Estamos hablando de una obra de principios del siglo V a.C.

▼ Estamos generalizando, pero en realidad no existía un sistema sexual unitario para toda Grecia, sino que se desarrollaba por zonas. Aquí nos centramos en el modelo más conocido y el que ahora mismo nos interesa, el que se daba en Atenas.

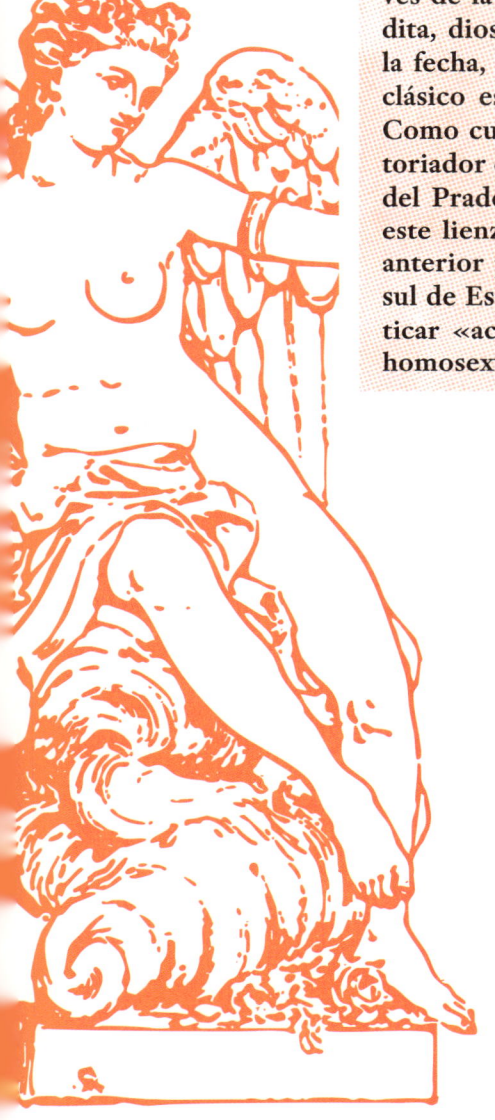

El erastés y el erómedes solían asistir juntos a cacerías, simposios y banquetes. Precisamente este último caso es el que inspira a Lawrence Alma-Tadema para pintar *La siesta* (1868), una obra en la que la relación sexual entre dos hombres aparece insinuada a través de la presencia de la estatuilla de Afrodita, diosa del amor. No te sorprendas por la fecha, la imagen romantizada del mundo clásico es bastante común en el siglo xix. Como curiosidad, tal y como cuenta el historiador del arte y conservador en el Museo del Prado Carlos G. Navarro, la llegada de este lienzo al museo fue polémica, pues su anterior propietario, Ernest Gambart, cónsul de España en Niza, fue acusado de practicar «actos inmorales» en su casa.[3] Entre homosexuales, se entendían.

Pero vamos a lo que nos interesa: hablemos de sexo sin tapujos. Por mucho que hoy nos cause repulsa, ser un señor y tirarte a un chavalín no tenía nada de malo entonces. También te digo, la edad con la que llegabas a la adultez o vivías las transformaciones propias de la pubertad era ligeramente distinta a la actual. Lo que sí era importante es que respetases tu rol. Hablando mal y pronto, lo importante es que no fueras el pasivo. El erastés, como hombre adulto y por lo tanto supuestamente viril, debía ser siempre el dominante. Vamos, el que daba. Por su parte, el erómedes, como joven aprendiz a propósito de que es la vida (y al ser supuestamente más débil), siempre debía recibir.

Pero era más complicado que esto, porque tampoco estaba bien que el muchacho joven fuera constantemente penetrado y/o fuera alardeando de ello, dado que se creía que eso podía impedir el correcto desarrollo de su hombría y hacer que acabara convertido en una mujer (¡qué horror! *nótese la ironía*). Es más, tal práctica parece ser motivo de burla en algunas comedias de autores como Aristófanes. Por lo tanto, tomando como referencia las imágenes representadas en un amplio número de vasijas y la opinión de algunos investigadores como Martin F. Kilmer, se asume que los griegos preferían otras prácticas como el sexo intercrural. Te lo resumo rápido por si al leerlo te has quedado igual: sexo en el que el adulto alcanza el orgasmo rozando su falo entre los muslos apretados del joven.[4] Claro que se daban otro tipo de conductas y que a veces se saltaban su supuesto papel (el concepto de ser versátil, lo llevaban regular), pero podían ser castigados. Se sabe que, en Atenas, si los roles se invertían, el erastés era castigado con la pérdida de sus derechos (*atimía*) y, de desobedecer esta pena, podría incluso llegar a ser ejecutado.[5]

Hay casos en los que este tipo de relación se integró incluso en la lógica militar. En Esparta, por ejemplo, se han encontrado pruebas de que se fomentaban las relaciones entre hombres por este motivo.[6] Algo parecido ocurre con el mítico Batallón Sagrado de Tebas, un ejército de élite formado por cincuenta parejas de amantes en el que el homoerotismo se empleó, precisamente, para reforzar la cohesión del ejército y hacerlo invencible.[7]

Aunque he usado la Copa Warren para introducir el tema homoerótico en la Antigüedad y, casualmente, encaja a la perfección con el modelo griego de relación entre un hombre más adulto y uno más joven, conviene señalar que se trata de una pieza romana. Este detalle es importante, porque en el imperio la forma de entender la homosexualidad era ligeramente distinta. Como ocurría en Grecia, el género de las personas participantes no era el único criterio relevante para analizar una relación sexual; sin embargo, aquí el factor no tenía tanto que ver con la edad, sino con la posición que cada individuo ocupaba en el escalafón social: si eras un ciudadano libre (*ingenui*) o si, por el contrario, eras esclavo o extranjero. El sexo funcionaba entonces como una herramienta de poder, un espacio donde el hombre libre debía ejercer dominancia, entendida como la expresión de su virilidad. De ahí que lo sancionado no fuera la relación con otros hombres, sino la adopción del rol pasivo. El ciudadano tenía libertad de usar su cuerpo como le placiera y con la pareja que quisiera, pero no de permitir que otros ejercieran ese control sobre él.[8] Además, en este contexto no existía una noción equiparable a la relación de interés mutuo entre erastés y erómedes propia del mundo griego, dado que esta no solo estaba socialmente aceptada, sino que incluso se tomaba como etapa de transición hacia la vida adulta.

Para aquellos ciudadanos libres que, aun así, preferían ocupar el papel pasivo, existieron leyes destinadas a regular estas prácticas, como la *Lex Scantinia* (149 a.C.), con la que se prohibieron conductas como la pederastia con niños libres. Sin embargo, dado que no se ha conservado el documento original de la ley, se cree que también debía incluir una criminalización contra la pasividad ejercida por los ciudadanos romanos. Pese a que existiera dicha regulación, parece ser que sobre todo se centraba en las difamaciones políticas y que rara vez se aplicaba.[9]

Por lo que parece, las relaciones sexuales entre hombres de clase alta en la antigua Roma estaban a la orden del día. Prueba de ello es que tengamos constancia de que muchos de los grandes emperadores, sin que ello entrara en contradicción con su matrimonio, acostumbraran a tener compañía masculina. No quiero entrar mucho en detalle, pero, solo como ejemplo, te diré que, de la docena de mandatarios cuyas biografías recogió Suetonio en sus *Vidas de*

los doce césares, tan solo en dos casos no dejó constancia de encuentros homosexuales.[10]

Vivir, amar y morir como un héroe

Me encantan los prerrafaelitas. Lo digo así, sin rodeos, porque mi madre me enseñó que hay que ir con la verdad por delante. Reconozco también que los motivos tras mi fascinación no siempre juegan a su favor: al final, estos artistas fueron en gran medida los responsables de consolidar la imagen estereotípica de la *femme fatale*, así que tal vez mi relación con ellos sea más bien de amor-odio.

Por si no conoces a este grupo de artistas victorianos, deberías saber que tomaron su nombre del objetivo que los unía, que no era otro que volver al arte creado antes de Rafael, es decir, a la Edad Media. Los prerrafaelitas fueron muchas cosas, pero, entre todas ellas, fueron expertos en romantizar el mundo medieval. Esto se aprecia especialmente en la obra de Edmund Blair Leighton, autor de varios cuadros preciosos sobre el imaginario de la caballería. A mí me gusta especialmente *Que Dios te bendiga* o *Buena suerte*, en el que uno de estos caballeros se despide de una joven, a la que presumiblemente ama.

Este tipo de afecto es el que los trovadores medievales recitaban en sus poemas y el que acabó englobándose bajo el término de «amor cortés»: aquel en el que un caballero suspira por una dama inalcanzable —la mayoría de las veces, por estar esta ya casada— y a la que, aun así, sirve con absoluta devoción. Es un tipo de amor furtivo y espiritual (aunque muchos llegan a lo carnal) en el que la dama se convierte en el medio para lograr la excelencia moral del caballero. Bien, pues el otro día, leyendo el libro de Ramón Martínez, *Maricones de antaño* (sí, el libro es tan brutal como lo es su título), hice un clic: aunque el amor cortés se ha convertido en el emblema amoroso heterosexual por excelencia, su concepto nace del afecto entre caballeros.[11] Y, si doy un paso más, se parece sospechosamente al amor que se desarrolla entre varios héroes del mundo clásico. Sí, amor entre hombres. Espera, no cierres este libro sin antes darme la oportunidad de que me explique.

Si nos desplazamos hasta la Antigüedad clásica, el relato épico nos acerca a vidas heroicas como la de Aquiles y Patroclo, cuya devoción mutua puede recordar fácilmente a la del amor cortés. En la *Ilíada*, Homero no hace referencias explícitas al tipo de unión entre ambos; sin embargo, la forma que tiene de describir el dolor devastador que provoca en Aquiles la muerte de su compañero —un sufrimiento que le lleva a tomarse la batalla como una venganza personal— ha sido más que suficiente para que, ya desde la Antigüedad, se especule hasta qué punto su relación era una mera amistad. El texto más directo al respecto se encontraba en *Los Mirmidones* de Esquilo que, aunque se ha perdido, su visión del amor entre los héroes sobrevive a través de algún que otro fragmento. Algunos, como el *fr*. 135, no dejan lugar a dudas, al aludir a «incontables besos» entre ambos y a los «sagrados» muslos de Patroclo.[12]

Lo que parece claro es que las figuras míticas de Aquiles y Patroclo encarnan a la perfección la relación entre erastés y erómeno, en su caso con un componente militar más que evidente. En lo que no se ponen de acuerdo las fuentes clásicas es en quién es quién. Por la cita de Esquilo, podemos deducir que Aquiles sería el hombre fornido que curte y acompaña en su crecimiento al joven Patroclo. Pero, por el contrario, en *El Banquete* de Platón —un diálogo ficticio que versa íntegramente sobre el amor— se presenta la posibilidad contraria: «Esquilo se burla de nosotros cuando dice que el amado era Patroclo. Aquiles era más hermoso, no solo que Patroclo, sino que todos los demás héroes. No tenía aún pelo de barba y era mucho más joven, como dice Homero».[13] Es cuanto menos curioso porque, más tarde, el propio filósofo condena las relaciones entre dos hombres en otro de sus diálogos, las «Leyes». Su argumento es que este tipo de vínculos anteponen el placer a la naturaleza, que tiene como último fin el reproductivo.

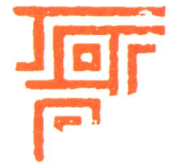

Este mismo patrón se repite con otras figuras heroicas mitológicas, aunque yo creo que es más curioso ver cómo se traslada a personajes históricos. Créeme, los hubo. Dentro de este último caso, tenemos el ejemplo de Alejandro Magno, rey macedonio recordado por sus hazañas militares y por la creación del imperio más vasto conocido hasta entonces. Aunque se casó varias veces, mantuvo una relación cercana y especialmente afectuosa con su «amigo» Hefestión, a quien al parecer conocía desde la infancia. Por ello, no son pocos los historiadores que lo incluyen como posible ejemplo de vida disidente.

Lo que sí sabemos con certeza es que un emperador romano reprodujo este mismo modelo. Y, además, fue uno originario de Itálica, en la actual Sevilla: Adriano, que gobernó durante el momento de mayor expansión del imperio. Aunque mantuvo relaciones con mujeres, las fuentes no señalan un especial interés del emperador por ellas. De hecho, su matrimonio con su prima lejana, Vibia Sabina, no fue muy feliz y no dio lugar a descendencia. En cambio, Adriano ponía ojitos a otros hombres y su favorito fue un joven efebo llamado Antínoo. Por eso mismo, no resulta tan descabellado —por muy presentista que pueda parecer— afirmar que era homosexual o, como mínimo, bisexual. No lo digo yo, lo dicen historiadores que han dedicado su carrera al estudio de este periodo. ¿Te sirve un conservador del Museo Británico especializado en la Roma antigua? Porque con estas mismas palabras lo describe Thorsten Opper:

«Adriano era gay. La naturaleza exacta de su sexualidad ha sido objeto de mucha especulación, desde detractores contemporáneos hasta cristianos enfurecidos e historiadores modernos avergonzados, y sigue ocupando a sus biógrafos hasta el día de hoy. Sin embargo, a los romanos comunes y corrientes les importaba poco, ya que, al menos al principio, las predilecciones de Adriano no parecían especiales».[14]

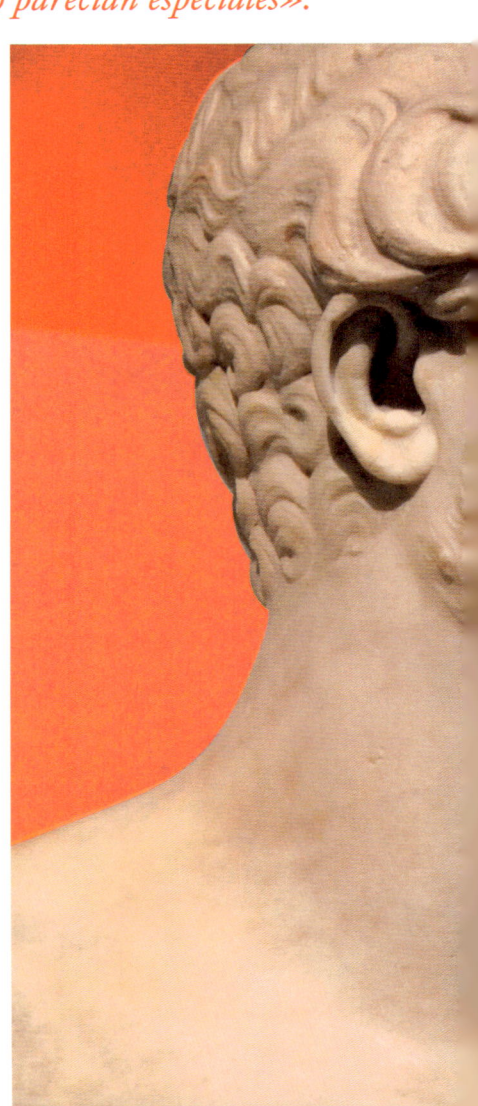

Pero antes de seguir profundizando en esta historia, te propongo ponerles cara a sus protagonistas. Aquí puedes ver dos bustos del siglo II d.C., uno de **Adriano** y otro de **Antínoo**, tal y como fueron expuestos hace ya unos años en una exposición temporal que tuvo lugar en el citado British. Como puedes comprobar, la diferencia de edad salta a la vista: la barba frondosa de Adriano contrasta con los rasgos suaves, casi adolescentes, de su amado. Los separaban cerca de tres décadas. Treinta años. Casi nada.

Lo cierto es que no se sabe demasiado ni sobre la vida de Antínoo ni sobre su relación con el emperador. Solo que el joven era originario de Bitinia, en Asia Menor, y que debió de conocer al gobernante durante uno de los viajes de este a lo largo del imperio (que, todo sea dicho, no fueron pocos). Desde entonces, se convirtió en su inseparable. Incluso le acompañaba en sus cacerías, una afición casi obsesiva para el emperador, tal como se cree que quedó inmortalizado en algunos de los relieves reutilizados en el Arco de Constantino.

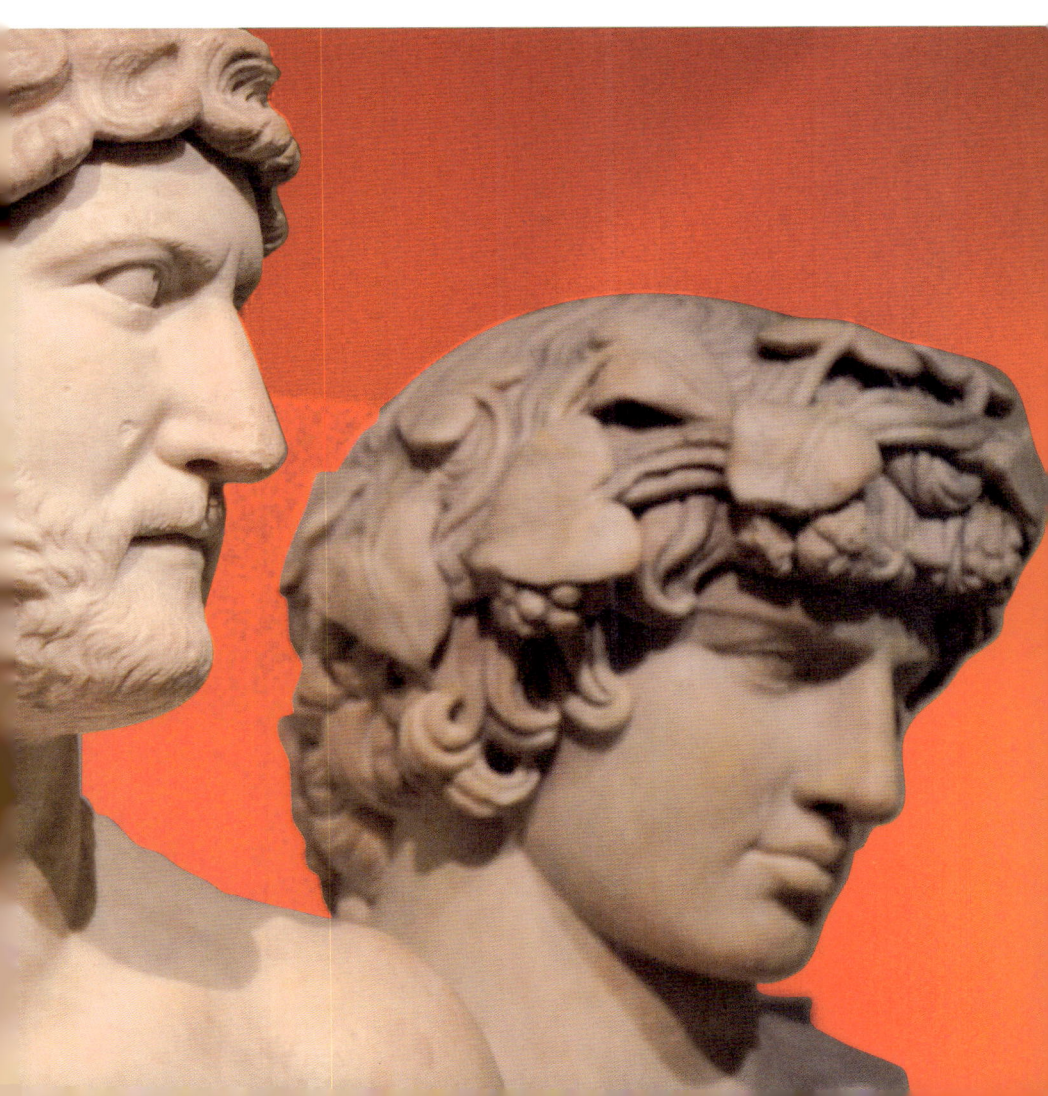

Pero vamos a lo importante. Su relación, que duró alrededor de seis o siete años, tuvo un final trágico: Antínoo murió ahogado en el río Nilo durante una de estas salidas de «vacaciones». La mayoría de historiadores coincide en que apenas tenía veinte años. Aunque su muerte se tildó de accidental, ¿realmente lo fue? Esa es la cuestión. Alejándonos un poco del prisma romanticón que a menudo se ha dado a esta historia, aparecen otros escenarios no tan agradables (pero tal vez más plausibles). Una de las teorías más citadas es la del suicidio, entendido este como la única salida de un joven desesperado por alejarse del acoso del mismísimo emperador. También existe una versión románica de esta posibilidad: que Antínoo se quitó la vida porque el oráculo le hizo creer que así Adriano viviría más tiempo (o incluso que este le incitó a hacerlo). Supongo que esta es otra de las muchas incógnitas ante las que no nos queda más remedio que resignarnos. Al menos, por ahora.

Si bien ni la infidelidad a su esposa ni el hecho de que se hubiera cometido con un chaval (y no con otra mujer) estaban mal vistos,▼ la reacción de Adriano a la muerte de Antínoo sí lo fue. La pérdida de su favorito sumió al emperador en un desconsuelo desmedido que algunos no dudaron en calificar de afeminado,[15] cosa que desde luego era insalvable para un emperador, que debía encarnar los valores de virilidad más que ningún otro. Y aquí viene la guinda, el gesto que ha hecho que la historia entre ambos se romantice tanto y lo que convirtió a Antínoo en una figura mítica, heroica e incluso en una deidad tras su muerte: la tristeza llevó a Adriano a construir una ciudad en su honor (Antinoópolis, que vendría a significar «ciudad de Antínoo») y a encargarse de que esculturas con su rostro poblaran cada rincón del imperio, para que fuera venerado como un dios. Literalmente. Para que te hagas una idea, se han conservado más esculturas del muchacho que de cualquier otro emperador que se te ocurra, con solo dos excepciones: Augusto y el propio Adriano, que se ve que era un tanto vanidoso. Tal y como señala la especialista en estudios clásicos Mary Beard, esta fue la prueba de cómo, pese a todos los roles y convenciones, «el emperador podía quedar esclavizado por un esclavo».[16]

El romance —tal vez no tan idílico ni tan consentido como ha querido venderse— nos dejó piezas cuando menos llamativas. Pero las más fascinantes son las versiones que convierten a Antínoo en un dios egipcio, muchas de ellas halladas en la Villa de Adriano, en Tivoli. Aquí no hay nada de ca-

▼ La fidelidad no era una virtud especialmente esperada en un gobernante (habría sido hasta raro) y, en lo que respecta a los revolcones homosexuales, Adriano no se estaba saltando las ya citadas reglas del juego: tenía tema con un esclavo al que encima doblaba en edad.

sual: su intención era relacionarlo con el dios Osiris, quien, según el mito, también murió ahogado en el mismo río.

La señora que te hizo lesbiana

Hemos hecho un breve repaso a cómo se integraba el deseo entre hombres en la vida griega y romana. Estos pasajes son relativamente conocidos, al menos entre los investigadores dedicados a este tema, pero las preguntas que muchas mujeres nos hacemos al llegar aquí son otras: ¿qué hay de ellas? ¿Las mujeres podían dar rienda a sus deseos entre ellas? ¿Era algo socialmente aceptado o, por el contrario, perseguido? La respuesta te decepcionará: no se sabe casi nada. Al menos, no con seguridad.

Esta es la tónica general que vas a encontrar a lo largo de esta lectura: cuando hablamos del deseo entre mujeres, siempre vamos a tener muchísima menos información que con respecto a sus compañeros varones. Para sorpresa de nadie, hemos sido invisibles. Bueno, en realidad lo ha sido la sexualidad femenina en general. Lo que una mujer deseara o dejara de desear no era algo relevante. Es más, como verás en el capítulo dedicado a la naturaleza, en determinados periodos se consideraba que las mujeres no teníamos deseo sexual más allá que el de satisfacer el del hombre. Además, en el caso de esta época, según algunas fuentes se tenía la noción de que el placer provenía única y exclusivamente del falo, una idea masculina a más no poder. ¿Por qué iban entonces a creer que dos mujeres querrían enrollarse sin un hombre de por medio? Mira que han pasado siglos, pero fíjate que a mí este concepto me suena familiar: conozco a pocas lesbianas a las que no les hayan dicho que si lo son es porque no han probado un buen pene. Si alguna vez has pensado así, un consejo: para.

En Roma, si cabe, contamos con todavía menos testimonios sobre el sexo entre mujeres, pero eso no quiere decir que no se diese.[17] De hecho, en este contexto se hacía referencia a las mujeres que se acostaban entre sí como «tribas» (*tribades* en plural), un término derivado del griego que significa 'frotar'. Vamos, lo que hoy llamamos vulgarmente «hacer la tijera». A estas mujeres se las consideraba masculinas, dotadas de un apetito sexual desenfrenado e incluso, en algunas ocasiones, se les atribuía la capacidad de penetrar a la otra. Más adelante, el término se siguió usando en un contexto peyorativo.

A ver, ejemplos hay, aunque ya te adelanto que los pocos que se aventuraron a mencionar mínimamente el sexo entre mujeres fueron señores y lo hicieron filtrándolo a través de su propio marco mental: siempre a medio camino entre el recelo y la curiosidad. Fuera del ámbito literario, también se han conservado algunos vestigios en las llamadas artes visuales —en concreto, esculturas—, con las que se atestigua que el amor entre mujeres sí existió. Eso sí, su representación fue tan sutil —a veces a través de caricias, otras sujetando guirnaldas— que a menudo se ha puesto en tela de juicio. Una de las fórmulas más curiosas es la del intercambio de flores de loto, las

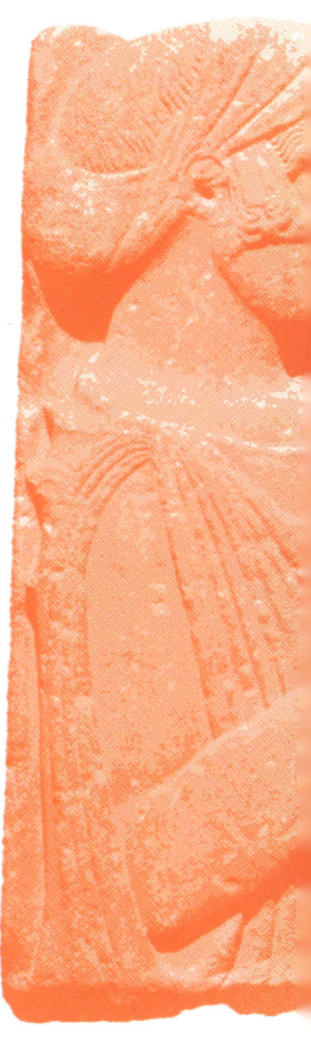

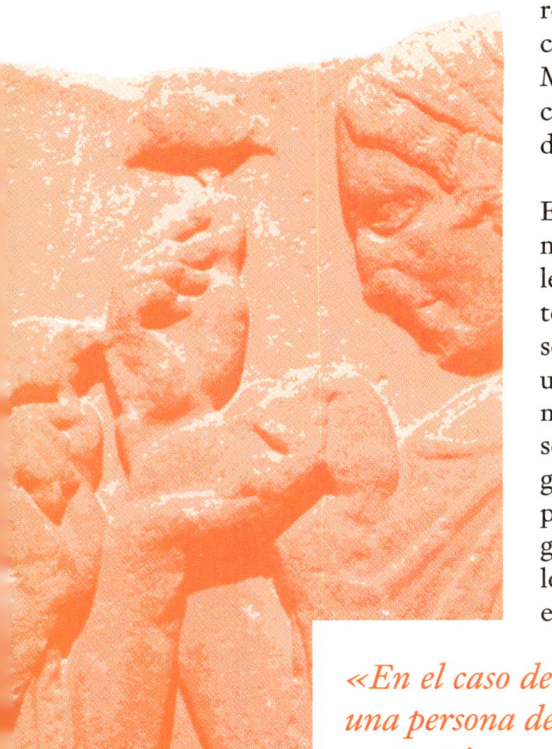

mismas que pueden verse en un relieve funerario del siglo v a.C. conservado en el Louvre (n.º inv. Ma 701), y que es más conocido como *Exaltation fleur* [Exaltación de la flor].[18]

Es llamativo también el testimonio recogido por Artemidoro, célebre por su papel como intérprete de sueños. Se lo tomaba muy en serio; para él, la oniromancia era una práctica científica. No olvidemos que estamos hablando de un señor que vivió en Éfeso en el siglo II d.C. Si lo menciono aquí es porque en su libro, en el que recoge los principales significados de los sueños, incluye una referencia explícita al deseo entre mujeres:

«En el caso de que una mujer posea a una persona de su mismo sexo, compartirá sus propios secretos con su compañera. Y si a esta la desconoce, emprenderá insensatas iniciativas».[19]

Pero toda regla tiene su excepción, y en esta invisibilidad impuesta al deseo entre mujeres —especialmente en el mundo clásico— también tenemos un faro que ilumina, aunque sea un poco, estas incógnitas. Seguro que su nombre te suena: Safo de Mitilene, más conocida como Safo de Lesbos. Lo curioso de esta figura es que su lugar central en la historia de la literatura se ha construido a partir de una obra en gran medida desaparecida. Se le conoce un único poema completo, el «Himno a Afrodita», el resto son fragmentos que constituyen entre el 5 y el 10 % de lo que se calcula que llegó a escribir.▼ Lo mismo ocurre con su vida: la mayor parte de la información procede de fuentes redactadas siglos después de su muerte y, claro, aquí cada uno se lleva la historia un poco a su terreno. El resumen es que intentar estudiar su biografía y discernir realidad de ficción es lo más cercano que se me ocurre a descender al mismísimo infierno. Es imposible. Solo hay tres cosas que parecen claras: que vivió en el lugar que le dio nombre, que nació en algún momento entre el 630 y el 610 a.C. y que era una prodigio de la lírica.

Claro, aquí podrías plantearte por qué Safo es un icono del amor entre mujeres si supuestamente no sabemos nada sobre su vida con seguridad. Y de hecho es una pregunta que tiene mucho sentido, sobre todo si tenemos en cuenta que los dos términos que ahora definen este tipo de deseos —lesbiana y sáfica— proceden directamente de su nombre. Pues bien, créeme cuando te digo que a nadie le duele más que a mí reconocer que no existe una base lo suficientemente sólida como para afirmar, sin matices, que la propia Safo fuera una lesbiana de manual. Bueno, nada «explícito» según como quieras mirarlo, porque

para mí (y para muchas especialistas) sus poemas dejan bastante claro que el vínculo que la unía a las jóvenes que la rodeaban, posiblemente sus alumnas, era algo más que una bellísima amistad. No sin motivo, estos escritos se han usado para estudiar cómo eran las relaciones entre señoras en aquel momento. Según investigadores como el ya citado Winkler, las letras de Safo demuestran que la sexualidad entre mujeres se daba entre iguales, que era más mutuamente sensual y que no existía esa dicotomía tan marcada entre penetrado y penetrador.[20]

Pero dejémonos de palabras y vayamos a los hechos. Como contexto, se cree que Safo organizaba en Mitilene reuniones con otras jóvenes para enseñarles danza, poesía y música, aquellas artes que ella misma dominaba. Como te decía, varios de los fragmentos que se han conservado dejan constancia de la ternura que siente por sus compañeras y cómo las echa de menos con un dolor profundo, rozando los celos, cuando estas la abandonan para casarse. Para hacerte una idea de esto, puedes echarle un ojo al fragmento 16, donde justo parece ocurrirle algo similar con una tal Anatoria, pero a mí me resulta mucho más explícito el fragmento 31, que dice así:

▼ Se cree que la mayor parte se destruyó en el devastador incendio de la Biblioteca de Alejandría, aunque también pudieron desaparecer por el propio deterioro de los papiros e incluso por la censura de su explícito erotismo.

«Me parece igual a los dioses aquel varón que está sentado frente a ti y a tu lado te escucha mientras le hablas dulcemente y mientras ríes con amor. Ello en verdad ha hecho desmayarse a mi corazón dentro del pecho: pues si te miro un punto, mi voz no me obedece (...) pálida cual la hierba me quedo y a punto de morir me veo a mí misma. Pero hay que sufrir todas las cosas...».[21]

Estoy segura de que, como a mí, estos versos te suenan a lo que te suenan: a los celos al contemplar a la chica que le gusta con otra persona, en este caso un hombre. Tradicionalmente se ha leído como la escena de unos recién casados o de la propia boda, aunque hoy algunas investigadoras sostienen que podría tratarse de un cortejo del que Safo es testigo.[22] En realidad, el matiz importa poco. Lo que podemos extraer de aquí es que no todo el mundo es capaz de ver y aceptar que una mujer sienta ese amor por otra y lo exprese con tanta ternura, así que ya en el XIX se dio otra interpretación que, casualmente, anulaba la para mí más que evidente visión homoerótica: según esta versión, lo único que le pasaba a la buena de Safo es que estaba triste tras perder a una alumna que se iba a casar.[23]

Este dato es importante, porque nos acerca a una idea que se repite desde tiempos remotos: la de la heterosexualidad asumida de la poeta, incluso cuando sus propios escritos nos dan indicios suficientes para plantearnos que, como mínimo, le gustaban un poquito las mujeres. El ejemplo más llamativo es el de la *Suda* bizantina, una extensa enciclopedia del siglo X que incluye entre sus miles de entradas una dedicada a la poeta originaria de Lesbos en la que afirma que esta estaba casada. ¿El problema?

El nombre de su supuesto marido: Kerkylas de Arlos, que no solo no existe, sino que traducido vendría a significar algo así como *el señor Pene de Hombre*.[24] No lo sé, Rick, parece falso. Más aún si tenemos en cuenta que, para entonces, Safo ya se había convertido en una figura mítica y que, de hecho, empezó a serlo poco después de su tiempo, cuando se integró en algunas obras teatrales donde se satirizaban sus inclinaciones. Pero, oye, por verle el lado positivo, como bien señala Cristina Domenech, este es un buen recordatorio de que no por el hecho de provenir de una fuente antigua lo que se dice es cien por cien real sin posibilidad de réplicas.

Como puedes imaginar, todo esto ha tenido su reflejo en las artes visuales. Porque sí, aquí también se optó por hacer caso omiso a los rumores en torno a la sexualidad de la poeta originaria de Lesbos o incluso por demonizarlos. En este sentido, encontramos varias representaciones que la sitúan sola, resaltando su belleza casi como una *femme fatale*, una mujer seductora pero igualmente peligrosa por su rebeldía. Al menos eso es lo que se intuye en la visión de *Safo* pintada por Auguste Charles Mengin en 1877. Georges de Feure es bastante más original: en *La voz del mal* (1895) representa a una mujer perdida en sus ensoña-

ciones que, casualmente, incluyen a otras mujeres desnudas. La pluma sobre su escritorio ayuda a que la relacionemos con una especie de reencarnación de la poeta.

En cambio, los artistas prefirieron centrarse, por ejemplo, en la historia legendaria de su amor por Faón, un joven de tal belleza que habría enamorado a la mismísima Afrodita y por el cual Safo, supuestamente, decidió quitarse la vida arrojándose desde un acantilado.

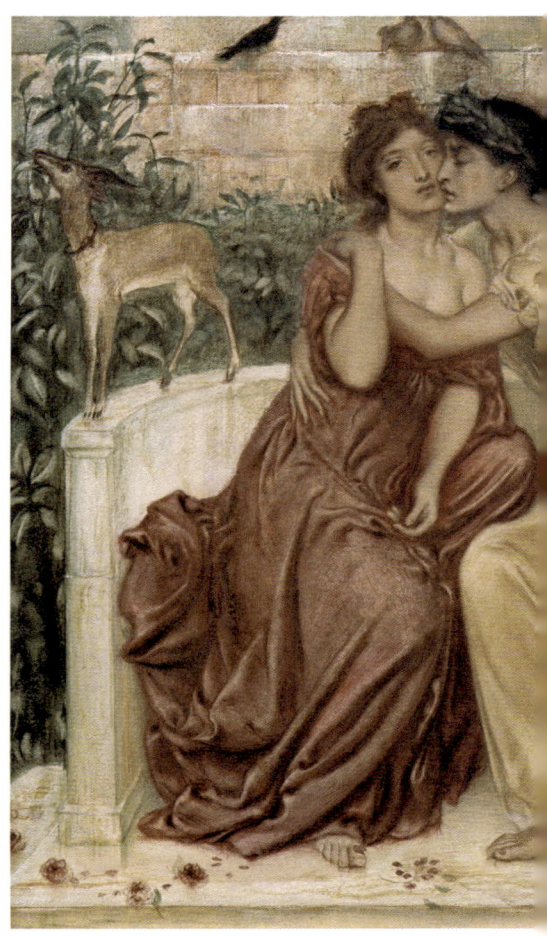

¿El motivo? No ver su amor correspondido. Aunque no se conoce el origen exacto de esta leyenda, se sabe que ciertos autores latinos como Menandro o, en especial, Ovidio —al que mencionaré varias veces por ser el autor de *Las Metamorfosis,* una de las fuentes clásicas base para saber de mitología— contribuyeron de forma decisiva a su difusión. El caso es que este episodio se vuelve popular entre los decimonónicos, como puede verse en obras como *Safo* (1881) del pintor catalán Miguel Carbonell Selva o, incluso antes, en *Safo en Léucade* (también conocido como *La muerte de Safo*) pintada por Antoine-Jean Gros hacia 1801. Ambas representan a la poeta poniendo fin a su vida en escenas que llevan el patetismo a niveles extremos.

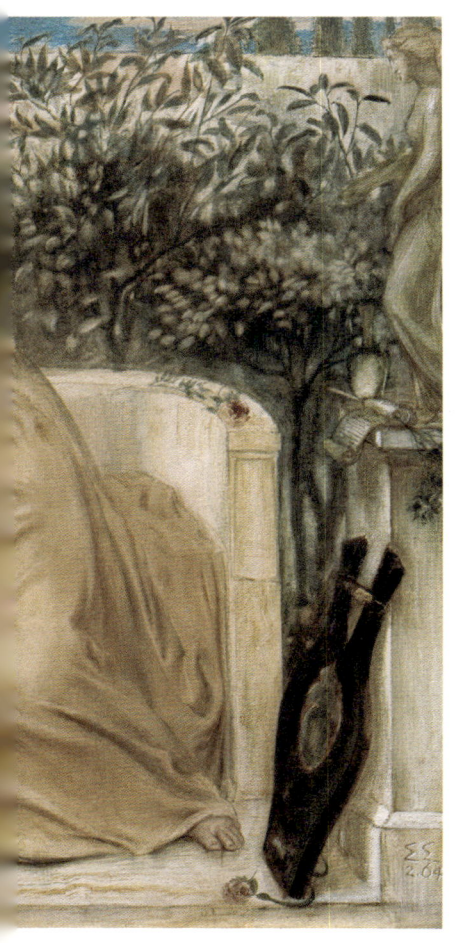

Donde sí se da muestra de la ternura hacia sus alumnas, que se refleja en los pocos escritos que hemos conservado de la poeta, es en ***Safo y Erina en el jardín de Mitele***, una obra pintada por **Simeón Solomon** en 1864. En ella, Safo aparece junto a su lira y a unos versos que nos permiten identificarla, coronada con laurel y con rasgos más andróginos, mientras abraza a su joven compañera y le da un beso afectuoso. Para enfatizar su cariño, coloca dos palomas sobre ellas que imitan su mismo gesto (muy a lo Mecano, si me permites la referencia). Aunque Solomon lo pensaba así, hoy se considera poco probable que Erina formara parte de la comunidad de jóvenes que supuestamente encabezaba Safo, ya que no vivió en Lesbos, sino en la isla dórica de Telos, y lo hizo más tarde que la célebre poeta, a finales del siglo IV a.C.

Podría decirse que Solomon sentía cierta afinidad con Safo, más que nada porque, de haber nacido hoy, lo más probable es que se hubiera identificado como gay. Muy vinculado al círculo prerrafaelita, se cree que fue este entorno el que lo incitó a apartarse de la iconografía tradicional y, en parte, a explorar temas homoeróticos. Tuvo bastante reconocimiento; así fue al menos hasta el 11 de febrero de 1873, cuando fue detenido acusado de sodomía. Su pecado, el que condenó su carrera prometedora al olvido, fue yacer con otro hombre. Ni más ni menos.

ras imprescindibles en la literatura sáfica, como veremos más adelante. Tal vez nunca sepamos si la auténtica Safo estuvo casada, si tuvo una hija o si las palabras que dedicaba a sus supuestas alumnas se quedaban solo en lo platónico, pero nada de eso cambiará el hecho de que Safo fue una de las primeras en dedicar palabras de amor, ternura y deseo a otras mujeres en un tiempo en el que ni siquiera se concebía la existencia de estos afectos. Y eso es, sin duda, lo auténticamente revolucionario.

Ella estaba segura de que alguien las recordaría. Y así ha sido.

Tras sumergirme en la imposible tarea de explorar su biografía, coincido con varias compañeras en que Safo ha vivido infinidad de vidas. A veces más de una por cada época en la que ha sido recordada. La pregunta es: ¿realmente importa con qué etiqueta se habría identificado de vivir en nuestros días? Lo cierto es que no cambia en absoluto el papel que tuvo en la historia en general y en la de la disidencia femenina en particular. Safo fue un importante referente para infinidad de mujeres que lucharon contra su propio tiempo por amar a otras, que encontraron en ella un esqueje de la visibilidad que necesitaban y que, incluso, encontraron en su nombre una forma de nombrarse. Así, a bote pronto, se me ocurren Renée Vivien y Radclyffe Hall, ambas figu-

La disidencia al poder

Este verano, mientras procrastinaba en cierta red social que no debe ser nombrada (por vergüenza, más que nada), me saltó una noticia que llamó mi atención: Maud Angelica Behn, hija primogénita de Marta Luisa de Noruega, acababa de declararse abiertamente bisexual durante el Orgullo de Oslo 2025.[25] A priori, la noticia tenía todas las papeletas para hacerme pasar de largo: nunca he sido muy de chismes del mundo del corazón, ¿por qué iba a interesarme la sexualidad de alguien de quien, hasta hacía escasos minutos, desconocía su existencia? Pero, claro, en este caso había un factor clave que fue el que me llevó a hacer clic: no todos los días un miembro de una familia real europea hace pública su disidencia. Mi novia, mucho más puesta que yo en estos temas, me recordó que ya en 2021 la corona holandesa había hecho saltar este debate cuando el entonces primer ministro, Mark Rutte, aseguró que la princesa heredera no perdería el trono en el supuesto caso de que decidiera casarse con otra mujer.

Al hilo de esto y dado que nos hemos propuesto encontrar vidas que demuestran que nuestros afectos siempre han estado ahí, merece la pena acercarnos también a aquellas realidades que ocupaban el escalafón social más alto. Sí, estamos hablando de reyes y reinas, de gobernantes y emperadores, que se salieron de los convencionalismos con respecto al género y/o a la sexualidad. Más allá de la permisibilidad, han existido desde siempre, ¿no te resulta fascinante?

Uno de los casos más conocidos y transgresores se encuentra mismamente en el Imperio romano: la leyenda en torno a Heliogábalo. Este joven emperador ascendió a gobernante del Imperio romano en el año 218 gracias a las conspiraciones de su abuela, Julia Mesa. Y tal y como llegó, se fue: apenas cuatro años más tarde, cuando esta misma señora participó activamente en un complot que culminaría en su asesinato para colocar en su lugar a su primo, Alejandro Severo. Ya ves, aquí todo queda en familia.

A Heliogábalo se lo ha retratado como un personaje, por decirlo de alguna manera, peculiar. Su principal biógrafo romano, Elio Lampridio, relata datos que lo pintan como una figura excéntrica, derrochona y que se daba a los placeres por encima de todo. Por ejemplo, cuenta que no se ponía dos veces los mismos zapatos, que depilaba los miembros viriles de los jóvenes con los que yacía con la misma cuchilla con la que se cuidaba la barba y que organizaba banquetes escandalosos, en los que trataba de vacilar de formas variopintas a sus asistentes, pero que a menudo también acababan en orgía.[26] Muchos de estos festines estaban tematizados en función de las condiciones físicas de sus invitados: ocho calvos, ocho señores con obesidad y/u ocho tuertos. En definitiva, era todo un personaje.

También adquirió fama de sanguinario y de poco piadoso. Hacía 1888, el pintor victoriano **Lawrence Alma-Tadema** llevó al lienzo uno de estos episodios legendarios de los banquetes del emperador. El resultado fue ***Las rosas de Heliogábalo***, un cuadro de unas de dimensiones bastante considerables (más de dos metros de ancho), que ocultaba,

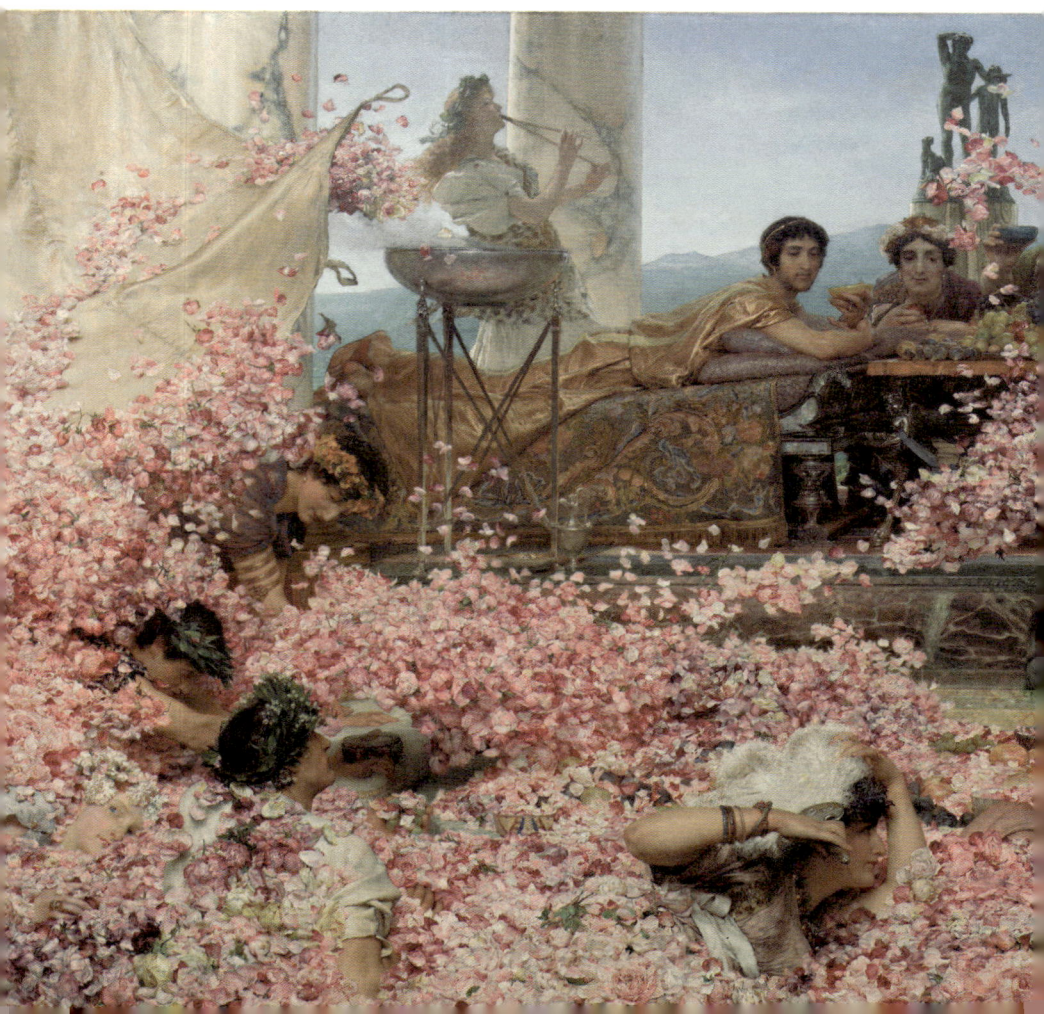

bajo una belleza incuestionable, un momento de crueldad absoluto: los personajes enterrados en la montaña de pétalos acabarían muriendo asfixiados. Mientras tanto, arriba, en una tarima elevada, el propio emperador, ataviado con una túnica dorada, contempla la dantesca escena acompañado por la sonrisa cómplice de otros comensales, que tal vez entienden que reír es la única forma de sobrevivir al sadismo del adolescente.

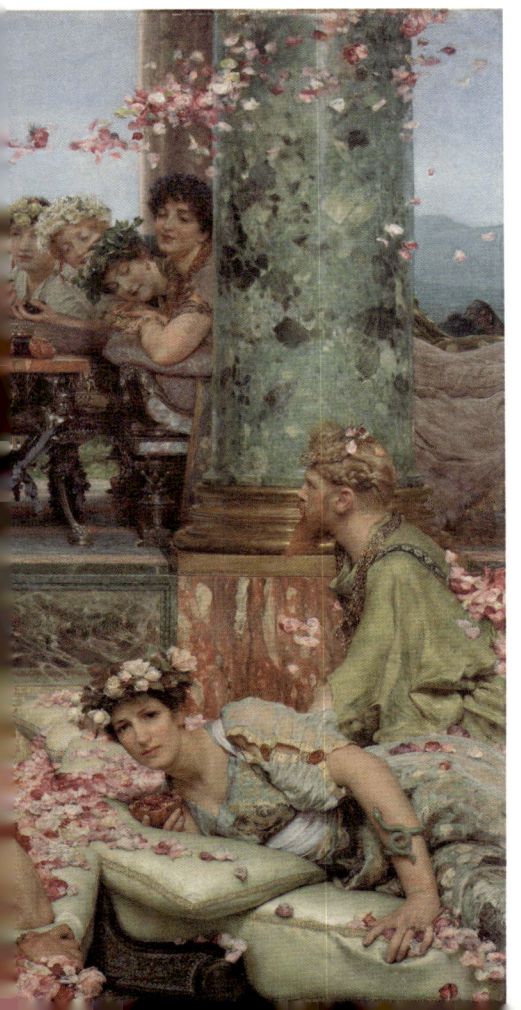

Ya ves que Heliogábalo no era precisamente un chaval fácil. Y digo chaval porque ascendió al trono cuando tenía catorce años, así que, dejando al margen su supuesta crueldad (que no tiene justificación alguna), que usara cojines pedorros y gastara bromas pesadas a los invitados de sus banquetes, al más puro estilo Bart Simpson, no parece algo demasiado descabellado. La verdad es que la historiografía lo pinta como un joven dispuesto a hacer cualquier cosa con tal de crear escándalos. Como dato al respecto te diré que llegó a casarse con una Virgen Vestal, una mujer consagrada a los dioses y cuya ruptura del voto de virginidad se castigaba con la muerte. Además, como tantos otros emperadores, mantuvo relaciones sexuales con hombres.

Pero la verdadera razón por la que lo incluyo aquí tiene que ver con su posible disidencia de género. De hecho, en la actualidad, algunas personas reivindican a Heliogábalo como un antecedente de las realidades trans. Tiene su fundamento, créeme: son varias las fuentes clásicas que relatan el gusto de este emperador por travestirse, maquillarse e incluso por usar pelucas. El punto álgido llega con Dion Casio, autor que dedicó ni más ni menos que ochenta volúmenes a documentar la historia de Roma desde sus inicios hasta el siglo III a.C., y que aseguraba que el emperador «había pedido a los médicos que lo dotaran de partes íntimas femeninas mediante una incisión».[27] Vamos, que de ser esto cierto, habría contemplado la posibilidad de practicarse una operación (muy rudimentaria) de afirmación de género.

Ojo, hago aquí un apunte. Si has notado que relato la historia de Heliogábalo con cierta cautela, no es porque no quiera creer en la posibilidad de la existencia de un emperador romano cuya vida se acerque tanto a las realidades trans (que me encantaría, la verdad), sino porque toda esta información hay que cogerla con pinzas. Al fin y al cabo, Heliogábalo acabó siendo asesinado y todo el discurso sobre su crueldad y sobre sus excentricidades se creó en gran medida como una forma de desprestigiar su figura política y de justificar su sustitución. Veremos en el capítulo de la salud que este tipo de acusaciones funcionaron en ocasiones como arma contra adversarios, para fragmentar su poder. Hasta el citado biógrafo Elio Lampridio, tras recabar todas estas supuestas locuras en sus escritos, afirma que muchas de ellas «son fruto de la invención de aquellos que han pretendido deshonrar a Heliogábalo para favorecer a Alejandro».[28]

Sin saber hasta qué punto estas acusaciones son reales, es indudable que la narrativa trascendió su época y que, desde hace al menos dos siglos, ha convertido a Heliogábalo en un emblema de una disidencia que, en cierta medida, bien pudo existir. Así lo retrata el anteriormente mencionado Simeón Solomon hacia 1866, en *Heliogábalo, Sumo Sacerdote del Sol*, donde el gobernante se nos presenta como una figura completamente andrógina en un estado cercano a la ensoñación. La pose, así como el vestuario, sirvieron al artista para acentuar la relatada ambigüedad de género del emperador. Además, Solomon se centra en la —de nuevo presunta— herejía religiosa de Heliogábalo, al situarlo como cabeza del panteón romano.

Tratando de huir del eurocentrismo que las historiadoras del arte tenemos por formación, te propongo viajar ahora hasta China para conocer el origen de uno de los eufemismos más curiosos con los que me he topado para hacer referencia a la homosexualidad: allí se usa «pasión de la manga recortada» (espero escribirlo bien: 斷袖之癖) para hacer referencia a relaciones entre dos hombres. Y si se incluye aquí es porque su origen está vinculado también con un emperador. De acuerdo con los relatos del *Libro de Han* (o *Hanshu*), en el siglo I a.C. el emperador Ai de Han (o Aidi) se enamoró perdidamente de Dong Xian, un joven al que se dice que ascendió dentro de la corte para tenerlo cerca. Ambos estaban casados, pero el emperador no tuvo descendencia, así que se cree que, movido por su devoción, trató de convertir a su favorito en su legítimo sucesor. *Spoiler*: salió mal y acabó gobernando su primo.

Pero lo que me interesa aquí es el origen legendario de esta curiosa frase. Se cuenta que un día el emperador se despertó con Dong dormido sobre su manga y prefirió cortarla antes que perturbar el sueño de su amado. La leyenda relata que, tiempo después de este tierno gesto, se puso de moda en la corte ir por ahí con una manga cortada.[29] Este momento es el que se recoge en una ilustración atribuida a Chen Hongshou, fechada hacia 1651, que —aunque no he encontrado un nombre oficial, por así decirlo— puedes encontrar fácilmente en una búsqueda rápida bajo el nombre de *Passion of the Cut Sleeve*.

En el Califato de Córdoba también hallamos posibles rastros de disidencia. Algunas fuentes afirman, por ejemplo, que en el siglo x el califa Abderramán III mantuvo relaciones sexuales con señores. Según la leyenda, fue él quien mandó martirizar a san Pelayo, un joven célebre por su belleza, al que habría condenado a muerte tras negarse a yacer con él. Aunque la historia del califa no suena del todo verosímil, en la Córdoba andalusí emergió con fuerza la poesía homoerótica, que a menudo perpetuaba el modelo griego de erastés y erómedes y que puede explorarse a través de figuras como Ibn Quzmān, a quien se ha comparado con el mismísimo Lord Byron. *El collar de la paloma*, tratado del filósofo y poeta Ibn Hazm, recoge los distintos tipos de amor y muestra cierta laxitud con respecto al homoerotismo, siempre y cuando este no llegue a lo carnal.

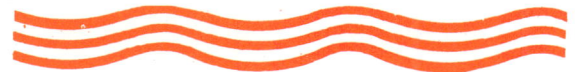

Una grave acusación escondida en un cuadro

Hacia 1602, **Michelangelo Merisi da Caravaggio** pinta uno de los pocos desnudos masculinos explícitos que se le conocen: *Amor Vincit Omnia*, hoy conocido también como *Amor victorioso*. En este lienzo retrata a Cupido/Eros como un niño travieso, que sostiene sus flechas mientras dispara una sonrisa pícara al espectador. A su alrededor aparecen toda una serie de objetos dispersos: referencias a las artes, a las ciencias, al poder y a otras actividades humanas. El mensaje parece claro: no importa de dónde vengas ni a qué te dediques, el amor te alcanzará y se alzará sobre todas las cosas. Porque el amor, al final, siempre triunfa. Pese a que la identidad del modelo se desconoce, algunos especialistas no han dudado en señalar que se trata de un retrato de Cecco di Caravaggio, cuyo nombre de pila era Francesco Buoneri, un adolescente que había entrado en la vida del pintor barroco como su aprendiz y que se convirtió en uno de sus modelos recurrentes. La obra fue, en general, alabada, como ya era muy habitual en el caso de Caravaggio, quien, pese a ser polémico, capitaneaba todo un grupo de artistas.

Lo cierto es que esta pintura no surgió de la nada. Tras ella se encuentra el encargo de un mecenas, el marqués Vincenzo Giustiniani. Tanto él como su hermano, el cardenal Benedetto Giustiniani, habían optado por comisariar obras centradas en el tema del amor. El artista encargado de satisfacer los deseos de este último fue Giovanni Baglione, enemigo acérrimo de Caravaggio —y también su biógrafo, aunque no dijo cosas buenas de él precisamente...—, cuyo estilo lo delataba como un antiguo seguidor suyo. Baglione entregó no una, sino dos versiones de su *Amor sacro y Amor profano*.

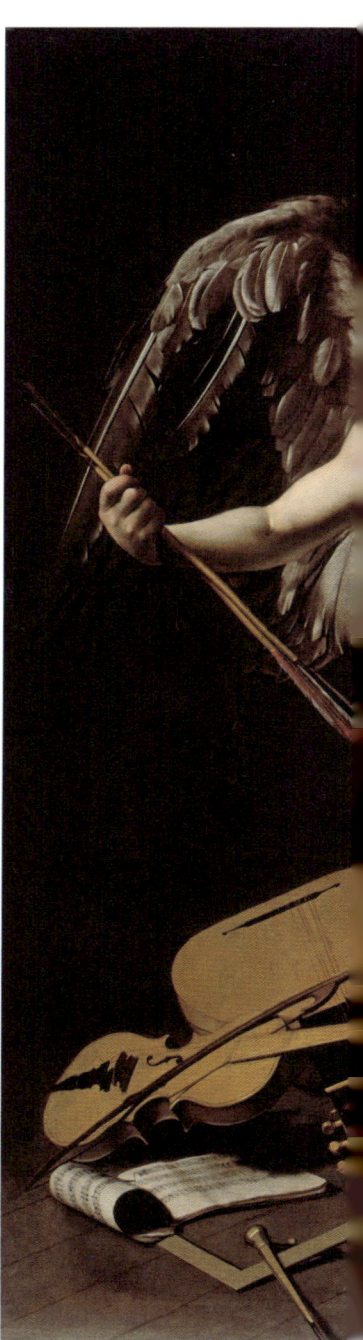

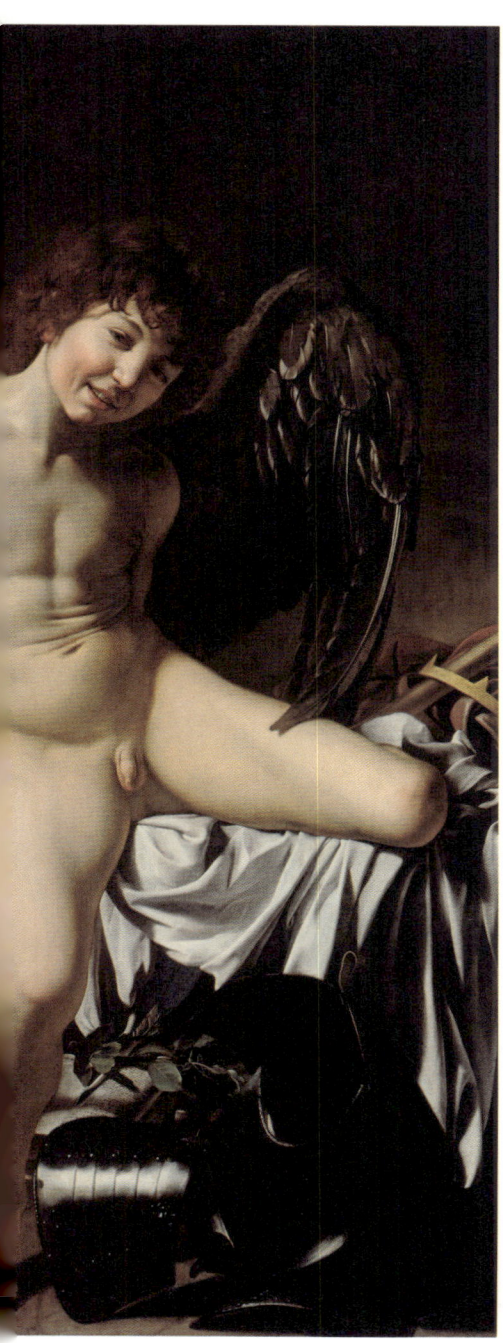

Ambas eran prácticamente idénticas, salvo por dos detalles: en la primera, hoy conservada en Berlín, Cupido llevaba una armadura completa (bastante exagerada), mientras que el demonio retratado a su izquierda daba la espalda al espectador.

Según parece, la idea de crear una segunda versión —la que hoy se conserva en Roma— surge a raíz de las críticas de otros artistas, entre ellos el propio Caravaggio y Orazio Gentileschi, que se burlaron de la composición original por haberse pasado por el arco del triunfo el canon clásico de representación del Amor (era uno de esos temas en los que uno podía explayarse pintando un buen desnudo). Y aquí es donde la historia se vuelve realmente interesante, aun sabiendo que es probable que tenga bastante de leyenda: porque más allá de pintar a Cupido con un atuendo más acorde (al menos en su mente), las malas lenguas dicen que aprovechó esta segunda ocasión para colocarle al demonio la jeta de su archienemigo. Así, el cuadro podía leerse bajo una nueva connotación. Tal y como señaló el historiador Andrew Graham-Dixon, este segundo *Amor divino* era, en realidad, una acusación visual de sodomía.[30] Un dardo envenenado lanzado directamente a Caravaggio que insinuaba una relación clandestina con su protagonista, tal vez, el propio Cecco, al que el demonio aparecía acosando.

Unas décadas más tarde, en 1650, un viajero inglés llamado Richard Symonds escribió en sus notas que este cuadro representaba «el cuerpo y el rostro de su propio chico o sirviente [de Caravaggio] que se acostó con él».[31] Pero ¿hay algo de verdad en esta historia? Pues eso parece. Lo cierto es que Michelangelo Merisi, el celebrado artista creador e impulsor de la llamada pintura tenebrista —caracterizada por esos fuertes contrastes de luces y sombras—, no encajaba dentro de los moldes de «normalidad» con respecto a su sexualidad. Durante su breve pero intensa vida tuvo rolletes con toda clase de personas, lo que incluía en la lista tanto a hombres como a mujeres. Vaya, lo que hoy llamaríamos una persona bisexual.▼ Como buen señor violento y de los bajos fondos, frecuentaba prostíbulos, pero también se veía con hombres (algunos de ellos, directamente niños) y se cree que hizo cosas con sus alumnos más allá de enseñarles a pintar.

Pero Caravaggio no es el único ejemplo de vida disidente; no es ni de cerca el primer artista italiano acusado de yacer con varones. De hecho, hay un patrón sorprendente en este sentido. Aunque el maestro del tenebrismo vivió principalmente en Roma durante el esplendor del Barroco, ya antes, durante el Renacimiento, otra ciudad italiana había acogido a un amplio número de sodomitas: Florencia, que se convirtió en la cuna del humanismo y del arte renacentista, pero también en la capital de las noches de pasión entre señores.

La Florencia renacentista, la cuna de la sodomía▽

Visto el apartado anterior, creo que es lícito hacerse una pregunta: ¿cómo sabemos que Florencia se convirtió, por decirlo de alguna forma, en la capital del sexo gay? Bien, pues porque allí precisamente se desarrolló todo un sistema de persecución de la sodomía, entendida principalmente como el sexo anal entre hombres (aunque, como veremos, no de manera exclusiva). En teoría, la sodomía era un delito castigable con la castración e incluso la muerte desde 1325, pero la práctica era diferente.

En torno a 1432, surgen los Ufficiali di Notte [Oficiales de la Noche], un tribunal creado para acabar con el vicio que suponía acostarse con otros señores. A través de un sistema de denuncias anónimo, lograron identificar a más sodomitas. Lo irónico es que resultar condenado no era tan

---

▼ Hay bastante controversia con respecto a la sexualidad de Caravaggio. Uno de sus últimos biógrafos, el citado Graham-Dixon, prefiere el término «omnisexual» para hacer referencia a los deseos del artista aunque hace hincapié, sobre todo, en su incapacidad para involucrarse afectivamente con nadie. Seguramente tendría miedo a la pérdida.   ▽ Si eres más de formato audio, hay un episodio maravilloso dedicado a este tema en el pódcast *Arte Compacto*. Se titula «Sodomitas renacentistas» y no tiene desperdicio.

sencillo: necesitaban testigos que salieran a declarar y, en consecuencia, las penas acabaron siendo bastante más laxas, en su mayoría multas. Aunque también contemplaban la castración y la pena de muerte, en la práctica no se aplicaban. Esto generó una situación dual: sobre el papel, Florencia perseguía la homosexualidad, sí, pero la realidad es que en la mayoría de los casos los acusados resultaban absueltos sin demasiados problemas.

Así, pese a las persecuciones, la ciudad se convirtió todavía más en un hervidero gay y lo era hasta el punto de que la palabra «*florenzer*», el gentilicio en alemán, acabó por usarse como un sinónimo del moderno «maricón». Como dato: hasta 1502, cuando este grupo de «justicieros nocturnos» se disolvió, se calcula que habrían incriminado a unos 17.000 caballeros, de los cuales alrededor de 3.000 fueron condenados.[32] Teniendo en cuenta que Florencia contaba entonces con unos 40.000 habitantes, podemos estimar que durante las últimas cuatro décadas del siglo XV cada año cerca de cuatrocientos señores eran acusados de sodomía y unos cincuenta o sesenta acababan siendo condenados.[33] Una auténtica barbaridad.

No debería sorprender que, viendo cómo estaba el percal, podamos rastrear entre los acusados a varios artistas (veremos que, a veces, con chicos bastante jovencitos...). Algunos de estos maromos eran muy pero que muy conocidos. Voy a empezar por todo lo alto, porque justo una de las figuras históricas más mitificadas figura en esta lista: Sandro Botticelli, el autor tras una de las obras más emuladas (y convertidas en *merchandising*) de la historia, *El nacimiento de Venus* (1485).

Entre las cosas que creemos saber sobre este buen señor figura su legendaria historia de amor platónico con la aristócrata Simonetta Vespucci, en quien se dice que se inspiró para un gran número de sus pinturas, entre ellas su citada obra maestra, pero también otras como *La Primavera*. Simonetta cumplía todos los requisitos necesarios del canon de la época para ser considerada una joven guapísima, así que varios artistas florentinos quisieron pintarla. Y, por supuesto, Botticelli fue uno de ellos. La tesis de su amor platónico por la doncella, que murió repentinamente, se sustenta en el hecho de que el artista pidió que lo enterraran en la iglesia de Ognissanti (de «Todos los Santos»), de Florencia, donde hoy se encuentra y donde además está enterrada la familia Vespucci, incluida la joven Simonetta. Lo cierto es que esto no prueba absolutamente nada.

Si tomamos como referencia las *Vidas* de Giorgio Vasari —algo así como las revistas de cotilleos del Renacimiento—, Botticelli se nos presenta como un hombre agraciado, alegre, bromista y rodeado de muchos jóvenes aprendices, con los que se llevaba estupendamente.[34] Esta información, sumada al hecho de que el artista ni se casó ni mostró interés en ello, podría explicar la denuncia anónima que recibió en 1502, en la que se le acusaba de practicar actos sodomitas con uno de sus aprendices. Como tantos otros, resultó absuelto de los cargos.

Aun así, y en contraste con todo esto, es importante señalar que Botticelli fue uno de los personajes conocidos que mostró mayor afinidad por las doctrinas del predicador Girolamo Savonarola. Tanto es así que, al parecer, participó activamente en la conocida como la «hoguera de las vanidades», arrojando a las llamas un número indeterminado de obras de temática mitológica y condenándonos, de paso, a no poder disfrutar de ellas para siempre. Tan solo un año después, el propio Savonarola perdería la vida, preso de las llamas. A eso lo llamo yo justicia poética.

Si odias que todo sea tan ambiguo, que sepas que el Renacimiento nos regaló a un artista cuyos deseos homosexuales fueron tan evidentes que acabó pasando a la historia con un apodo imposible de malinterpretar: Giovanni Antonio Bazzi, conocido como «Il Sodoma». El Sodomita. Tal cual. Aunque hoy su nombre no resuena tanto, fue lo suficientemente reconocido como para aparecer en el libro de Vasari (aunque no muy bien parado) e incluso ser inmortalizado por el mismísimo Rafael en *La Escuela de Atenas*. ¿Por qué será que ha caído en el olvido?

Otro artista que sufrió una de estas denuncias anónimas de sodomía fue Leonardo da Vinci. Retratado por Vasari como un genio absoluto, culto y talentoso, versado en artes y en ciencias, da Vinci fue acusado en 1476 de ceder a los deseos carnales cuando un mensaje sin remite lo incriminó junto a otros jóvenes florentinos en relación con Jacopo Saltarelli, un muchacho que había hecho de modelo para el artista. Aunque la denuncia anónima fue enviada hasta en dos ocasiones, acabó siendo desestimada por falta de testigos públicos. También te digo, algunos de los implicados eran hijos de hombres bien posicionados en la sociedad florentina con los que, desde luego, no interesaba meterse (el padre del propio Leonardo entre ellos). Este episodio ha llevado a que algunos estudiosos del artista renacentista desestimen directamente su homosexualidad, interpretando esta acusación como una mentira infame y clamando por su inocencia.[35] Lo único cierto aquí es que saber si los actos se dieron o no es completamente imposible, al menos por ahora... Entonces, ¿por qué se piden tantas pruebas para aceptar una posible relación homosexual y tan pocas para descartarla? Pregunto.

Pero este no es el único episodio de la vida del autor de la obra más famosa del mundo —por si no caes, me refiero a *La Gioconda*— que invita a leerla en clave disidente. Por ejemplo, hay alguna que otra cosilla llamativa en su relación con su aprendiz Gian Giacomo Caprotti, con quien compartió más de veinticinco años de su vida, hasta poco antes de su muerte. Importante remarcar aquí que cuando este entró a formar parte de la vida de Leonardo no tenía más de diez años, la edad normal para convertirse en aprendiz de taller. Lo llamativo es que era un niño «revoltoso»; se sabe que robó a Leonardo en varias ocasiones y que le dio los suficientes motivos como para que lo definiera en sus cuadernos de esos años como «ladrón, mentiroso, terco (y) glotón».[36] Por eso mismo el artista lo bautizó bajo el sobrenombre de Salai, en referencia al diablillo de *Morgante*, una epopeya de Luigi Pulci publicada en 1480. Ya ves que era culto hasta para poner motes.

Toda esta idea no es nueva; incluso el resto de ayudantes de Leonardo llegaron a especular abiertamente sobre la naturaleza de la predilección del maestro por aquel joven. Así se ha interpretado un dibujo encontrado tras una de las hojas del *Códice Atlántico,* en el que se ve una torpe caricatura de Salai bajo la cual aparece un pene de grandes dimensiones introduciéndose dentro de una cerradura con el nombre del aprendiz. Esto se ha interpretado como una representación visual de *chiavare,* término coloquial italiano que se usa como sinónimo de «follar» y que se parece sospechosamente a *chiave* (llave).[37] La pregunta que permite cuestionar el tipo de relación entre ambos es: ¿por qué un señor posicionado como Leonardo mantuvo en su entorno y cuidó con tanto mimo a un joven problemático de clase baja?

Para mí, la clave de la estrecha relación entre alumno y maestro reside en la belleza andrógina del joven, que el maestro no dudó en inmortalizar en varios de sus dibujos. Uno de los más curiosos —y polémicos en su atribución— es el que se conoce como el *Ángel Encarnado* (hacia 1508). Si vas a buscarlo, te aviso de que es muy explícito: representa una figura en un desnudo integral, con pechos, pero también un pene erecto. Al parecer, este es el único vestigio que queda de una obra hoy desaparecida, el *Ángel de la Anunciación*, cuya existencia intuimos gracias a una copia mediocre de uno de sus discípulos. Visto su parecido con el *San Juan Bautista* —figura que a menudo se ha interpretado como un retrato de Salai—, es probable que también lo tomara como modelo en esta ocasión.

A estas alturas ya habrás notado que sobre la sexualidad de Leonardo da Vinci se ha dicho y redicho de todo, hasta el punto de que ficción y realidad resultan indivisibles. El mismísimo Sigmund Freud, padre del psicoanálisis, trató de ligar detalles íntimos de la infancia del artista con sus enigmáticas obras de arte para dar una explicación a sus deseos. Entre muchas otras hipótesis, se ha especulado con la posibilidad de que tuviera una relación con Francesco Melzi, el otro discípulo con el que se sintió más apegado. Lo que parece cierto por lo que se intuye en sus escritos es que Leonardo no parecía contento con la idea de dejarse llevar por lo carnal. Y si aceptamos la idea —tan repetida— de que los cuadros hablan de aquellos que los pintan, no sería descabellado pensar que se sintiera atraído por los hombres, viendo la cantidad de desnudos masculinos y la maestría con la que los plasmó. Aunque, todo hay que decirlo, sus retratos femeninos hacen justicia también a su talento.

Quien sí dejó reflejados sus deseos en sus obras —o, al menos, así lo consideraron sus contemporáneos— fue Michelangelo Buonarroti. Es imposible que su nombre no te suene; no por ser una de las tortugas ninja (igual que Leonardo, con el que se llevaba regular), sino porque a él le debemos las increíbles pinturas de la Capilla Sixtina o su espectacular *David*,▼ que resulta todavía más impresionante cuando recordamos que fue esculpido a partir de un bloque de mármol reutilizado. Y fue preci-

---

▼ Debo decir que no es la versión más homoerótica de este pasaje bíblico. ¿Has visto la escultura de Donatello? Si no, ya estás tardando. Por cierto, sobre David (el personaje, no la escultura) hablaremos en el capítulo dedicado a la espiritualidad, que también tiene su chicha.

samente su visión del *Juicio Final* la que recibió un duro golpe por parte de Pietro Aretino, escritor que, aunque demostró atracción por otros hombres, no dudó en arremeter contra Miguel Ángel por los desnudos de la sagrada capilla. Lo hizo, además, llevándolo al terreno personal y usando un mordaz doble sentido: reprochó al pintor no haber cumplido su supuesta promesa de enviarle los dibujos previos con los que habría acallado la envidia (o los rumores) de que solo Tommaso y Gherardo tenían el privilegio de poseerlos.[38]

Aretino sabía muy bien lo que hacía. Su ataque era una alusión directa a la relación ambigua que mantuvo Miguel Ángel con estos dos señores. Su «amigo» Tommaso Cavalieri —del que hablaremos más adelante— y su discípulo Gherardo Perini. Con ambos es probable que existiera algún tipo de vínculo afectivo o sexual, o al menos deseo de ello, aunque resulta imposible saber si llegó a materializarse. Tal y como señala el crítico de arte Martin Gayford, no disponemos de información fidedigna sobre la vida sexual de Miguel Ángel, pero su biografía desvela que estuvo «continuamente rodeado de actividades sexuales entre personas del mismo sexo». Y añade, en referencia a los desnudos masculinos de la bóveda de la Capilla Sixtina, que «es imposible creer que dibujó a aquellos jóve-nes desnudos sin experimentar deseo y ansia».[39] No sé cómo lo ves tú, pero con su obra delante, a mí me parece más que evidente.

La campaña de críticas contra el trabajo del pintor —que no era la primera que enfrentaba— culminó con la intervención de Daniele da Volterra, encargado de cubrir los desnudos. Eso sí, el censor pagó su precio: pasar a la historia con el dudoso honor de ser apodado Il Braghettone, «el pintor de calzoncillos». No se puede negar que se lo buscó.

Podríamos seguir rastreando ejemplos de señores que vivieron el Renacimiento florentino (y más allá) en todos los sentidos posibles. Tú ya me entiendes. Podríamos mencionar a Benvenuto Cellini, escultor polémico que tuvo sexo con otros hombres —aunque de él hablaremos en el capítulo de la naturaleza—, o a Bartolomeo di Giovanni, cuya acusación de sodomía coincidió con la herejía de Savonarola, por lo que las sentencias se hicieron momentáneamente más estrictas y acabó muriendo en la absoluta pobreza.[40] Pero entonces este libro sería infinito. Solo diré que, hoy más que nunca, el Renacimiento me resulta sumamente fascinante. Y eso que, hasta hace no tanto, te confieso que me daba mucha pereza. Espero que sepas guardarme el secreto.

Eran muy amigas. Tanto que se besaban y lo compartían todo. Hasta la cama

Recuerdo la primera vez que vi esta obra como si fuera ayer. Estaba en segundo de carrera y en la asignatura dedicada al arte del siglo XIX estábamos hablando sobre el Realismo. Todo aquello era un mundo nuevo para mí. Hasta entonces, no había oído hablar de este movimiento artístico francés, que ponía todo su empeño en mostrar la realidad sin filtros ni aditivos. Aún estaba fascinada con Jean-François Millet y su capacidad para dignificar al campesinado cuando llegamos a **Gustave Courbet**. Sus ganas de cambiar el mundo me conquistaron para siempre. Y cuando pensaba que no podía encandilarme más, ¡pum! Esta imagen apareció entre las diapositivas.

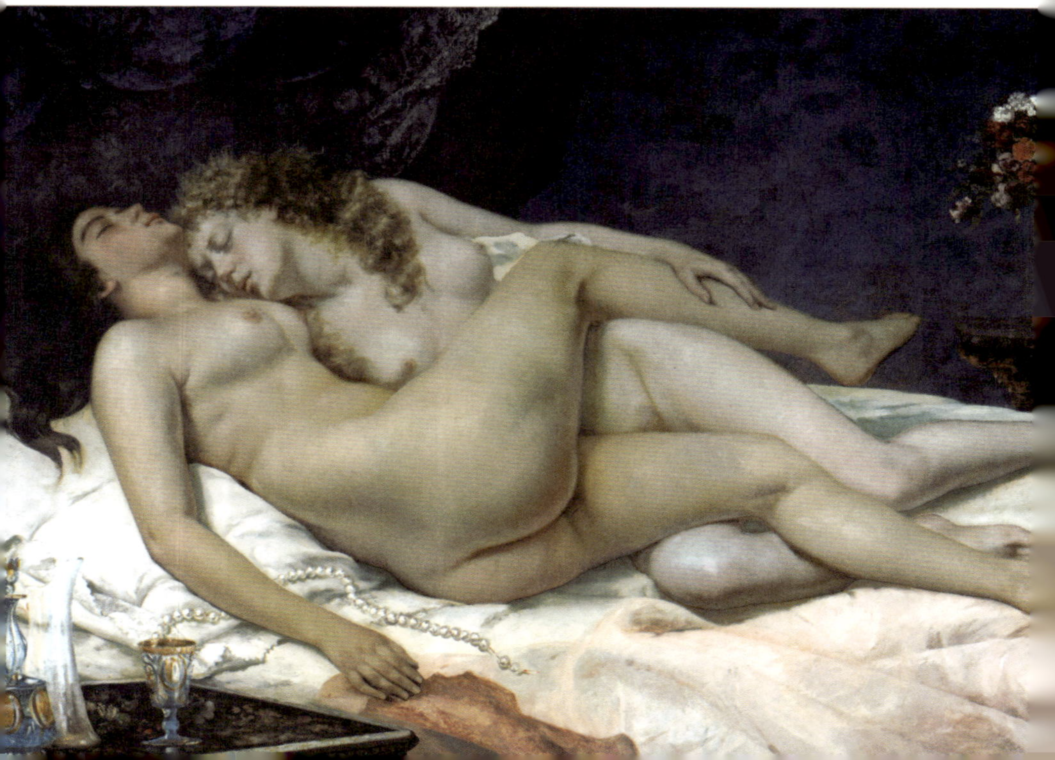

No hay mucho que describir aquí, creo que no hace falta, ¿no? Dos mujeres que acaban de tener un orgasmo, abrazadas en un lienzo de 1866. En su día me pareció revolucionario; en parte me lo sigue pareciendo. Solo con el tiempo, tras haber deconstruido mi mirada, fui capaz de identificar que no era todo tan bonito como a la yo de diecinueve años (viviendo plenamente su autodescubrimiento) le parecía. Aun así, ya entonces no me gustó nada el título: la mayoría conocen este lienzo como **El sueño**, pero también hay quien se refiere a él como **Las dos amigas**.▼

Fue fruto de un encargo de Khalil Sherif Pasha, un magnate con gusto por coleccionar obras de señoras ligeritas de ropa. Sus inclinaciones quedan bastante claras si recordamos que fue él quien encargó también la obra más icónica (y polémica) de Courbet: *El origen del mundo*, cuya única protagonista es una vulva en primer plano. Pero volviendo a las dos mujeres retozando, resulta irónico saber que la pintura fue tan explícita que, cuando el susodicho coleccionista tuvo que deshacerse de ella, acabó generando un informe policial por el escándalo que provocó mientras estaba expuesta en la tienda de un marchante de arte.[41] Años más tarde, ese mismo documento se usó en contra del propio artista.

El problema de *El sueño*, si es que aún no lo has intuido, es doble. Empecemos por el más evidente: la sexualización del deseo entre mujeres. Tal y como señala Dorothy M. Kosinski, conservadora de arte del siglo XIX, la principal problemática de esta pintura es que es producto de la imaginación masculina, un instrumento de su placer y objeto de fantasía.[42] Lejos de lo que puedas pensar, Courbet no fue el único en hacerlo, pero sí fue de los primeros en prescindir de la excusa mitológica y/o alegórica de por medio. En el siglo XVIII, en el germen del libertinaje rococó, Louis-Jean-François Lagrenée▽ ya había pintado otra escena —aún más explícita— de dos mujeres dándose placer entre ellas a la que no dudaron en bautizar como *Dos amigas*. El patrón es clarísimo.

Aceptémoslo: las relaciones lésbicas atraen a los hombres heterosexuales. Pero ¿por qué? Kosinski sugiere que tal vez se deba a que estas escenas no retrataban a otro hombre que desafiara o amenazara el papel del observador.[43] Sin embargo, la imagen erotizada del amor entre mujeres se sigue perpetuando en nuestros días. Me gusta poner el ejemplo de *La vida de Adèle* (*Blue Is the Warmest Colour* en la novela gráfica en la que se inspira), que, aunque se considera una película de culto para el cine lésbico, es rechazada siste-

▼ Algunos elementos dentro de la obra, como el collar de perlas roto o el peine, han llevado a interpretarla también en clave alegórica. De ahí que cuente con un tercer título: *La pereza y el lujo*. ▽ Este señor tiene un montón de alegorías en las que retrata el deseo entre mujeres de forma más o menos evidente: que sí *La Justicia y la Paz*, que sí *El Olfato*... Mi favorita es *La unión de la Pintura* y la *Escultura*, que parecen a punto de fundirse en un beso.

máticamente por gran parte del colectivo sáfico. Pese a valorar lo revolucionaria que fue en su momento, esa larguísima y cosificada escena de sexo —de cerca de diez minutos— proyecta una imagen distorsionada de nuestras relaciones que, desde luego, no ayuda.

A partir de la segunda mitad del siglo XIX, el interés por este tema se disparó sin necesidad de coartadas. Probablemente influyeron la obsesión por el sexo (con algo más de libertad) y la aparición de los primeros movimientos feministas.[44] Lo vemos en artistas como Toulouse-Lautrec, cuyos retratos de la vida de las prostitutas parisinas de los años veinte muestran ternura entre ellas, aunque no dejan de delatar una mirada masculina. Pero, tranquilidad, que sobre ellas hablaremos en el capítulo de la armonía. Mucho más explícito fue Edgar Degas, que retrató a estas mismas prostitutas con unos rasgos tan exagerados que resultan burlones. En el dibujo en pastel conocido como *El burdel* o *Mujeres desnudas* (1879) vemos a una de estas mujeres practicándole sexo oral a otra, mientras una tercera se encarga de hacer la colada.

Pese a todo, debemos tener en cuenta que la popularidad del tema no implicaba una aceptación moral de este tipo de prácticas. El aumento de pinturas y esculturas de esta temática —que también tuvieron su reflejo en literatura, con títulos como *Mademoiselle de Maupin* de Théophile Gautier— refleja algo simple, pero que se ha pasado por alto: que las mujeres sáficas existían. Especialmente en París, donde veremos que se formó toda una comunidad de mujeres que reivindicaban a la gran Safo de Lesbos y que, entre poema y poema, se liaban entre ellas.

Pero el gran obstáculo para quienes tenemos interés en destapar vidas disidentes en la historia es la invisibilización sistemática. Se exige al espectador contemporáneo que recoja toda una serie de pruebas «explícitas» para poder afirmar algo sobre la vida afectiva del personaje en cuestión. Ocurre con todas las siglas del colectivo, pero con ellas el borrado es doble. Si la presencia femenina ha sido suprimida una y otra vez del canon tradicional, ¿cómo vamos a encontrar a aquellas cuya transgresión del canon es, como mínimo, doble? ¿Cómo encontrar pruebas lo suficientemente explícitas cuando ni ellas mismas se atrevieron a dejarlas o la familia se encargó de destruirlas para evitar su condena moral?

Y aquí llegamos a la segunda problemática que ilustra Courbet: los pocos afectos femeninos que nos han llegado con la «explicitud» necesaria (con lo subjetivo que es eso), han sido rebautizados como amistad. Incluso las obras en las que se nos retrata desde la mirada masculina y completamente sexualizadas, representan a «dos amigas».

Las representaciones hechas desde la propia experiencia fueron muchísimo más sutiles. Ocurre todavía más con esas mujeres que también se relacionaron con señores, las que hoy leeríamos como bisexuales. Pienso ahora en Gwen John, que fue una artista interesantísima pero que pasó a la historia eclipsada por el que fue su amante, Auguste Rodin. Más allá de pintar mujeres con una mirada mucho más natural, menos sexual, Gwen fue una señora sumamente introspectiva. Si podemos reconstruir su atracción por otras mujeres es, en gran medida, gracias a las cartas que les escribía.[45]

Pero ya que estamos en el capítulo dedicado a la vida, pongamos el ejemplo de dos mujeres que se quisieron y pusieron en jaque las normas sociales de invisibilidad que asolaban a las mujeres, en este caso del siglo XIX. Fíjate en esta pintura. Dos señoras, que por su atuendo podemos intuir que son de una clase social alta, disfrutan de un paseo en barca en mitad de un paisaje de ensueño. Sin contexto, nada nos indica el vínculo que existe entre ambas. ¿Son hermanas? ¿Amigas, tal vez? Quién sabe.

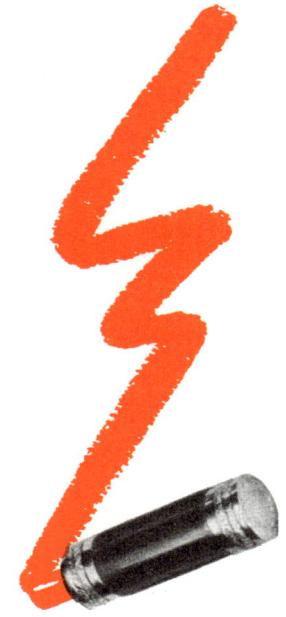

Para los pocos que sabían que el vínculo entre ambas mujeres trascendía la aparente amistad, *Sarah Bernhardt et Louise Abbéma sur le lac au Bois de Boulogne* [Sara Bernhardt y Louise Abbéma en el lago del Bois de Boulogne] se leía como una declaración de amor velada. En realidad, **Louise Abbéma** sabía perfectamente lo que hacía cuando pintó este lienzo en 1883. Estaba equiparando su relación con dos animales que tampoco forman parte de la norma: los dos cisnes negros en el centro del estanque. Estos animales, además, aportan una lectura preciosa, ya que se emparejan de por vida.[46] Si a eso le sumamos que todas las miradas se las lleva la mujer de blanco, identificada como Sarah, esta es una declaración de amor en toda regla.

No hace falta que te diga que Abbéma era una pintora estupenda. Lo tienes delante de tus narices, no se puede negar. Pero es que Sarah Bernhardt no se quedaba atrás: más allá de hacerse un nombre como actriz, tenía un don para la escultura. Puede que su relieve de *Ofelia* (1880) sea de las obras más bonitas con las que me he topado en la vida. Pero ¿sabes el tópico de que las lesbianas somos unas intensas? Pues todo este contexto era importante, porque algunas de las obras de Bernhardt son la clara demostración de que la idea nos viene de lejos. Y no sin motivo. En 1908, por ejemplo, realizó una escultura de bronce a partir de un molde de su propia mano y la de su pareja, entrelazadas, de la que cada una conservó una copia. Y aun con gestos así, ¿te puedes creer que todavía haya fuentes que se resistan a plantear siquiera la posibilidad de que fueran algo más que dos buenísimas amigas?

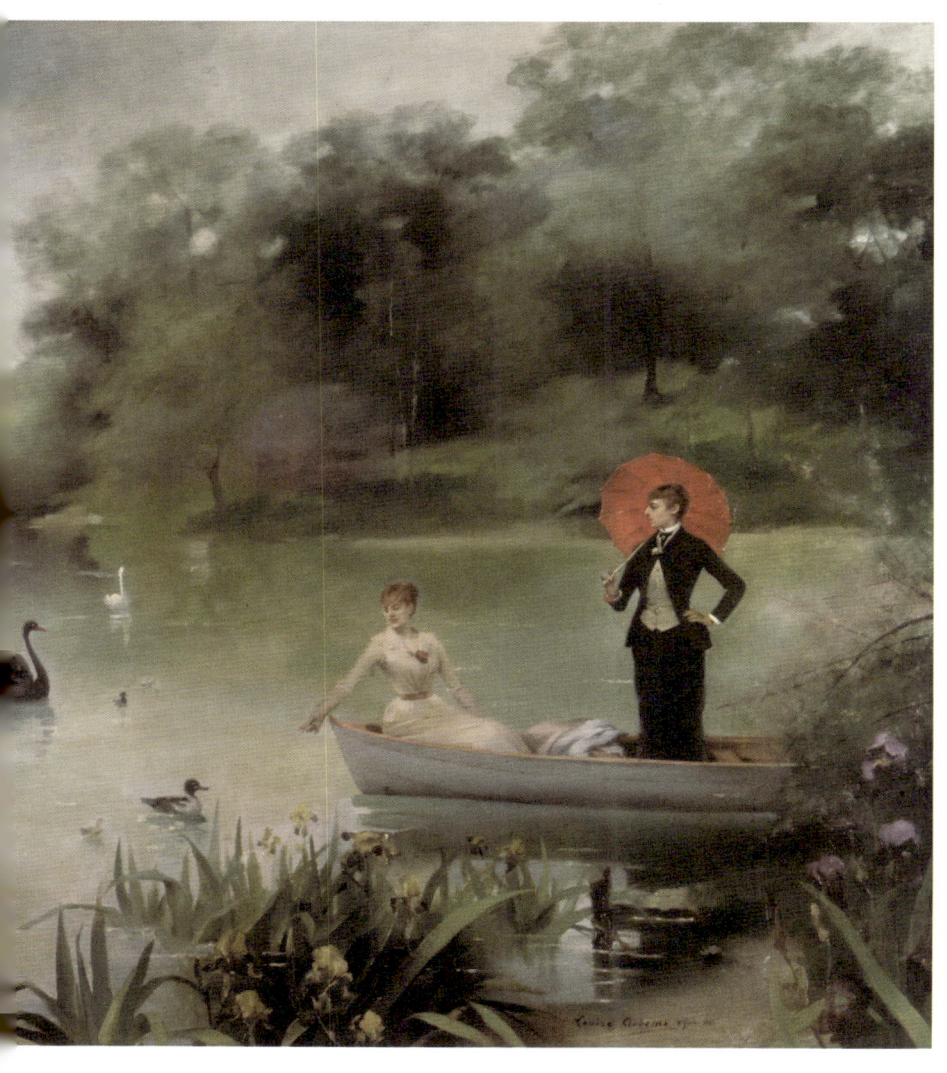

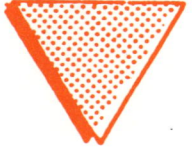

CAPÍTULO 1

VIDA: El amor que no se atreve a decir su nombre [*I am the love that dare not speak its name*]

1   La magia de la digitalización ha hecho que esta pueda explorarse desde la comodidad de tu casa. Solo tienes que entrar en la página del Ministerio de Turismo y Antigüedades de Egipto: https://egymonuments.gov.eg/en/news/a-virtual-tour-through-the-tomb-of-the-two-brothers

2   Greg Reeder (2000) Same-sex desire, conjugal constructs, and the tomb of Niankhkhnum and Khnumhotep. *World Archaeology*. https://doi.org/10.1080/00438240050131180, p. 207.

3   Navarro, C. G. y Perdices, Á. (Eds.). *La mirada del otro: escenarios para la diferencia*. Museo Nacional del Prado, p. 51.

4   Nussbaum, M. C. (1999). *Sex and Social Justice*. Oxford University Press, p. 307.

5   Macías, V. M. (2023). *Los amigos inmortales: el peso de la historia*. En Navarro, C. G. y Perdices, Á. (Eds.). *La mirada del otro: escenarios para la diferencia*. Museo Nacional del Prado, p. 37.

6   Nussbaum, M. C. (1999). *Sex and Social Justice*. Oxford University Press, p. 306.

7   Herrán, M. (2024). *Sodomitas, vagas y maleantes. Historia de la España desviada de Atapuerca a Chueca*. Planeta, p. 66.

8   Ibid, p. 93.

9   Opper, T. (2008). *Hadrian: Empire and conflict*. Harvard University Press, p. 169.

10   Ibid, p. 169.

11   Martínez, R. (2021). *Maricones de antaño: historias LGTB de la historia*. Egales ediciones, p. 77.

12   Sommerstein, A. H. (2008). *Aeschylus Fragments*. Harvard University Press. https://doi.org/10.4159/dlcl.aeschylus-attributed_fragments.2009, p. 145.

13   Azcárate, P. (1871). *Platón, Obras completas*, edición de Patricio Azcárate. Tomo 5, p. 307.

14   Opper, T. (2008). *Hadrian: Empire and conflict*. Harvard University Press. p. 168.

15   Beard, M. (2023). *Emperador de Roma: Gobernar el Imperio Romano*. Crítica. p. 234.

16   Ibid, p. 234.

17   Para profundizar sobre esta invisibilización, recomiendo mucho leer el capítulo «Lesbianas, matronas y vestales» en González Gutierrez, P. (2024). *¿Existieron las romanas?*. Akal, pp. 103-125.

18   González Berdús, V. (2023). Antigüedad Grecolatina. Vázquez García, F. (Ed.). *Historia de la homosexualidad femenina en Occidente*. Los Libros de La Catarata, p. 48.

19   Artemidoro (1989). *La interpretación de los sueños* (E. R. García, Trad.). Editorial Gredos. p. 188.

20   Visto en Nussbaum, M. C. (1999). *Sex and Social Justice*. Oxford University Press, p. 306.

21   Visto en Adrados, F. R. (1980). *Lírica Griega Arcaica*. Editorial Gredos, p. 362.

22   González Berdús, V. (2023). Antigüedad Grecolatina. Vázquez García, F. (Ed.). *Historia de la homosexualidad femenina en Occidente*. Los Libros de La Catarata, p. 38.

23   Ibid, p. 38.

24   Domenech, C. (2020). *Señoras ilustres que se empotraron hace mucho*. Ediciones B.

25   Besteiro, B. (2025, julio 1). La hija mayor de Marta Luisa de Noruega, Maud Angelica Behn, hace pública su bisexualidad durante el Orgullo de Oslo. *El Confidencial*. https://www.vanitatis.elconfidencial.com/casas-reales/2025-07-01/hija-mayor-marta-luisa-noruega-bisexualidad-orgullo-oslo_4163362/

26   Picón, V. y Cascón, A. (Eds.). (1989). *Historia Augusta*. Akal, pp. 335-372.

27   Visto en Beard, M. (2023). *Emperador de Roma: Gobernar el Imperio Romano*. Crítica. pp. 22-23.

28   Picón, V. y Cascón, A. (Eds.). (1989). *Historia Augusta*. Akal. p. 367.

29   VV.AA. (2023). *El libro de la historia LGTBIQ+*. Akal, p. 29.

30   Graham-Dixon, A. (2012). *Caravaggio: a life sacred and profane*. W.W. Norton & Company. p. 247.

31   Visto en Langdon, H. (1999). *Caravaggio: A Life*. Pimlico, p. 220.

32   Rocke, M. (1997). *Forbidden Friendships: Homosexuality and Male Culture in Renaissance Florence*. Belknap Press of Harvard University Press, p. 251.

33   Ibid, p. 251.

34   Vasari, G. (2022). *Las vidas de los más excelentes arquitectos, pintores y escultores italianos desde Cimabue a nuestros tiempos* (A. Ávila, Ed.). Cátedra, p. 180.

35   Wittkower, R. y Wittkower, M. (2010). *Nacidos bajo el signo de saturno: Genio y temperamento de los artistas desde la Antigüedad hasta la Revolución Francesa*. Ediciones Cátedra, p. 165.

36   Ibid, p. 166.

37   Vecce, C. (2025). *Vida de Leonardo.* Alfaguara.

38   Arroyo Esteban, S. (2015). Pietro Aretino, Lodovico Dolce y el «Juicio Final» de Miguel Ángel. *Studia Aurea, 9,* https://doi.org/10.5565/rev/studiaaurea.153, p. 347.

39   Gayford, M. (2014). *Miguel Ángel: una vida épica.* Taurus.

40   *A legend of st. Andrew.* (s/f). National Museums Liverpool. Recuperado el 12 de enero de 2026, de https://www.liverpoolmuseums.org.uk/artifact/legend-of-st-andrew

41   Faunce, S. y Nochlin, L. (1988). *Courbet reconsidered.* The Brooklyn Museum, p. 176.

42   Kosinski, D. M. (1988). Gustave Courbet's "The Sleepers." The Lesbian Image in Nineteenth-Century French Art and Literature. *Artibus et Historiae, 9*(18), https://doi.org/10.2307/1483342, p. 197.

43   Ibid, p. 197.

44   Bornay, E. (2020). *Las hijas de Lilith.* Cátedra, p. 250.

45   Al respecto te recomiendo muchísimo leer este artículo: Deadman, T. (2021, septiembre 17). Bi visibility: Gwen John and multiple gender attraction. *Art UK.* https://artuk.org/discover/stories/bi-visibility-gwen-john-and-multiple-gender-attraction

46   Gonnard, C. y Latimer, T. T. (2025). "Unbecoming women: becoming lesbians in the arts, 1850s - 1920s France". En Katz, J. (Ed.). *The First Homosexuals: The birth of a new identity* 1869-1939. Monacelli Press, p. 83.

SALUD

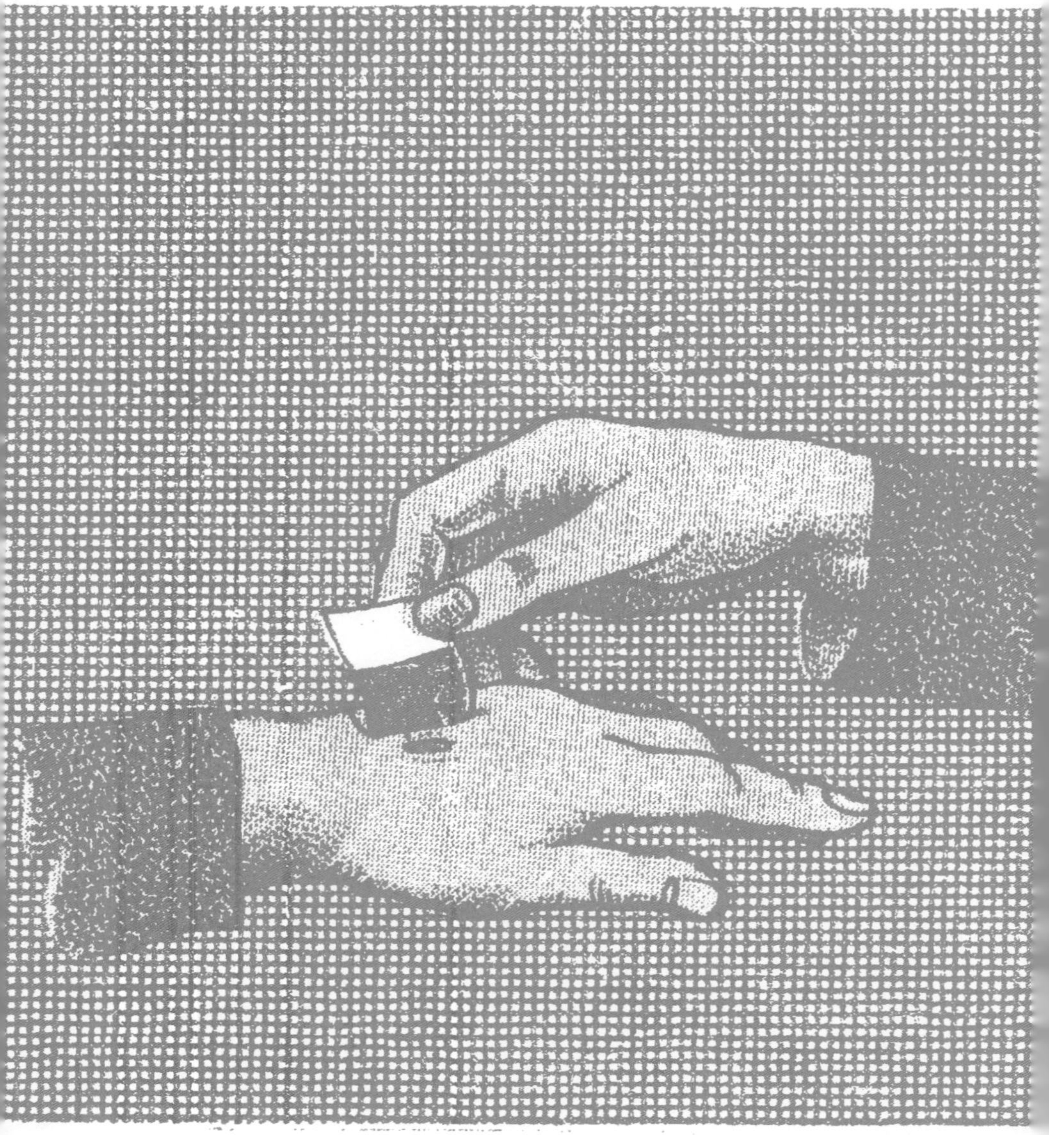

Time
12 DE FEBRERO DE 1965

Los homosexuales pueden curarse

Hasta 1990, la OMS incluía la homosexualidad en su lista de enfermedades psiquiátricas. Para la despatologización de la identidad trans, hubo que esperar hasta 2018. Pero más allá de haberse entendido nuestra existencia como una patología tratable, a lo largo de la historia las personas del colectivo hemos sido perseguidas, condenadas e incluso ejecutadas por ser como somos. En el capítulo naranja, el de la salud, exploramos el sufrimiento generado por toda esta criminalización y cómo ha influido en nuestra salud mental. Desde el origen del concepto de sodomía y su persecución hasta el triángulo rosa invertido con el que los nazis marcaban la disidencia. ¿Cómo se nos ha representado en el cine? ¿Y en la pintura? Como veremos, el arte se hizo eco de este odio, pero también funcionó como refugio, un espacio para canalizar el sufrimiento producido por todas nuestras dolencias, tanto psicológicas como físicas.

Fuego y azufre sobre Sodoma y Gomorra

Hay pocos pasajes en la Biblia que condenen de manera explícita la homosexualidad. Lo sé, es una idea muy asentada, pero en realidad no es tan evidente. Para sostener esta tesis, se suelen citar dos versículos concretos, ambos incluidos en el libro del Levítico: «No te acostarás con un hombre como quien se acuesta con una mujer. Eso es una abominación» (18:22) y «Si alguien se acuesta con otro hombre como quien se acuesta con una mujer, comete un acto abominable y los dos serán condenados a muerte, de la cual ellos mismos serán responsables» (20:13). Pero, como bien señala el investigador Ramón Martínez, mientras estos fragmentos se repiten en bucle, se hace oídos sordos a otras normas incluidas en las sagradas escrituras, como la de evitar ver a familiares desnudos o la de no tocar a las mujeres cuando tienen la regla, por considerarlas impuras.[1]

Por el contrario, una de las palabras con la que más se ha categorizado, patologizado y criminalizado el amor entre personas del mismo género sí tiene su origen en las sagradas escrituras. Me refiero, claro está, al término «sodomita». Este deriva directamente del gentilicio de Sodoma que, tal y como recoge el relato bíblico, fue una ciudad que, junto a su vecina Gomorra, pagó el precio más alto por los pecados de sus habitantes: la destrucción absoluta. Pero, claro, ¿qué tiene que ver ser gay con ser originario de esta mítica ciudad? ¿Cuándo y por qué se llega a esta lectura? Para entenderlo, lo mejor será conocer qué cuenta esta historia exactamente. Busca asiento, si es que aún no lo tienes, porque esto se pone interesante.

Según se recoge en el Génesis, Dios envió a dos ángeles a Sodoma para que comprobaran si, dentro de esa ciudad pecaminosa, había suficientes almas justas como para replantearse su destrucción. A su llegada, Lot, sobrino de Abraham que se había asentado en la ciudad, les abrió la puerta de su hogar, ofreciéndoles comida y un lecho donde dormir. El conflicto del pasaje ocurre al caer la noche, cuando el resto de los habitantes de Sodoma se agolpan a las puertas de la casa y exigen «conocer» a los dos visitantes. Lot suplica que contengan sus impulsos y se larguen; a cambio, les entregará a dos hijas suyas —por supuesto, vírgenes— con las que podrían hacer lo que quisieran. *Spoiler*: ni ese suculento (y francamente desagradable) ofrecimiento sirvió para poner freno a sus instintos.

Yendo al punto que más me interesa —porque una es historiadora del arte y le tira lo que le tira—, este pasaje ha sido ampliamente representado en pintura, en concreto a través de las escenas relativas a la destrucción de la ciudad que sucedió tras la visita y a la consecuente huida de Lot y su familia, a los que perdonaron a cambio de salir de allí sin mirar atrás. Y voy más allá: uno de los temas más inquietantes que se ha representado en toda la historia del arte se centra en lo que ocurrió justo después de la huida, cuando las hijas de Lot, ante el temor de una posible extinción de la humanidad, emborrachan y seducen a su propio padre para yacer con él.▼ Cualquier teólogo argumentaría que fue una engañifa y que nada tiene de lujurioso por parte de este señor, que ya tenía una edad, pero si la mayoría de artistas sintieron atracción por el tema fue justo porque les permitía desarrollar una escena abiertamente erótica. Si sientes curiosidad al respecto, échale un ojo a la pintura de Pedro Pablo Rubens, *Lot y sus hijas* (1613-1614), cedida al MET desde hace ya unos años, dado que es uno de los mejores ejemplos.

Pero volviendo a la destrucción de Sodoma, es difícil elegir una obra representativa de este pasaje. Reconozco que tengo especial fijación por aquellos artistas que utilizaron el relato bíblico para desplegar sus aptitudes en la representación del paisaje y el poder destructor de la naturaleza, porque, de hecho, considero que ahí reside la parte con más fuerza del pasaje bíblico:

«Entonces el señor hizo que cayera del cielo una lluvia de fuego y azufre sobre Sodoma y Gomorra. Así destruyó a esas ciudades y a todos sus habitantes, junto con todo el valle y la vegetación del suelo. Pero la esposa de Lot miró hacia atrás y se quedó convertida en estatua de sal».

(Génesis, 19:24-28)

El primero que se me viene a la cabeza es el pintor flamenco Joachim Patinir, quien en 1520 representó en *Paisaje con la Destrucción de Sodoma y Gomorra* los horrores desplegados contra ambas ciudades de la forma en la que solía hacerlo: con los personajes empequeñecidos frente a un vasto e impactante paisaje, que suele ser el auténtico protagonista de la mayoría de sus obras. Unos siglos más tarde, tenemos *La destrucción de Sodoma* inmortalizada por J. M. William Turner, el que tal vez sea el pintor paisajista más reconoci-

▼ No sé tú, pero yo leyendo esto no puedo evitar pensar en la popular expresión coloquial «darse el lote», que hace referencia a besarse y acariciarse sin llegar a mayores. Aunque, en este caso, sí llegaron.

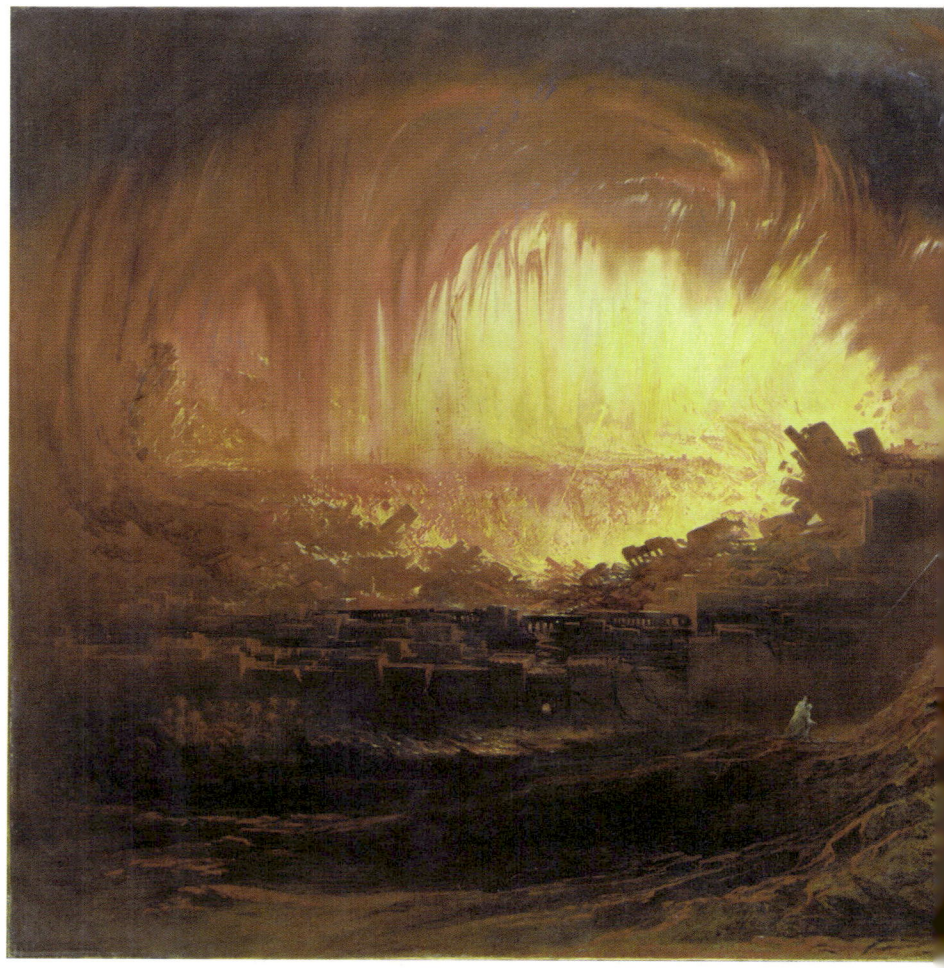

do de Inglaterra. Cuando la pintó, allá por 1805, se recreó todo lo que quiso y más en los efectos que la tormenta de azufre y fuego había dejado a su paso por la ciudad y, ya que estaba, en el sufrimiento de sus habitantes.

Aunque para mí hay un artista que logra como ninguno su objetivo: **John Martin**, pintor que, al igual que Turner, se suele adscribir al romanticismo inglés. También te digo, era su especialidad. Desde que vi su *Pandemonium* en el Louvre, una obra inspirada en *El paraíso perdido* de John Milton, quedé cautivada por su capacidad: es un lienzo pequeño, pero con los efectos tan trabajados que, al colocarte ante él, parece desprender el calor flamante del fuego. Pinta-

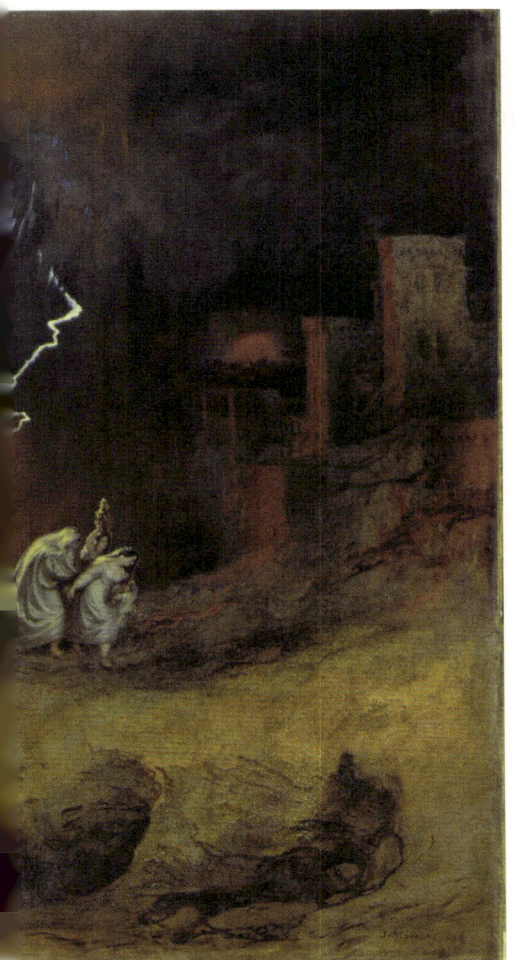

da hacia 1852, *La destrucción de Sodoma y Gomorra* recoge todos los elementos descritos en el pasaje bíblico: la huida desenfrenada de Lot y sus hijas, su mujer (más abajo) transformada en estatua de sal y, por supuesto, la lluvia de fuego y azufre.

Como ves, la historia original no tenía un discurso homófobo explícito, lo cual es llamativo teniendo en cuenta que la palabra «sodomía» se llegó a usar para agrupar un tipo de «pecado» que estaba especialmente relacionado con las prácticas sexuales entre dos hombres. Y es que la visión que hoy está más que asentada se construyó ya entrada la Edad Media. Más o menos entre el siglo IV y el V d.C., varios autores, muchos de ellos considerados padres de la Iglesia, empezaron a verter una mirada mucho más represiva hacia la disidencia. San Ambrosio, por ejemplo, interpretó la destrucción de la ciudad como una consecuencia de la lascivia, mientras que fue san Agustín▼ quien afirmó que la intención de los habitantes aquella noche era abusar sexualmente de los ángeles enviados por Dios y que la inversión había sido fruto de la lujuria.[2] Es este quien establece que este tipo de actos son «antinaturales», aunque lo cierto es que el deseo sexual en general no parecía algo aceptable para él. Para más inri, un poco más tarde,

▼ Lo más irónico es que la persona a la que más amó este señor fue un amigo al que consideraba su hermano y por cuyo amor sentía «como si él mismo no fuera a morir y que junto a él era una sola alma en dos cuerpos».

en el siglo VI d.C., el papa Gregorio Magno describió a los habitantes del Sodoma bíblico como «depravados» y adictos a los placeres «perversos».[3]

Aun así, no existía una palabra concreta para nombrar tal pecado. Cuesta creerlo, pero por aquel entonces nadie hablaba de «sodomía». El dudoso honor del origen de este término que tanto daño ha causado se atribuye a Pedro Damián, teólogo y prior del monasterio de Fonte Avellana (Italia), que en el año 1051 publicó el *Liber Gomorrhianus*, un tratado en el que denuncia y establece formas de combatir este tipo de prácticas, que considera demasiado extendidas en el seno de la Iglesia. Tal fue su empeño que se encargó de hacerle llegar este libro al papa León IX quien, por suerte, no se tomó demasiado en serio sus peticiones y fue relativamente laxo con sus castigos.

Definiendo la sodomía y su castigo

En el Canto XV del Infierno —probablemente uno de los pasajes más famosos de *La Divina Comedia*— Dante descubre un grupo de almas condenadas que caminan sin descanso por arenas abrasadoras, mientras una lluvia de fuego cae sobre ellas. Su descenso por el infierno lo ha llevado hasta el tercer giro del séptimo círculo, el lugar donde se castiga a aquellos «violentos contra la naturaleza». Y allí, entre los condenados, reconoce a un viejo amigo. A pesar del rostro demacrado por el castigo, Dante identifica al filósofo Brunetto Latini, su antiguo maestro.

El pecado de aquellos pobres desgraciados, incluido el de su amigo, era, ni más ni menos, la sodomía. Sin embargo, Dante muestra en esos versos un estado más cercano a la sorpresa que al rechazo. No parece mirar a Latini como se mira a un supuesto pervertido ni deja pasar la oportunidad de hablar con él. La compasión que muestra resulta significativa, sobre todo teniendo en cuenta que estamos hablando de un libro escrito allá por el siglo XIV.

La importancia obvia que tuvo —y sigue teniendo— *La Divina Comedia* dentro de la literatura universal la ha convertido en una obra ampliamente analizada por expertos de todo tipo. Pero no solo eso: también ha sido ilustrada incontables veces desde que se publicó. Artistas tan conocidos como Salvador Dalí o, más recientemente, Miquel Barceló, han ofrecido sus propias visiones del relato. Aun así, aunque tal vez las ediciones más conocidas —y mis favoritas, si te soy sincera— son las de los intensitos decimonónicos, como William Blake o Gustave Doré, eso no quita que no existan versiones anteriores. Justo aquí tienes una de ellas. Estás viendo una de las ilustraciones de **Priamo della Quercia**, una obra realizada a mediados del siglo XV y que, aunque no tiene un título fijo, podemos referirnos a ella como *Infierno 15* o *Dante y Brunetto Latini*.

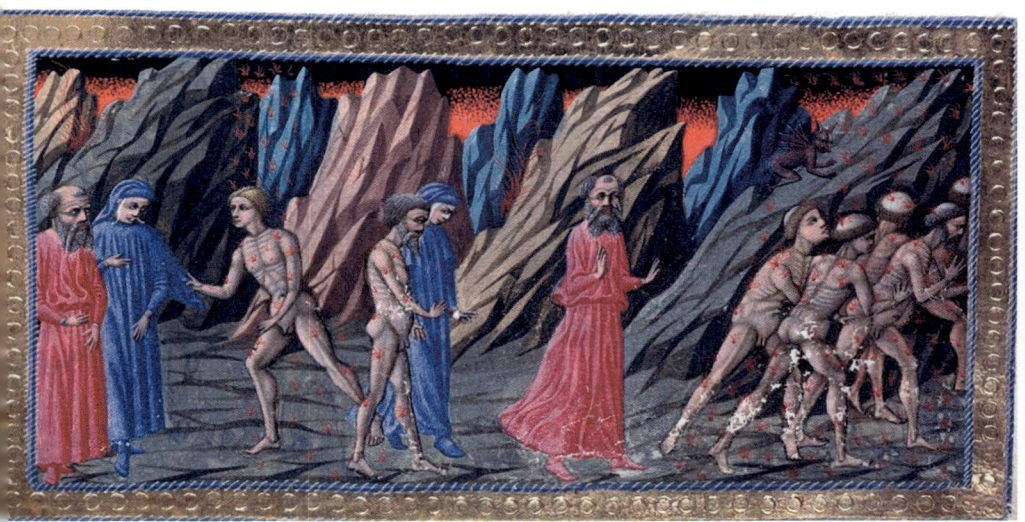

Esta imagen ilustra una historia que, como has podido comprobar, puede resultar desconcertante desde nuestra mirada actual. La auténtica cuestión es: ¿qué entendían Dante y sus contemporáneos por sodomía para que alguien al que el poeta admiraba intelectualmente mereciera semejante castigo? Hoy tendemos a asociar el término con el sexo anal y, más concretamente, con aquel que se da entre hombres, pero su concepción pecaminosa era un poquito más compleja que eso. Ya te adelanto que no se limitaba a los homosexuales, ni requería sí o sí de un hombre en la ecuación. Ni siquiera se reducía solo a la penetración por la puerta de salida. Vamos a verlo.

De nuevo, volvemos aquí a Pedro Damián, pues en su obra trata de incluir todas esas prácticas sexuales que él considera nefandas, incluida la zoofilia. Es decir, aquellas que, como Voldemort en la saga de *Harry Potter*, no debían ser nombradas porque hasta eso constituía un grave pecado. El caso es que, en su obra, claramente inspirada en la literatura penitencial, establece cuatro categorías diferentes de sodomía: la masturbación en solitario, la masturbación mutua, el sexo intercrural (frotando el pene entre los muslos del otro) y el sexo anal.

No sé si estás detectando el patrón, pero lo que hizo este teólogo fue, en resumen, denunciar todas aquellas prácticas sexuales que no tenían como finalidad la reproducción. Esto es importante, además de chocante: la mayoría de penitenciarios medievales recogen la sodomía como un pecado que no tiene tanto que ver con tener una determinada orientación sexual como con caer en una serie de prácticas pecaminosas, en la medida en que provocan que se malgaste el semen, que es muy importante porque sirve para hacer bebés.[4] Más adelante se establecieron una serie de divisiones que distinguían entre sodomía perfecta (eyaculación dentro del ano en el sexo entre dos hombres) y otros tipos de prácticas consideradas sodomía imperfecta, como el contacto genital entre personas del mismo sexo, la eyaculación fuera del ano o la masturbación. Ser condenado a la primera era firmar tu sentencia de muerte.

La sodomía permaneció desde entonces en el centro de un intenso debate. En el siglo XII, tenemos al teólogo francés Alain de Lille, quien, en su *De planctu naturae*, establece una retórica homófoba que relaciona la supuesta feminidad de los hombres homosexuales —lo que ahora llamamos pluma— con un mal uso de los atributos que se creían más viriles: el semen, el pene y, por supuesto, la barba. Sobre esta última hay una interpretación interesante en el arte medieval, una época en la que veremos que tanto la barba como el pelo corporal solían leerse como marcadores de madurez e incluso un reflejo externo de la potencia sexual masculina.[5] Por eso mismo, tirar de la barba a un hombre era algo penalizable y podía entenderse como un acto «poco viril» o sodomítico, dado que se leía como un símil de tirar del pene.[6] Por ello, se han interpretado imágenes como la de una de las ménsulas de la abadía de La-Sauve Majeure como alusiones a la masturbación mutua.

En el caso de las mujeres que mantenían relaciones sexuales

con otras mujeres, estas definiciones eran un poco más complejas. Hasta Carlos V, los tratados se habían preocupado sobre todo por perseguir y penar la homosexualidad masculina, pasando por alto en su mayoría a las sáficas.[7] Esto no significa que lo tuvieran más fácil, simplemente la sociedad era tan profundamente patriarcal que no podían ni plantearse la posibilidad de que este amor entre mujeres fuera algo serio. Pero el edicto emitido por el citado emperador en 1532 cambió esta idea. Si bien había ciertas reticencias a calificar los encuentros lésbicos de sodomía, estos empezaron a integrarse en las prácticas imperfectas. El agravante —aquello que podía llevar a que fuera visto casi al mismo nivel que las prácticas anales entre varones y, por lo tanto, como sodomía perfecta— era el uso de algún tipo de instrumento que sustituyera al miembro viril: un dildo que ya podía ser de cuero, madera o de cualquier tipo de material que se les ocurriese.

Y definido el pecado, quedaba establecer su castigo. A partir del siglo XII empieza lo que parece una carrera para ver quién propone un castigo más sanguinario y cruel que el anterior.▼ En España, uno de los primeros en imponer este tipo de sentencias fue el rey Alfonso X el Sabio, que solicitó en varios de sus fueros que aquellos que cayeran en estos actos antinaturales fueran doblemente castigados con la castración y la muerte.

De nuevo, en el caso de las mujeres, las leyes medievales eran más laxas y, además, se aplicaron en menor medida. No se sabe muy bien por qué. La legislación más antigua que se recoge y que contempla castigos para las mujeres sodomitas data de 1270: *Le Livres de jostice et de plet* de Orleans. Para los hombres, el castigo contemplado era gradual. Si se llegaba a probar, primero se practicaba una orquiectomía (una castración de toda la vida) que o los mataba de la infección o los dejaba impotentes. De volver a reincidir, el castigo era la penectomía (extirpación del pene) y, si ni con esas dejaban de pecar, el destino final era la hoguera. En el caso de detectarse en una mujer, en ese texto solo se dice que «perderá un miembro cada vez, y la tercera será quemada».[8] Cuáles eran estos miembros —porque, como bien señala Paloma Moral de Calatrava, extirpar el clítoris dos veces es un poco difícil— sigue siendo un misterio.

La famosísima Inquisición española surgió en el siglo XV, en los últimos años de la mal llamada Reconquista,▽ con el objetivo de perseguir y acabar con los herejes,

---

▼ Mucho antes, en el siglo VI, el emperador Justiniano alcanzó el dudoso honor de ser el primer gobernante en promulgar leyes explícitamente contra la homosexualidad. Además, tenemos la excepción visigoda, por la que tanto Recesvinto como Égica abogaron por la castración de aquellos que incurrieran en estos actos para después encerrarlos de por vida.   ▽ No entraré en el debate de por qué este término resulta tan polémico dentro de la historiografía.

aquellos que no abrazaban el dogma cristiano como su credo. Pero no pasó mucho tiempo hasta que sus inquietudes se fueron diversificando. Pronto, cazar sodomitas en plena acción fue una de sus fijaciones. Y eso que, técnicamente, quedaba fuera de sus competencias. Bajo este prisma, como bien señala Juan Pedro Navarro Martínez, el famosísimo lienzo *Auto de fe en la plaza Mayor de Madrid* (1683), pintado por Francisco de Rizi y hoy conservado en el Museo del Prado, puede funcionar como recuerdo de una época de sufrimientos para las personas de sexualidad disidente, pese a que la obra en sí misma no habla de esta persecución en concreto.[9]

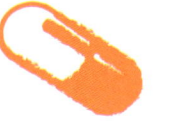
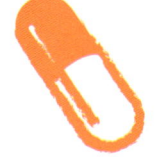

Lejos de lo que puedas pensar, la sodomía no era un pecado fácil de juzgar. Se necesitaban pruebas fehacientes para llevar a cabo una condena mayor. Vaya, que casi necesitaban pillar a los sodomitas en pleno acto. Hay varios ejemplos que prueban esta dificultad. Las que se consideran las primeras cartas de amor abiertamente homosexuales escritas en una lengua moderna estuvieron implicadas en uno de estos casos. Eran obra del sacristán Francisco Correa Netto, quien dedicó unas tiernas palabras al que fue amante, el músico y constructor de instrumentos Manuel Viegas. Supuestamente, este entregó las misivas a la Inquisición portuguesa al casarse con una mujer, pero, aun con estas pruebas, fue imposible condenarlo por no haber constancia de que se hubiera practicado sexo anal.[10]

Aunque no tantos como se puede pensar, sí hubo bastantes casos de personas que perdieron la vida por su sexualidad. E incluso por su identidad de género. El 28 de julio de 1460, en la plaza del Mercado de Valencia, se ejecutó la sentencia pública de Margarida Borràs: luciendo una camisa de hombre que dejaba ver sus genitales, fue sometida a la horca. Su único pecado había sido comportarse y vestirse como una mujer cuando la sociedad le había impuesto que era un hombre. Sabiendo que la sodomía fue el crimen que se le atribuyó a la considerada como una de las primeras mujeres trans de la historia, podemos intuir que este pecado no estaba solo relacionado con la orientación sexual, sino con la idea de imponer la «forma correcta» de utilizar y mostrar tu cuerpo en función del rol que este tuviera asignado.[11]

Incluso cuando la sodomía dejó de tener la consideración de pecado cuyo castigo máximo era la muerte, incurrir en este tipo de prácticas tenía consecuencias. Durante siglos, continuaron siendo vistas y tratadas como un delito. Pongamos como ejemplo el juicio más sonado de la historia, el protagonizado por Oscar Wilde, que culminó con la entrada del escritor en la cárcel de Reading en 1895. Hasta entonces, había sido uno de los autores más brillantes y célebres de su tiempo, todo un emblema del esteticismo y la clarísima encarnación de un dandi. Aquel día se convirtió en un ejemplo público de las consecuencias de caer en la indecencia; en un peligro social cuyo vicio debía ser erradicado. La realidad es que simplemente se había enamorado de otro hombre: lord Alfred Douglas, quien, al margen de la diferencia de edad —tenía veintiún años cuando se conocieron y Wilde sobrepasaba los treinta y cinco—, parecía corresponder al autor.

Wilde fue condenado a dos años de trabajos forzados. Su vida jamás volvió a ser la misma: toda la sociedad le dio la espalda, incluida su esposa, quien renegó de él hasta el punto de cambiarle el apellido a sus hijos. Su relación con Douglas se truncó definitivamente tras su salida de la cárcel, ante las reiteradas presiones familiares. En resumen: lo perdió todo. Durante el juicio, sus obras literarias se usaron para justiciar su supuesta indecencia, en especial *El retrato de Dorian Gray*. La lógica aplastante era que, si su protagonista era corrupto, su autor también debía serlo. Lo irónico es que el escritor ya lo había dejado claro en el prefacio de su obra: «no existen libros morales o inmorales. Los libros están bien o mal escritos. Eso es todo».[12]

Del delito y el pecado a la desviación

Durante la segunda mitad del siglo XIX, mientras la sociedad seguía castigando los «actos contra natura» y «la indecencia», la concepción del deseo entre iguales sufrió una importante transformación. Es en este momento en el que la homosexualidad deja de entenderse únicamente como delito o pecado y pasa a engrosar el creciente corpus de tratados psiquiátricos, formulándose como una patología que puede (y a veces debe) ser tratada y estudiada como una desviación de la supuesta «normalidad». De ahí viene lo de llamarnos desviados, como supongo que ya puedes intuir.

Es llamativo saber que es también en este momento cuando surge la etiqueta, el término y la definición que ponen los cimientos al concepto moderno de identidad. El responsable fue el periodista Karl-Maria Kertbeny, que a finales de la década de 1860 usa por primera vez el vocablo «homosexual» en una carta enviada a Karl Heinrich Ulrich, una figura también importante dentro de la historia del colectivo.▼ Digamos que ambos tenían «inclinaciones» que no se ajustaban a lo que se consideraba la norma; de hecho, Ulrich es reivindicado por muchos como el primer activista, al hacer pública su sexualidad y asumir las consecuencias de ello. El impulso inicial del término pretendía precisamente situar estos deseos dentro del espectro de lo normal, pero acabó funcionando justo para lo contrario.

Los avances de la psiquiatría, así como del estudio de la sexualidad, fomentaron que la atracción por el mismo género empezara a ana-

---

▼ Ulrich había usado antes el término «uranista» para definir a una persona de naturaleza femenina atrapada en el cuerpo de un hombre y que se siente atraída por otros hombres. La referencia procede de las descripciones del dios griego Urano, a menudo presentado como padre y madre. Hoy en día, el término se considera obsoleto y si acaso se usa en referencia a la homosexualidad masculina.

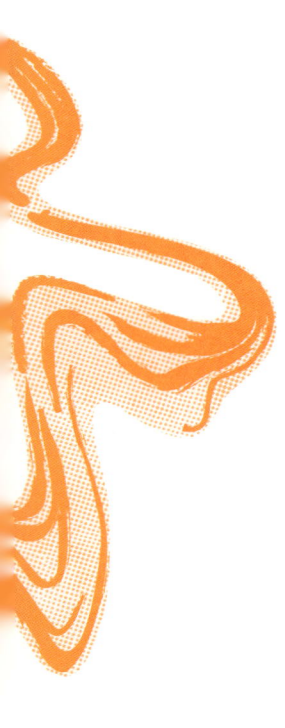

lizarse como algo intrínseco en determinadas personas. Ya no se trataba solo de actos aislados y punibles, como se había hecho hasta el momento con la sodomía; ahora, hablábamos de algo más profundo y duradero. A partir de la segunda mitad del siglo XIX, podemos encontrar varias publicaciones —a cada cual más chocante— que giran en torno a esta idea. Una de las más conocidas es la del psiquiatra alemán Richard von Krafft-Ebing, quien en 1886 publicó su libro *Psychopathia Sexualis*. Entre sus llamadas «perversiones sexuales» incluye el sadismo o el masoquismo, pero también la homosexualidad, a la que además atribuye un componente hereditario. La guinda del pastel para fomentar el rechazo de dicha sexualidad dentro de los núcleos familiares. No es casual que la homosexualidad fuera incluida entre los trastornos recogidos en la primera edición del *Manual diagnóstico y estadístico de los trastornos mentales* (DSM), publicado en 1952 por la Asociación Estadounidense de Psiquiatría.

La visión del padre del psicoanálisis, Sigmund Freud, resulta sorprendente. Cuando en 1935 una madre estadounidense le hizo llegar una carta pidiéndole que tratara la desviación de su hijo, Freud le respondió que la homosexualidad no era motivo de vergüenza y que no podía clasificarse como una enfermedad. La definía, en cambio, como «una variación de la función sexual causada por cierta atrofia del desarrollo sexual».[13] Además, ¿sabes esa idea tan repetida de que todo el mundo es, en mayor o menor medida, bisexual? Pues Freud pensaba algo parecido. Por eso sostenía que no era algo que pudiera curarse o corregirse, aunque sí que se podía utilizar la terapia para conectar con la atracción heterosexual.

Puedes intuir, por este discurso, que, ante la consideración generalizada de la homosexualidad como patología, se intentó encontrar todo tipo de causas médicas —psicológicas o biológicas— y, con ello, se experimentó con múltiples «tratamientos». Por llamarlos de alguna manera, claro, porque más bien fueron torturas. En la España de la dictadura, psiquiatras cercanos al régimen, como Juan José López Ibor, alardeaban de ser capaces de curar dicha anomalía mediante terapias de *electroshock* y, lo que es aún peor, practicando lobotomías. Además, la terrible Ley de Vagos y Maleantes fomentó el internamiento en prisiones de personas no heterosexuales y/o trans, donde eran objeto de crueles e incesantes tormentos.

Si crees que esto ya está superado, nada más lejos. Qué más quisiéramos. Sin salir de nuestro país, puedo decirte que a principios de 2025 saltó a los medios la noticia de que la Asociación Española contra las Terapias de Conversión estaba denunciando a varias diócesis españolas, así como a ciertos sacerdotes, por acoger en sus parroquias charlas que promovían este tipo de terapias, haciendo caso omiso a su prohibición desde 2023.[14] No hace sino confirmar lo que ya sabemos: que todavía queda mucho por hacer.

Aparta, maricón

El mundo del arte ha tendido a calificar aquellas creaciones explícitamente homoeróticas como obscenas. Pero, si lo piensas, si estas imágenes no han tenido cabida antes en el relato de la historia oficial no es porque no hayan existido ni porque fueran irrelevantes, sino porque suponían una amenaza para el orden impuesto. Es algo que, si todavía no te acaba de cuadrar, vas a poder comprobar a lo largo de estas páginas.

A la vez que encontramos escenas de celebración de la diversidad, aparece también justo lo contrario: imágenes que señalan y denuncian la existencia disidente. Y sí, como puedes imaginar, la forma en la que cada sociedad observa y trata determinadas orientaciones o identidades ha tenido un peso psicológico en las personas que las viven. Esto se vuelve especialmente evidente en el caso de la Iglesia católica, que, sobre todo en la Edad Media, puso el arte al servicio de la expansión de sus dogmas de fe. Entre las representaciones de pecados y sus correspondientes castigos no podía faltar el abominable vicio sodomita. No resulta loco imaginar el sentimiento de culpa que estas imágenes podían despertar entre aquellos que sucumbían a sus oscuros deseos, cuyo destino era el más horrible de todos: las llamas del infierno.

Un buen ejemplo lo encontramos en las *Bibles moralisées* (o Biblias moralizadas), producidas en la corte francesa desde principios del siglo XIII y caracterizadas por la suntuosidad de sus materiales y sus bellísimas miniaturas (así es como solemos llamar a sus ilustraciones). Aquí puedes ver una imagen que forma parte del conocido como **Codex Vindobonensis 2554**, conservado en la Österreichische Nationalbibliothek de Viena y obra de un maestro anónimo. Se trata de una representación condenatoria de las relaciones entre personas del mismo sexo. Nos presenta a una pareja de mujeres y otra de hombres en actitud erótica, acompañadas de dos demonios que podemos imaginar que se encargarán de impartirles su merecido castigo.

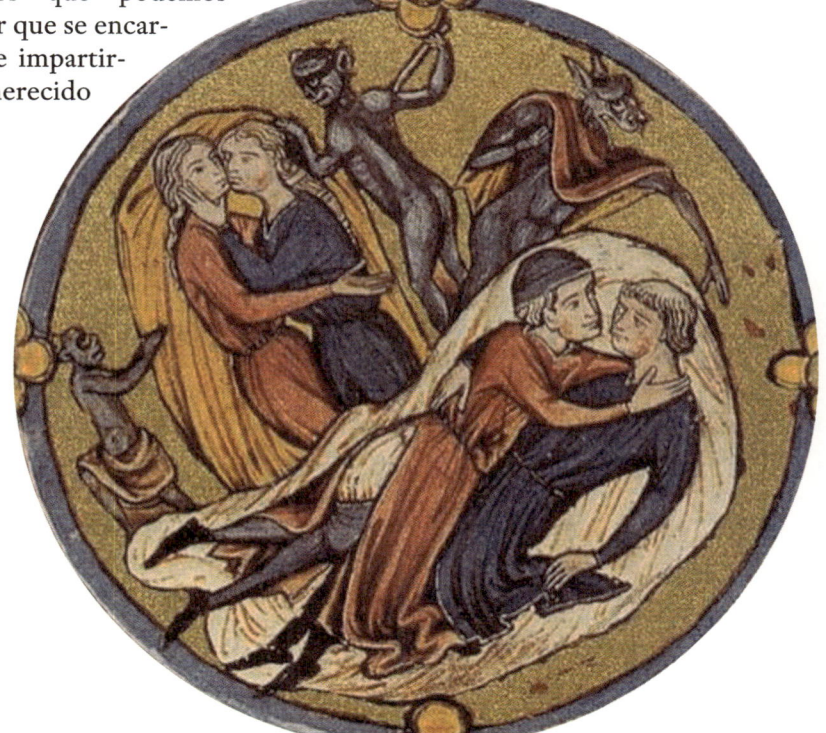

Lo sé: a priori no parece haber nada sorprendente en todo esto. No es novedoso encontrar visiones condenatorias de la disidencia en obras religiosas. Pero la lectura homófoba no se limita a este tipo de producciones, y también ha dejado su huella en relatos en los que, por su temática, en principio no tendría cabida. Es el caso del mito de Orfeo, un músico virtuoso a quien el dolor de la pérdida de su esposa, Eurídice, le llevó a bajar al mismísimo inframundo para suplicar el regreso de su alma. La representación más común de su mito se centra en su regreso junto a ella, un camino en el que fue incapaz de cumplir con la única condición que Hades le había impuesto: no girarse para mirar a su amada.

Este episodio se convirtió en un pasaje muy representado en pintura, sobre todo en las obras creadas durante el llamado *fin-de-siècle*. Aun así, aunque artistas como Gustave Moreau lo inmortalizaron con una efigie más bien andrógina, la posible bisexualidad de Orfeo ha tendido a ser ignorada. Y es que, según algunas versiones del mito, tras la pérdida definitiva de su Eurídice, Orfeo rechaza para siempre el cariño femenino y opta, en cambio, por el de los jovencitos, motivo por el cual las mujeres tracias acaban por despedazarlo sin piedad.[15]

Este es justo el momento que **Alberto Durero** representa en *La muerte de Orfeo*, un grabado de 1494 que hoy muchos creen que se inspiró en una pintura original del pintor italiano Andrea Mantegna. Lo más interesante de la escena aparece justo en el árbol, donde puede verse una copia de *Las Metamorfosis* de Ovidio, libro en el que se narra su mito. Más arriba, en la copa del mismo árbol, una inscripción reza «*Orpheus der Erst puseran*», lo que podría traducirse como «Orfeo, el primer bujarrón».[16] Pese a definirlo así, Durero nos presenta un hombre robusto y viril que contrasta con la imagen que se tenía de los sodomitas como débiles y afeminados, así como con otras representaciones de este personaje, que —como citaba antes— eran más bien efébicas o andróginas. Ocurre incluso en obras centradas en este mismo pasaje, como la pintura de Émile Lévy. Aun así, la de Durero es, sin duda, una imagen que puede interpretarse fácilmente como una visión demonizada de la homosexualidad. Sin embargo, todo hay que decirlo, algunos críticos la han relacionado más bien con la pederastia.

El impacto que este tipo de relatos ha tenido en las personas disidentes también ha sido un tema tratado, en mayor o menor medida, en el arte. En pleno siglo XIX, Francisco de Goya exploró esta cuestión en un dibujo curioso, el

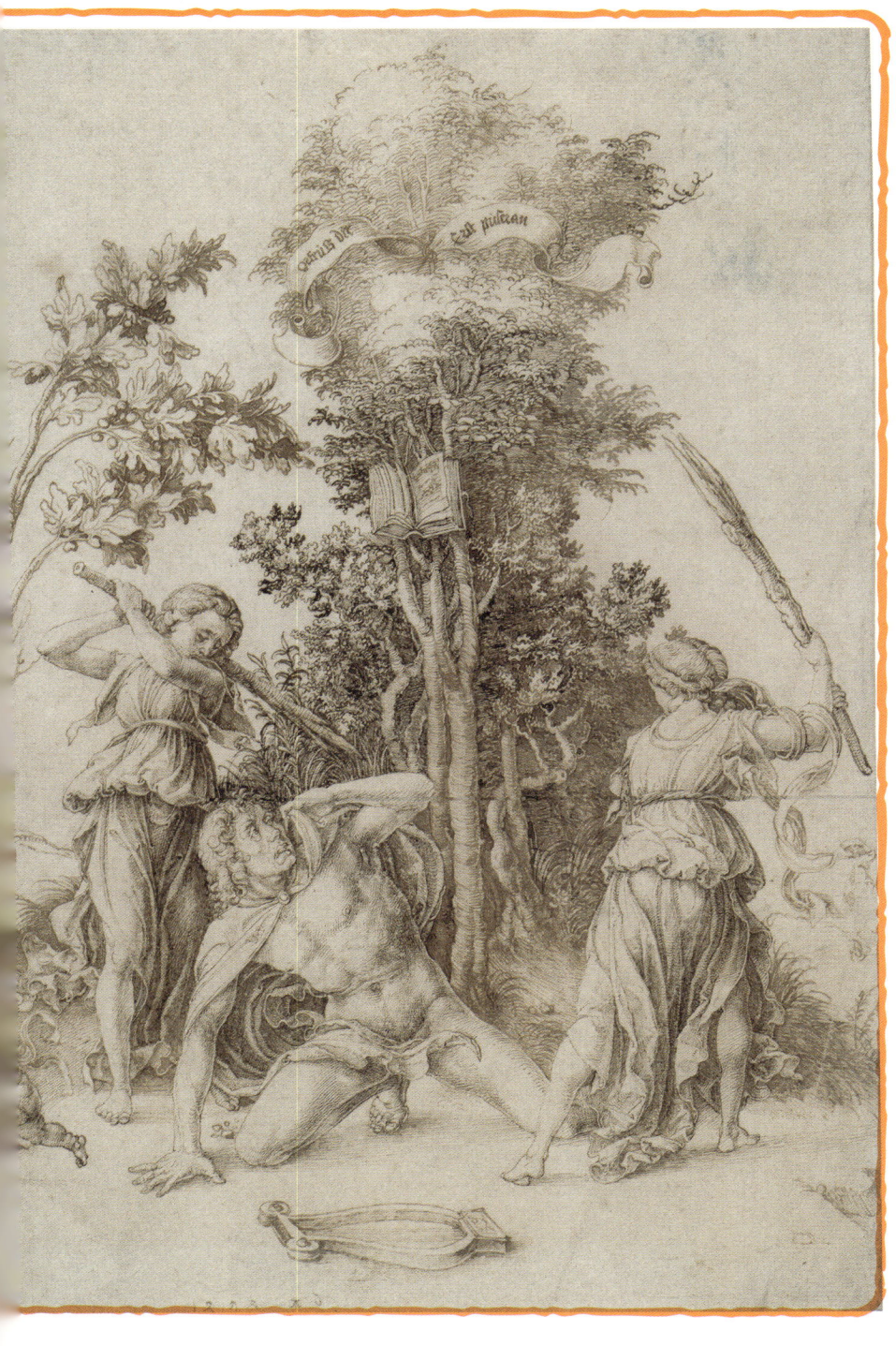

conocido como *El maricón de la tía Gila*, en el cual inmortaliza a un personaje pintoresco, vestido con ropas fuera de lo común, que parece subirse torpemente el calzón, un gesto que ha llevado a interpretar la escena como inmediatamente posterior a un encuentro sexual. Pero, más allá del atuendo ridículo, la composición carece del aire cómico que normalmente se daba en las imágenes de este tipo; más bien se centra en la captación psicológica de un personaje evidentemente disidente, que parece sufrir y que, más que provocar la risa, apela a la empatía de quienes nos detenemos a observarlo.

Obviamente, hay representaciones mucho más explícitas, sobre todo ya entrado el siglo XX. Duane Michals, por ejemplo, aborda en varias de sus obras el dolor provocado por las leyes y medidas que a lo largo de la historia han perseguido y castigado el amor entre iguales. Se ve de forma clara en *The Unfortunate Man* [El hombre desafortunado], una fotografía en la que narra la historia de un hombre cuyas manos se transforman en pies ante la imposibilidad de tocar a la persona que ama. Y, por si quedaba alguna duda, lleva la metáfora a lo más literal: como veremos próximamente, este fotógrafo suele escribir directamente sobre sus propias instantáneas, en un recurso que le ayuda a contar sus historias.

En otras obras, la crítica es todavía más mordaz y explícita. David Wojnarowicz es un claro ejemplo de ello. Aunque dedicó buena parte de su producción más conocida a explorar las problemáticas relacionadas con el VIH/sida —del que veremos que él mismo fue víctima en todos los sentidos posibles de la palabra—, también desarrolló algunas propuestas en las que puso su creatividad al servicio de la denuncia de la homofobia estructural. Es justo lo que ocurre en *Untitled (One day this kid...)* [Sin título (Un día este niño...)], una obra en apariencia sencilla: si nos ceñimos a lo que hay, solo se ve la figura de un niño rodeada de un extenso texto. Pero la cosa cambia al saber que se basa en una fotografía de su propia infancia y que lo que describe esa pequeña versión de sí mismo son todos los prejuicios, traumas y abusos que sufrirá cuando sea adulto por el mero hecho de presentarse al mundo como homosexual. La intención de Wojnarowicz era la de crear versiones de esta misma obra en distintos idiomas, con el fin de expandir su mensaje derribando la barrera lingüística, pero, por desgracia, no llegó a ver su proyecto completado. Aunque se trata de un texto extenso, creo que es interesante dejar por aquí un breve fragmento:

«Un día, este niño hará algo por lo que los hombres que visten uniformes de sacerdote y de rabino, los hombres que habitan ciertos edificios de piedra, pedirán su muerte. Un día, los políticos promulgarán leyes contra este niño. Un día, las familias darán información falsa a sus hijos, y esos hijos transmitirán esa información a la siguiente generación, una información concebida para hacer la existencia insoportable a este niño. Un día, este niño empezará a experimentar toda esta actividad en su entorno y esa actividad y esa información le obligarán a suicidarse o a someterse a peligros con la esperanza de ser asesinado o quedar relegado al silencio y la invisibilidad (...) Los médicos dictaminarán que este niño se puede curar, como si su cerebro fuera un virus. El gobierno arrebatará sus derechos constitucionales a este niño e invadirá su intimidad. Este niño tendrá que enfrentarse a electroshocks, a sedantes y a terapias de conversión en laboratorios atendidos por psicólogos e investigadores científicos (...) Y todo esto sucederá dentro de uno o dos años, cuando descubra que desea poner su cuerpo desnudo sobre el cuerpo desnudo de otro niño».

Homosexualidad como muerte política

Fíjate en esta imagen. Dos mujeres, una sentada sobre la otra, se funden en un beso apasionado. Ambas lucen vestidos pomposos y lo que parecen ser pelucas empolvadas. No hay muchos más detalles; solo una estancia que se intuye lujosa, aunque no especialmente recargada, iluminada a la luz de las velas. La escena se completa con una frase en francés, la misma que suele darle nombre en los inventarios: *«Je ne respire plus que pour toi... un baiser, mon bel Ange!».* [Solo respiro por ti... ¡un beso, mi bello ángel!] Efectivamente, estamos ante un grabado explícitamente lésbico, creado por alguien que guardó celosamente su identidad allá por 1790. ¿Me vas a negar que es sorprendente?

Pues esto no es nada, porque lo realmente llamativo de la imagen no es el retrato sin tapujos de la pasión entre mujeres, sino la identidad de sus retratadas: se supone que son María Antonieta de Austria, la entonces reina consorte de Francia, y su favorita, Yolande de Polastron, también conocida como Madame de Polignac. Aquí no he venido a afirmar ni desmentir que hubo algo entre ellas, sino a invitarte a plantear-

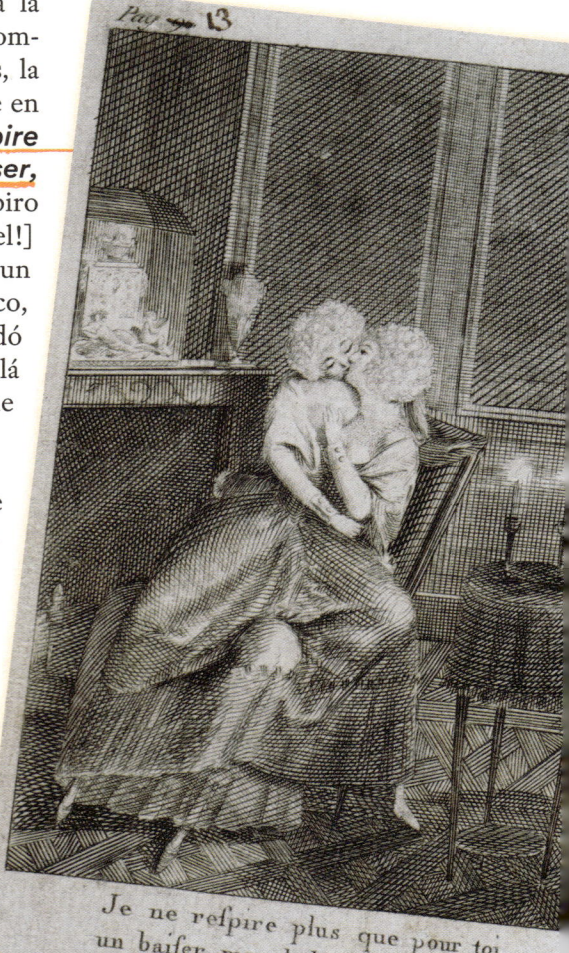

Je ne respire plus que pour toi...
un baiser, mon bel Ange!

te la misma pregunta que yo me hice la primera vez que vi este grabado: ¿por qué en la Francia de finales del siglo XVIII empezaron a rular imágenes de la reina empotrando a su amiga del alma?

Antes de continuar, es importante introducir el concepto de libelos: panfletos y libritos llenos de chismes satíricos y profundamente difamatorios —y, por tanto, poco apreciados por sus protagonistas— que acabaron por constituir un género literario en sí mismo. ▼ Lo normal era que atacaran a personajes poderosos, sobre todo de la realeza o de la aristocracia. María Antonieta fue una de las grandes damnificadas, en una campaña de desprestigio que podría decirse que culminó con su famosa ejecución en la guillotina. En estos textos se la acusaba de derrochadora, traicionera y promiscua. Lo mucho que tardó en consumarse su matrimonio con Luis XVI —en torno a siete años— y en tener descendencia también fue utilizado en su contra.

Algunas de estas publicaciones ni siquiera requerían un mensaje profundo; con una imagen pornográfica de la reina era más que suficiente. Había para todos los gustos. En la ilustración titulada «*Bravo, bravo, la Reine se penetre de la Patrie*» [Bravo, bravo, la reina se impregna de la patria], por poner otro ejemplo, la monarca aparece abrazando a un soldado de la guardia real, con los genitales al descubierto, mientras otros tres soldados observan la escena desde la distancia. Pero las más interesantes son, con diferencia, las escenas sáficas, a veces protagonizadas por otra de sus favoritas, la princesa de Lamballe. Si estos encuentros fueron reales o ficticios importa relativamente poco (aunque no voy a negar que me encantaría saberlo), lo que nos interesa ahora mismo es que fueron un recurso eficaz para manchar su imagen a través de un amor presentado como antinatural.

Pese a que no existen pruebas superconcluyentes —de esas que tanto les gustan a los historiadores— para afirmar que María Antonieta y Madame de Polignac fueran algo más que amigas, el tópico de su supuesto *affaire* lésbico ha sobrevivido al paso de los siglos. En la película *Adiós a la reina* (2012), dirigida por Benoît Jacquot, esta relación se da prácticamente por sentada. Lo que es seguro es que las tiernas cartas que intercambiaron revelan, como mínimo, un cariño profundo y sincero. «Solo la muerte puede hacer que deje de quererte»,[17] escribió la reina en una de ellas.

▼ No sé si has visto «Los Bridgerton» pero, aunque no hay muchas cosas en esa (maravillosa) serie que puedan referenciarse en un libro de historia, el concepto me recuerda bastante al de la columna secreta de Lady Whistledown.

Pero esta tendencia a usar la sexualidad como un arma política no es ni novedosa ni exclusiva del caso de María Antonieta. Es mucho más remota de lo que imaginas. Ya en el Imperio romano encontramos ejemplos muy claros. No todo el mundo sabe que el emperador Julio César fue víctima de la rumorología en torno a su vida sexual. En su caso, la excusa fue un viaje que emprendió cuando tenía apenas veinte años, cuando fue enviado a la corte del rey de Bitinia, Nicomedes. Al margen de que no podamos saber si pasó algo entre ambos o no (solo diré que cuando el río suena, agua lleva), sí sabemos que la especulación alimentada por sus enemigos políticos se convirtió en una potente arma contra él. Retratarlo como «afeminado» (por el supuesto rol pasivo que habría desempeñado) era una forma de dañar su poder. Sus detractores —entre ellos, nombres como Cicerón o Calvo Licinio— llegaron a apodarlo «rival de la reina», «lupanar de Nicomedes» o incluso «reina de Bitinia».[18]

De igual manera, a caballo entre la Edad Media y la Edad Moderna, encontramos casos en los que una acusación de sodomía a tiempo se convertía en una buena victoria política. El ejemplo más conocido se sitúa en el siglo XV, en España, y está relacionado con el conflicto sucesorio de Enrique IV. Hablamos de un momento en el que el pueblo se dividió entre quienes apoyaban a su hija Juana —apodada la Beltraneja porque decían que era bastarda y su verdadero padre era Beltrán de la Cueva, el consejero real— y quienes hacían lo propio con sus hermanastros, en especial con Isabel, la que acabaría siendo apodada como la Católica.

Para conseguir salirse con la suya, los cronistas trabajaron con esmero una imagen del rey como un hombre de dudosa virilidad, lo que seguramente contribuyó, entre otras cosas, a que recibiera el dudoso honor de pasar a la historia con el sobrenombre de «el impotente». Pero la cosa fue más allá: también se construyó una imagen de Enrique IV como un desviado, utilizando como pretexto elementos visibles, como su alimentación o su forma de vestir, para hacer suposiciones sobre aquello que le gustaba hacer en la intimidad de su alcoba.[19] En este sentido, podemos citar las palabras del cronista de Isabel la Católica, Alfonso de Palencia, quien además utiliza la supuesta desviación sexual del monarca para acusarlo de haberse alejado de las costumbres cristianas, asociando sus hábitos —como tantos otros de su época— con prácticas que él consideraba propias del mundo musulmán:

«Incluso en su vestido, en sus andares, en su hábito de reclinarse a la mesa, y en otros abusos secretos e indecentes, prefería las costumbres de los mahometanos a las cristianas».[20]

Este tipo de acusaciones también pueden rastrearse en tiempos mucho más recientes, aunque desde otro punto de vista. En la película *Tempestad sobre Washington* (1962), por ejemplo, se inmortalizan esta clase de chantajes a través de la figura del senador Brigham Anderson, que recibe amenazas anónimas con hacer público un escarceo del pasado que tuvo con otro hombre. Al final, sabiendo que existen pruebas que respaldan las acusaciones, sucumbe a la presión y toma la drástica decisión de quitarse la vida.

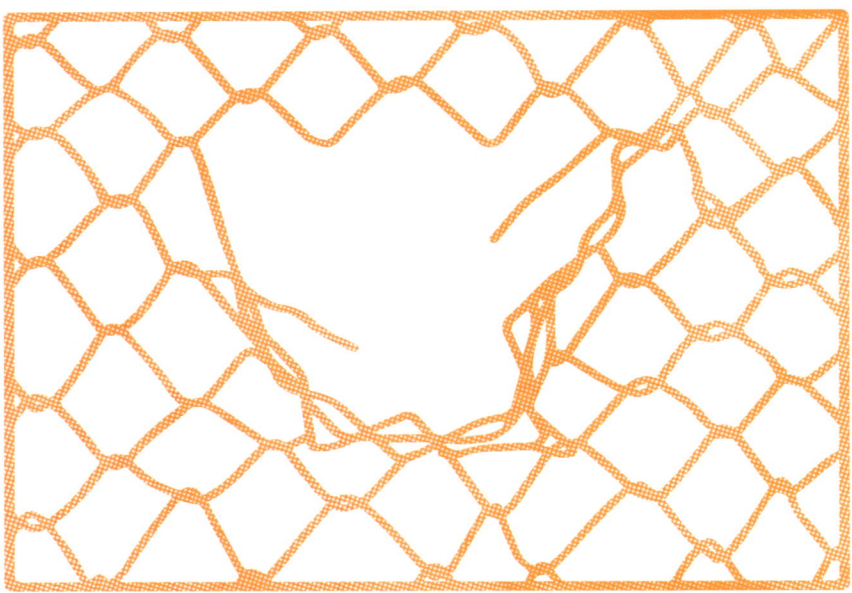

Nos marcaban con un triángulo rosa

No sé si te has fijado, pero en las notas al pie de página de este libro —aquellas en las que trato de aportar algo más de información o añado un dato aleatorio de esos que no sabemos muy bien cuándo soltar, pero que siempre es útil conocer— están señaladas siempre con un símbolo: un triángulo invertido de color rosa. Si has leído la introducción, sabrás que es una elección consciente. Este fue el distintivo con el que se identificaba a los hombres homosexuales o bisexuales, así como a las mujeres trans (cuya identidad les era negada) en los campos de concentración y exterminio nazis. ▼

A partir de 1933, el régimen nazi persiguió y arrestó de forma sistemática a multitud de hombres acusados de violar el artículo 175 del código penal alemán, que prohibía explícitamente las relaciones sexuales entre varones. Durante los años en los que el nazismo estuvo en el poder, se calcula que se arrestó a cerca de 100.000 hombres acusados de estos cargos, de los cuales al menos la mitad fueron condenados.[21] Conviene señalar que esta ley ya se había promulgado en 1871, pero fueron los nazis quienes intensificaron su aplicación y endurecieron sus castigos. Se calcula que entre 5.000 y 15.000 de los condenados acabaron siendo enviados a campos de concentración.

▼ En general, los prisioneros eran marcados con estos triángulos invertidos cosidos en el pijama. El color indicaba el supuesto «crimen» que les había llevado a su internamiento. Las lesbianas no tenían su propio emblema, pero a menudo eran calificadas como asociales y marcadas con un triángulo negro.

Todo esto resulta irónico especialmente si tenemos en cuenta que el Berlín de entreguerras fue famoso por su ambiente nocturno bohemio lleno de libertades, hasta el punto de ser descrito en ocasiones como «la capital gay». Es imposible no sentirse removida al ver las fotografías del antes y el después de clubes como Eldorado, uno de los locales más famosos de la época. Mientras que muchos lo valoraban como un espacio de libertad y diversidad —manifiesta a través de prácticas, como, por ejemplo, el travestismo—, otros lo veían como un símbolo de la decadencia de la Alemania de la República de Weimar. En la imagen del después, el que fue un símbolo de libertad aparece convertido en sede de la Sturmabteilung (o la SA), con la fachada cubierta de propaganda nazi.

Lo verdaderamente paradójico es que una de las personas asiduas a este tipo de locales era también uno de los jefazos de la citada SA, la fuerza paramilitar nazi. Sí: ni su posición dentro del partido ni su colegueo con el mismísimo Adolf Hitler le sirvieron para librarse de la ejecución. Hablamos de Ernst Röhm, quien, pese a su ideología, jamás renegó de su homosexualidad. Para él, ambas cosas no eran incompatibles (eso sí, siempre luciendo una apariencia masculina). Fue ejecutado en 1934, durante lo que pasó a la historia como «la noche de los cuchillos largos», una purga dentro del propio partido nazi.

Sobre la homosexualidad y el nazismo▼ se podría escribir un libro entero. Es un tema complejo, sin duda. Pero, en lugar de detenerme en los horrores vividos en los campos de exterminio o en las medidas que se llegaron a legalizar, como la castración (lo sé, es una salvajada), prefiero centrarme aquí en lo relativo al mundo artístico. Y para ello necesito hacer un breve pero necesario inciso... ¿Sabías que, antes de convertirse en el *Führer* del Tercer Reich, el propio Hitler aspiraba a ser artista? No te haces una idea de la cantidad de veces que me he preguntado si la historia hubiera cambiado en algo de haber sido aceptado en la Real Academia de Bellas Artes de Viena. Pero no hubo suerte: era un inepto para la pintura, y no lo digo yo, sino los académicos que rechazaron su ingreso hasta en dos ocasiones.

Lo más probable es que fuera esta frustrada vocación artística la que le hizo comprender el enorme poder propagandístico del arte. Si no podía dedicarse a pintar, al menos encontraría la forma de utilizarlo a su favor. Todas las obras que no encajaban con los ideales políticos del régimen —o, directamente, que

▼ Te recomiendo echar un vistazo al libro publicado por Josef Kohout, uno de los hombres marcados con dicho distintivo. Años más tarde, publicó su historia bajo el pseudónimo Heinz Heger en *Los hombres del triángulo rosa: Memorias de un homosexual en los campos de concentración nazis.*

no le gustaban— fueron expropiadas, destruidas o, como mínimo, ridiculizadas. De hecho, el 19 de julio de 1937 inauguró en el Instituto Arqueológico Municipal de Múnich una exposición titulada *Entartete Kunst* [Arte degenerado], concebida como contrapunto a otra muestra paralela que exaltaba los valores supremacistas del partido. ¡Sorpresa! La mayoría de las obras censuradas eran vanguardistas.

Como puedes imaginar, también hubo artistas que sufrieron las consecuencias de su «desviación». Es cosa de pura estadística. El caso más impactante es, tal vez, el de Richard Grune, quien, tras ser detenido, pasó por múltiples campos de concentración. Fue uno de los pocos afortunados que lograron sobrevivir y que además plasmaron en su obra los horrores vividos allí: los trabajos forzosos, la muerte, la solidaridad entre presos y a los perpetradores de dichas torturas. De verdad, te invito a buscar sus litografías, porque son de las obras más impactantes que he visto. Ponen la piel de gallina.

En el caso de Gertrude Sandmann, a su orientación sexual se le sumaba el hecho de provenir de una familia judía. Su ascendencia no aria le impidió seguir trabajando de forma pública como artista, pero eso no frenó su creatividad: continuó pintando en la sombra. Gran parte de su producción se perdió durante la guerra, destruida por los nazis, pero, por suerte, se conservan bastantes de sus dibujos de este periodo. Viendo su vida amenazada y tratando de evitar un destino terrible, llegó a fingir su propio suicidio y a dejar una carta a la Gestapo, sobreviviendo únicamente gracias a la ayuda de amistades y de su pareja, Hedwig Koslowski.

Pese a que Sandmann supo que era lesbiana desde muy joven, estuvo casada con el médico Hans Rosenberg, una unión que acabaría en divorcio al poco tiempo. Aun así, no renegó de su sexualidad, sino que se sentía afortunada por ella, por la libertad que le otorgaba para huir de los roles tradicionales, tal y como escribió en la década de 1970:

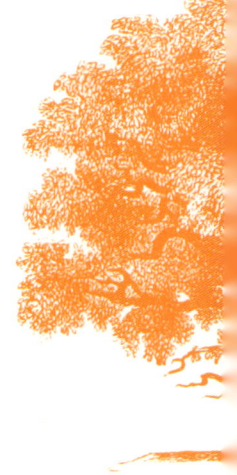

«Es necesario, o al menos favorable, que una artista no viva en una relación que le imponga exigencias en el sentido de la distribución patriarcal de roles, sino en una relación que no obstaculice su trabajo ni inhiba su desarrollo, es decir, una relación con mucha compañía mutua. Por eso creo que es una suerte ser una artista lesbiana y, como yo, poder admitirlo sin sentirme culpable». [22]

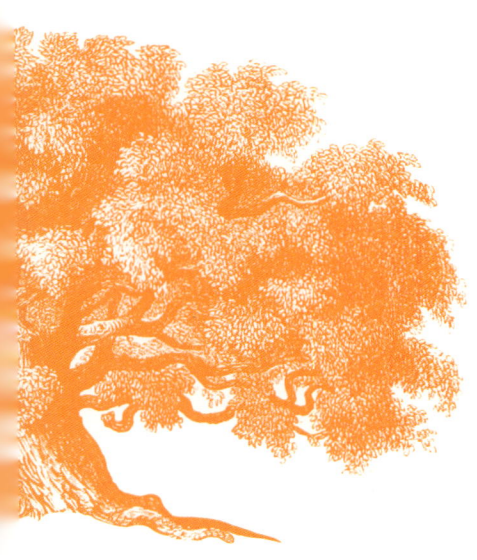

El caso de Willem Arondéus es especial. Este artista holandés se unió a la resistencia y acabó entregando su vida por la causa. Aunque procedía de una familia acomodada, su salida del armario no sentó bien a su padre, que le echó de casa. Su carrera como pintor fue bastante inestable, todo lo contrario a sus actos como activista. Su última acción fue liderar el grupo de resistencia que incendió el registro de población de Ámsterdam el 27 de marzo de 1943, un acto simbólico necesario para impedir que los nazis siguieran identificando a los judíos holandeses. Aunque el ataque fue un éxito, el destino de sus autores no lo fue tanto: todos fueron ejecutados. Se cree que fue entonces cuando Arondéus pronunció su célebre frase: «Que se sepa que los homosexuales no somos unos cobardes».

La censura como vía de escape

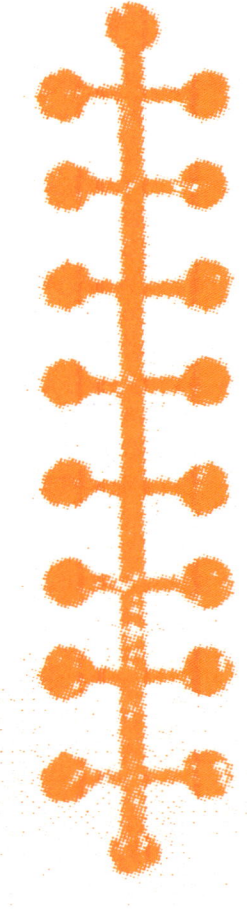

Entre la obra que se exhibe y la obra que se crea, a veces hay un mundo de distancia. Como veremos, muchos creadores que hoy leeríamos como parte del colectivo recurrieron a símbolos y lenguajes codificados, fórmulas imperceptibles para el público general pero que les permitían nombrar sus deseos evitando un más que posible escarnio público. Esto ocurrió, sobre todo, en momentos en los que el más mínimo atisbo de disidencia podía suponer perder tu vida tal y como la conocías. Es aquí donde entra en juego el concepto de autocensura, que más que como una acción fruto del miedo, funciona como un mecanismo de protección que transforma la creación o la desplaza a ámbitos privados, donde acaba por borrarse casi por completo.

Sabiendo esto, no es de extrañar que algunos artistas, conscientes de la repercusión que su mirada homoerótica podía tener en la recepción de su obra —y en su venta, claro—, optaran por virar hacia posiciones más neutras, al menos durante un tiempo. Aquí podemos mencionar a Andy Warhol, quien acabaría convertido en uno de los grandes nombres de la historia del arte a través de su tan conocido pop art, kitsch a más no poder: ya sabes, una sopa de tomate Campbell por aquí, un retrato en colores saturados de Marilyn Monroe por allá... Lo que no tanta gente sabe es que, una vez posicionado como ilustrador comercial, durante la década de 1950, empezó a moverse por el circuito de galerías neoyorquinas con una obra abiertamente gay, erótica y explícita a más no poder. Con dibujos de hombres besándose en la boca y jóvenes desnudos con el cuerpo —y sus partes íntimas al aire— cubierto de estrellitas y flores. Varios compañeros recuerdan esta época por el empeño que Warhol ponía en inmortalizar a todo señor que despertara su interés. «Déjame dibujar tu pene. Estoy haciendo un libro de penes», decía.[23]

Su intención se quedó en eso: en el intento. Tuvo que ser un golpe duro ver cómo la prestigiosa galería Tanager desestimaba exponer estos dibujos una y otra vez. Por eso mismo se ha llegado a señalar este episodio como uno de los motivos que le llevaron a desarrollar su vertiente pop, la que acabaría convirtiéndolo en una estrella internacional. En su caso, la autocensura no fue duradera, ya que exploró ideas *queer* siempre que tuvo ocasión, especialmente a través sus películas y de sus emblemáticas fotografías Polaroid. Warhol llegó a sufrir episodios de plumofobia incluso por parte de otros artistas gais (en el armario), como Jasper Johns y Robert Rauschenberg.[24] O, al menos, eso decía él.

Aún más impactante es el caso de pintor escocés Duncan Grant, quien no solo nunca abandonó sus «inclinaciones» (por decirlo de alguna manera), sino que tuvo que encontrar la forma de poder explorarlas en su arte. Lo hizo, sí, pero de forma codificada. O eso se pensaba hasta hace unos años. Fue hace relativamente poco cuando se descubrió todo un compen-

dio de dibujos eróticos —algunos de ellos MUY explícitos— en los que exploraba la sexualidad entre hombres. Grant se aseguró de que estas obras permanecieran en secreto, solo accesibles para su círculo más íntimo. Es decir, que básicamente pasaron de amante a amante.

Otros artistas fueron mucho más radicales: más que esconder sus obras o esquivar estas temáticas, optaron por destruir su producción para asegurarse de que nadie pudiera acceder a ella. El fotógrafo **George Platt Lynes** fue uno de ellos. En los años treinta y cuarenta, gozaba de un enorme reconocimiento por sus imágenes del mundo de la moda —hasta el punto de convertirse en uno de los fotógrafos más valorados de Nueva York—, colaborando con revistas como *Vogue* y *Harper's Bazaar*, además de trabajar en el ámbito del teatro y el ballet. Sin embargo, en la intimidad se permitía explorar su auténtico interés: el desnudo masculino. Muchas de estas instantáneas mostraban a uno o varios jóvenes en actitudes románticas o con poses abiertamente homoeróticas. Aunque su sensualidad nos resulta evidente, es importante recordar que el propio Lynes sentía cierto rechazo al uso de la palabra «pornografía», por lo que clasificó sus desnudos masculinos como «estéticos» o «eróticos».[25]

Estas fotografías no solo no se expusieron en vida, sino que muchas de ellas no han sobrevivido hasta nuestros días. Gravemente enfermo de cáncer y consciente de su inminente muerte, el fotógrafo prefirió cortar por lo sano y quemó gran parte de las imágenes y sus negativos. Si hoy podemos conocer obras como *Actaeon*

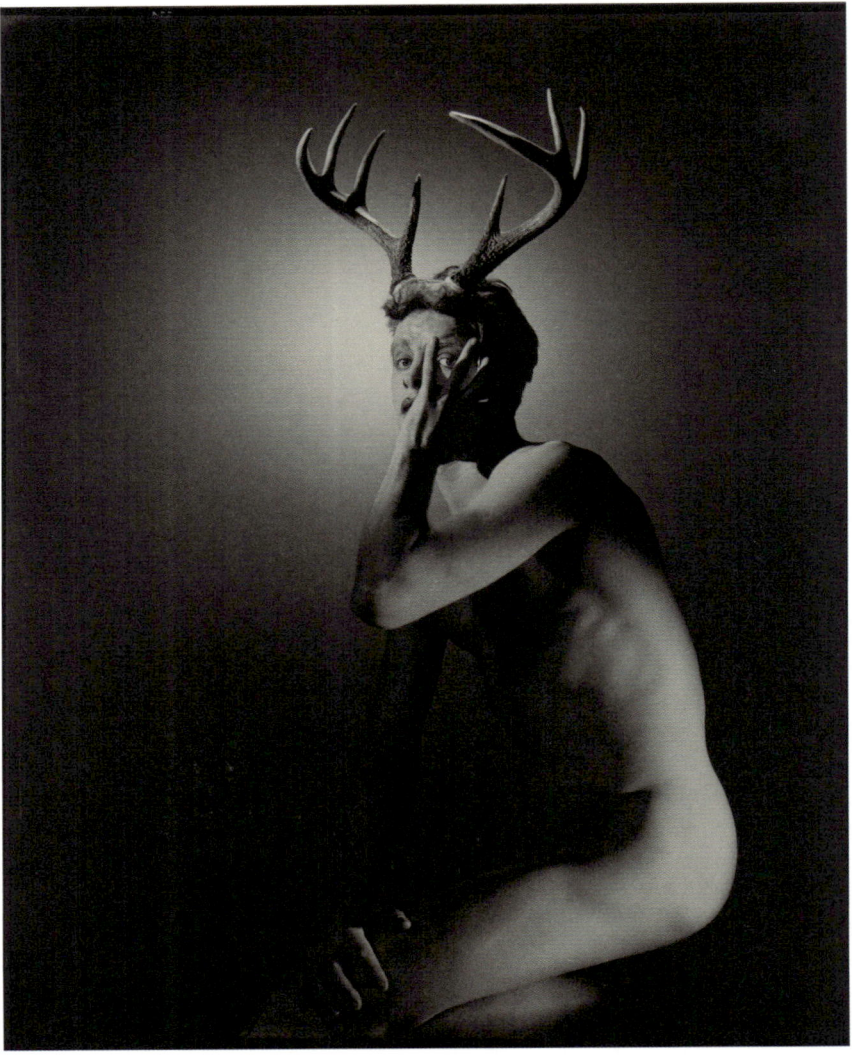

(1937-1939), en la que se recrea en el desnudo de un jovencito usando la tradicional excusa mitológica, es porque más de seiscientos negativos «secretos» fueron a parar al Kinsey Institute. Llegaron hasta allí gracias a su relación con el sexólogo y fundador de la institución, Alfred C. Kinsey, quien encontró estas obras exquisitas y de gran valor para sus «intereses particulares», entre los que se incluían, por supuesto, las prácticas sexuales entre hombres.[26] Y, poca broma, que las investigaciones de este señor contribuyeron a demostrar que la homosexualidad era más común entre ciudadanos estadounidenses de lo que se había presupuesto hasta entonces.

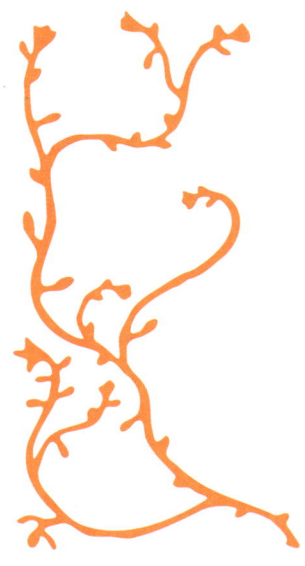

La autodestrucción de la propia obra no es, en realidad, algo excepcional en la historia del arte. Los motivos han sido de lo más variopintos. Monet, por ejemplo, destruyó varias pinturas de su famosísima serie *Los Nenúfares* por no sentirse satisfecho con ellas. Van Gogh, por su parte, reutilizó varios de sus lienzos debido a sus dificultades económicas para acceder a materiales, privándonos de conocer algunas de sus composiciones. Pero uno de los casos más curiosos es el del filántropo y coleccionista estadounidense Robert Allerton, quien se autoproclamó artista fallido y regresó a su mansión en Chicago no sin antes destruir todas sus pinturas. Si te pica la curiosidad, Glyn Philpot —con quien se cree que estuvo liado antes de conocer al que fue el hombre su vida, John Gregg— ▼ le dedicó varios retratos intimistas.

▼ La historia con este hombre es curiosa pues, aprovechando su diferencia de edad, de más de veinte años, Robert acabó adoptando a Gregg como hijo. Al final, esta pudo ser una argucia para justificar que llevasen varias décadas conviviendo juntos.

Pero la destrucción y censura de este tipo de obras ha sido, sobre todo, sistemática cuando ha procedido de personas ajenas a sus creadoras. Una de las pérdidas patrimoniales más desgarradoras en este sentido fue provocada por los nazis. ¿Alguna vez has visto la fotografía de la quema de libros del 10 de mayo de 1933 en la plaza de la Ópera de Berlín? La imagen es impactante: un grupo de jóvenes, entre ellos varios soldados, hace el saludo fascista junto a una hoguera de enormes proporciones. Bien, pues entre lo que ardió aquella noche se encontraban los archivos de la biblioteca del *Institut für Sexualwissenschaft,* es decir, el Instituto para la Ciencia Sexual fundado por Magnus Hirschfeld, un espacio que se había convertido en un refugio para la disidencia y que, con el auge del nazismo, pasó a ser considerado una amenaza para el régimen. Entre todo aquel material había también varias obras de arte, como la mayor parte de los dibujos y pinturas de Toni Ebel, quien, como veremos, fue paciente y empleada de este mismo centro.

También los nazis nos privaron de disfrutar de una parte fundamental de la producción artística de Claude Cahun y Marcel Moore. Este dúo —sentimental y artístico— exploró a través de la fotografía cuestiones que abordaban la identidad más allá del binarismo al que estamos acostumbradas, como veremos más adelante en el capítulo dedicado a la disidencia de género. Su profunda vinculación con la resistencia antinazi y su ascendencia judía condujeron a la detención de Cahun en Jersey, momento en el que se destruyó una gran cantidad de sus fotografías y negativos. Por suerte, una de las imágenes más potentes de esta época sobrevivió a esta destrucción deliberada: su autorretrato con una insignia nazi entre los dientes, una instantánea desafiante capturada en 1945.

Bufones, villanas y heridas de muerte: nuestro debut en la gran pantalla

¿Alguna vez has visto una serie y/o película solo porque ha llegado a tus oídos que tiene algún personaje mínimamente *queer*? Cuidado, no es una pregunta tonta. Yo misma reconozco que me he tragado auténticos bodrios solo por ver en pantalla un beso, una caricia o, muchas veces, un gesto bastante más sutil —lo que le gusta a un guionista un buen *queerbaiting*—▼ protagonizado por dos mujeres. Supongo que a muchas nos ha pasado lo mismo. Esta

---

▼ Englobamos bajo esta etiqueta las prácticas por las que se insinúan relaciones homoeróticas en pelis o libros sin que la trama llegue a desarrollarlas nunca. Vamos, una forma de hacer que las personas disidentes se enganchen a una relación que les resulta atractiva sin arriesgarse a ofender la frágil (y absurda) sensibilidad del público más conservador.

decisión no tiene nada que ver con el morbo; más bien con una necesidad de verse, de sentirse representada. A lo largo de estas páginas notarás que hay una idea transversal que se repite una y otra vez: si la representación es tan importante es porque aquello de lo que no se habla no existe. Simple y llanamente.

El problema llega al descubrir que el hecho de existir en la ficción no implica permanecer mucho tiempo en pantalla. En mi caso, el trauma tiene nombre propio: forma parte de «The 100» y se llama «matar a Lexa con una bala perdida justo después de que por fin tenga algo con Clarke». Lo siento por el *spoiler*, pero después de diez años ya ha prescrito.

Antes de que pienses que esto está justificado, que no todas las historias de amor lésbico pueden tener final feliz o algo por el estilo, es importante que tengas presente que este tipo de final trágico es demasiado frecuente como para ser casual. Tanto, que hasta tiene un nombre: *bury your gays* [entierra a tu gais] o el síndrome de la lesbiana muerta. Y ya si metes la idea de la bala perdida, alucinas. Porque todo esto ya le había pasado a Silvia de «Los hombres de Paco», que murió junto a su querida Pepa el día de su boda, o a Tara de «Buffy, cazavampiros», quien

poco después de reconciliarse con Willow muere en sus brazos por el mismo motivo. Y aunque las grandes damnificadas solemos ser las sáficas, también fue un disparo accidental el que acabó con la vida de uno de los personajes gais más emblemáticos de mi generación: Fer, de «Física o Química».

Pese a que en la última década los avances en materia LGTBIQ+ han propiciado una mayor representación —y, lo que es más importante, una representación más sana—, esta fórmula narrativa ni es casual ni es inocente. Venga, finge tu mejor cara de sorpresa: tampoco es algo reciente. Al contrario, hunde sus raíces en la historia del cine y en los mecanismos de control moral que durante décadas regularon qué historias podían llegar a la gran pantalla, cómo debían contarse y cuál era el final más propicio para cada una de ellas.

El marco que hizo posible todo esto fue el Código Hays, un conjunto de normas que permitía modificar —o más bien, censurar— las tramas, personajes y guiones de las grandes producciones de Hollywood. Era su peculiar forma de forzar a las películas a adaptarse a la moral de su tiempo, a lo que ellos consideraban «lo correcto». Aplicado a partir de 1934 (aunque surgió unos años antes) y vigente hasta finales de la década de los sesenta, el código incluía entre sus múltiples líneas rojas la llamada perversión sexual, lo que, claro está, incluía cualquier representación de la homosexualidad en pantalla. Pero, lejos de lo que puedas pensar, esto no evitó que la disidencia siguiera teniendo su lugar en el séptimo arte; simplemente la empujó hacia formas codificadas, solo reconocibles (o interpretables) por parte de otras personas con sus mismos deseos. Esta fue su peculiar manera de esquivar las normas.

Junto a la autocensura y al uso de códigos compartidos —algunos de los cuales veremos en el capítulo dedicado a la armonía—, el Código Hays propició un nuevo tópico narrativo: la representación de los personajes *queer* como figuras negativas y, con frecuencia, asociados a la villanía.

Pongamos como ejemplo *La hija de Drácula*, una película de terror estrenada en 1936, considerada como una de las primeras cintas con representación lésbica de Hollywood. La protagonista es la condesa Marya Zaleska, hija del famosísimo vampiro, que tras su muerte tiene la esperanza de que su maldición vampírica se rompa. Al comprobar que no es así, recurre al psiquiatra Jeffrey Garth, quien cree tener el poder de curarla. Cuando entiende que es imposible, Marya decide convertirlo en su compañero eterno. Al margen de la trama principal, a lo largo de la historia la condesa demuestra un interés claramente sexual por sus víctimas femeninas: les pide que se desnuden antes de atacarlas y las observa con lascivia. No es casual, además, que el tropo de la vampira lésbica sea uno de los más reconocibles. Piensa en *Carmilla*, una novela publicada en 1872 —varias décadas antes que el clásico *Drácula*—, en la que la protagonista combina una actitud tan sanguinaria como seductora.

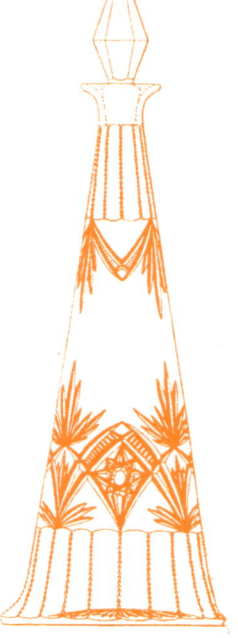

No es el único caso en el que un personaje lésbico se convierte en la mala de la película. Nunca mejor dicho. En *Rebecca* (1940) la obsesión del ama de llaves, la señora Danvers, antagonista de la historia, por la fallecida Rebecca insinúa una atracción que llega hasta el punto de llevarla a mostrar con admiración la ropa interior de esta.[27] Pero el tópico se extendió aún más. En *La soga* (1948), Alfred Hitchcock lleva a la gran pantalla una obra inspirada en un crimen real, introduciendo insinuaciones homoeróticas entre sus perpetradores. Incluso cuando el código parece ya extinto, la idea persiste, como demuestra el asesino travesti de *Una extraña pareja de polis* (1974) o el hecho de que la mayor parte de los villanos del Disney clásico admitan una relectura *queer*. ¿Qué? ¿Esto último te ha dejado con la boca abierta? Piensa, por ejemplo, en Úrsula de *La Sirenita* (1989), claramente inspirada en la famosa *drag queen* Divine, o en el gobernador Ratcliffe, antagonista de *Pocahontas* (1995), que es con diferencia el personaje más «afeminado» de toda la película. Son solo dos ejemplos de muchos.

A partir de la década de 1950, la representación dio un vuelco, pero no a algo mejor: la constante pasó a ser el dolor y sufrimiento del personaje homosexual, condenado a una vida sin amor y marcada por la desgracia, que con frecuencia acaba empujándole al suicidio. Podemos mencionar *La calumnia* (1962), donde se retrata una relación lésbica de forma más o menos explícita. La película trata de la amistad entre dos mujeres, Karen y Martha, que dirigen su propia escuela, y cómo esta se ve destrozada tras la acusación, a priori falsa, de una niña que afirma que hay algo entre ellas. Cerca del final, Martha reconoce sus sentimientos por Karen, explica que ese era el motivo por el que rechazaba que esta se casara, se define a sí misma como sucia y se culpa de haberlo arruinado todo. A continuación, decide quitarse la vida. En el caso de *El Detective* (1968), la historia es más cruenta: el personaje interpretado por Frank Sinatra investiga un crimen que acaba vinculado con el suicidio de Colin MacIver, un hombre de mediana edad que se ha arrojado desde una azotea. Finalmente se descubre que él mismo fue el asesino, tras conocer a su víctima en un antro gay al que acudió con la esperanza de poner fin a sus oscuros deseos.

Bueno, todo esto de la representación en el cine clásico es interesantísimo, pero ¿qué pinta en un capítulo dedicado a la salud? Pues, créeme, muchísimo. Entender el cine como cualquier otra forma de arte —y, por ende, como un poderoso reflejo de la sociedad que lo produce (sus intereses, inquietudes, valores...)— implica reconocer el impacto que estas imágenes tienen en quienes las consumen. Enfrentarse de manera constante a relatos que te devuelven la idea de que mostrarte como eres solo va a llevarte a la ruina, no favorece la autoaceptación ni es precisamente bueno para cuidar tu salud mental. El mensaje que se interioriza es, en muchos casos, devastador.

Por eso mismo es importante tener presente que la ficción también educa y que la representación no es un capricho. Verse existir, amar y vivir plenamente, con normalidad y sin que ello conlleve consecuencias fatales, influye directamente no solo en nuestra autopercepción, sino también en la forma en la que el mundo nos mira. La lucha no se limita a pedir inclusión; se trata de aprender a escribir otros finales, de romper con los tópicos y exigir que se nos represente de manera justa. Porque imaginar una vida habitable, también en la ficción, es, en sí mismo una forma de cuidado para quienes estamos y para quienes vendrán.

Por cierto, la próxima vez que alguien te diga que eso de incluir personajes LGTBIQ+ en las pelis es una modernidad o una simple cuota de inclusión, le puedes decir que el célebre activista Vito Russo ya desmontó ese argumento el siglo pasado. Te recomiendo que le eches un ojo a su libro *El celuloide oculto*, que explora precisamente cómo se ha representado la homosexualidad en los clásicos de Hollywood. Su obra es fundamental, y encima tienes una adaptación maravillosa en formato audiovisual. Ahí te lo dejo.

El mito del cuerpo equivocado

Durante mucho tiempo, para entender y, en cierta medida, justificar la existencia de personas trans en una sociedad binaria, se ha caído en una idea reduccionista y peligrosa: la de que estas nacieron en un cuerpo que no les corresponde, que es equivocado o que las convierte en algún tipo de «error biológico». Esta ha funcionado (y sigue funcionando) como una forma de dar explicación a la disforia de género, a la necesidad de hacer encajar el propio cuerpo en los mismos roles y cánones que tanto les han hecho sufrir. Pero esta concepción no puede ser más errónea. Basta con plantearse lo siguiente: ¿son realmente las personas que viven esta disconformidad quienes eligen conscientemente operarse y/o hormonarse? ¿O es la propia sociedad la que les empuja a tomar estas decisiones para ver legitimada su existencia? Creo que la respuesta está bastante clara, pero, como persona que nació y fue criada de acuerdo con su género sentido, no soy yo quien debe darla. Prefiero, en cambio, citar las palabras del sociólogo Miquel Missé en su libro *A la conquista del cuerpo equivocado*, que plasman a la perfección esta idea:

«Siento la extraña sensación de que me han robado el cuerpo. De hecho, siento que nos lo han arrebatado a las personas trans en general (...) Me refiero a que se nos ha robado la posibilidad de vivir el cuerpo de otra forma, que se nos ha impuesto una interpretación única sobre algunas de sus partes. Me refiero a que para explicar nuestro malestar se nos ha dicho que no deberíamos haber nacido en este cuerpo pero que podemos lograr el adecuado con tratamientos hormonales y algunas intervenciones quirúrgicas».[28]

También se ha acusado a las personas trans de legitimar este mismo concepto. Pero no hace falta leer mucho para ver que no es así; todo lo contrario, de hecho. El discurso de la mayor parte de este colectivo, al menos en la actualidad, está centrado en visibilizar la existencia de múltiples cuerpos posibles, todos ellos válidos en sí mismos, independientemente de que se decida —o no— atravesar procesos médicos. Es imposible imaginar que este discurso de autoaceptación pudiera haber tenido fuerza antes, cuando hasta 2018 la transexualidad figuraba en la lista de enfermedades mentales de la OMS.[29] Y, pese a todos los avances de los últimos años, las personas trans siguen teniendo una tasa altísima de intentos de suicidio: según el informe de Transaludes, publicado en diciembre de 2024, el 38,7 % de las personas no binarias, el 37,6 % de los hombres trans y 36,7 % de las mujeres trans participantes afirmaron haber intentado quitarse la vida alguna vez.[30] La cifra se dispara cuando se habla de plantearse esta posibilidad. Y estos datos, conviene recordarlo, se dan en un país de los más avanzados con respecto a este tema.

En todo caso, considero relevante abordar en este capítulo dedicado a la salud el tema de las operaciones de afirmación de género —las mal llamadas cirugías de cambio de sexo—, especialmente porque algunas de las primeras personas que se sometieron a estas intervenciones fueron artistas reconocidas en su época.

El caso más conocido, aunque no fue el primero, tal vez sea el de Christine Jorgensen. ¿Por qué? Porque fue la primera mujer trans en triunfar como actriz y alcanzar fama internacional. Su exitosa operación, realizada en Copenhague en 1952, copó los titulares de los periódicos estadounidenses tras su regreso al país. Lo interesante es que, aparte de ser reclutada por el ejército durante la Segunda Guerra Mundial, Jorgensen ya había intentado abrirse camino en el mundo del cine e incluso había hecho sus pinitos como fotógrafa antes de culminar su transición, pero solo logró auténtico reconocimiento más tarde. Como era de esperar, la fama no le trajo solo cosas bonitas; si hoy las personas trans sufren exclusión, violencia y toda clase de vejaciones, puedes imaginarte cómo era el asunto hace más de setenta años. Pero como ella misma dijo a sus médicos, merecía la pena con tal de lograr «toda la publicidad positiva posible por el bien de todos aquellos para quienes soy una representación de sí mismos».[31]

Como sabrás, el concepto de persona trans tal y como lo entendemos en la actualidad es bastante reciente. En el momento en que Jorgensen saltó a los titulares, fue descrita inicialmente como una persona intersexual cuya feminidad había quedado oculta bajo una apariencia masculina. Poco después empezó a ser identificada como «travesti» en el sentido más clásico de la palabra: como veremos, Magnus Hirschfeld incluía en la misma categoría también a las personas trans. Fue en parte Virginia Prince, otra mujer trans, quien empezó la lucha por separar ambos conceptos, mientras que Harry Benjamin empezó a promover la palabra «transexual» para distinguir a personas que se sometían a una transformación quirúrgica de aquellas que no lo hacían.[32]

Las primeras operaciones fueron obra de Magnus Hirschfeld, una figura clave para las personas disidentes en general y especialmente relevante para las personas trans, tal y como podrás descubrir en el capítulo dedicado a la disidencia de género. Te pido un poco de paciencia. El caso es que, aunque no existe consenso sobre quién fue la primera persona en someterse a estas intervenciones, la mayoría de fuentes considera que la primera conocida fue Dora Richter. Residente en el instituto, Dora había manifestado su identidad femenina desde muy pequeña, con tal insistencia que hasta su propia familia acabó por aceptar que viviera como una niña. Las malas lenguas cuentan que con solo seis años trató de extirparse el pene haciéndose un torniquete.[33] Su proceso comenzó en 1922, cuando se le practicó una orquiectomía, mediante la cual se le retiraron los testículos, y culminó en 1931 con la penectomía y la vaginoplastia.

Aunque los procesos eran muy rudimentarios, cada vez más personas se animaban a pasar por quirófano. Así, pronto se sumaron nuevos nombres a la lista, como el de Toni Ebel, pintora que ya hemos mencionado y cuya obra fue en gran parte destruida por la represión nazi. Pero hubo otra artista cuya relevancia fue aún mayor; Lili Elbe, quien antes de transicionar había cosechado una prometedora carrera como pintora paisajista. Aunque volveremos a hablar largo y tendido sobre ella más adelante, lo realmente importante en su caso es la capacidad de ponerle nombre a lo que sentía en una época en la que hacerlo parecía imposible. Es bastante probable que le ayudase contar con el apoyo incondicional de la que fue su mujer, Gerda Wegener, también pintora, que además inmortalizó su historia a través de su obra.

Según la versión oficial, el autodescubrimiento de Lili tuvo lugar mientras posaba para una de las obras de Gerda. Estos posados, vestida de mujer, se volvieron cada vez más frecuentes hasta convertirse en una parte indisoluble tanto del arte de Gerda como de la identidad de Lili, algo que acabaría empujándola, a finales de la década de 1920, a buscar oportunidades para someterse a una transición médica/quirúrgica.[34] Tal y como señala Tobías Raun, habría sido difícil que Lili obtuviera información al respecto antes de esa fecha, por no hablar de que es más que probable que no hubiera podido verbalizar, con el lenguaje y conceptos necesarios, su autoidentificación como mujer.[35]

Este proceso pionero, al que se sometió y que, por desgracia, en su caso no tuvo un final feliz, comenzó con una primera operación realizada en Berlín y supervisada por el celebrado sexólogo Magnus Hirschfeld, en la que se le retiraron los testículos. Unos meses más tarde, viajó a Dresde, donde se le extirpó el pene y se le implantaron unos ovarios rudimentarios. Por último, empujada por un deseo profundo de ser madre, intentó someterse a la implantación de un útero funcional. Las complicaciones derivadas de esta última intervención fueron las que le llevaron a la tumba.

También tenemos constancia de algunos de los primeros procesos protagonizados por hombres trans. Por un lado, encontramos al médico Alan L. Hart, quien, además de ser una figura clave en el estudio de la tuberculosis y el uso de rayos X para su diagnóstico, se sometió a una de las primeras histerectomías de la historia de Estados Unidos, mediante la cual se le extirparon el útero y los ovarios. Se cree que fue en torno a 1917. En cuanto a la primera faloplastia —la intervención destinada a construir un pene—, normalmente se establece que fue la de Michael Dillon, realizada aproximadamente en 1942. Su cirujano fue Harold Gillies, considerado el padre de la cirugía plástica moderna, quien había dedicado parte de su carrera a las reconstrucciones estéticas del rostro —y alguna que otra de la entrepierna— de soldados mutilados durante la Primera Guerra Mundial.

El cuerpo (y el dolor) como materia creativa

Uno de los tópicos que más se repiten en torno a la creación artística es la idea del artista como alma atormentada.[36] No creo que esto te pille de nuevas: muchas personas tienden a romantizar los problemas de salud mental e incluso a vincularlos con la genialidad. O, mejor dicho, esto suele ocurrir en el caso de ellos. Lo vemos en pintores consagrados, como Vincent van Gogh o Edvard Munch, cuyas supuestas «locuras» son vistas como un síntoma de ingenio y originalidad. También ocurre con artistas anteriores, como Francisco de Goya, especialmente en el caso de las *Pinturas negras*.

Pero incluso en este supuesto, el sesgo de género es más que evidente: en el caso de ellas, la locura se lee como un sinónimo de debilidad, de fragilidad mental. A las pruebas me remito: muchas de las artistas acaban siendo reducidas solo a eso. Piensa en Camille Claudel, recordada con frecuencia por ser la señora que «se volvió loca» y que acabó tres décadas encerrada en un centro psiquiátrico por destruir su propia obra, en lugar de por su aportación a la historia del arte y su influencia en Auguste Rodin, de quien fue amante y aprendiz, y el cual llegó a inspirarse de más en algunas de sus piezas. Y lo mismo ocurre con Dora Maar, brillantísima fotógrafa hoy limitada al papel de «la musa de Picasso» y a la imagen de la mujer que no supo gestionar su ruptura con «el genio» y que por ello acabó por ser internada. No pienso ocultar mi frustración.

Dejando de lado estos tópicos, de lo que no cabe duda es de que el arte funciona como un potentísimo canalizador de las experiencias humanas. Lo es en el caso de la salud mental, pero también respecto a las dolencias físicas y la discapacidad. En este cruce, y ligado también con lo *queer*, no hay mejor ejemplo que el de Frida Kahlo, quien hoy es considerada todo un icono bisexual y cuya obra se construyó desde un planteamiento profundamente autobiográfico. Por eso, para entender su trabajo,

es imposible no acercarse, aunque sea de pasada, a su vida.

Los dolores de Kahlo fueron múltiples. El primero, fue la polio, enfermedad que contrajo cuando solo tenía seis años y de la que sobrevivió, pero no sin secuelas: tenía una de sus piernas significativamente más larga que la otra. Después, en 1925, se sumó el famoso accidente de tranvía que supuso su gran trauma: además de fracturarse las costillas y la columna, el pasamanos del autobús en el que viajaba le atravesó la pelvis, poniendo en jaque su vida. A partir de entonces, Frida padeció dolores crónicos y tuvo que someterse a más de treinta intervenciones a lo largo de su corta pero intensa existencia. Una de las últimas fue la amputación de la mitad de su pierna derecha, episodio que la llevó a escribir en su diario la famosísima frase «pies para qué los quiero, si tengo alas para volar».

Pero bueno, si tratamos de verle el lado positivo (si es que lo tiene), Kahlo descubrió la pintura precisamente durante sus largas convalecencias, postrada en la cama sin apenas poder moverse. Encontró en el arte una forma de canalizar su dolor. Se aprecia con claridad en su *Columna rota*, un óleo pintado en 1944 en el que refleja el profundísimo suplicio que vivía por las secuelas del accidente. Algo similar en *Henry Ford Hospi-*

tal —también conocido como *La cama voladora*—, la artista plasma el sufrimiento psicológico que le producía el hecho de no poder cumplir su deseo de ser madre.

La vida de la artista mexicana estuvo atravesada por un profundo sufrimiento emocional, igualmente reflejado en su obra. En especial, el vinculado a su relación tóxica con Diego Rivera, una unión llena de idas y venidas e infidelidades por ambas partes, pero en la que él destacó por su falta de responsabilidad afectiva (liarse con la hermana de Frida fue demasiado, lo mires por donde lo mires). Para el tema que aquí nos ocupa resulta revelador su *Autorretrato con pelo cortado* (1940), parte de la colección del MoMA, una obra en la que la artista explora su propia androginia rompiendo con los códigos de representación habituales en su pintura. En lugar de los atributos femeninos típicos que aparecen en otros de sus cuadros, como las flores en el pelo, aquí luce un traje de señor y el pelo corto. No es casual que se realizara un año después de su divorcio: esta pintura refleja tanto la violencia de dicha separación como una nueva autonomía, ya que Kahlo se comprometió a mantenerse económicamente a partir de la venta de su propia obra.[37]

La brillante estela de Frida Kahlo ha llevado a que su figura se compare con la de otras artistas con vivencias a veces no tan similares. Es el caso de Amrita Sher-Gil, pintora india cuya prometedora carrera se vio truncada por su prematura muerte a causa de un tumor cerebral, cuando apenas tenía veintiséis años. Lo único que tenía en común con Kahlo era su glamur, el hecho de haber sido celebrada en vida y su bisexualidad, que no tenía reparos en exteriorizar, al menos teniendo en cuenta el contexto de la época. Su obra *Two girls* [Dos niñas] fue pintada el mismo año (1939) que *Dos desnudos en un bosque* de la pintora mexicana, y ambas acabaron reducidas a un retrato de su identidad desdoblada (como sí ocurre en *Las dos Fridas*), pasando por alto el ligero erotismo y la intimidad que emanan ambas.[38]

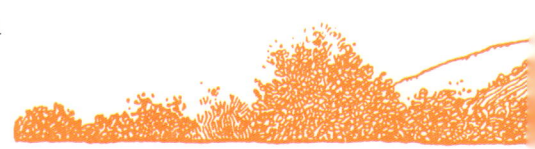

Dejando al margen la excepción que supone la figura de Frida Kahlo, resulta difícil de negar que, si las personas disidentes han sido injustamente invisibilizadas, este silenciamiento se intensifica cuando hablamos de personas que viven con una o varias discapacidades. Lo mismo ocurre con la discriminación que padecen. Por eso para mí era imprescindible abordar estas realidades en estas páginas, aunque fuera de forma breve; dando visibilidad a casos artísticos que tratan de cerca lo que supone protagonizar estas vivencias.

Uno de los casos que mejor encaja en este apartado es el de **Lorenza Böttner**, artista de origen chileno afincada en Alemania. Su obra, también bastante autobiográfica, es un fiel reflejo de su realidad como mujer trans y amputada. Perdió ambos brazos a los ocho años tras sufrir una fuerte descarga eléctrica mientras trataba de alcanzar un nido de pájaros en una torre de alta tensión. A los catorce años, su familia regresó a su Alemania natal. Aunque asistió a un colegio especializado para niños con discapacidad —específicamente con los llamados «niños Contergan»—,▼ con la exclusión y segregación que esto le supuso, acabó por rechazar el uso de prótesis y se matriculó en la Escuela Superior de Bellas Artes de la ciu-

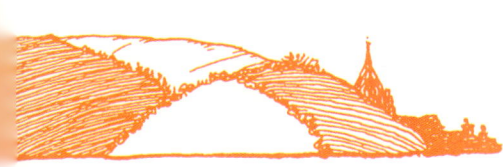

▼ Entre finales de los años cincuenta y principios de los sesenta, miles de bebés nacieron con malformaciones a causa del consumo de talidomida, un fármaco comercializado como sedante y como tratamiento contra las náuseas durante el primer trimestre del embarazo. La denominación del caso procede del nombre comercial con el que la farmacéutica alemana lo lanzó al mercado.

dad de Kassel, donde aprendió a pintar con la boca y los pies. También mostró interés por el baile y fue allí donde empezó a vestir y mostrarse conforme a su género sentido.

Aunque su producción pictórica (y alguna que otra escultórica) es interesante la gran aportación de esta artista se descubre a través de sus *performances*. Nadie como Böttner supo convertir su cuerpo en su propio lienzo y arma de reivindicación. Para ella, no había mejor creación artística que su vida como persona discapacitada y disidente, siempre en transformación. Ella misma se definía como exhibicionista, un proceso que comenzó a fraguarse cuando tomó conciencia de las miradas que recibía, independientemente de cómo fuera vestida.[39] Esta rutina aparece en cierta forma esbozada en la fotografía en blanco y negro, *Sin título*, que se toma en 1983 en colaboración con Johannes Koch, en la que se la ve maquillándose, tal vez para alguna de sus actuaciones, utilizando los dedos de sus pies.

Como señala el filósofo y comisario de arte Paul B. Preciado, el cuerpo transgénero y discapacitado de Lorenza acabó convirtiéndose en una escultura política viviente, un manifiesto escultórico trans-sin brazos que le permitió reivindicar su derecho a existir y a crear.[40] Esta idea se lleva a lo literal en una de sus actuaciones más emblemáticas, ocurrida en pleno centro de Nueva York, cuando Lorenza se presentó ante el público caracterizada como una de las esculturas más apreciadas de la historia del arte occidental: la *Venus de Milo*. No es casualidad que esta figura clásica tampoco conserve sus brazos. Tal y como explicó la propia artista en el documental *Lorenza, Portrait of an artist* [Lorenza, Retrato de una artista], dirigido por Michael Stahlberg:

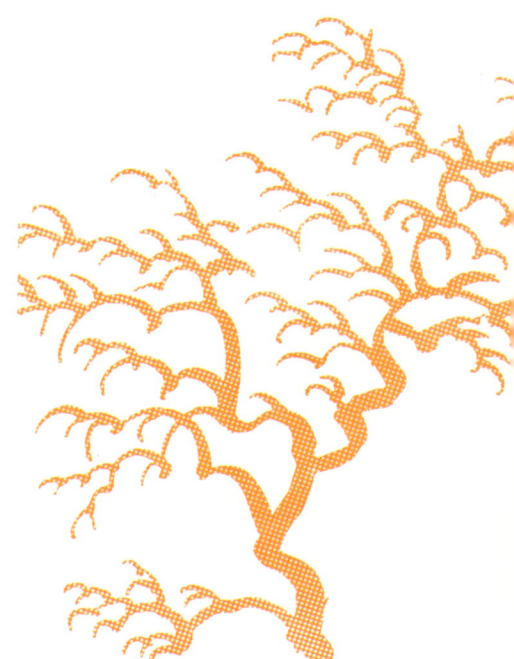

«*Quería mostrar la belleza de un cuerpo humano discapacitado. Y entonces vi cuántas estatuas eran admiradas por su belleza y, debido a un accidente o algo así, también habían perdido los brazos, pero no por ello habían perdido nada de su belleza ni de su atractivo estético*».[41]

Pese a que no es especialmente conocida por el público general, la propuesta artística de Böttner y su elevación y erotización del cuerpo *queer* y amputado sí caló en la sociedad de finales del siglo XX. Prueba de ello es que Lorenza apareció en al menos dos películas y que escritores chilenos tan reconocidos como Pedro Lemebel y Roberto Bolaño le dedicaron varias páginas en sus escritos.[42] Sus *performances* pudieron verse en varios países del mundo, incluida España, donde dio vida a la mascota de los Juegos Paralímpicos de Barcelona de 1992: la simpática Petra, un diseño de Javier Mariscal que se alejaba de las típicas mascotas en sillas de ruedas. Tan solo dos años después, falleció a causa de complicaciones derivadas del VIH/sida. No llegó a cumplir los treinta y cinco años.

Esta idea de dignificación de las personas con discapacidad puede ponerse en diálogo, guardando muchísimas distancias, con las visiones de Velázquez de los enanos de la corte de Felipe IV, pintadas en pleno siglo XVII. No tiene nada que ver con el tema LGTBIQ+, pero sí con el gesto artístico. Estos personajes, a menudo deshumanizados y vistos como un mero objeto de entretenimiento, aparecen en la obra del pintor sevillano de una forma radicalmente distinta: tratados con la misma atención, presencia y delicadeza que las figuras de alta alcurnia, incluido el mismísimo rey.

Otro artista relevante en este breve (pero intenso) recorrido por la discapacidad es George Dureau. Tiene algunas pinturas preciosas, pero en este caso me refiero a su producción fotográfica. En ella aparecen muchas veces personas con enanismo o amputadas, a menudo semidesnudas, posando con orgullo ante la cámara y adoptando poses que remiten al canon clásico. Aunque su erotismo es mucho menos explícito que, por ejemplo, el que se aprecia en la obra de su contemporáneo, Robert Mapplethorpe —quien se sabe que se inspiró en su obra—, es fácil discernir en ellas un aire homoerótico marcado. Aun así, lo que más destaca no tiene que ver con la sexualidad, sino más bien con la ternura y la vulnerabilidad. Las personas que retrata son, ante todo, humanas.

Para cerrar este apartado, me gustaría mencionar un artista todavía en activo y que, personalmente, me atrapa: John Dugdale. Pero, antes de hablar de él, necesito detenerme en algo... ¿Sabes qué es una cianotipia? Se trata de un proceso fotográfico relativamente sencillo: se aplican determinados químicos sobre una superficie y se coloca sobre ella aquello que se quiere inmortalizar. Al exponerse a la luz, se crea la magia: la obra resultante siempre tiene una característica tonalidad azul de Prusia. Aunque hoy pueda parecernos experimental, en realidad es una técnica bastante antigua. Para que te hagas a una idea, la primera persona que la usó fue la botánica Anna Atkins, considerada la primera fotógrafa (mujer) de la historia, que a principios del siglo XIX recurrió a este proceso para inmortalizar diversas especies de algas y publicarlas en lo que podríamos considerar un antecedente de los fotolibros.

Como Atkins, Dugdale recurrió a la cianotipia, solo que con motivaciones radicalmente distintas. Fue su forma de adaptarse a su nueva realidad y de construir un lenguaje acorde a ella. Es importante que sepas que John fue una de las millones de personas que resultaron afectadas por el VIH/sida; en su caso, la enfermedad no acabó con su vida, pero sí derivó en una condición irreversible: con solo treinta y tres años, el citomegalovirus le dejó prácticamente ciego.

En aquel momento, a comienzos de los años noventa, estaba cosechando grandes éxitos como fotógrafo comercial, hasta que aquel duro golpe frenó su carrera en seco. Pero lejos de detenerse, su nueva realidad le abrió un mundo de posibilidades: con la ayuda de un asistente de estudio, una cámara de gran formato y la cianotipia —junto con otras técnicas también del siglo XIX— empezó a crear sus características imágenes, que reflejan la introspección y la quietud propias del proceso pausado que acompaña a estos medios. Porque, como él mismo afirma «la mente es la esencia de la vista (...) Es realmente la mente la que ve».[43]

Así, estas obras funcionan casi como metáforas que se manifiestan a través de bodegones o retratos de sus amigos y amantes, imágenes que a menudo pueden leerse como fantásticas o mitológicas.[44] También le sirven para mostrar los estragos de la enfermedad en su cuerpo, envueltos en un halo que acaba por normalizarlos e incluso hacerlos perceptibles como bellos. Creo que *Autorretrato para Walt Whitman con lilas,* una obra creada en 1999, ejemplifica muy bien el tipo de escenas que suele capturar, cercanas a la poesía visual.

La elección de la cianotipia como medio principal resulta aún más poética al saber que algunas personas que vivieron esta misma enfermedad describieron sus últimos momentos de visión teñidos de este azul. Tal vez por eso este color está tan presente en varias de las obras creadas en el contexto de la crisis del VIH/sida.[45] De hecho, el cineasta Derek Jarman, quien antes de morir a consecuencia del sida sufrió también una pérdida progresiva de visión, dedicó su último largometraje a este color, en una cinta titulada *Blue* (1993). Al respecto, escribiría en su diario *Croma:*

«Mire hacia la izquierda
Mire hacia abajo
Mire arriba
Mire hacia la derecha

En mis ojos, destellos azules».[46]

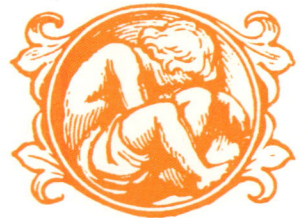

CAPÍTULO 3
SALUD: Los homosexuales pueden curarse [*Homosexuals can be cured*]

1   Martínez, R. (2021). *Maricones de antaño: historias LGTB de la historia*. Egales ediciones, p. 62.

2   Jodan, M. D. (2002). *La invención de la sodomía en la teología*. Laertes.

3   VV.AA. (2023). *El libro de la historia LGTBIQ+*. Akal, p. 40.

4   Moral de Calatrava, P. (2023). Edad Media. En García, F. V. (Ed.). *Historia de la homosexualidad femenina en Occidente*. Los Libros de La Catarata, p. 86.

5   Mellén, I. (2024). *El sexo en tiempos del románico*. Crítica, p. 201.

6   Ricco, J. P. (1994). Queering Boundaries: Semen and Visual Representations from the Middle Ages and in the Era of the AIDS Crisis. *Journal of Homosexuality , 27* (1-2), https://doi.org/10.1300/J082v27n01_04, p. 64.

7   Herrán, M. (2024). *Sodomitas, vagas y maleantes. Historia de la España desviada de Atapuerca a Chueca*. Planeta, p. 132.

8   Moral de Calatrava, P. (2023). Edad Media. En García, F. V. (Ed.). *Historia de la homosexualidad femenina en Occidente*. Los Libros de La Catarata, p. 93.

9   Navarro Martínez, J. P. (2023). Dejemos que el monstruo habite el museo. En Navarro, C. G. y Perdices, Á (Eds.) *La mirada del otro: escenarios para la diferencia*. Museo Nacional del Prado, p. 29.

10 Norton, R. (1998). *My dear boy: gay love letters through the centuries*. Leyland Publications, p. 68.

11 Herrán, M. (2024). *Sodomitas, vagas y maleantes. Historia de la España desviada de Atapuerca a Chueca*. Planeta, p. 180.

12 Wilde, O. (2022). *El retrato de Dorian Gray*. Alianza.

13 Visto en VV.AA. (2023). *El libro de la historia LGTBIQ+*. Akal, p. 133.

14 Igualdad recuerda a la Iglesia que es «absolutamente ilegal» promover terapias «de conversión» para personas LGTBI+ (2025, enero 13). RTVE. Recuperado el 15 de enero de 2025, de https://www.rtve.es/noticias/20250113/igualdad-recuerda-iglesia-ilegal-promover-terapias-conversion-lgtbi/16404602.shtml

15 Bornay, E. (2020). *Las hijas de Lilith*. Cátedra, p. 245.

16 Ibid, p. 245.

17 *Duchesse De Polignac*. (s.f.). National Museums Liverpool. Recuperado el 29 de diciembre de 2025, de https://www.liverpoolmuseums.org.uk/artifact/duchesse-de-polignac

18 Carrandi, J. P. (2021). «Sexualidad marginal a través de la poesía de Catulo, Marcial y Juvenal». *Signos Históricos*, 23, p. 247.

19 Herrán, M. (2024). *Sodomitas, vagas y maleantes. Historia de la España desviada de Atapuerca a Chueca*. Planeta, p. 192.

20 Citado en ibid, p. 192.

21 United States Holocaust Memorial Museum. (2021, mayo 28). Gay men under the Nazi regime. Holocaust Encyclopedia. Recuperado el 31 de diciembre de 2025, de https://encyclopedia.ushmm.org/content/en/article/gay-men-under-the-nazi-regime

22 Citado en Rodewald, T. (2025, agosto 4). *Narrating Cultural Heritage: The Artist Gertrude Sandmann*. Deutsche Digitale Bibliothek: Kultur Und Wissen Online. Recuperado el 1 de enero de 2026, de https://www.deutsche-digitale-bibliothek.de/content/blog/kulturerbe-erzaehlt-die-kuenstlerin-gertrude-sandmann?lang=en

23 Pilcher, A. (2017). *A Little Queer History of Art*. Tate Publishing, p. 70.

24 Warhol, A. y Hackett, P. (1980). *POPism: the Warhol's 60*, Harcourt Brace Jovanovich, p. 14.

25 Crump, J. (1993). *George Platt Lynes: photographs from the Kinsey Institute*. Little, Brown and Company, p. 150.

26 Ibid, p. 149.

27 Tal y como sugiere la guionista Susie Bright en el mismo documental.

28 Missé, M. (2018). *A la conquista del cuerpo equivocado*. Egales, p. 11.

29 *El largo camino hasta la Ley Estatal Trans-LGTBI (2013-2023)*. (2025, mayo 16). Ministerio de Igualdad. Recuperado el 24 de diciembre de 2025, de https://www.igualdad.gob.es/ministerio/dglgtbi/matrimonio-igualitario/trayectoria-ley-estatal-trans-lgtbi/

30 El informe está disponible en Repisalud, el Repositorio Institucional de Salud del Instituto de Salud Carlos III. Accesible en este enlace: https://repisalud.isciii.es/entities/publication/a1702ded-a65d-4079-bf27-1cff0633e1e4

31 Visto en Stryker, S. (2008). *Transgender history*. Seal Press, p. 49.

32 Ibid, p. 49.

33 VV.AA. (2023). *El libro de la historia LGTBIQ+*. Akal, p. 140.

34   Raun, T. (2015). The trans woman as model and co-creator. Resistance and becoming in the back-turning Lili Elbe. En Gether, C., Høholt, S., Rygg Karberg, A., y Grubb Martinussen, A. (Eds.). GERDA WEGENER. ARKEN Museum of Modern Art, p. 44.

35   Ibid, p. 44.

36   Para saber más sobre este tópico de que solo un artista melancólico y dañado puede alcanzar la genialidad, te recomiendo un libro: *Nacidos bajo el signo de Saturno* de Rudolf y Margot Wittkower.

37   *Frida Kahlo - Autorretrato con el pelo corto.* (s.f.). MoMA. Recuperado el 23 de diciembre de 2025, de https://www.moma.org/collection/works/78333

38   Pilcher, A. (2017). *A Little Queer History of Art*. Tate Publishing, p. 59.

39   Fischer, C. (2014). Lorenza Böttner: From Chilean Exceptionalism to Queer Inclusion. *American Quarterly 66*(3), https://dx.doi.org/10.1353/aq.2014.0054, p. 753.

40   Preciado, P. B. (s.f.) Lives and works of Lorenza Böttner. *Documenta 14*. Recuperado el 22 de diciembre de 2025, de https://www.documenta14.de/en/south/25298_lives_and_works_of_lorenza_boettner

41   Citado en Fischer, C. (2014). Lorenza Böttner: From Chilean Exceptionalism to Queer Inclusion. *American Quarterly 66*(3), https://dx.doi.org/10.1353/aq.2014.0054, p. 756.

42   Ibid, p. 751.

43   Holden Luntz Gallery. (s.f.). John Dugdale. Recuperado el 22 de diciembre de 2025, de https://www.holdenluntz.com/artists/john-dugdale/

44   Katz, J. D. (2024). *About Face: Stonewall, Revolt and New Queer Art*. Monacelli y Alphawood Foundation, p. 168.

45   Galaxina, A. (2024). *Nadie miraba hacia aquí: Un ensayo sobre arte y VIH/sida*. Continta Me Tienes y el primer grito, p. 190.

46   Tal como se cita en ibid, p. 191.

ORGULLO

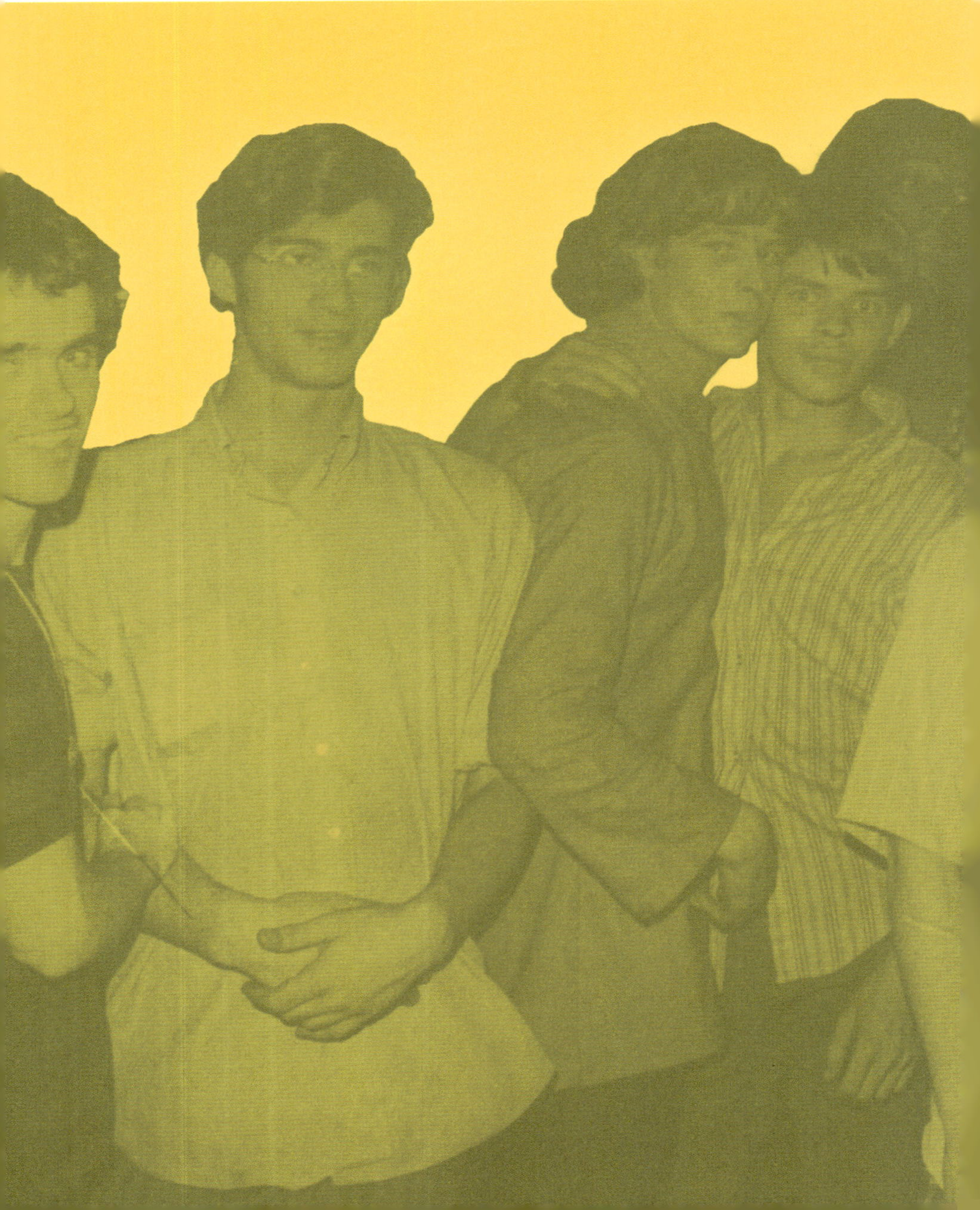

New York Daily News
6 DE JULIO DE 1969

Redada en nido gay, las «abejas reina» están furiosas y listas para picar

Stonewall fue un hito, el punto de inicio de una carrera global hacia la consecución de derechos y de la liberación sexual, pero ¿qué pasó aquella noche? ¿Realmente empezamos a ser visibles? Sobre el Orgullo, sobre dejarse ver y luchar por nuestros derechos va este capítulo, pero también pretende ser un paseo por las formas artísticas más intrínsecamente nuestras: desde los orígenes del drag, *hasta la estética de lo* camp. *Por algo el amarillo es el color de la luz del sol, el color que más cuadra con el orgullo. Con la reivindicación. Ahora sí: llegó la hora de romper el armario.*

El día en el que empezó todo

En el número 53 de Christopher Street, una callejuela del barrio neoyorquino de Greenwich Village, se erige uno de los lugares más simbólicos para la historia LGTBIQ+: el Stonewall Inn, que se considera el punto de partida de la lucha por nuestros derechos. A finales de los años sesenta, aquel bar oscuro y destartalado se convirtió en uno de los no tan comunes refugios para la disidencia: trans, gais, *drag queens* y personas sin hogar se daban cita en su sala trasera, donde encontraban un lugar donde bailar y mostrarse sin miedo.

La redada de la madrugada del 28 de junio de 1969, a priori, no parecía salirse de la norma. Por aquel entonces, la policía solía irrumpir en los espacios transitados por la comunidad, la mayoría de las veces sin buscar excusas contundentes para ello. En el caso del Stonewall Inn, esas intrusiones eran frecuentes: al ser su público mayoritariamente gay, el local no contaba con la licencia de venta de alcohol ya que —por muy inverosímil que suene— la ley de entonces prohibía servir bebidas a personas homosexuales. Pero eso no evitaba que los mafiosos que llevaban este antro —como tantos otros bares de ocio nocturno homofestivos de la zona— se las ingeniaran para hacer negocio con la disidencia, ofreciendo un espacio seguro, protección y bebida clandestina a cambio de dinero. La policía actuaba de la misma manera: con un buen fajo de billetes entre sus manos parecía dispuesta a hacer la vista gorda.[1] Pero si los pagos se retrasaban, irrumpían de golpe en el local, solicitando documentación y buscando a personas travestidas para comprobar su sexo. Pero aquella noche las personas que iban liberando no huyeron del sitio, sino que se se agolparon en la salida. Aquella noche todo iba a ser distinto. No lo esperaban, pero encontraron resistencia.

Justo aquí acaban los hechos objetivos en torno a los disturbios de Stonewall y empieza la leyenda. Las cerca de doscientas personas que había en el bar no coinciden del todo en lo que ocurrió. Es normal; cuando una historia es tan trascendental, la fina línea que separa realidad y ficción acaba por difuminarse casi por completo. El mayor debate se da en torno a quién empezó todo. Aunque algunas fuentes apuntan que fue una *drag queen* anónima y enfurecida que lanzó un zapato a la policía, la versión más extendida atribuye el inicio de los disturbios a Stormé DeLarverie, una mujer lesbiana que se había labrado un nombre en el mundo del espectáculo por sus actuaciones *drag king,* para las que se travestía adoptando una estética masculina. Pero, en realidad, esa imagen *butch*, además de acompañarla durante la *performance* también formaba parte de su ropa de diario fuera del escenario.

Algunos de los testigos de aquella noche coinciden en que todo empezó con una lesbiana masculina a la que aporrearon en la cara y que opuso resistencia mientras animaba a la multitud al grito de «¡¿Alguien va a hacer algo?!». Los recuerdos de la propia DeLarverie también confirman ese momento decisivo: «*El policía me golpeó y yo le devolví el golpe*»,[2] aseguró en alguna ocasión. Pese a todo, su reconocimiento llegó varias décadas más tarde, aunque tampoco parecía importarle. Nunca antes trató de ponerse la medalla por el supuesto papel protagonista (de hecho, incluso lo negó), pero en una entrevista para *AfterEllen* que dio tan solo unos años antes de su fallecimiento, se proclamó como la legendaria «Lesbiana de Stonewall» de la que todos estaban hablando y aseguró que si no había desvelado su identidad antes era simplemente «*porque nunca fue asunto de nadie*».[3]

El nombre de las otras dos protagonistas aquella noche resuena con más fuerza en la memoria colectiva: Sylvia Rivera y Marsha P. Johnson, dos mujeres trans racializadas que, tras su participación en los disturbios, fundaron STAR (Street Transvestite Action Revolutionaries),▼ un grupo dedicado a ayudar a mujeres trans que, como ellas, vivían en las calles y tenían que recurrir a la prostitución para sobrevivir. Pese a que el Stonewall no era especialmente inclusivo con las personas trans (lo cual no es sorprendente),▽ aquella noche ambas estuvieron presentes, el problema es que las fuentes no se ponen de acuerdo en el papel que tuvieron. El caso de Marsha es especialmente relevante, pues muchos la reconocen como una pieza clave en los disturbios (eso sí, los testimonios no suelen venir de una fuente directa, son más bien un «alguien me dijo que vio...» o «tengo una amiga que conoce a alguien que cree haber visto que...»). Para muchos, fue la iniciadora del conflicto en el momento en que, en el interior del local, lanzó un vaso de chupito contra un espejo mientras gritaba: «*¡Tengo mis derechos civiles!*». Pese a su misteriosa muerte —ahogada en un río en 1992, hechos que la policía consideró un suicidio pero que sus allegados nunca aceptaron—, su papel como activista, primero en STAR y luego en ACT UP (organización de la que hablaremos más adelante),

---

▼ El concepto «trans» aún no estaba del todo asentado, pero, aunque sea imposible saberlo de su propia voz, podemos suponer que la mayoría de las personas que entonces se englobaban bajo el paraguas de «travestis» hoy abrazarían esta etiqueta. ▽ No todas las personas disidentes vivían la misma opresión. La mayoría de clientes de este tipo de locales eran gais, sí, pero no dejaban por ello de ser hombres cis y blancos. Esta diferencia queda bien reflejada en el segundo capítulo de la primera temporada de *Pose*, cuando Lulu y Blanca son expulsadas de un bar gay por ser mujeres trans. Es entonces cuando Lulu pronuncia una frase demoledora: «Todo el mundo necesita a alguien que le haga sentir superior. Aunque esa línea termina con nosotras».

acabaría por catapultarla hacia el estrellato.

Entre los centenares de personas presentes aquella noche histórica, había al menos un artista: Thomas Lanigan-Schmidt. Curiosamente, es uno de los chicos que aparecen en *Celebration After Riots Outside Stonewall Inn* [Celebración tras los disturbios frente al Stonewall Inn], la famosísima imagen capturada por el fotoperiodista **Fred W. McDarrah.** Es el chaval que aparece más a la derecha luciendo una camiseta de rayas a lo «¿Dónde está Wally?».[4] Sus comienzos en las calles le llevaron a vincularse con el mundo del grafiti, aunque es más conocido por sus esculturas conceptuales, realizadas con papel de aluminio, envoltorios de caramelos, alambre, purpurina y otros objetos encontrados, una estética que encarna la viva imagen del *camp* (no te preocupes, sobre este concepto hablaremos más adelante). Tras la violencia policial de aquellos días, empezó a crear figuras de ratas doradas como alusión a quienes, como él, habitaban las calles.[5]

La realidad es que poco o nada importa quien lanzará la primera piedra o si esta fue en realidad un vaso de chupito, un puñetazo en la cara o un tacón de aguja; lo realmente importante es que despertó una furia intensa. Hubo manifestaciones y barricadas que duraron varios días y que dejaron clara una nueva posición: la disidencia ya no estaba dispuesta a callarse. Por fin se había decidido alzar la voz contra todos aquellos que les habían oprimido. Unas pocas semanas más tarde, un grupo de activistas fundó el GLF, el *Gay Liberation Front* [Frente de Liberación Gay], cuyas protestas acabarían derivando, un año más tarde, en el primer Orgullo de la historia. Construyeron un movimiento duradero cuyo poder y consciencia para el cambio se extiende hasta la actualidad.

Alzando la voz incluso antes de Stonewall

Aunque los hechos que han trascendido y que marcaron un antes y un después en la historia del colectivo fueron los famosos disturbios del Stonewall, este histórico levantamiento contra el orden no fue el primero. Diez años antes, en 1959, Cooper Do-nuts, una cafetería de Los Ángeles, fue testigo de unos acontecimientos similares. Como muchos de los locales inmortalizados por el pincel de Edward Hopper, tan de moda en Estados Unidos por aquel entonces, se trataba de un local 24 horas, lo que, sumado a su ubicación entre dos populares bares de ambiente, lo convertía por las noches en un importante punto de encuentro de *drag queens*, mujeres trans y personas de género no conforme, así como otras personas disidentes, en su mayoría racializadas.

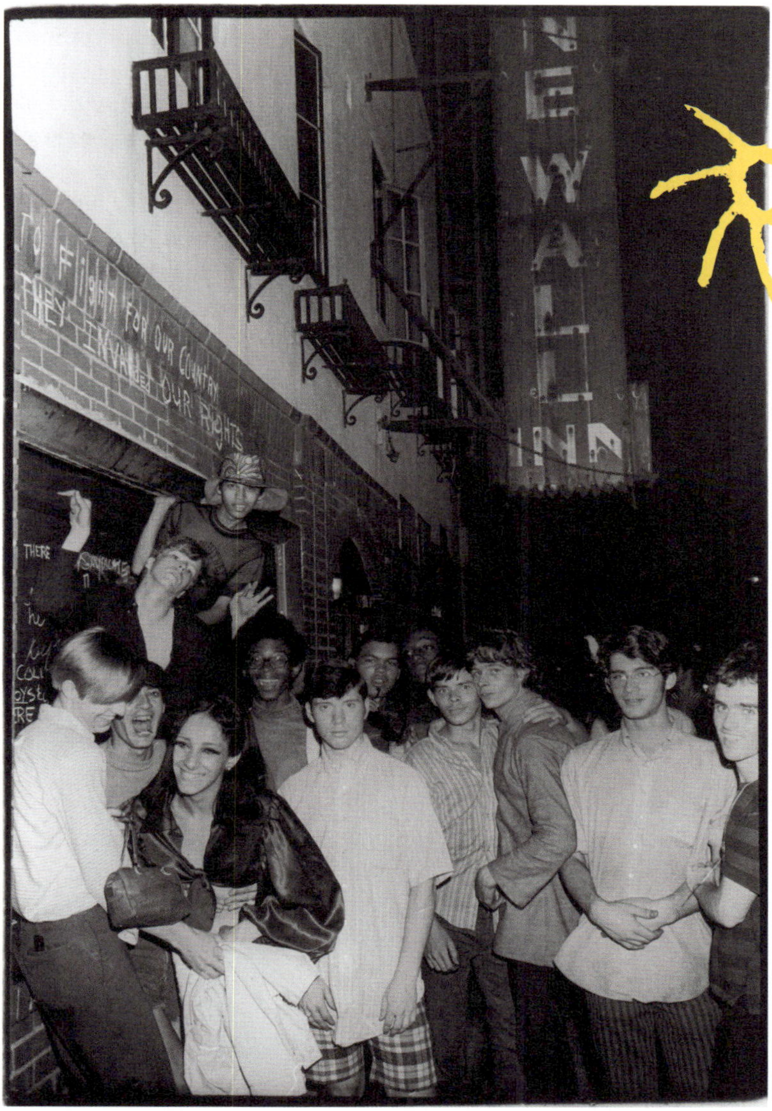

La multiculturalidad y ruptura con los estándares heteronormativos de su clientela habitual hacían del Cooper un local predilecto para redadas policiales invasivas y aleatorias. Los agentes solían irrumpir en el lugar sin encontrar demasiada resistencia, exigiendo las identificaciones a los allí presentes. En el caso de las personas trans y/o las *drag queens*, cuya apariencia podía no coincidir con el nombre o el género que constaba en su documentación, esto daba lugar a detenciones por sospecha de prostitución, vagancia, merodeo u otros delitos.[6] Pero aquella noche de mayo la historia fue distinta: cuando la policía entró y empezó a ejercer sus rutinarias detenciones arbitrarias, los clientes empezaron a resistirse en masa. En poco tiempo, los donuts y las tazas de café volaron por los aires y se inició una trifulca cuyos detalles, aún hoy, siguen siendo bastante difusos.

Tan solo unos años después se produjo otro incidente muy parecido en San Francisco. En esta ocasión tuvo lugar en Compton's, una cafetería de características semejantes pero ubicada en Tenderloin, un barrio tensionado cuyos habitantes se enfrentaban a la inseguridad, las drogas, la prostitución y la extorsión. ▼ El propio diccionario lo recoge como «un distrito de la ciudad particularmente conocido por el vicio y la corrupción».[7] Lo interesante es que, como pasaba con Cooper Do-nuts, por las noches, los clientes de este local eran la encarnación de la disidencia: *drag queens*, prostitutas, juerguistas, vagabundos y adolescentes que habían huido (o sido expulsados) de casa, entre otros.

Los hechos tuvieron lugar en una calurosa madrugada de agosto de 1966. Pese a que se desconoce la fecha exacta, sí sabemos que aquella noche los dueños de la cafetería estaban molestos por los gritos y risas de un grupo de jóvenes travestidos que ocupaban una de las mesas. Estaban tan metidos en su conversación que no se habían percatado (o tal vez no les importaba) de que llevaban tiempo sin consumir. Este fue el motivo por el que llamaron a la policía, buscando apoyo para expulsarlos del local.

Al parecer, todo empezó cuando una de las *drag queens* se rebeló contra la forma violenta en la que uno de los agentes trataba de arrastrarla fuera del local y le lanzó un café en la cara. Sea como fuere, aquella noche se desató una pelea callejera que acabó con la policía pidiendo refuerzos y con varios incidentes violentos como resultado, entre ellos un coche patrulla destrozado y un quiosco en llamas.

Pero los disturbios de *Cooper Do-nuts* y *Compton's* no solo compartieron armas —tazas de café y bollería— y protagonistas —personas disidentes, especialmente en lo relativo al género—, sino que también recibieron el mismo tratamiento por parte de la sociedad: el del más absoluto silencio. La

---

▼ Existen varias explicaciones, pero la más extendida atribuye el origen del nombre de este barrio al jefe de policía Alexander S. Williams, a quien se oyó decir que, en otras zonas de la ciudad, con el sueldo

ausencia de noticias haciéndose eco de los altercados, así como la desaparición sin dejar rastro de los informes policiales, ha hecho que se ponga en cuestión la veracidad de ambos sucesos, pues solo se conocen a través de la voz de quienes los protagonizaron. En el caso del Cooper, la principal fuente es el testimonio del escritor John Rechy, quien habló de los hechos en su novela semiautobiográfica *La ciudad de la noche*, en la que narra la vida de un prostituto mientras recorre el país. Los datos sobre los disturbios en Compton's se han dado a conocer en gran parte gracias al trabajo de investigación de la historiadora Susan Stryker, quien en 2005 recogió los testimonios de varias personas presentes aquella noche y los dio a conocer al mundo a través de su documental *Screaming Queens: The Riot at Compton's Cafeteria.*

Estos disturbios tuvieron una relevancia especial. No cambiaron la realidad inmediata a la que tenían que enfrentarse las personas trans, las *drag queens* o cualquier personas *queer* en general, pero sí marcaron un precedente: quienes sufrían la discriminación se mostraron inconformes y ya no estaban dispuestas a permanecer calladas. Las cosas estaban cambiando. En el ámbito trans, por ejemplo, muchas empezaban a ver legitimada su existencia gracias a las investigaciones de Harry Benjamin, autor de *The Transsexual Phenomenon* [El fenómeno transexual], quien también operó a varias de estas mujeres. Nadie mejor que la propia Susan Stryker resume esta recién adquirida fortaleza:

«Cuando las personas que luchan contra una injusticia no tienen esperanza de que nada cambie, utilizan su fuerza para sobrevivir; cuando creen que sus acciones importan, esa misma fuerza se convierte en un motor de cambio positivo». [8]

La furia lésbica

Si hay una frase que tu amiga historiadora (o, en su caso, la amiga puedes ser tú) no se cansa de repetir, es que la historia es cíclica. Lo siento, es cierto: los seres humanos somos así. Siempre acabamos replicando lo ocurrido en el pasado, como quien vuelve con su ex y tropieza por segunda (o tercera) vez con la misma piedra. Los tiempos pasados siempre parecen mejores, pero por suerte casi nunca lo son.

que ganaba solo podía permitirse comer *chuck steak*, pero que tras su traslado a este barrio ganaba tanto dinero extra gracias a los sobornos que exigía que ahora podía comer *tenderloin*.

Pongamos el feminismo, el movimiento de liberación de la mujer, como ejemplo. Si hoy existen personas dentro de este colectivo que ven a las mujeres trans como una amenaza, en la década de 1960 ese lugar lo ocupaban las lesbianas. Literalmente. En 1969, el mismo año que ocurrieron los disturbios de Stonewall, la escritora Betty Friedan —autora de *La mística de la feminidad* y presidenta de la *National Organization for Women* (NOW) [Organización Nacional para las Mujeres]— afirmó que el lesbianismo podía llegar a pervertir la imagen pública de las feministas al hacer que se asociara el movimiento a mujeres de sexualidad desviada o antinaturalmente masculinas, acusadas incluso de odiar a los hombres.[9] Las bautizó como «*lavender menace*» [amenaza lavanda].

Un año más tarde, varias activistas feministas abiertamente lesbianas aprovecharon la segunda edición del *Congreso Anual para Unir a las Mujeres* para dar un golpe sobre la mesa. No iban a quedarse calladas mientras sus compañeras las dejaban de lado en la lucha por sus derechos. Así que irrumpieron en la sesión inaugural y, tras dejar todo a oscuras y apagar los micrófonos, encendieron las luces y se quitaron los abrigos para dejar al descubierto camisetas serigrafiadas en las que se leía la expresión acuñada por Friedan: *Lavender Menace*. Se convirtieron así en la prueba de que, muchas veces, los mejores *namings* vienen de nuestros mayores enemigos. Aquella acción icónica, a medio camino entre la *performance* y el activismo político, quedó inmortalizada en las fotografías de Diana Davies, como tantas otras manifestaciones y reuniones de personas disidentes que pasaron ante su objetivo.

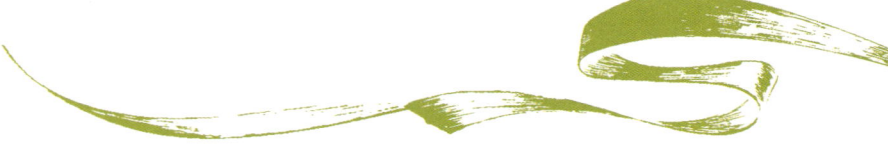

Entre las décadas de 1970 y 1980, surgió una nueva forma de militancia entre las feministas radicales en Estados Unidos y Europa: pese a que dentro del movimiento había mujeres lesbianas, algunas empezaron a abrazar dicha identidad no tanto desde el deseo sexual como desde una posición política. Es lo que se conoce como «lesbianismo político», una posición en la que mantener relaciones con mujeres se convirtió entonces en un acto revolucionario. Desde esta lógica, todas las mujeres pasaron a ser lesbianas en potencia. Tal y como dijo Jill Johnston, una relevante activista dentro de dicha corriente: «Todas las mujeres son lesbianas, excepto aquellas que aún no lo saben». Una frase de 1971 escrita por Ti-Grace Atkinson, feminista radical y fundadora del *Institute of Contemporary Art of Chicago*, en un panfleto lo define todavía mejor: «El feminismo es la teoría, el lesbianismo la práctica».

Aquellos eran tiempos convulsos. La invisibilidad y la opresión seguían presentes, solo que, cada vez más, callarse no era una opción. Según Harmony Hammond, artista y escritora especializada en arte feminista y lésbico, para muchas sáficas estadounidenses hubo otro episodio clave —aparte de Stonewall— que marcó el inicio de la lucha por sus derechos. Ocurrió un año antes, el 3 de junio de 1968. Aquel día, la escritora Valerie Solanas, presa de la rabia y sintiéndose engañada, trató de acabar con la vida de Andy Warhol en su estudio, disparándole tres veces. ¿El motivo? Que este no había cumplido con su palabra de producir su obra *Up Your Ass*, cuyo guion afirmaba haber perdido. A cambio, le dejó participar en su película *I, a Man*. Convencida de que Warhol quería robarle sus ideas, Solanas se tomó la justicia por su propia mano. El artista pop salió de aquella de milagro, pues solo uno de los disparos llegó a alcanzarle.

Aquel acto violento reflejaba las ideas que la propia Solanas había vertido antes en su Manifiesto SCUM, siglas de *Society for Cutting Up Men*, una asociación fundada por ella misma y de la que fue su única integrante. En este texto, Valerie retomaba conceptos históricamente asociados a las mujeres y los invertía para aplicarlos al género masculino: así, «la envidia del pene» de Sigmund Freud se convertía en «envidia de vagina». Con una visible aversión hacia los hombres, el

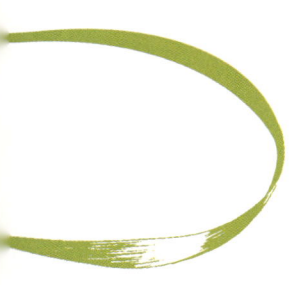

manifiesto llamaba a las mujeres a alzarse contra el orden social existente e incluso a acabar con la vida de aquellos varones que no colaborasen en dicha enmienda.

Más allá de lo absolutamente condenable de la acción, aquel ataque contra Warhol, que copó los medios de comunicación, cabe leerlo como una llamada de atención contra la opresión de la mujer en el mundo del arte, un terreno que estaba (y sigue estando) dominado por nombres masculinos y en el que incluso los artistas gais, pese a vivir sus propias opresiones, mantienen ese privilegio. Tal y como señaló la crítica de cine B. Ruby Rich, la figura de Valerie Solana apareció «en un momento clave en la evolución del feminismo, un momento en el que la desesperación y la ira de las mujeres todavía no tenían nombre, pero estaba a punto de emerger a la luz del día».[10]

Ser visibles, estar orgullosas

El primer Orgullo de la historia fue una manifestación y tuvo un carácter combativo. Y, en realidad, así debería seguir siendo. El ambiente festivo y el avance en nuestros derechos han hecho que, con el tiempo, algunas personas olviden la importancia de alzar nues-

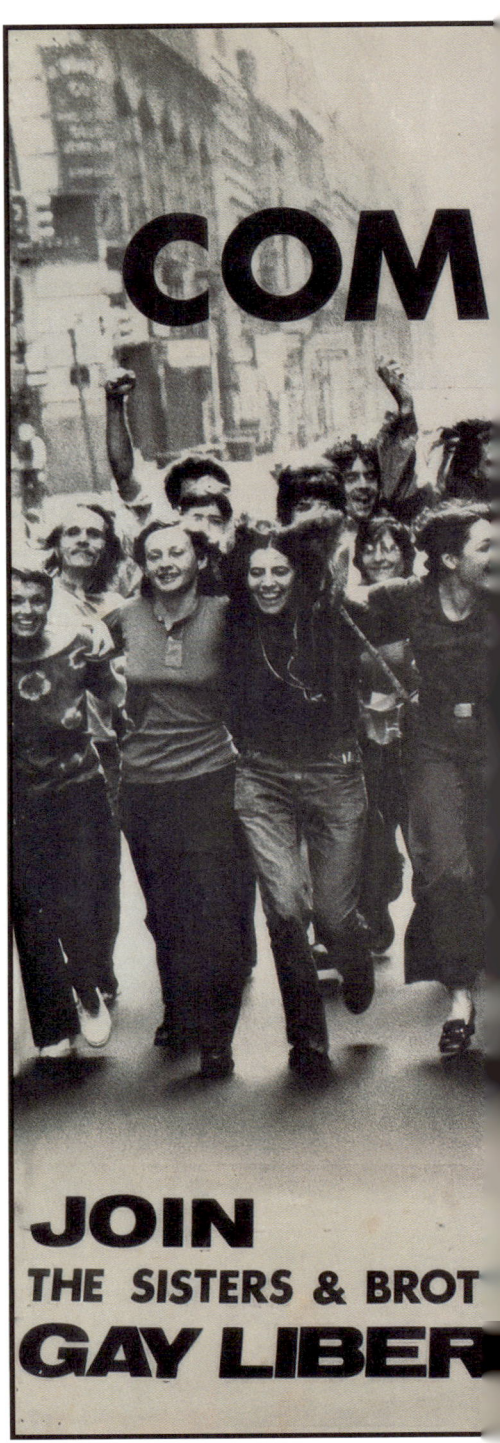

tra voz para que las cosas sigan cambiando y avanzando. No es hora de parar. De ahí la existencia del Orgullo crítico, al que todo el mundo debería hacer acto de presencia, porque celebrar nuestros logros no está reñido con luchar por nuestros derechos.

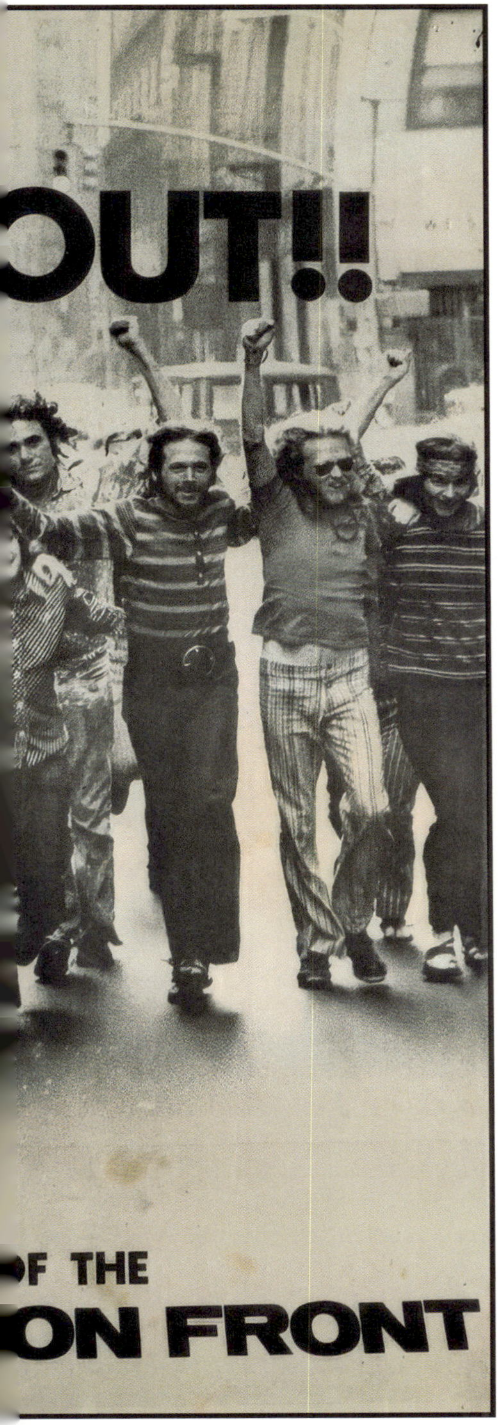

El caso es que, aquel 28 de junio de 1970, coincidiendo con el primer aniversario del levantamiento en el Stonewall Inn, se celebraron las primeras marchas del Orgullo en Nueva York, Los Ángeles y Chicago. El mencionado Frente de Liberación Gay, ese movimiento político y revolucionario nacido tras los famosos disturbios, organizó la primera movilización en la Christopher Street, el mismo lugar en el que, un año antes, la comunidad se había unido contra la opresión. Para la ocasión, se creó un icónico cartel a partir de una fotografía de **Peter Hujar**, fotógrafo gay del que hablaremos en el capítulo dedicado a la crisis del sida, que se completaba con una frase simple pero potente: *«COME OUT!!»* [¡¡SAL DEL ARMARIO!!].

Muchas de las personas que acudieron a aquella movilización lo hicieron en parte por una renovada furia, consecuencia directa de la redada en el Snake Pit, otro bar de Greenwich Village en el que la policía irrumpió el 8 de marzo de ese mismo año. Diego Viñales, un estudiante argentino cuya visa había caducado, intentó huir saltando de la ventana del segundo piso de la comisaría, temeroso ante la posibilidad de ser deportado. Trataba de llegar al otro edificio, pero tuvo la mala pata de caer en una valla de hierro repleta de púas que perforaron su cuerpo. La imagen dantesca apareció en varios diarios. Debido a la gravedad de las heridas, fue necesario llamar a los bomberos para trasladar a Diego al hospital, momento en el que se dice que un policía pronunció una frase frívola que refleja bien la despersonalización hacia las personas *queer*: «No tienes que darte prisa, está muerto y si no lo está, no va a vivir mucho».[11] De forma simbólica, la llamada a la acción de la Gay Activists Alliance (GAA), organización surgida a raíz del GLF, tras estos hechos sentenciaba «That boy was pushed! We are all being pushed!» [Ese chico fue empujado. Todos estamos siendo empujados].[12]

Aquellas primeras manifestaciones y el recién adquirido ambiente de liberación quedaron documentados en varias fotografías, entre ellas las de Fred W. McDarrah, precisamente el autor de la fotografía del grupo de jóvenes en la entrada del Stonewall, realizada en torno a la fecha de los disturbios, que abre este capítulo. Aunque tiene instantáneas preciosas e impactantes de los asistentes a las primeras marchas del Orgu-

llo y del interior destartalado del célebre bar, me resulta particularmente interesante una fotografía de 1969 titulada «*Gay is good*» [Ser gay es bueno]. En esta, el activista Craig Rodwell,▼ fundador de la Oscar Wilde Memorial Bookshop, una de las primeras librerías especializadas en autores LGTBIQ+, sujeta un cartel (o, más bien, un marcapáginas) sobre sus ojos, en el que puede leerse la misma frase de su título. Este potente eslogan ejemplifica bien el proceso de resignificación y apropiación de términos que, hasta entonces, se habían usado sobre todo de forma peyorativa y que empezaban a asociarse con conceptos más positivos.

Hubo vida antes de RuPaul

«**T**odos nacemos desnudos y el resto es *drag*.» Son muchas las personas que se han sentido abrazadas por esta famosa frase. Lo reconozco, tiene sentido; al final, plantea una reflexión sobre la identidad entendida como una construcción, aquello que nos añadimos para mostrarnos al mundo. Seas o no una persona vinculada o afín al movimiento *drag*, es algo con lo que puedes sentirte identificada.

▼ Se dice que fue el propio Craig Rodwell quien, junto a su amiga y también activista Ellen Broidy, propuso la idea de organizar el primer Orgullo.

Pero al margen de la potencia de dicho eslogan, hay algo innegable: su impacto —prácticamente global— tiene mucho que ver con quién lo pronuncia. El artífice fue ni más ni menos que RuPaul, a quien me atrevería a calificar como la *drag queen* más visible de nuestros tiempos. Más allá de sus comienzos en los escenarios, sus trabajos con diseñadores y su emblemática canción —y videoclip— *Supermodel (You Better Work)*, si por algo es conocida es por su programa televisivo "RuPaul's Drag Race", que lleva capitaneando desde 2009. ▽ No hay duda de que esta figura ha contribuido a que una forma de expresión artística tan intrínseca al colectivo se haya vuelto *mainstream*, conocida y apreciada por cada vez más gente. Pero esa historia es mucho más antigua —y compleja— de lo que suele pensarse.

Rastrear la primera *drag queen* de la historia no es una tarea sencilla. Sí podemos señalar, en cambio, a la primera persona conocida que se autodenominó como tal. Se trata de William Dorsey Swann, un joven que organizó sus propios bailes en Washington, hacia 1888, encuentros a los que acudían otros hombres como él: homosexuales y, en su mayoría, negros. Sobre su historia hablaremos largo y tendido en el capítulo racial.

Algunos estudiosos, sin embargo, consideran que la primera *drag queen* conocida era inglesa: se llamaba Princess Seraphina y vivió en el Londres del siglo XVIII. Este era el alias de John Cooper, un sirviente de caballero, aunque, como suele pasar con la mayoría de las personalidades de tiempos remotos, es imposible saber con qué pronombres se identificaría hoy. El caso es que, si sabemos de su existencia, es gracias a su osadía pues, en 1732, se atrevió a presentar ante el Old Bailey (el Tribunal Penal Central) una denuncia contra Thomas Gordon.[13] El motivo fue que este le había asaltado y robado sus elegantes ropajes amenazándole a punta de cuchillo. Lo verdaderamente atrevido de este gesto fue presentar la denuncia ante las autoridades haciendo oídos sordos a las intimidaciones de su asaltante, que amenazaba con acusarlo de sodomía. Al fin y al cabo, Princess Seraphina era visitante asidua de las conocidas Molly Houses —que se podría traducir como «Casas de Maricas»—, espacios que, además de ofrecer compañía (sexual también, claro) y un lugar donde beber a gusto, acogieron algunas de las primeras manifestaciones que hoy podríamos considerar como *drag*.

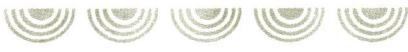

▽ Por si tienes curiosidad, aquí en España la primera *drag queen* que presentó un programa de televisión fue Deborah Ombres, allá por 2001 en MTV.

Conviene recordar que la sodomía estaba duramente castigada por la ley y que, de probarse, suponía entonces una muerte casi segura. Su caso es excepcional precisamente porque esto nunca ocurrió; de hecho, los testimonios nos pueden llevar a pensar que su sexualidad —que en este momento no se separaba mucho de la expresión de género— era relativamente aceptada, al referirse los testigos a su persona como «Princess» [Princesa] o «her Highness» [su Alteza].[14]

La etapa de mayor esplendor del *drag*, en la que podemos encontrar e identificar los primeros casos ligados al mundo del espectáculo y que funcionan como reflejo explícito de la disidencia, llega en las primeras décadas del siglo XX. En el caso de Estados Unidos, esta coincide con la década de 1920, cuando las autoridades prohíben la venta y consumo de alcohol a través de la conocida «Ley Seca». Esto propició la aparición de un ocio nocturno clandestino con una apertura de mente más laxa de lo habitual, lo que permitió que, entre grandes músicos de jazz y *flappers*, ▼ florecieran los primeros espectáculos de *drag queens*. En este contexto encontramos a los actores de *vodevil* Bert Savoy y Julian Eltinge, cuya comparación he visto planteada en el libro *Arte del Drag* y me parece muy acertada, ya que muestran dos formas muy distintas de llevar esta práctica artística a los escenarios: mientras que la primera emulaba una feminidad muy exagerada, que se dice inspiró a las actrices de Hollywood, la segunda se hizo famosa por su sutileza y por dejar al público sin palabras al arrancarse la peluca, revelando así su género.

Los últimos años antes de que se derogara la prohibición, en 1933, fueron especialmente brillantes para el mundo del *drag*. Esta breve etapa, seguida por un periodo de represión, se conoce como la *Pansy Craze* (algo así como «locura mariquita»). Los hombres que ofrecían este tipo de espectáculos no eran necesariamente gais, pero sí es cierto que un gran número de ellos encajaban en este estereotipo. En la esfera bohemia de París, las acrobacias de Barbette dejaban fascinados a todos los que las veían, entre ellos los surrealistas. De hecho, Man Ray le dedicó una serie fotográfica especialmente sugerente.

En Nueva York, donde la *Pansy Craze* tuvo aún más peso, los espectáculos de Gene Malin se seguían con auténtico furor, convirtiéndolo en el transformista mejor pagado del momento. Aunque en su época dorada ofreció shows vestido de esmoquin, lo interesante de Malin es el éxito

▼ Las *flappers* surgen como un nuevo tipo de mujer que desafía todas las convenciones de su tiempo: fumaban y bebían en público, abrazaban la libertad sexual, utilizaban pantalones y faldas cortas y llevaban el pelo corto.

que cosechó pese a tener bastante pluma y atreverse a insinuar su sexualidad. También te digo, autodenominarse *Queen of the Pansies* [Reina de los Maricas] no daba mucho lugar a equívocos. Dejando las *performances* a un lado, me resultan incluso más interesantes sus canciones. Tiene una brillante titulada *I'd Rather Be Spanish Than Mannish* [Prefiero ser español que masculino], en la que, por algún motivo, decide usar español como sinónimo de homosexual. Y, qué quieres que te diga, sí somos. Su letra no puede hacer otra cosa que fascinarte, sobre todo si piensas que estamos hablando de un tema lanzado en 1932. Te invito a que la escuches; aun así, te dejó un fragmento de su letra por aquí:

«Each maiden is thrilled by one look at my hand,
I'm handsome, I'm strong, I look just like a man.
When I keep my mouth shut there's room for a doubt,
But when I start talking the secret is out.
Cause I'm Spanish, I'm so Spanish».

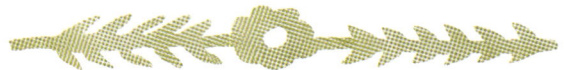

«Cada doncella se emociona con solo mirar mi mano,
Soy guapo, soy fuerte, parezco un hombre de verdad.
Cuando mantengo la boca cerrada, hay lugar para la duda,
Pero cuando empiezo a hablar, el secreto sale a la luz.
Porque soy español, soy tan español.»

El origen del *drag* está en los teatros

Si entendemos el *drag* como una expresión artística performática en la que se da una exploración exagerada de los roles de género y que se expresa de forma visible a través de la vestimenta y el maquillaje, podríamos señalar que sus orígenes son remotos. Al fin y al cabo, el *cross-dressing* o travestismo ha sido una práctica bastante común dentro del mundo del espectáculo. Eso sí, no siempre se ha dado por una vocación propia. Algunos historiadores establecen su origen en la antigua Grecia, donde los hombres solían representar personajes femeninos en las tragedias.

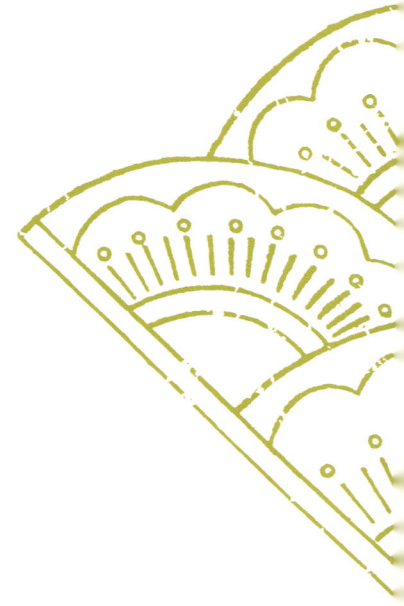

Otro de los precedentes más evidentes es el del teatro *kabuki*, el teatro japonés por excelencia, conocido sobre todo por su sutileza y estilización, y por los maquillajes llamativos que lucen sus actores, que a menudo aparecen con la cara completamente pintada de blanco. El origen de este tipo de representaciones es bastante llamativo, pues se atribuye su invención a una mujer, Izumo no Okuni, quien empezó a hacer representaciones de un nuevo estilo de danza a orillas del río Kama, en Kioto, hacia 1603. Su compañía estaba integrada en exclusiva por otras mujeres, quienes interpretaban tanto papeles femeninos como masculinos, recurriendo para ello al travestismo. Pero nada de esto impidió que su estilo lograra un gran éxito y se expandiera rápidamente.

Pero lo bueno, muchas veces, es breve, y en este caso, el *kabuki* como arte íntegramente femenino, duró más bien poco. En 1629, el *shogunato* —el gobierno militar de Japón— impuso una ley que prohibía a las mujeres subirse a los escenarios, como una forma radical de cortar de raíz representaciones que se consideraban «demasiado provocativas».[15] A partir de este momento, los hombres cogieron su relevo y empezaron a representar todos los papeles, fueran masculinos o femeninos. Así surgieron los *onnagata*, actores que se especializaban en la repre-

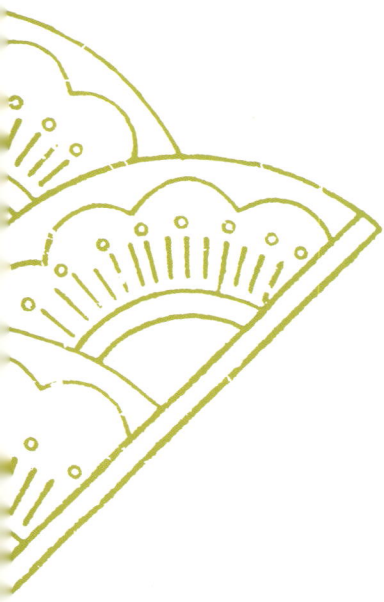

sentación de mujeres y que trabajaban para lograr movimientos delicados y elegantes que emularan la idea canónica de feminidad.

Esta misma época coincide con el origen de los *ukiyo-e*, las famosas estampas japonesas, un género de grabados —normalmente xilografías— que, aunque son conocidos por sus preciosísimos paisajes, en su momento solían representar las casas de té, los burdeles y otros entretenimientos populares en las ciudades. Esto, por supuesto, incluía el teatro y a quienes lo protagonizaban. Algunas de estas estampas funcionaban incluso como una especie de cartel-anuncio de las próximas obras, los torneos de sumo o como una celebración de algunos de los actores del momento.[16] Gracias a esta estrecha relación entre el *ukiyo-e* y el mundo del espectáculo, podemos rastrear muchas escenas protagonizadas por los *onnagata*, a veces representados de una forma tan sutil que resulta casi imperceptible el auténtico género del actor que hay tras el personaje femenino. Es el caso de la estampa que Torii Kiyonobu hace en 1698, en la cual retrata al actor Sawamura Kodenji caracterizado de Tsuyu no Mae, con un precioso kimono decorado con pájaros, olas y otros motivos vegetales. Lo único que nos permite conocer su identidad de este personaje es el emblema circular que aparece en su manga y que alude directamente al actor,[17] uno de los imitadores femeninos más famosos de su tiempo.

Esta capacidad de transmutación es aún más visible en la obra que **Katsukawa Shun'ei** realiza hacia 1794: *Los actores Nakamura Nakazō II como Aramaki Mimishirō y Nakamura Noshio II como Konohana, hija de Ki no Tsurayuki*. Especialistas en papeles femeninos, estos dos actores aparecen en un primerísimo plano, por medio de un movimiento artístico que se conoce como *ōkubi-e* y que se centra en la representación de las caras de los retratados. Los amantes del teatro *kabuki* habrían apreciado muchísimo este tipo de imágenes, en las que hasta el tratamiento del rostro de los protagonistas está medido: el actor que hace de Aramaki Mimishiro (un hombre) tiene rasgos más rudos y nariz aguileña y el que interpreta a Konohana, hija de Ki no Tsurayuki (uno de los poetas más famosos de Japón) tiene los rasgos más delicados y el rostro más fino.[18]

Menos conocido es el *kathakali*, una modalidad de teatro-danza propia del sur de la India que hunde sus raíces en el folklore hindú. Aunque el estilo tal y como lo conocemos se originó en torno al siglo XVI, la tradición de la que procede es mucho más remota, situándose en torno al primer milenio de nuestra era. Como en el *kabuki*, los actores, que tradicionalmente eran hombres, lucen trajes ostentosos y maquillajes llamativos, en este caso de colores muy vibrantes que evocan a los dioses, demonios y animales a los que interpretan. Lo más llamativo de este tipo de representaciones es la importancia que le dan a la gestualidad y al movimiento de los ojos, dado que la historia se cuenta sin palabras.

Otro de los grandes precedentes del *drag* lo encontramos en el teatro isabelino, el desarrollado en la Inglaterra del siglo XVI y XVII. Como ocurrió más tarde en Japón, en este momento las mujeres tenían vetado el acceso a los escenarios por considerarse su presencia inapropiada por parte de los sectores más puritanos.[19] La cosa no empezó a cambiar hasta la Restauración, iniciada en 1660, así que antes de esta fecha todos los papeles se repartían entre los hombres, que tenían en cuenta sus características físicas, su edad y su voz de cara a interpretar a los personajes femeninos.

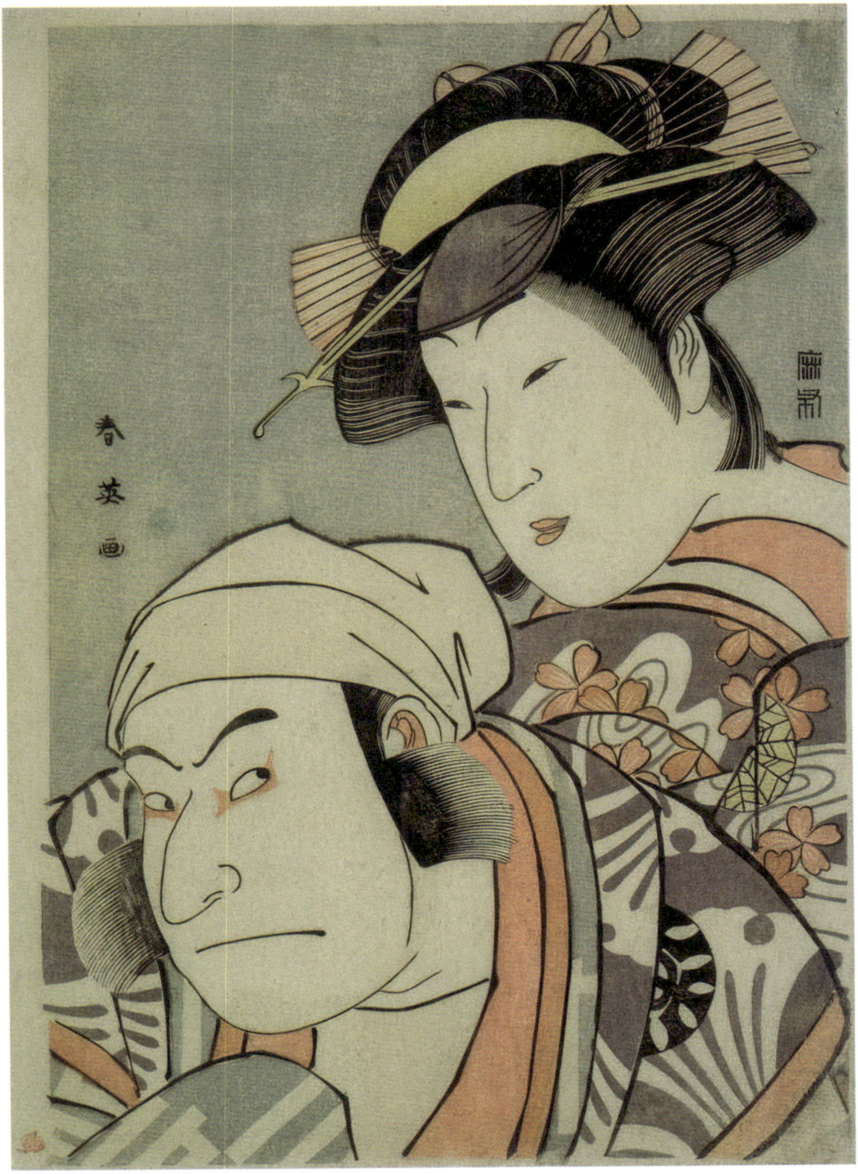

Esta práctica tuvo especial importancia en el teatro de William Shakespeare. Al margen de la ausencia de actrices, dentro de algunas de sus historias se explora abiertamente el concepto del travestismo: en sus obras, a menudo, las mujeres no adquieren el protagonismo a no ser que adopten una identidad masculina, acompañada, por tanto, de un buen disfraz. Es justo lo que ocurre con Viola, la joven protagonista de *La duodécima noche* (también conocida como *Noche de reyes*), quien se viste de hombre y toma el nombre de Cesario para poder vivir su vida en libertad y se pone al servicio del conde Orsino. El pintor inglés **Frederick Richard Pickersgill** pintó varias escenas inspiradas en la obra, entre ellas **Viola y la condesa**, que data de 1859 y que representa el momento en el que lady Olivia, de la que Orsino está enamorado, se queda prendada de la joven Viola, caracterizada como varón, pero con rasgos completamente andróginos. Pero el triángulo amoroso es todavía más complejo: Viola, en realidad, está enamorada de Orsino y este, a su vez, muestra sentimientos muy sutiles hacia ella (recordemos que él pensaba que era un hombre). Cuando se resuelve el conflicto y se descubre la auténtica identidad de Viola, ambos se casan. ▼

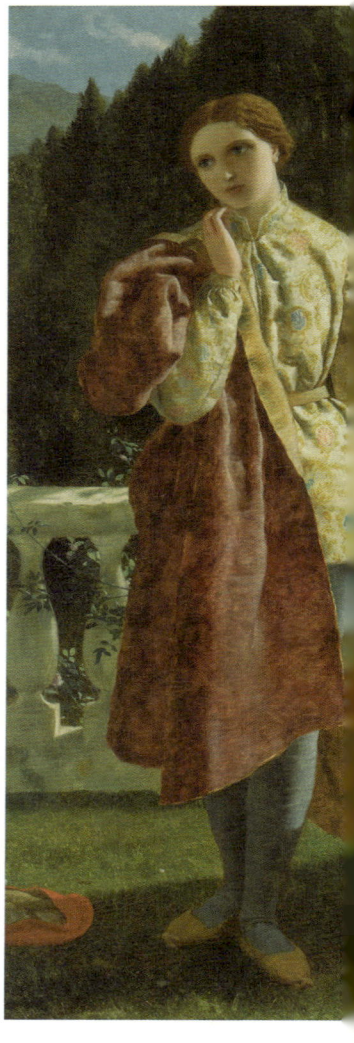

Pero el antecedente que más se suele mencionar cuando hablamos del *drag* es probablemente el vodevil, un género teatral nacido en la Francia de finales del siglo XVIII que incluía actuaciones muy diversas (de hecho, formaba parte de los llamados «espectáculos de variedad»), siempre con un prisma cómico que solía intercalarse con canciones satíricas. En Estados Unidos ganó mucha fama a principios del siglo XX, llegando en gran medida a través de los *music-hall* ingleses. Estas funciones crearon un espacio ideal para el transformismo, en el que los actores podían ofrecer sus *performances* burlescas del género. También existieron actrices famosas que ofrecieron parodias de la masculinidad, como es el caso de Vesta Tilley.

▼ La dinámica que ocurre es muy parecida a la que puede verse en el clásico de Disney, *Mulán*. Mujer se hace pasar por hombre y crea un vínculo extrañamente cercano con otro hombre con el que, tras descubrirse su auténtico género, acaba estableciendo una relación sentimental. Sospechoso.

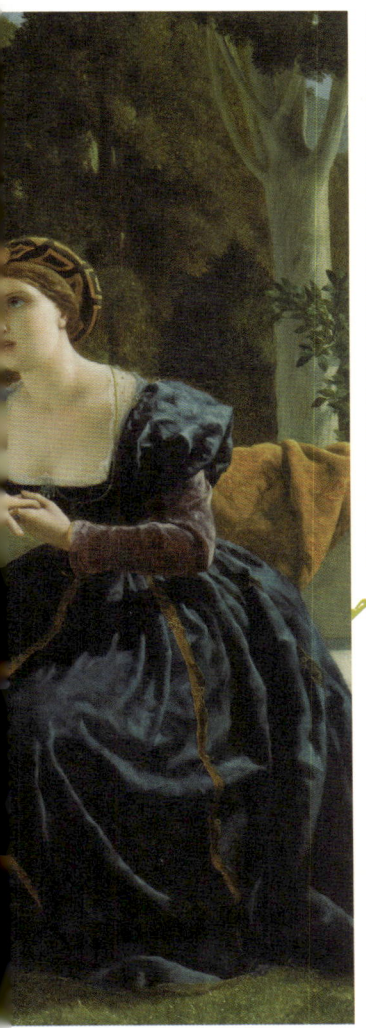

Seguimos sin saber a ciencia cierta de dónde proviene el término «*drag*», pero una de las teorías más apoyadas sitúa su origen ligado al mundo del espectáculo. Al parecer, esta palabra inglesa proviene del verbo «arrastrar» y haría referencia, en este contexto, a la forma en la que los vestidos femeninos de los actores arrastraban sus colas a lo largo del escenario.▽ El primer uso registrado con respecto al travestismo se da en 1870, cuando el *Reynold's Newspaper* publicó una invitación a un evento en el que se decía: «*We shall come in drag, which means men wearing women's costumes*» [Vendremos en drag, es decir, vestidos de mujer].

Creamos nuestro propio refugio: la esfera *ballroom* de Nueva York

Como muchas de las creaciones que se convirtieron en propias del colectivo, la cultura del *ball* se asumió a partir de una costumbre extendida entre la población general: la de los bailes de disfraces o de máscaras. En el siglo XIX, este tipo de reuniones sociales eran bastante comunes y permitían a sus asistentes adoptar, aunque solo fuera por unas horas, una identidad diferente, que a menudo jugaba con los límites del género y la etnia. En el caso de las personas homosexuales o con disidencia, estos espacios ofrecían la oportunidad de mostrarse de forma sutil sin ser señalados ni perseguidos por ello. Para hacernos una ligera idea de su popularidad, se sabe que la policía neoyorquina expidió

▽ También se suele decir que es un acrónimo de «Dress As a Girl», surgido también en el mundo del espectáculo.

licencias para 173 bailes de máscaras solo en 1931, y es más que probable que muchos otros se celebraran incluso sin estos permisos.[20]

Fue a partir de la segunda mitad del siglo XIX, cuando los miembros de las sociedades clandestinas de las grandes ciudades empezaron a organizar con regularidad sus propios bailes, en los que los asistentes acudían travestidos. Siguiendo con el caso de Nueva York, donde esta cultura ganó más importancia, el primer baile registrado del que se tiene constancia ocurrió en 1869 en el Hamilton Lodge, en Harlem, que acabaría convirtiéndose en un encuentro anual esperado. Unos veinte años después, un estudiante de medicina se topó con otra de estas celebraciones, esta vez en el Walhalla Hall, un edificio desmantelado en el Lower East Side, y dejó constancia de lo que allí presenció: alrededor de quinientas parejas del mismo sexo, tanto masculinas como femeninas, «bailando tranquilamente el vals al son de una buena orquesta».[21] Para la década de 1920, estos bailes eran ya todo un acontecimiento social, esperado por miles de personas.

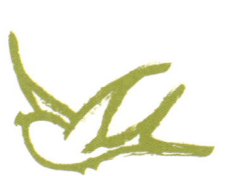

Los bailes, que habitualmente se celebraban una vez al año, incluían un desfile conocido como «*The parade of the fairies*» [El desfile de las hadas] en el que los participantes —los que hoy identificaríamos como *drag queens*— se paseaban para ser evaluados en una especie de concurso de disfraces.[22] Tal y como señala Tim Lawrence, el resto de la velada la pista se llenaba de parejas aparentemente heterosexuales, en las que los «hombres» —incluidas aquí lesbianas vestidas de hombre y gais masculinos— bailaban junto a mujeres y/o *drag queens*.

A principios de la década de 1960, la escena empezó a resquebrajarse. No fue un proceso casual, sino la consecuencia directa de un racismo estructural. Aunque el tradicional baile de Rockland Palace —el mismo que el de Hamilton Lodge— solía reunir casi el mismo número de asistentes blancos que negros, el reparto de los premios no era igual de equitativo. Este desequilibrio era una constante en este tipo de encuentros y certámenes. El sesgo racial del jurado era más que evidente, hasta el punto de que las mujeres trans y *drag queen* negras tenían que plantearse «blanquearse» la piel con maquillaje si de verdad querían acceder a los galardones. No hay ejemplo más claro que el de Crystal LaBeija, cuyo discurso contra los criterios racistas del jurado del certamen de belleza

Miss All-American Camp —entre cuyos miembros se encontraba Andy Warhol— se convirtió en la intervención más emblemática del documental *The Queen*. Y eso que Crystal fue una de las pocas mujeres negras en ganar un certamen de belleza organizado por personas blancas, convirtiéndose en «Miss Manhattan».

Pero el papel de Crystal es incluso más importante que eso. Fue gracias a ella, y con el apoyo de su amiga Lottie —que también era *drag queen*—, que el panorama de la cultura *ballroom* cambió para siempre. En 1972 fundaron la Royal House of LaBeija, un espacio que organizaría sus encuentros anuales a partir de ese mismo año. El primer baile de LaBeija, para más inri, era de temática egipcia, y funcionaba como un homenaje a una de las primeras civilizaciones africanas, en un momento en el que los historiadores afroamericanos estaban reivindicando que estos grandes imperios antiguos surgidos en el valle del Nilo habían sido fundados por nubios.[23]

Por primera vez se ofrecían eventos organizados por y para personas racializadas. A ellas se sumaron muchas otras casas, como House of Corey, House of Wong, House of Dupree o House of Chanel. La mayoría de estas, como la de LaBeija, fueron fundadas por mujeres trans negras y acogieron principalmente a jóvenes afroamericanos, aunque hay alguna que otra excepción, como la House of Xtravaganza, que se convirtió en la primera casa latina, o la House of Ninja, que era conocida por la multiculturalidad de sus miembros y por su interés en incluir la estética asiática en el mundo del *ballroom*.

Pese a sus diferencias, todas las casas estaban unidas por un mismo concepto de amor y cariño profundo, que las convertía en una red de apoyo digna de haber sido incluida en el capítulo de la armonía de este libro. ▼ Aunque obviamente servían para instruir y dar la oportunidad a sus miembros de triunfar en la esfera artística del *ballroom*, también se convirtieron en un refugio para la mayoría de ellos. Muchas jóvenes racializadas, trans y/o homosexuales o bisexuales, personas disidentes en general, encontraban en estos espacios su familia elegida tras vivir el rechazo de la suya por el simple hecho de ser ellas mismas. Puedes imaginarte que cobró aún más importancia durante la época del VIH/sida. El concepto de familia es más literal de lo que crees. Cada casa tenía una «madre» o un «padre» (alguna vez, ambos), una figura central que guiaba y apoyaba a sus miembros como si fueran sus hijos. Este rol, además, se transmitía de generación en generación. En el caso de House of LaBeija, Pepper LaBeija pasó a ser la madre en 1982 —y lo fue durante más de veinte años— tras la repentina muerte de Crystal por una insuficiencia hepática.

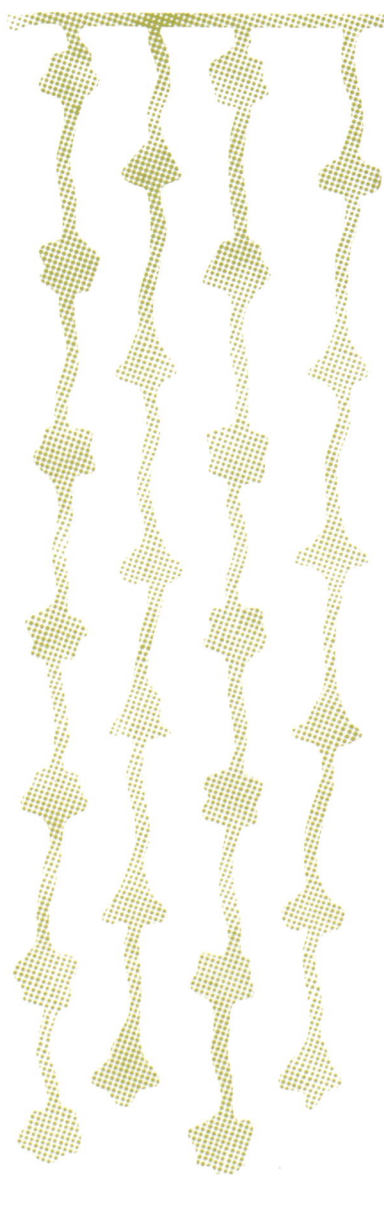

▼ La decisión de incluirlas en este capítulo y no en otro tiene que ver con el peso cultural que tienen dentro del colectivo. Al fin y al cabo, las *houses* fueron ante todo el espacio que acogió e impulsó una de las manifestaciones artísticas más puramente *queer* que ha llegado a nuestros días.

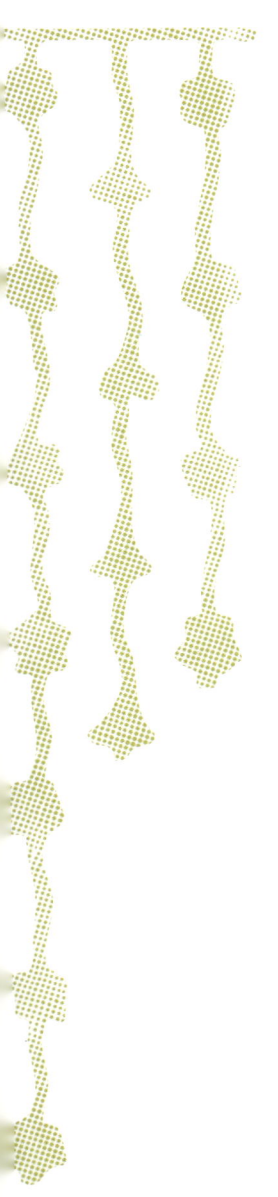

Todo este ambiente, el mismo que más tarde inspiró series y programas televisivos como *Pose* o "Legendary", quedó reflejado por sus protagonistas en la celebrada (y bastante controvertida)▽ película-documental *Paris is Burning*. Estrenada en 1991, la cinta refleja los *ballrooms* organizados entre 1987 y 1989 en Nueva York, y recoge testimonios directos de algunas de las personalidades más destacadas de la escena, entre ellas Pepper LaBeija, Willi Ninja, Paris Dupree o Angie Xtravaganza. Aún hoy, este filme constituye uno de los documentos más valiosos para la visibilización y el conocimiento de la subcultura *ballroom* neoyorquina, de su impacto en el colectivo y de la realidad a la que se enfrentaban las personas disidentes en aquella época, entre ellas la crisis sanitaria del VIH/sida, que acabó con la vida de muchos de sus participantes.

Dentro de los protagonistas de *Paris is Burning*, hay una historia especialmente desgarradora: la de Venus Xtravaganza. Esta joven de 23 años dejó su hogar para poder vivir su identidad de género sin «avergonzar a su familia», lo que le llevó a formar parte de la *House of Xtravaganza* como una de las hijas predilectas. Durante sus apariciones, Venus relata sueños y aspiraciones normales para una chica de su edad: tener una casa bonita, vivir una historia de amor o dedicarse al mundo del modelaje. Su mayor deseo era ser normativa, vivir tranquilamente y, en cierto punto, así lo expresa al señalar su deseo de someterse a una cirugía de afirmación de género para así «sentirse completa». Pero la vida no se lo ponía fácil; se veía obligada a prostituirse para subsistir. El final de la película incluye la consternación de la madre de la casa, Angie Xtravaganza, ante la noticia del asesinato de la joven, estrangulada durante uno de estos encuentros.

▽ Pese a ser un documento de valor incalculable, la película ha estado envuelta en varias polémicas. Jennie Livingston, su directora, fue acusada de *voyeurismo* y de apropiación, y recibió reclamaciones económicas por parte de varios participantes que no vieron retribuida su aparición en la cinta. No olvidemos que la película fue ampliamente premiada y recaudó varios millones de dólares.

Pero no olvidemos que los *ballrooms* tenían en el centro de su organización la celebración artística, tanto a través de la *performance* como de la moda y el baile. Para ello se desarrolló un compendio muy amplio y variado de categorías en las que se podía competir. Algunas de ellas son sorprendentes y van más allá de los estereotipos que tenemos asociados a las *drags*. En las categorías *realness*, por ejemplo, lo que se premiaba era la capacidad de las participantes para ser percibidas como personas normativas. La idea se aplicaba sobre todo a pasar como cis y/o heterosexual, pero también a parecer un ejecutivo o un alto cargo militar, profesiones a las que no podían aspirar por el mero hecho de ser quienes eran. Esto demuestra que había actuación y teatro, claro, pero también mucha crítica social.

Todo este planteamiento me lleva a pensar en la idea sociológica del *passing*, que hoy aplicamos sobre todo a las personas trans pero cuya presión atraviesa prácticamente a cualquier persona disidente. Porque, ¿a quién no le han dicho alguna vez, a modo de halago, que «no se le nota» su sexualidad y/o transición de género? Una vez más, todo se basa en los estereotipos que tenemos asociados a cada uno de los géneros. En *Paris is Burning*, Dorian Corey lo explica con una claridad demoledora, al definir esta categoría así:

«Ser capaz de integrarse (...) La idea de la autenticidad es parecer lo más posible a tu homólogo heterosexual (...) No es una parodia ni una sátira. No, en realidad es ser capaz de ser así. Es como volver al armario».

Esta misma crítica, la de la deriva hacia estereotipos burdos de feminidad, está indudablemente salpicada de un componente colonialista y de adoración de la blanquitud que, como la autora y activista bell hooks señaló, salpica toda la concepción del mencionado filme. Según ella, el trasfondo reivindicativo del *drag* entre personas negras —el mismo que nace con el propósito de poner en jaque el canon normativo de la masculinidad heterosexual— pierde fuerza cuando descubres que se basa en una construcción ficticia y racializada de lo «femenino» que no es otra cosa que una idealización sexista de la feminidad blanca.[24]

Un baile de revista

En 1990, como parte de su banda sonora «I'm Breathless», Madonna lanzaba su sencillo *Vogue*. Más allá de ser un temazo y de cosechar un éxito inmediato, lo más interesante de la canción se revelaba en su videoclip. Con una estética al más puro estilo *art déco*, incluyendo cameos a varios cuadros de Tamara de Lempicka que formaban parte de la colección de la cantante, Madonna aparece vestida con una estética glamurosa, haciendo unos movimientos rítmicos, llamativos, con los que encuadraba su cara. Estos gestos recordaban a las posturas de las modelos de las revistas de moda y, de hecho, con esta misma alusión arrancaba la letra: «*Strike a pose*» [Haz una pose]. Aquello era *voguing* (o *vogue*, como el título de la canción), un estilo de baile nacido en el seno de los *ballrooms*, y la existencia de esta canción no hizo más que acelerar su salto hacia lo *mainstream*. Su difusión masiva no debería haber sido algo malo —o al menos no de entrada—, pero en este caso se puso de moda hasta el punto de olvidar el profundo simbolismo político y social que escondía detrás.

Sobre el origen de esta modalidad de baile, hay varias teorías, aunque todas sitúan su nacimiento a finales de la década de los sesenta. La oficial —y la más verosímil— atribuye su invención a Paris Dupree, fundador de la House of Dupree, a quien también debemos el título del documental *Paris is Burning*. Según este relato, todo comenzó una noche en un club *underground* de Manhattan cuando, en plena competición, Dupree sacó una revista *Vogue* del bolso y empezó a imitar las poses de las modelos mientras pasaba las páginas al ritmo de la música. Su contrincante respondió de la misma manera, dando lugar a lo que podría considerarse la primera batalla de *voguing*. Otras versiones sitúan su origen en los reclusos negros de la prisión de Rikers Island, quienes habrían utilizado estos movimientos como una forma de atraer la atención de otros hombres y de provocarles.[25]

Fuera cual fuese su punto de partida exacto, el *vogue* adquirió muchísimo protagonismo en los *ballrooms* entre los años setenta y ochenta, con la aparición de múltiples categorías en las que las participantes se enfrentaban entre sí para ganar trofeos y, con ellos, el honor de sus *Houses*. Por ello, al hablar de esta modalidad de baile, resulta fundamental interiorizar que nunca fue solo una coreografía: funcionaba como una reivindicación, un grito nacido por y para las personas *queer* y negras. Una manera simbólica de hacerse hueco en el mundo del glamur, la moda y la belleza del que habían sido excluidos. La forma de enmarcar sus rostros con las manos imitando las poses de las modelos —los pasos más característicos del conocido estilo *Old Way*— pueden leerse como un intento deliberado de construir un canon de belleza propio que elevara a los bailarines a la misma categoría que las celebridades que aparecían en las portadas de las revistas, las mismas que Madonna mencionaba en su tema.

Ni que decir tiene que la canción de la diva del pop puede leerse (y de hecho se ha leído) como un caso de apropiación cultural, dado que, pese a citar visualmente el Renacimiento de Harlem, Madonna tomó la decisión de sustituir a los *voguers* negros por los bailarines latinos de piel más clara de la House of Xtravaganza, tal vez tras las polémicas de su anterior éxito *Like a Prayer*.[26] Si bien dio una visibilidad sin precedentes al *vogue*, hay cierto dilema moral evidente con la idea de tomar un elemento de una subcultura racializada para explotarlo comercialmente sin utilizar los beneficios en un sentido de reparación.[27]

La adoración de las divas del mundo de la moda y el cine ha sido una constante en el colectivo que ha tenido un reflejo directo sobre todo en el mundo de la música. David Bowie, por poner un ejemplo, se inspiró para la sesión fotográfica que daría a luz la portada de su disco "Hunky Dory" (1971) en fotografías de la actriz Marlene Dietrich. Más allá de su belleza y elegancia, hay algo más profundo en la elección de este referente, pues la actriz de Hollywood se hizo especialmente conocida por desafiar las normas de género, por su buscada androginia y por su más o menos abierta bisexualidad. Justo los mismos elementos que harían de Bowie toda una estrella.

Una de las figuras más destacadas del mundo del *voguing* fue Willi Ninja, apodado «el padrino del *voguing*», a quien se le atribuyen algunos de los movimientos más icónicos de este estilo, así como su mestizaje con referencias al arte egipcio y a las artes marciales. Aunque es uno de los protagonistas de *Paris is Burning*, el padre (y fundador) de la House of Ninja ya había dado a conocer sus movimientos años antes del estreno del documental. En 1989 formó parte activa en el single de Malcolm McLaren, *Deep in Vogue*, en cuyo videoclip aparece también bailando, y además se había sumado al elenco del documental *Voguing: The Message*, estrenado ese mismo año.

Su esencia, como la de tantos otros bailarines y *drag queens* de la cultura *ball*, quedó perfectamente capturada en *Willy Ninja*, una las instantáneas de Chantal Regnault, fotógrafa que entre 1989 y 1992 centró sus esfuerzos en documentar la escena *ballroom* neoyorquina. Lo hizo justo en el momento en el que esta empezaba a abandonar la clandestinidad y a abrirse al exterior. Regnault fue capaz de capturar la intimidad de estas personas y los vínculos profundos que les unían, como puede verse en la tierna fotografía *Avis y Evie Pendavis, House of Chanel Ball* (1990). Además, hizo varias sesiones a bailarines de *vogue* como Derrick Magnifique o el propio Ninja,

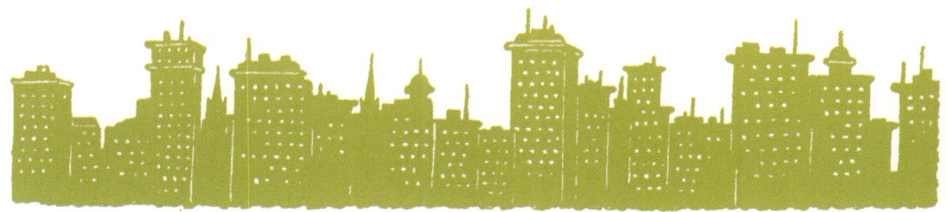

en las que estos posan con algunos de los movimientos más míticos de su estilo. Fue precisamente Willi Ninja quien protagonizó una de sus imágenes más icónicas: con las manos sobre la cabeza y los ojos cerrados, luce uno de los adornos corporales del diseñador Thierry Mugler. Esto me sirve para confirmarte una verdad a gritos: los *voguers* lograron su sueño de ser parte del mundo del glamur y la moda, llegando a participar en algunos de sus emblemáticos desfiles.

Como la mayoría de las formas artísticas, el *voguing* ha seguido evolucionando. El estilo *Old Way* dejó paso al *New Way* (no se calentaron la cabeza con el nombre), una variante que mezclaba los antiguos pasos de baile con movimientos con mayor contorsión y aún más rítmicos. Más adelante se consolidó el estilo *Vogue Femme*, caracterizado por movimientos más fluidos y estilizados que buscaban resaltar la feminidad de quienes los practicaban. Aunque hoy el *voguing* ya forma parte de la cultura popular, es importante entender que puede (y debe) leerse como una forma de reivindicación política y celebración usando el cuerpo como arma artística. Porque tal y como lo bautizó el C2M —Centro de Arte Dos de Mayo Comunidad de Madrid, con motivo de una exposición celebrada entre finales de 2017 y principios de 2018—, si algo es el *vogue,* es un ejemplo de *performance* radical en la que el cuerpo, la moda y, sobre todo el arte, se ponen al servicio de una causa más grande.

En el fondo, todas somos un poco *camp*

Si hay un momento en el que el mundo entero puede llegar a entender que la moda y el arte van de la mano —e incluso que, la mayoría de las veces, son lo mismo— es durante la celebración de la Met Gala. Este es, sin duda, uno de los encuentros más esperados del año, ya no solo para quienes aman el diseño o el arte, sino también para quienes adoran el chisme y todo lo que tiene que ver con la escena *celebrity*. Internet se llena de artículos, vídeos y posts comentando a los mejor y peor vestidos, quiénes han sabido interpretar el tema y quiénes no. Sin embargo, para alguien sin el contexto adecuado, los *outfits* de las personas invitadas a la cena benéfica de la edición de 2019 debieron rozar el absurdo. Desde Katy Perry vestida de candelabro —y más tarde transformada en una hamburguesa gigante— a Ezra Miller, que, si ya con su *look* de dandi sacado de un *cabaret* no fuera suficiente, ocultaba bajo su máscara un complejo maquillaje repleto de ojos.

Esa estética exagerada, divertida,

que roza los límites del buen gusto, cumplía con lo que pedía el código de vestimenta, porque no podía ser más *camp*. No te voy a engañar: este es un concepto complejo. El motivo ya lo señalaba la gran Susan Sontag en su emblemático ensayo *Sobre lo camp*, publicado por primera vez en 1964: «Muchas cosas en el mundo carecen de nombre; y hay muchas cosas que, aun cuando posean nombre, nunca han sido descritas. Una de estas es la sensibilidad (...) que atiende por el culto nombre de *"camp"*».[28] Ella fue una de las pocas que se atrevió a buscar una definición. Y lo hizo a modo de *performance*: le dedica el texto a Oscar Wilde y lo divide en 58 notas.

A grandes rasgos, el *camp* puede entenderse como una estética artificial que prioriza la decoración al contenido. Ante todo, es recargada y si encima parece pasada de moda, mejor todavía. Por eso suele asociarse con el mal gusto, con lo hortera o con lo *kitsch*, pero en realidad es más complejo. Va más allá de lo estético, más allá de lo aparente; ser *camp* implica ser irónico, burlón e ingenioso. Es ofrecer *performance*, vivir la vida como si fuera un teatro y dejarse llevar por la fantasía. Porque tal y como decía Sontag, «el estilo lo es todo» y «lo único importante en lo *camp* es destronar lo serio».[29] Así, el *camp* más puro es aquel que parece espontáneo y nace involuntariamente. Aunque a menudo

se atribuye a Sontag la popularización del término —y lo califican como una especie de dadaísmo actual (muy acertadamente, si me preguntas)—, la propia autora situaba sus orígenes mucho antes, a principios del siglo XVIII, especialmente con la estética rococó de la ostentación y el artificio. Versalles sería *camp* y Maria Antonieta y sus enormes pelucones, también.

Tranquila, se entiende mejor con más ejemplos. Susan Sontag nos dejó unos cuantos: una mujer paseándose con una boa repleta de plumas es *camp*, pero el *art Nouveau* también lo es, en especial las bocas del metro de París diseñadas por Hector Guimard, donde el hierro se transforma en orquídeas. Simple y llanamente porque parecen lo que no son. Lo mismo ocurre con las lámparas de Tiffany, que también son *camp*. Este razonamiento también es aplicable a personas. Traído a nuestros días, *camp* sería Lady Gaga, sobre todo en sus inicios. ¿Cómo olvidar cuando se presentó a los MTV Video Music Awards con un vestido hecho de filetes de carne?

Pero ¿por qué detenernos aquí a definir este concepto? Pues porque el *camp* es un lenguaje profundamente ligado al mundo *queer*, y por el que las personas disidentes han sentido una atracción especial. Para empezar, está el tema de la androginia: pocas cosas hay más *camp* que un dandi o, en general, alguien que transgrede las normas de su género. En la nota 9 de su manifiesto, Sontag señala que este cruce es el mayor atractivo sexual y que «lo más hermoso en los hombres viriles es lo femenino» mientras que «lo más hermoso en las mujeres femeninas es algo masculino».[30] Así, figuras como Greta Garbo o Marlene Dietrich se convierten en iconos *camp,* del mismo modo que lo serían Freddie Mercury o David Bowie.

El punto más revelador llega hacia el final del texto, en la nota 51, cuando Susan por fin señala la relación directa entre el gusto *camp* y la homosexualidad. No es una estética exclusiva del colectivo, pero sí algo íntimamente vincula-

do a él. En esta misma línea, una de las acepciones recogidas por el Oxford English Dictionary define *camp* como una jerga de uso temprano que se da sobre todo entre hombres gais y cuyo primer uso se puede fechar a principios del siglo XX. Lo define así: «Especialmente de un hombre o de sus gestos, forma de hablar, etc.: extravagante, atrevido o teatral, especialmente de una manera estereotípicamente asociada con algunos hombres homosexuales».[31]

Con respecto a este vínculo tan estrecho, el cine nos ha dejado grandes ejemplos. La que suele señalarse como la joya *camp* por excelencia es, sin lugar a dudas, ***The Rocky Horror Picture Show,***

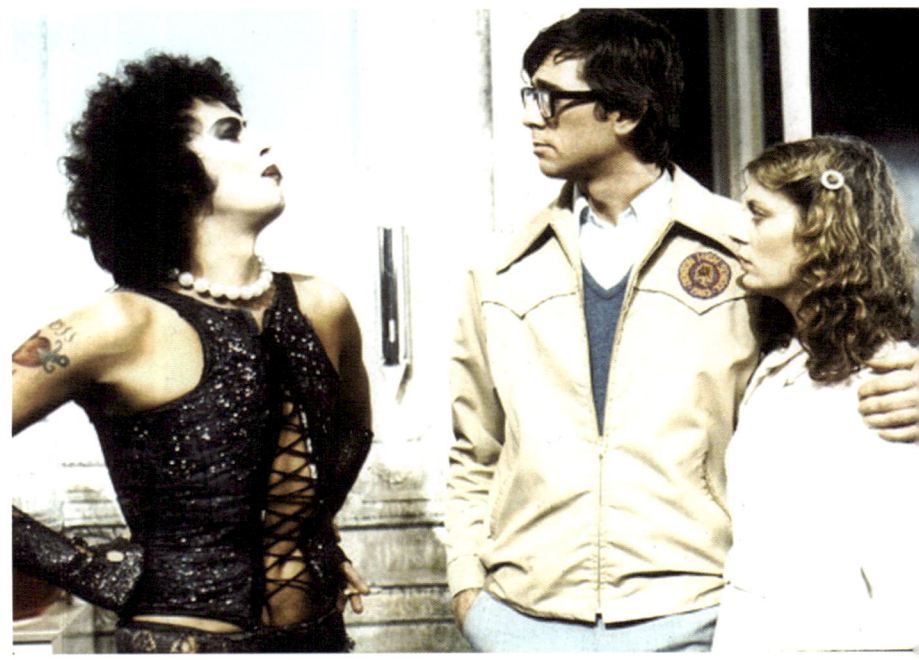

obra de **Richard O'Brien**. Estrenada en 1975 —aunque antes tuvo una pequeña versión teatral— esta película, considerada de culto, para mí es una de las que no tiene definición posible. Si hubiera que buscarle una, solo se me ocurre decir que es una parodia *camp* del cine de terror y ciencia ficción, combinada con un género aparentemente antagónico: el del musical. La película trata sobre una pareja heterosexual y blanca, arquetipo ideal americano, que tras pinchar una rueda se adentra en una mansión tenebrosa en busca de ayuda. Allí se topan con toda una serie de personajes que encarnan la disidencia y la libertad sexual —casi como si fueran *drags*— y que chocan frontalmente con los protagonistas. El personaje central, interpretado por Tim Curry, es el Dr. Frank N. Furter: un científico loco, travestido y bisexual que se convirtió en un improbable *sex symbol* y en un icono *camp*, cuyo impacto sigue despertando el fenómeno fan incluso hoy, varias décadas después.

Desde un registro muchísimo más provocador —diría incluso obsceno— tenemos a la emblemática Divine, una polémica y extravagante *drag queen*, con una estética excesiva (y muy *camp*) y una forma de actuar que todavía lo era más. Su tándem con el cineasta John Waters, junto al cual construyó a su personaje, dio lugar a lo que se bautizó como La Trilogía Trash, siendo el título más célebre *Pink Flamingos* (1972). La película incluía una escena que se convertiría en icónica, sin dejar de ser desagradable: el momento en el que Divine espera a que un perro evacue para, acto y seguido, meterse sus excrementos en la boca. No fue una simulación; se comió esa mierda de verdad. Todo por la *performance*. Dejaré mis opiniones al margen y solo diré que cumplió con su cometido. El propio Waters definió lo que buscaba con su cine, con esa estética que ambos denominaron *trash*, en las primeras páginas de su libro *Shock Value: a Tasteful Book About Bad Taste*:

«*Para mí, el mal gusto es la esencia del entretenimiento. Si alguien vomita al ver una de mis películas, es como recibir una ovación en pie. Pero hay que recordar que existe el buen mal gusto y el mal mal gusto. Es fácil disgustar a alguien; podría hacer una película de noventa minutos en la que se cortaran las extremidades a las personas, pero eso solo sería mal gusto y no sería muy elegante ni original. Para entender el mal gusto hay que tener muy buen gusto. El buen mal gusto puede ser creativamente nauseabundo, pero al mismo tiempo debe atraer a un sentido del humor especialmente retorcido, que no es nada universal.*[32]

Andy Warhol, precursor del *pop art*, también merece un hueco dentro de este apartado. Aparte de sus obras —concebidas como una crítica colorida a la sociedad de consumo y a la producción en serie, a los que irónicamente él mismo se sumaba—, como artista homosexual ofreció su propia exploración de lo *camp* a través del *drag*. Además de sus polaroids, en las que inmortalizó a figuras tan relevantes como Marshal P. Johnson o incluso se autorretrató travestido, trabajó en varios cortometrajes junto a *drags*. Así fue como Holly Woodlawn, Candy Darling y Jackie Curtis pasaron a ser conocidas como las superestrellas de Andy Warhol, llegando a convertirse en todo un icono de la liberación sexual a través de películas como *Women in Revolt*.

Por otro lado, las *performances* de Leigh Bowery encarnan una de las visiones más evidentemente *camp*. Ya de por sí, su estética extravagante —con la cabeza rapada y maquillajes imposibles (y muy elaborados)— no dejaba a nadie indiferente, lo que le permitió ganarse un hueco en la escena *underground* de Londres y Nueva York. Pero es que, además, era inolvidable también en sus *actings*. Para que te hagas una idea, en una de sus *performances* más famosas fingía dar a luz a la que sería

su esposa,▼ Nicola Bateman, con mucha sangre y salchichas de por medio. En todas sus actuaciones, su cuerpo se convertía en su mejor materia creativa, la cual moldeaba a su antojo a través de cintas adhesivas y modificaciones corporales, que incluían *piercings* en la cara para sujetar máscaras. Fue precisamente esta maleabilidad de su propio cuerpo lo que atrapó a Lucian Freud, quien le dedicó algunos de sus mejores retratos. Su muerte en 1994, a causa del VIH/sida, solo sirvió para catapultarlo definitivamente, pues su legado sigue muy vivo.

Para cerrar, aunque es menos común, las huellas *camp* también pueden rastrearse en las artes visuales e incluso leerse desde un prisma inequívocamente *queer*. Por eso resulta pertinente cerrar el apartado con un claro ejemplo que Sontag incluye en su ensayo: el ilustrador **Aubrey Beardsley**, uno de los máximos exponentes del *fin de siècle*, corriente artística que agrupa a los creadores y pensadores de finales del XIX y principios del XX. Los creadores de esta etapa —también conocida como decadencia— tomaron la estética rococó y la reinventaron, dándole una apariencia aún más ambivalente, andrógina y, por lo tanto, *queer*. En el caso de Beardsley, además de la androginia evidente de sus personajes, recurrió a temas

▼ Te aseguro que no había nada romántico ni sexual en esa unión. El propio Bowery, quien se sabía que era gay, concibió su matrimonio como otra de sus *performances* radicales.

que lo vinculan con lo *camp*, como las mascaradas o el teatro.

Uno de sus temas favoritos, repetido en gran parte de sus ilustraciones, es el aseo femenino. En ***The Toilette of Salome I*** [El Baño de Salomé I], Beardsley representa ese momento de autocuidado e intimidad absoluta en el que la protagonista aparece acompañada de otras figuras de anatomías andróginas. La figura más llamativa es la del personaje que ayuda directamente a Salomé con su acicalamiento y que remite claramente al *pierrot*, figura clásica de la *Comédie Italienne*, reconocible por su traje amplio de color blanco, muy parecido al de un mimo. Con todos estos elementos, el tema del baño puede leerse desde una clave teatral: Beardsley convierte a Salomé en una actriz y la inmortaliza en el momento previo a su salida a escena,[33] tal vez lista para emular el concepto de feminidad, como la mayor parte de las *drags*.

Si te has quedado con ganas de más, me gustaría recomendarte un par de películas que constituyen un referente para la visibilidad disidente y el arte creado por y para el colectivo LGTBIQ+. Y encima, son bastante *camp*, ¿se puede pedir más? La primera es *Las aventuras de Priscilla, reina del desierto* (1994), una cinta en la que se relata el viaje de tres artistas *drag* a través del desierto australiano, con destino a su próximo show. Por su parte, *Victor y Victoria* (1982) trata de la historia de una soprano que, ante la imposibilidad de ganarse la vida como tal, empieza a hacerse pasar por hombre para poder hacer espectáculos de travestismo femenino. Hay que decir que está ambientada en el París de los años 30, la que hemos visto que fue una época de esplendor para estas prácticas artísticas.

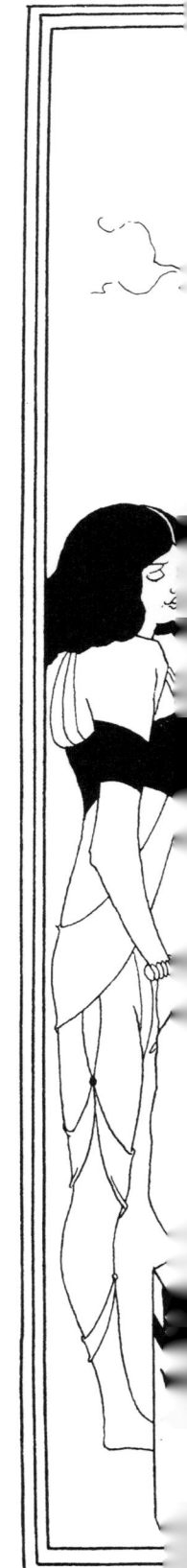

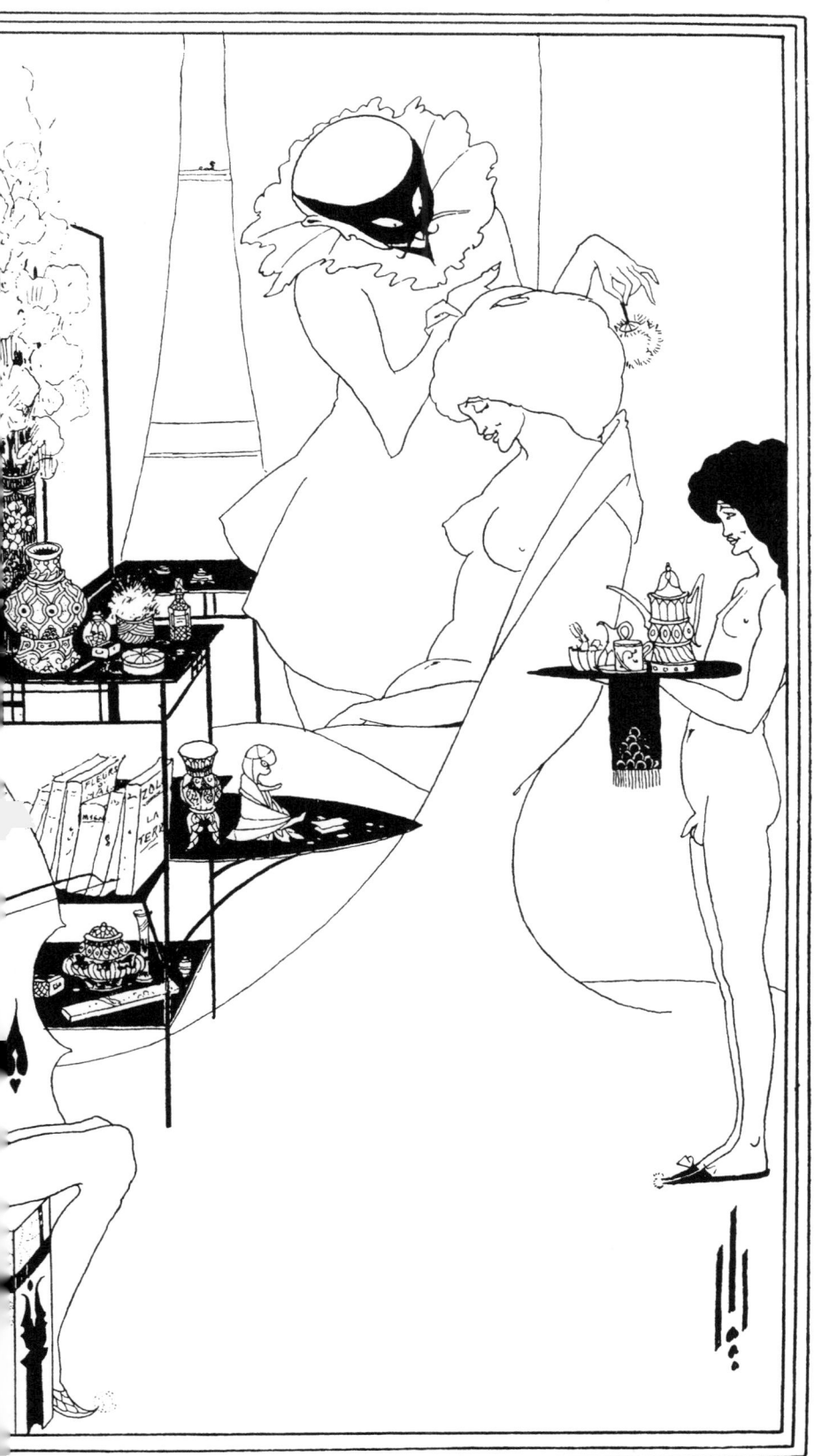

Las mujeres también hacen *drag*

En 2018, RuPaul concedió una entrevista a *The Guardian* que desató una fuerte polémica por sus declaraciones en torno a la participación de mujeres trans en su programa. Aunque expresó ciertas dudas, la famosa *drag queen* se posicionó en contra de la hipotética participación de una mujer trans en el *cast* de las siguientes ediciones de "Rupaul's Drag Race". «Puedes identificarte como mujer y decir que estás en transición, pero cambia una vez que empiezas a cambiar tu cuerpo. Se transforma; cambia todo el concepto de lo que hacemos» afirmó en relación a la participación de Peppermint en la novena temporada del reality, la primera mujer trans en hacer pública su identidad de género durante el programa. «El *drag* pierde su sentido de peligro y su sentido de ironía cuando no son los hombres quienes lo practican, porque en esencia es una declaración social y una gran burla a la cultura dominada por los hombres.»[34]

Pocos minutos después, las redes echaban humo. Y con razón, todo sea dicho. Fans del programa, feministas y personas del colectivo trans, vinculadas o no con el *drag*, alzaron la voz para señalar la transfobia y misoginia implícitas en aquellas palabras. No era la primera polémica al respecto protagonizada por RuPaul, pero sí marcó un punto de inflexión: por primera vez emitió un comunicado público para retractarse de sus palabras, en el que pedía disculpas a las personas trans, a quienes decía admirar profundamente. Fueran o no sinceras aquellas disculpas, lo que sí podemos comprobar es que ha hecho un ejercicio introspectivo estos últimos años y ha cambiado las dinámicas en los programas posteriores. Tres años después, Gottmik se convirtió en el primer hombre abiertamente trans en competir y, en 2023, vivimos la victoria de una mujer trans que había hecho su transición antes de entrar al programa, la icónica Sasha Colby, que despertó la más sincera admiración de la *drag queen*. ▼ Ya sabes, rectificar es de sabias.

Pero aquellas desafortunadas declaraciones de RuPaul me sirven para ejemplificar una forma extendida y limitante de entender la *performance* de las *drag queens* como «hombres que se disfrazan de mujer», como un medio artístico en el que solo ellos pueden liberarse y expresar la feminidad de la que, hasta el momento, se han sentido privados. Bajo esta premisa, las mujeres que se sienten atraídas por esta modalidad artís-

▼ Me estoy centrando en la versión estadounidense del programa por ser la que presenta RuPaul. En la versión tailandesa, por ejemplo, Angele Anang se alzó vencedora en 2019, convirtiéndose en la primera mujer abiertamente trans y negra en ganar el formato.

tica quedan relegadas al mundo *drag king*, obligadas a expresarse desde un canon más masculino, a través de una forma de arte que muchos siguen considerando secundaria. Error. Esta visión es simplista. Como hemos visto, el *drag* es algo más allá de la polaridad de masculino/femenino, por mucho que en esta pueda rastrearse, por así decirlo, su origen. Pero, si el arte *drag* surge como una crítica a lo establecido y, en gran medida, a los roles de género impuestos, ¿por qué las mujeres, quienes viven día a día el yugo de la feminidad canónica, no podrían hacer arte a partir de su experiencia? ¿No es de hecho interesante que esta sea radicalmente distinta a la de los hombres?

Si vuelves unos párrafos más atrás, podrás notar que ya he mencionado varios ejemplos que demuestran que las mujeres también hacemos *drag*, e incluso que podemos expresarnos a través de una identidad *drag queen*. Es algo extensible a todas las mujeres, sin importar su expresión de género, su identidad y, evidentemente, su orientación sexual. Para sorpresa del público general —sobre todo aquel menos familiarizado con conceptos propios del colectivo—, dentro del propio formato "Drag Race" también han aparecido varias concursantes cisgénero: Victoria Scone en la versión británica

(aunque hoy se identifica como no binaria), Clover Bish en la española y, por supuesto, Pandora Nox, quien se alzó ganadora de la única temporada de "Drag Race" en Alemania. Y aún más: una de las sáficas más exitosas del panorama musical se define a sí misma como una *drag queen*. Me refiero a Chappell Roan. El *drag* es abierto para todas, sin excepción.

Entonces, ¿qué decir de las afirmaciones que califican el mundo *drag* como misógino? Aquí quiero ser completamente sincera. Durante años, yo misma caí en ese tópico. Miraba a las *drag queens* desde la distancia, incluso con cierto recelo. No me provocaban rechazo, pero tampoco interés. Creo que me sentía ajena a ellas, que no llegaba a conectar con su *performance* de la feminidad llevada al extremo, sobre todo en los casos más transgresores. En ocasiones llegué a sentir que algunas de ellas reforzaban los estereotipos que las mujeres tanto hemos luchado por romper, o incluso que hacían una especie de burla de la feminidad que, aun con motivos artísticos y humorísticos, podía resultar ofensiva. También reconozco que todas estas ideas las había construido sin tratar de acercarme realmente a esta forma de arte, sin leer lo suficiente como para construir una opinión informada al respecto más allá de lo que percibía en algunos shows. No me sentía bienvenida, pero, ojo, esto no significa que no lo fuera.

No tenía intención de abrir este melón en estas páginas, reconozco que por miedo a no ser entendida o malinterpretada. El *drag* es una expresión artística profundamente valorada dentro del colectivo, muy nuestra, y no todo el mundo está dispuesto a aceptar que no todas lo vivimos igual. Pero todo cambió hace unos meses, mientras procrastinaba en Instagram, cuando me topé con un vídeo de Estrella Xtravaganza reflexionando precisamente sobre la misoginia dentro de la esfera *drag queen*.[35] Y gracias a ella, por primera vez sentí legitimados mis sentimientos, entendí que el mundo del *drag* es mucho más amplio y diverso de lo que me había planteado y me animé a investigarlo para esta vez formarme una visión real y fundamentada.

Ahora sé que existen *drags* que reproducen ideas, actitudes y chistes que podrían verse como misóginos, sí, pero como en casi todas partes. Al final, la sociedad sigue siendo patriarcal y es legítimo sentir recelo. Lo bonito es que, en el proceso, conecté de una forma que no esperaba. Me alegra poder escribir aquí que el hecho de haber leído, visto e investigado en profundidad sobre el *drag* y sus orígenes, sobre sus motivaciones e intenciones, me ha permitido de alguna forma hacer las paces con este. Sentirlo también propio. Porque ni todo lo masculino es exclusivo del hombre, ni todo lo femenino atañe solo a la mujer y el auténtico *drag* va más allá de la imagen estereotípica que han querido venderte. Así que como diría Lady Gaga: *don't be a drag, just be a queen.*

CAPÍTULO 3

ORGULLO: Redada en nido gay, las «abejas reina» están furiosas y listas para picar *[Homo nest rided, queen bees are stinging mad]*

1   Baker, S. (Ed.). (2011). *Voguing and the house ballroom scene of New York 1989-92.* Soul Jazz Records, p. 4.

2   Kaiser, C. (1997). *The Gay Metropolis, 1940-1996.* Houghton Mifflin, p. 197.

3   Grace. (2018, 5 de junio). From the archives: An interview with lesbian Stonewall veteran Stormé DeLarverie. AfterEllen. Recuperado el 26 de noviembre de 2025, de https://afterellen.com/an-interview-with-lesbian-stonewall-veteran-storm-delarverie/

4   Lord, C. (2013). *Art & Queer Culture* (C. Lord y R. Meyer, Eds.). Phaidon Press, p. 26.

5   "Jewel-encrusted rats in ecclesiastical garb: Art and treasures for you, honey" (2023, agosto 22). Decorating dissidence (Issue 17: All that glitters) .https://decoratingdissidence.com/2023/08/22/jewel-encrusted-rats-in-ecclesiastical-garb-art-and-treasures-for-you-honey/

6   Stryker, S. (2008). *Transgender history.* Seal Press, p. 61.

7   Definición del Collins English Dictionary. Recuperada el 17 de noviembre de 2025, de https://www.collinsdictionary.com/es/diccionario/ingles/tenderloin

8   Strycker, S. (2008). *Transgender history.* Seal Press, p. 74.

9   Lord, C. (2013). *Art & Queer Culture* (C. Lord y R. Meyer, Eds.). Phaidon Press, p. 28.

10   Tal como se cita en Hammond, H. (2000). *Lesbian art in America: A contemporary history.* Rizzoli International Publications, p. 16.

11   Visto en "The Morning of the Snake Pit" 1970 | Stonewall Forever. Recuperado el 26 de noviembre de 2025, de https://stonewallforever.org/monument/the-morning-of-the-snake-pit-1970

12   Esta frase culminaba los panfletos repartidos por la GAA, que formaban parte de su newsletter (n. 6 vol.). Visto en Schwarz, J. (Director). (2011). *Vito* [Documental]. [Fuente: https://www.filmin.es/pelicula/vito].

13   Trial of Thomas Gordon (t17320705-30). (1732, julio 5). Old Bailey Proceedings Online. Recuperado el 23 de noviembre de 2025, de https://www.oldbaileyonline.org/record/t17320705-30

14   Davis, B. (2020-2021). The Trial of Princess Seraphina: The First Recognisable Drag Queen in English History. New Histories, 16: Pride. Recuperado el 23 de noviembre de 2025, de https://newhistories.sites.sheffield.ac.uk/volumes/2020-21/volume-16/the-trial-of-princess-seraphina-the-first-recognisable-drag-queen-in-engli

15   Al parecer, la prohibición también se hizo extensible a algunos *wakashū*, jóvenes andróginos que a menudo también ejercían la prostitución.

16   Bichler, L. y Trede, M. (2023). *Hiroshige. One hundred famous views of Edo.* Taschen, p. 7.

17   Marks, A. (2019). *Japanese woodblock prints.* Taschen, p. 66.

18   The actors nakamura Nakazo II as aramaki mimishiro and nakamura noshio II as konohana, daughter of ki Tsurayuki. (s.f.). Google Arts & Culture. Recuperado el 22 de noviembre de 2025, de https://artsandculture.google.com/asset/the-actors-nakamura-nakazo-ii-as-aramaki-mimishiro-and-nakamura-noshio-ii-as-konohana-daughter-of-ki-tsurayuki-katsukawa-shunei-japanese-1762-1819-artist/QQHAupkPKoeZaA?hl=en

19   Hall, J., Birkin, S., Li, H. y Hans, J. S. (2022). *Arte del drag* (M. Maraschi, Trad.). Quinto Quarto, p. 12.

20   Chauncey, G. (2019). *Gay New York: Gender, Urban Culture, and the Making of the Gay Male World, 1890-1940.* Basic Books, p. 292.

21   Ibid, p. 293

22   Baker, S. (Ed.). (2011). *Voguing and the house ballroom scene of New York 1989-92.* Soul Jazz Records, p. 3.

23   Gavaldon, S. y Segade, M. (Eds.). (2019). *Elements of Vogue: un caso de estudio de performance radical.* CA2M Centro de Arte Dos de Mayo Comunidad de Madrid, p. 131.

24   Hooks, B. (1992). *Black Looks: race and representation.* South End Press, p. 147.

25   Baker, S. (Ed.). (2011). *Voguing and the house ballroom scene of New York 1989-92.* Soul Jazz Records, p. 5.

26   Gavaldon, S. y Segade, M. (Eds.). (2019). *Elements of Vogue: un caso de estudio de performance radical.* CA2M Centro de Arte Dos de Mayo Comunidad de Madrid, p. 347.

27   Ibid, p. 347.

28   Sontag, Susan. "Notas sobre lo 'camp'" en *Contra la interpretación y otros ensayos.* Barcelona, Seix Barral, 1984, p. 303.

29   Ibid, p. 316.

30   Ibid, p. 306.

31   Camp, adj. & n.5 meanings, etymology

and more. (s.f.). Oxford English Dictionary. Recuperada el 25 de noviembre de 2025, de https://www.oed.com/dictionary/camp_adj?tab=meaning_and_use

32 Waters, J. (2005). *Shock value: A tasteful book about bad taste* (3a ed.). Thunder's Mouth Press. p. 2.

33 Maslianinova, N. (2021, marzo 1). 'Something corrupt': The Queer Sensibility of Aubrey Beardsley and Konstantin Somov. AB 2020: The Aubrey Beardsley Society. https://ab2020.org/something-corrupt/

34 Aitkenhead, D. (2018, marzo 3). RuPaul: 'Drag is a big f-you to male-dominated culture'. *The Guardian*. https://www.theguardian.com/tv-and-radio/2018/mar/03/rupaul-drag-race-big-f-you-to-male-dominated-culture

35 Puedes ver el vídeo en cuestión en su perfil de Instagram @estrella.xtravaganza. Recuperado el 25 de noviembre de 2025, en https://www.instagram.com/p/DK6oFmJtBT6

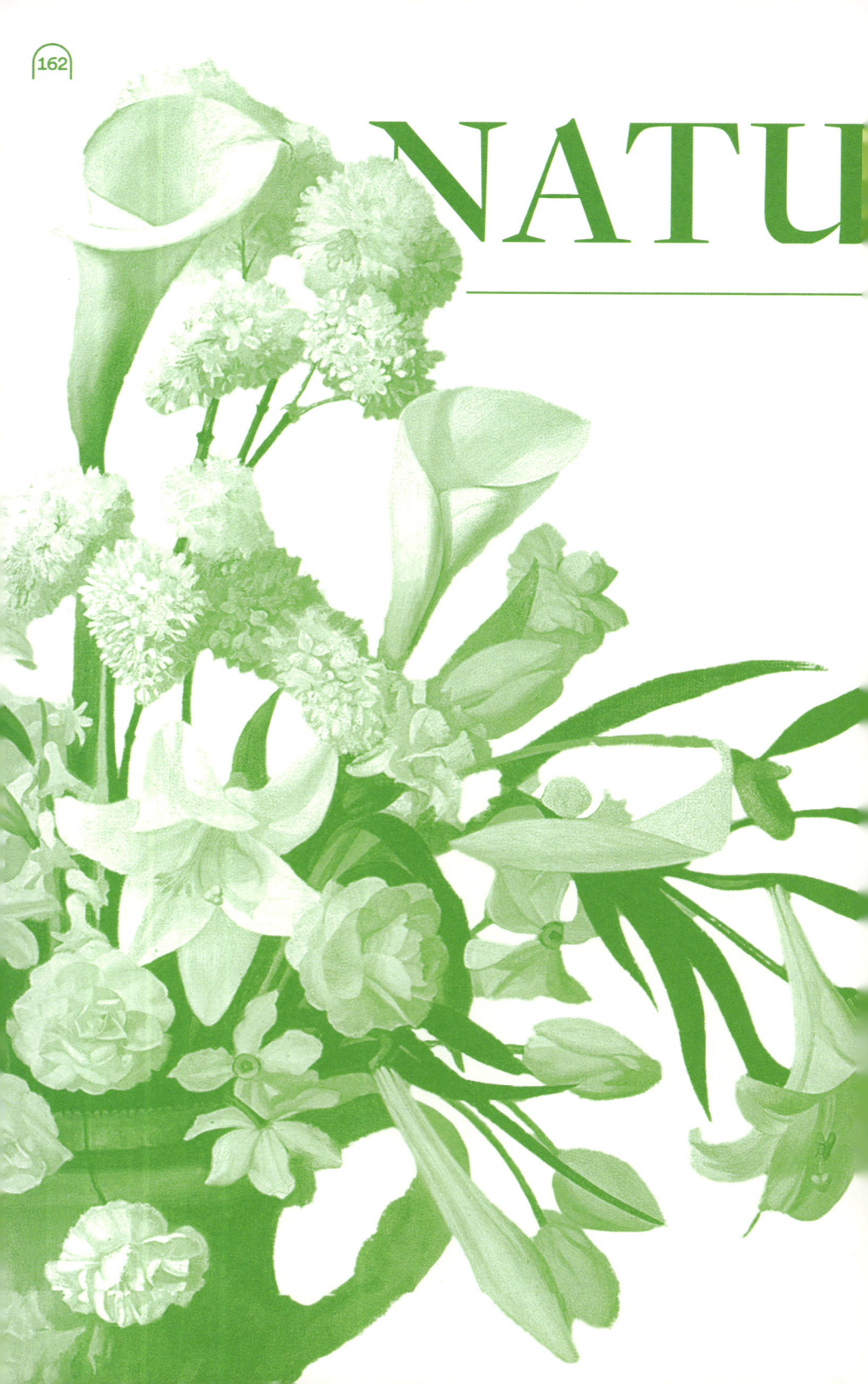

NATU

RALEZA

The Brooklyn Citizen
30 DE SEPTIEMBRE DE 1926

Lo dicen
con violetas

En un mundo que califica la existencia LGTBIQ+ como antinatural, las ironías de la vida han querido que nuestro arte esté íntimamente ligado con la naturaleza. Va más allá de pintar un paisaje bonito o dedicar tu obra a retratar animales; el mundo vegetal, en especial el de las flores, ha funcionado como un potente símbolo queer. *En este capítulo exploramos cómo los amores prohibidos se expresaban con un clavel, pero también descubriremos lo que estas obras pueden enseñarnos de nuestra relación con el medioambiente si aplicamos una mirada crítica. Este es el verde en nuestra bandera, el color de la naturaleza.*

La prueba de que una flor vale más que mil palabras

«**L**ife imitates art far more than art imitates life»[1] [La vida imita al arte mucho más de lo que el arte imita a la vida]. Esta famosísima frase de Oscar Wilde, uno de los escritores más importantes de la literatura inglesa, sigue siendo un reclamo para reivindicar el impacto real que tiene la creación artística en el transcurso de nuestras vidas. En *La decadencia de la mentira*, un libro escrito casi como un diálogo filosófico, incluye entre los argumentos para demostrar esta influencia uno especialmente interesante, relacionado con la niebla londinense: esta estuvo ahí durante centurias, pero no fue hasta que los artistas clavaron en ella su mirada y trataron de fijar sus efectos que la gente empezó a percatarse de su belleza.[2]

El arte ha estado íntimamente relacionado con la naturaleza desde su origen. Ya lo dijo el pintor estadounidense James McNeill Whistler, «la obra de arte digna de ese nombre» debe crearse «como la naturaleza produce las plantas».[3] Artistas como Claude Monet cultivaron su pasión por el mundo natural más allá de sus pinceladas al aire libre; en su caso, a través de su preciosísimo jardín japonés en Giverny (Francia), el que él mismo llegó a considerar como su obra de arte más bella. Pero ¿existe alguna formulación que vincule este mundo natural, el arte y otras formas de amar y/o ser que se alejan de lo normativo? La respuesta es un sí rotundo. Para encontrarlo solo tenemos que sumergirnos en la botánica, más concretamente en lo relativo a las flores.

Si tienes ciertas nociones de arte, tal vez sepas que las flores han estado envueltas de un profundo simbolismo. En contextos religiosos, por ejemplo, la representación de lirios blancos estaba asociada con la pureza, especialmente en la Edad Media. Por su parte, en los bodegones del barroco holandés —llenos de frutas, objetos lujosos e incluso animales exóticos— las flores se sumaron a la ostentación de poder asociada a este género pictórico, que también funcionaba como un recordatorio de la fugacidad de la vida. Pero para llegar al punto que quiero tratar, el que ahora mismo nos atañe, tenemos que dar un salto a finales del siglo XIX, cuando las flores empiezan a usarse de forma consciente para insinuar deseos que no podían representarse de forma explícita.[4]

Lo más llamativo de este lenguaje floral, que estaba tan de moda, es que tiene un origen vinculado al amor sáfico, más concretamente a círculos orientales: al parecer deriva del *sélam*, un juego secreto de origen turco a través del cual las mujeres del harén se comunicaban escribiendo poemas y regalándose objetos, entre ellos flores. El orientalista austriaco Joseph Hammer-Purgstall señaló que esta era una práctica desarrollada por las mujeres «en el ocio de su solitaria vida» para poder «establecer vínculos lésbicos».[5] Yo solo quiero aportar que igual —solo igual, eh— no lo hacían para pasar el rato y la respuesta era mucho más simple: se sentían atraídas por otras mujeres. Pero aquí cada cual que lo vea como quiera.

Desde finales del siglo XVIII y muy especialmente a partir del XIX, Europa vivió una fiebre por lo lejano, aquello que pensaban exótico, primitivo e incluso salvaje. Sobre el orientalismo hablaremos en próximos capítulos (no me hago la interesante, es así), pero aquí debo adelantarte que la fiebre por ese mundo distante llevó a los autodenominados occidentales a reinterpretar formas artísticas, culturales y sociales que venían de esas tierras remotas. En este contexto, el *sélam* acabó derivando en la *floriografía*, una forma de comunicación secreta muy popular en la Inglaterra victoriana. Igual que la manera en la que abrías o agitabas un abanico podían servir para comunicar a un posible pretendiente tu interés (o no) en él, el tipo y/o el color de las flores que lucías o regalabas podía aportar información valiosa sobre tus intenciones. Así que era una manera estupenda

de confesar deseos ocultos sin mediar palabra.

La floriografía tuvo un reflejo en el arte decimonónico más allá de las identidades disidentes. Pongamos como ejemplo la *Ofelia* de John Everett Millais, una de las más célebres pinturas del movimiento prerrafaelita que tuvo lugar en esta misma época. Además de saber que para el paisaje en el que se encuentra la escena el artista estuvo varios meses pintando al aire libre, las flores que acompañan el cuerpo inerte de la protagonista aportan información sobre su historia y el porqué de su desenlace. Por ejemplo, las margaritas simbolizan la inocencia, y las que flotan justo en el centro del vestido de Ofelia se han leído como un símbolo de recuerdo y dolor de amor.

En este contexto, los ramos que regalabas o las flores que mismamente lucías en la solapa o el ojal de la chaqueta podían convertirse en algo más allá de un adorno: en una insinuación. Asociado sobre todo con los dandis, los estetas y los decadentes, el *boutonnière* se convirtió en sinónimo de masculinidad cuestionable[6] (aunque siempre hubo flores que se asociaron más comúnmente a las sexualidades no normativas, como podrás comprobar a lo largo de esta lectura).

De cuando un clavel verde significaba «que entiendes»

Uno de los momentos más icónicos de la Met Gala de 2021 fue sin duda el *look* de Elliot Page. Para aquella ocasión —su primera alfombra roja tras salir del armario públicamente como hombre trans— el actor escogió un atuendo sencillo pero elegante: un traje negro de Balenciaga acompañado por una camisa blanca y unas deportivas de corte moderno, casi futurista. El toque de color lo aportaba una rosa verde en la solapa de su chaqueta, una elección que lejos de una mera cuestión estética se leyó como un símbolo profundo relacionado con su identidad. Todo se sustentaba en el color inusual de esa flor, que fue interpretado como una cita visual (bastante directa) al que se considera todo un icono para el colectivo LGTBIQ+: el clavel verde.

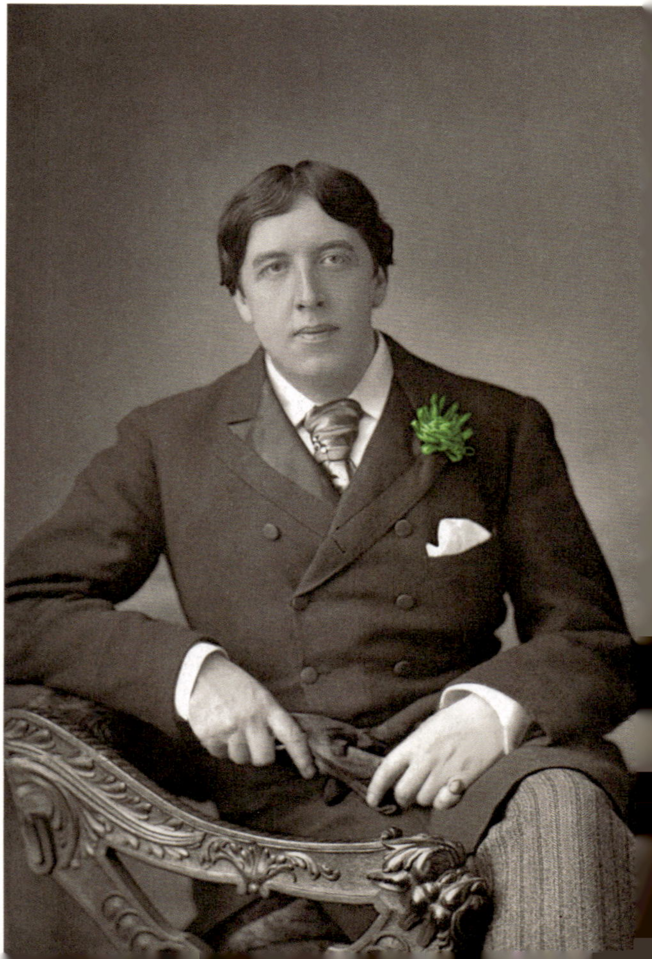

Este símbolo está ligado a la figura de Oscar Wilde, quien ya hemos visto que, aparte de ser uno de los escritores más reconocidos de la literatura universal, pasó a la historia por su polémico juicio, tras el que acabó siendo condenado a causa de su sexualidad. El origen de este icono (ya legendario para el colectivo) se ha fijado en 1892, cuando para el estreno de su obra *El abanico de Lady Windermere* en el Teatro St James's de Londres, Wilde encomendó a uno de los actores principales, Graham Robertson, ir a una tienda y comprar un clavel verde. La idea era que lo luciera durante su salida a escena, como otros jóvenes estratégicamente repartidos por la sala. Lo curioso es que cuando se le preguntó por su significado, el escritor aseguró que no tenía ninguno, que solo era una argucia para crear confusión entre el público.[7]

La historia, surgida en primera instancia de las memorias del propio Robertson, no tiene mucha verosimilitud. Ningún medio y/o crítico de los que asistieron a dicho estreno mencionaron ese llamativo detalle, aunque sí comentaron el hecho de que Wilde decidiera subir al escenario y saludar al público mientras llevaba un cigarro en la mano.[8] La única versión que encaja cambia ligeramente el suceso: según Henry James, uno de los críticos presentes aquel día, fue el propio Oscar Wilde quien se dejó ver con este peculiar complemento. Todo se basa en una carta que escribió a Henrietta Reubell, amiga íntima del escritor, para contarle que «el indescriptible» llevaba un «clavel azul metálico» (lo que podría leerse como azul verdoso) mientras se dirigía al público durante la llamada a escena.[9] Como constancia, tenemos este retrato, *Oscar Wilde con clavel verde*, que inmortalizaron los fotógrafos **William y Daniel Downey** en 1889. La imagen original fue hallada en blanco y negro.

Pero la relación de Oscar Wilde con esta flor no se limita a ese evento, puesto que también se lo vio con una en otras ocasiones.

Por ejemplo, tan solo unas semanas después de la citada presentación, Wilde acudió al estreno de *El beso*, una obra de Théodore de Banville, luciendo de nuevo el clavel junto a «un grupo de jóvenes caballeros que llevaban todos claveles teñidos de vivos colores».[10] ¿Sería a esta presentación a la que se referiría en realidad Robertson? Es bastante probable.

Es importante recordar que estamos hablando de Inglaterra, en pleno siglo XIX. Las flores estaban entonces a la orden del día, más aún teniendo en cuenta la popularidad que adquirió la floriografía. En el caso de los claveles, estos eran un signo de elegancia solo accesible para los caballeros más distinguidos. Pero más allá de los claveles rojos, blancos o rosas, una floristería de King Street, en Londres, vendía variedades de estas flores teñidas de colores que no se dan al natural, entre los que se encontraba el clavel verde.

Ahora que tenemos constancia de que Oscar Wilde se presentó a varios estrenos con esta flor como accesorio en su chaqueta, cabe preguntarse cuál es la relación entre esta y su homosexualidad. ¿De dónde surge dicha asociación? En su libro sobre el proceso judicial de Wilde, H. Montgomery Hyde señala que el escritor cogió la costumbre de lucir este «emblema distintivo que sabía que llevaban los homosexuales en París» y que además «fue rápidamente adoptada por sus jóvenes admiradores».[11] Más allá de esto, algunos autores han señalado que el escritor tenía fijación por otras flores que también estuvieron en cierta medida asociadas con la homosexualidad, como el lirio, las margaritas, los narcisos o los girasoles.[12]

La asociación de las flores como símbolo de homosexualidad es bastante antigua. Con el tiempo, la belleza y la delicadeza intrínsecas en estas, ha contribuido a que estén tradicionalmente ligadas con la feminidad, lo que justo se señala y ridiculiza también en el caso de los hombres que sienten deseo por sus iguales. Vamos, la llamada pluma, una característica que causa discriminación incluso dentro del propio colectivo gay. Creo que es interesante mencionar aquí unas palabras de Griselda Pollock, uno de los grandes nombres de la historia del arte con perspectiva de género: *«Las analogías entre las mujeres y las flores tienen una larga historia en la ideología sexista, en la que tanto las mujeres como las flores se consideran infieles, superficiales y propicias a la melancolía, ya que parecen hermosas en su juventud, pero están destinadas a marchitarse y morir».*[13]

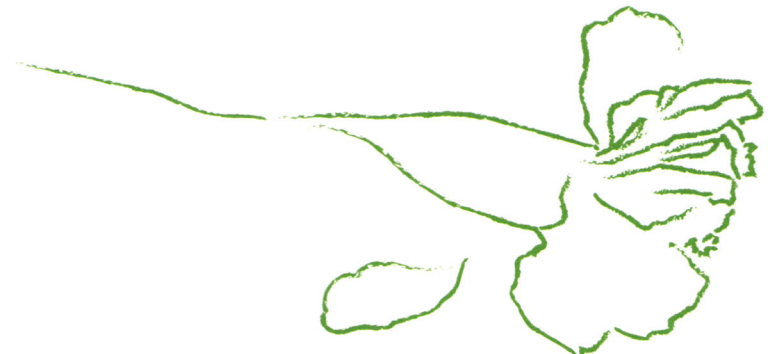

Lo que está claro es que en la construcción de este símbolo es más que probable que se tomara como referencia el concepto de naturalidad, sobre todo teniendo en cuenta que Oscar Wilde era un defensor ferviente de la corriente esteta —la que defendía que el arte debía ser ante todo bello— y además tuvo una vinculación estrecha con la naturaleza. Siendo el clavel rojo una flor asociada con el amor, ¿no tendría sentido pensar en el verde, siendo este un color que se crea de forma sintética, como una alusión al amor que la sociedad veía como «antinatural»?

Desde luego, esta idea no es nueva. En 1894, tan solo dos años después de las mencionadas apariciones públicas con el clavel, se publicó de forma anónima la novela *El clavel verde*, que era una evidente sátira del escritor y de su relación con su discípulo lord Alfred Douglas, la misma que acabaría empujándolo a juicio. Durante sus páginas, que más tarde se supo que eran obra de Robert Hichens, se hacían insinuaciones bastante directas a dicha flor como antinatural, poco recomendable —se relaciona con el arsénico— y símbolo del amor entre dos personajes masculinos. Era todo tan cantoso que fue retirado del mercado durante la celebración del proceso que acabaría con Wilde entre rejas.

Aunque en un primer momento el escritor no se tomó especialmente mal la publicación del libro, más tarde manifestó cierta contrariedad con el mismo (también te digo, creo que es más que comprensible teniendo en cuenta que por la cantidad de detalles que aportaba era obvio que venía de alguien de su círculo cercano...). No le gustó ni un pelo que un artículo de *Pall Mall Gazette* sugiriera que la obra podía ser suya. En una carta dirigida al redactor jefe en octubre de 1894, escribió:

«Yo inventé esa magnífica flor. Pero con el libro mediocre y de clase media que usurpa su nombre extrañamente bello, no tengo, ni que decir tiene, nada que ver. La flor es una obra de arte. El libro no».[14]

Violetas, ¿qué nos pasa a las lesbianas con las flores moradas?

Al leer que vamos a hablar sobre flores relacionadas con lo *queer*, tal vez te haya venido a la cabeza la lavanda. Y, en efecto: esta es una de las que más vinculación ha tenido con el colectivo. Si no has abrazado el caos y has seguido este libro en orden, ya habrás leído sobre ella en el contexto de la *Lavender Menace* [Amenaza Violeta], un movimiento de la década de 1970 en el que las feministas lesbianas protestaron sobre su exclusión y discriminación en la lucha por los derechos de la mujer. Su asociación no es solo lésbica: más adelante hablaremos sobre el concepto de *matrimonios lavanda*, aquellos que unen a un hombre y una mujer para ocultar la auténtica sexualidad de uno o ambos integrantes. Pero ahora me gustaría hablarte de uno de los símbolos más tiernos y propios del mundo sáfico: el de las violetas. Ya te aviso de que algo inexplicable tenemos las lesbianas con el color morado...

Como hemos visto, la mayoría de referencias históricas al colectivo, incluidas las relacionadas con flores, se dan una vez que este está más o menos conformado —sobre todo en el siglo XIX y XX—, pero en el caso de las violetas, la relación con lo *queer* se remonta a la Antigüedad clásica. De nuevo tenemos que hacer mención a Safo de Lesbos, la poeta que con su existencia nos regaló dos de los nombres más comunes para designar el amor entre mujeres: lesbianas —venido de las habitantes de Lesbos, la isla en la que vivía— y sáficas, en alusión a su propio nombre. La asociación más famosa se encuentra en el fragmento 384 del poeta griego Alceo de Mitilene, en la que la evoca diciendo «Oh Safo, coronada de violetas, sacra, de sonrisa de miel».[15]

Como ya vimos en el capítulo de vida, el tiempo, la censura y otros factores llevaron a que la mayor parte de la obra de esta poeta griega desapareciera sin dejar rastro, conservándose solo un poema completo. Pero la mencionada relación de Safo con las violetas toma como referencia algunas citas a esta flor que pueden encontrarse en sus versos, sobre todo la que se da en el fragmento 94. Este fragmento, como siempre, tiene disparidad de lecturas (no hay más ciego, que el que no quiere ver), pero para mí (y seguro que para ti también, querida lectora) el homoerotismo es más que evidente. Contexto: habla de una mujer que está apenada por tener que separarse de Safo. Dice así:

De verdad yo quisiera verme muerta.
Ella me abandona entre sollozos
y ante mí repetía sin cesar:
—¡Ay de mí, qué cruelmente sufrimos! Mas no dudes
que te abandono, Safo, sin quererlo.
Y yo le respondía de este modo:
—Márchate alegre y tenme en tu memoria
porque bien sabes cómo mimábamos.
Mas si no, yo quisiera
traerte los recuerdos
de aquellas experiencias hermosas que vivimos.
Pues con muchas coronas de violetas
y de rosas y flores de azafrán
te ceñiste, a mi lado,
y abundantes guirnaldas enlazadas
alrededor del cuello delicado
pusiste, hechas de flores,
y con esencia
floral
te ungiste, y con bálsamo de reyes
y sobre blandos lechos
delicada
saciabas el deseo
y no había ningún
recinto o santuario
del que nos mantuviéramos ausentes,
ni bosque o coro...
alboroto...[16]

Desde entonces y a lo largo del tiempo las violetas han tenido una vinculación más o menos indirecta con el lesbianismo. La construcción del símbolo inequívoco que tenemos en la actualidad se da ya entrado el siglo XX, siendo el ejemplo más emblemático el de *La Prisonnière* de Édouard Bourdet, una obra de teatro francesa que se tradujo y estrenó en Broadway en 1926 como *The Captive*, convirtiéndose en una de las primeras obras en representar una historia lésbica de forma «explícita».▼ En una de sus escenas, se usa un ramito de violetas para simbolizar el deseo entre dos mujeres. Y pese a que en Londres se descartó su representación y en Budapest fue censurada, pocas obras de la época pudieron verse en tantas ciudades a la vez como esta, que en una misma temporada teatral estuvo en París, Bruselas, Berlín, Viena, Holanda y Suiza.[17]

Lo realmente llamativo de esta función teatral es que tuvo un impacto directo en la sociedad. Según relata Kaier Curtin, su éxito llevó a que los floristas franceses (y después los americanos) experimentaran un desplome devastador en la venta de violetas, hasta el punto de casi llevarles a la ruina.[18] El motivo es que las mujeres «de bien», sabiendo la asociación del color y de la flor en particular con las tendencias lésbicas, empezaron a evitar usarla a toda costa, incluso varios años después del estreno de la obra.

Aunque las violetas ya estaban asociadas a la homosexualidad (en este caso, femenina) antes del estreno de *The Captive*, lo hacía de forma sutil. Por el contrario, la palabra *pansy*, el nombre inglés de la flor que en español conocemos como pensamiento, era una palabra muy estigmatizante que se usaba para designar a los hombres gais. Hoy, una de las acepciones al buscarla en el diccionario la vincula directamente con la homosexualidad, traduciéndose como marica. Lo más curioso de todo es que esta misma flor forma parte de la familia de las violetas.

Aquella obra tuvo un gran peso en la visión de la violeta como la flor lésbica, pero no fue el único factor. En los primeros años del siglo XX, la escritora francesa Renée Vivien, abiertamente lesbiana y conocida por su relación con Natalie Barney (introduce aquí un suspirito de amor), se hacía llamar a sí misma la «musa de las violetas». Se cree que en su caso la elección de dicho apodo y su obsesión por estas flores y su color tuvo que ver con un amor que no llegó a consumarse: el de su amiga de la infancia, Violet Shillito. Aunque, claro, teniendo en cuenta la fiebre de este grupo de mujeres por Safo en el París

---

▼ En realidad era bastante sutil, solo que la obra fue escrita pensando en su representación en París, cuya sociedad, especialmente a partir de la Primera Guerra Mundial, era mucho más abierta que la neoyorquina. Por eso mismo se convirtió en todo un fenómeno, a la vez que levantó voces más

del final de la *Belle Époque*, no sería de extrañar que gran parte de su pasión viniera de la más pura de las admiraciones. Esta flor adornaba la chaqueta de Vivien, igual que lo hacía con sus libros, además de salpicar gran parte de sus escritos.[19]

Hay ejemplos anteriores en los que la violeta toma un tamiz sáfico. En 1833, la marquesa Henriette de Mannoury d'Ectot publicó la que se considera una de las primeras historias eróticas en francés escrita por una mujer. Esta incluía un alto contenido lésbico (con consoladores de por medio). ¿Adivinas cómo se llamaba este libro? *Le Roman de Violette* [La Novela de Violette]. Brillante, si me preguntan.

No todas las asociaciones florales del lesbianismo han sido positivas. El ejemplo perfecto es el de Charles Baudelaire, cuyo poemario más famoso, *Las flores del mal*, en origen iba a tener un nombre mucho más explícito: *Las lesbianas*. Aquellas mujeres que amaban a otras acabaron por convertirse en un conjunto de flores, todas ellas para representar lo pecaminoso, lo prohibido y, en definitiva, el mal. La vinculación con ese amor entre mujeres queda patente en algunos de los poemas como *Delfina e Hipólita*, *Mujeres condenadas* y, el más evidente de todos, *Lesbos*.

Si volvemos a la floriografía, podemos tratar de rastrear escenas capturadas por artistas sáficas en las que la introducción de esta flor puede leerse, aun sin confirmación de su intención original, como una pista de sus deseos que para la mayoría de los que las observan permanecen velados.

Me gusta pensar que este es el caso de la pintora suiza **Louise Catherine Breslau**, quien, como muchas otras mujeres, centró gran parte de su producción en hacer retratos del ambiente doméstico e inmortalizó a compañeras (y amantes) con las que coincidió en la Academia Julian de París.[20] Porque sí, Breslau perteneció a las primeras generaciones de mujeres que tuvieron la posibilidad de formarse oficialmente en el mundo del arte, accediendo a las Academias, que durante mucho tiempo estuvieron vetadas para ellas.

Una de las modelos predilectas de la pintora, por no decir la que más, fue la también artista y escritora Madeleine Zillhardt, a la que también conoció durante sus años de estudiante. Como suele pasar, la historiografía ha evitado poner nombre a su relación y ha usado el silencio como arma para asumir su heterosexualidad. Pero viendo las pinturas, no hay duda de que el afecto que se procesan va mucho más allá de una amistad. Empezando por el lienzo de 1908

críticas que hasta entonces no podían ni imaginar que el deseo puede darse entre dos mujeres. Es más: Helen Menken, la actriz que daba vida a la protagonista, fue arrestada junto a parte del elenco acusada de obscenidad.

titulado *La vida pensativa*, en la que Breslau
se representa junto a Zillhardt en una escena
con la que, cualquier pareja que conviva junta,
podría identificarse. Más allá de las flores (que
en este caso no parecen violetas), algunas fuentes señalan que el cuchillo que apunta al me-
locotón sobre la mesa podría leerse como una
representación del deseo carnal entre ambas
mujeres.[21] A mí lo que más tierno me parece
es la inclusión del perro, un animal que en la
historia del arte tradicional ha estado asociado
con la fidelidad.

Las violetas sí aparecen de forma más explícita
en otro de sus retratos dobles. Este es de 1888
y bajo el título *Contraluz* nos presenta a ambas mujeres justo delante de una ventana, en

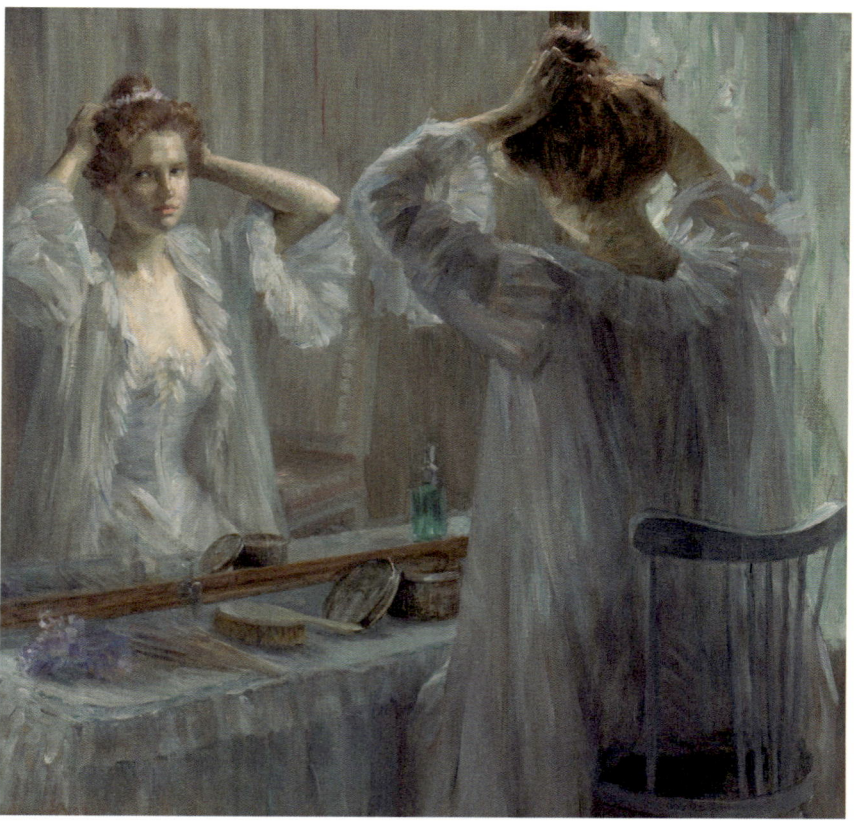

situación de semipenumbra. Sobre la mesa, reposa un ramito de violetas. Pero la flor adquiere más protagonismo en *El baño (Madeleine Zillhardt)*, pintado en 1898, que nos convierte en *voyeurs* de Madeleine en un momento de absoluta intimidad frente a su tocador. Junto a los utensilios de aseo aparece de nuevo el manojo de violetas, que quiero leer como un guiño evidente a la auténtica relación que existía entre ambas.

Mitos naturalmente gais (y con nombres florales)

Aunque soy consciente de que no es del todo así, me gusta decir que la mitología grecorromana nació como una forma de explicar el origen de (casi) cualquier cosa imaginable. Esto incluye, por supuesto, el mundo vegetal. Seguro que el primer mito que te viene a la cabeza es el de Apolo y Dafne, sobre todo por la impresionante escultura que le dedicó Gian Lorenzo Bernini, uno de esos casos en los que el mármol parece transformarse en carne. Esta historia surgió para dotar de un contexto épico el origen del laurel y su vinculación con el triunfo: Apolo adopta esta corona tras la transformación de la mujer a la que deseaba, mientras ella huía de un abrazo que rozaba el acoso.

Pero en este apartado me interesa centrarme en dos mitos que narran la transformación de sus protagonistas en flores y que, en mayor o menor medida, ambos están vinculados con el homoerotismo, dejando una huella clara en los que vinieron después: el mito de Narciso y el de Apolo y Jacinto.

Empecemos, pues, por Narciso, ya que es algo especial… Si nos ponemos técnicas, en este mito no se da una relación entre dos hombres como tal. Teniendo en cuenta que llamamos «narcisistas» a aquellas personas que sienten un interés desmesurado hacia ellas mismas y que solo piensan en sus propias necesidades (seguro que conoces a alguien así), creo que ya te puedes hacer una idea de por dónde van los tiros. Si no, te hago *spoiler*: según la mitología grecorromana, Narciso era un joven guapísimo, tanto que, al ser consciente de su propia belleza, acabó enamorándose de sí mismo.

Echemos mano a nuestras viejas y confiables *Metamorfosis* de Ovidio. Según su versión, al nacer Narciso, el oráculo predijo que viviría muchos años siempre que «no se conociera a sí mismo». Fueron muchas y muchos (sí, incluye también a muchachos) los que se fijaron en él, pero ninguno parecía cumplir con sus estándares. El mito da especial protagonismo a Eco, una ninfa condenada a repetir siempre la última palabra que escuchaba y a la que, por supuesto, Narciso también rechazó. Pero más allá de este suceso, lo que más nos interesa es el desenlace fatal que se da cuando un día, engañado por Némesis, aquel contempla su rostro en las aguas cristalinas y, enamorado, acaba por ahogarse ante la idea de no poder abrazarse a sí mismo. En ese mismo lugar nació la flor que lleva su nombre.

Aunque, desde la Antigüedad, el mito fue plasmado por infinidad de artistas, tal vez la imagen más emblemática de este pasaje sea la que pintó Michelangelo Merisi da Caravaggio entre 1597 y 1599, hoy conservada en el Palacio Barberini de Roma. En ella, el joven Narciso, de melena larga y rostro fino, aparece embelesado ante su propio reflejo, en una sorprendente composición en espejo. Sus labios se entreabren en un intento de sugerir el clímax que cree estar a punto de alcanzar, pero que solo desembocará en su propia muerte. Mucho más desconocida es la escultura de **Benvenuto Cellini**, creada unas décadas antes, en 1548. Aquí, tal y como hizo con tantos otros temas mitológicos (véase su famosísimo *Perseo*), *Narciso* se convierte en una simple excusa para explorar la desnudez de un cuerpo juvenil y delicado. Pero, en este caso, el protagonista de este desnudo idealizado adquiere una pose que muchos no dudarán en leer como sugerente, lo que convierte la escultura en un ejemplo

temprano de homoerotismo. Ironías de la vida: el mármol del que salió había sido destinado a la restauración de un *Ganímedes*, otro mito homosexual sobre el que hablaremos más adelante. Cellini dejó constancia de esta circunstancia en su autobiografía:

«Llegado que hubo el mármol griego, consideré que era un pecado hacerlo pedazos para formar con ellos la cabeza, los brazos y las demás cosas para el Ganímedes; proveíme de otro mármol, y para aquel trozo de mármol griego hice un pequeño modelo de cera, al cual puse por nombre Narciso».[22]

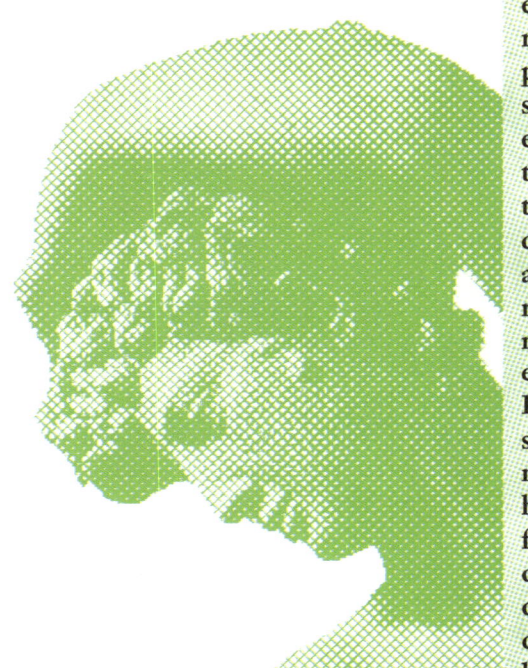

Cellini murió en Florencia en 1571, el mismo año en que, en Milán, nació Caravaggio. Como no existe prueba alguna de que la reencarnación sea posible, solo puedo decirte que compartían similitudes de una manera tan evidente que resulta inquietante. Uno era escultor, el otro pintor; esa parecía ser casi su única diferencia. Para empezar, más allá de por su arte, los dos fueron conocidos por su temperamento violento y sus constantes encontronazos con la justicia. Pero es que hay más: de los dos se dice que mantuvieron relaciones tanto con mujeres como con hombres, lo que los llevó a enfrentarse a acusaciones de sodomía. Sus obras, aunque abordadas desde prismas distintos, dejan entrever ese culto por la belleza del cuerpo masculino.

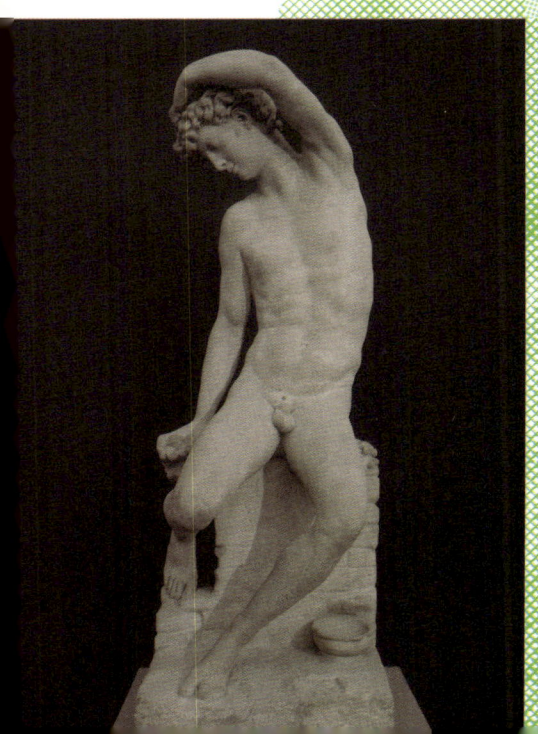

Y ahora pasemos al segundo mito: el de Jacinto. Este relata el amor entre el héroe griego y el dios Apolo, a quien por alusiones anteriores intuirás que de haber nacido en nuestros tiempos podríamos considerarle bisexual. De nuevo, el fin es trágico: Jacinto resulta herido mientras juega con Apolo y muere entre sus brazos. Según Ovidio, lo que mata al joven es un disco que él mismo lanza con tanto ímpetu que rebota en la tierra e impacta en su cabeza. En otras versiones, quien lanza el disco es Apolo, yendo a parar al rostro de su amado de manera accidental. Pero mi favorita es la más dramática, la que implica a una tercera persona: Céfiro, dios del viento, también enamorado del efebo y celoso de su amor, decide desviar el disco de Apolo hacia el rostro de Jacinto. En todas las versiones, incapaz de devolverle la vida, Apolo convierte a su amado en la flor que lleva su nombre, su particular forma de hacerlo inmortal.

El tema de la muerte de Jacinto, como el de Narciso, ha sido interpretado por multitud de artistas. Algunos ofrecen visiones más explícitas del momento violento, como Rubens, que se centra en la sangre que emerge de la herida del joven. Otros adaptan la versión a la moda de sus tiempos. Es el caso del cuadro creado por Giambattista Tiepolo entre 1752 y 1753 que se conserva en el Museo Thyssen. Más allá de adaptarlo al gusto de la época, el pintor italiano se toma la licencia de sustituir el disco por unas pelotas de tenis. Este juego, en su modalidad *Pallacorda*, había sido popular entre los nobles en el siglo XVI, y en la época en la que se pintó el cuadro volvía a estar de moda.[23]

Pero me resulta particularmente interesante (y homosensual, ¿por qué no decirlo?) la versión del drama de **La muerte de Jacinto** del pintor francés **Jean Broc**, presentada en el Salón de 1801. Como podrás comprobar, el artista se recrea en la belleza y suavidad del cuerpo de los dos adolescentes, casi andróginos, colocándolos en contraste con un bellísimo campo de color verde intenso salpicado por el rocío. De él empiezan a brotar pequeñas florecillas. El viento mece el manto de Apolo, en un recuerdo a la presencia de Céfiro, el tercero en discordia en algunas de las versiones del mito. El único elemento que nos recuerda explícitamente a la muerte es el disco de oro que, con una pequeña gota de su sangre, reposa a los pies del efebo.

La obra de Jean Broc siguió las visiones que se habían hecho populares en el entorno neoclásico del que él mismo formaba parte como alumno de Jacques-Louis David: la de retomar los mitos clásicos desde un prisma más íntimo y cargado de erotismo sentimental,[24] lo que incluye también las relaciones homoeróticas. Un ejemplo anterior a su obra que refleja a la perfección esta tendencia es *El sueño de Endimión* de Anne-Louis Girodet de Roussy-Trioson, donde el artista se recrea en la corporalidad del efebo. No son pocos los historiadores que han especulado sobre su más que probable homosexualidad.

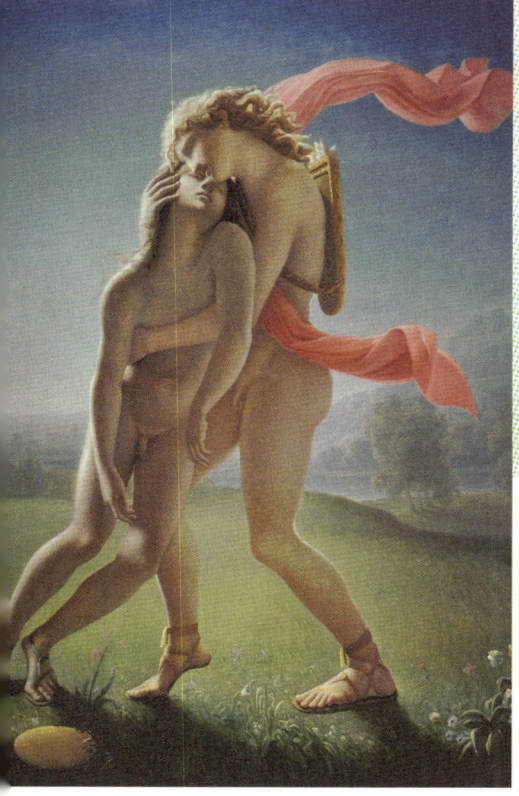

Aunque estas historias míticas son las más conocidas, no son las únicas que vinculan la homosexualidad con el mundo vegetal. Un buen ejemplo es la flor de loto. Cuando es específicamente roja, se relaciona con un pasaje legendario del amor entre el emperador Adriano y su favorito, Antínoo: Páncrates de Alejandría relata que el emperador salvó a su amado de un león y que, al matar el animal, de la sangre derramada en el suelo brotó esta flor, que Adriano bautizó como *antinóeios* en su honor.[25] Por otro lado, otro de los amantes de Apolo, Cipariso, acabó convertido en ciprés tras matar por accidente al ciervo que el dios le había regalado, cumpliendo así su deseo de llorarlo eternamente. Por eso este árbol se asocia con la tristeza y suele estar presente en los cementerios.

Pero, más allá de su curiosa historia, como consecuencia directa del homoerotismo explícito en ambos mitos, las flores acaban asociadas a cada uno de ellos por relacionarse, de forma más o menos directa, con la homosexualidad. Más allá de la flor en sí, con su propio nombre. En la Inglaterra georgiana, por ejemplo, «Jacinto» se usaba para hacer referencia a jóvenes sexualmente disponibles[26], mientras que, por su parte, «Narciso», pasó en ocasiones a funcionar como apelativo para referirse a jóvenes muy atractivos.

¿Qué hay de erótico en una flor?

En 1916, el fotógrafo Alfred Stieglitz expuso en la Galería 291 una selección de dibujos florales hechos con carboncillo que habían caído en sus manos casi por casualidad. La autora tras esas obras era la que más tarde se convertiría en su mujer: <u>Georgia O'Keeffe</u>, que entonces no era la artista reconocida que hoy celebramos, sino una profesora de arte anónima. Aquella exposición improvisada se celebró sin el conocimiento de la pintora, pero, pese a lo cuestionable de esta decisión, es probable que jugase un papel importante en su llegada al estrellato, sobre todo si tenemos en cuenta lo difícil que lo han tenido siempre las artistas femeninas.

La otra «gran aportación» (por llamarla de alguna manera) de Stieglitz tiene que ver con la interpretación sexual que se ha dado a las flores voluminosas, abiertas y en primerísimo plano que se convirtieron en el sello distintivo de la pintora estadounidense y que han sido relacionadas con visiones explícitas de vulvas, como por ejemplo en *Iris Negro III* de 1926. Se cree que fue él el primero en emitir este juicio,[27] al que muchos se sumaron después, sin importar las reiteradas ocasiones en las que O'Keeffe rechazó y negó tal asociación. Incluso algunos de los grandes nombres de la crítica feminista se aferraron a esta visión e interpretaron su obra como una reivindicación del deseo sexual

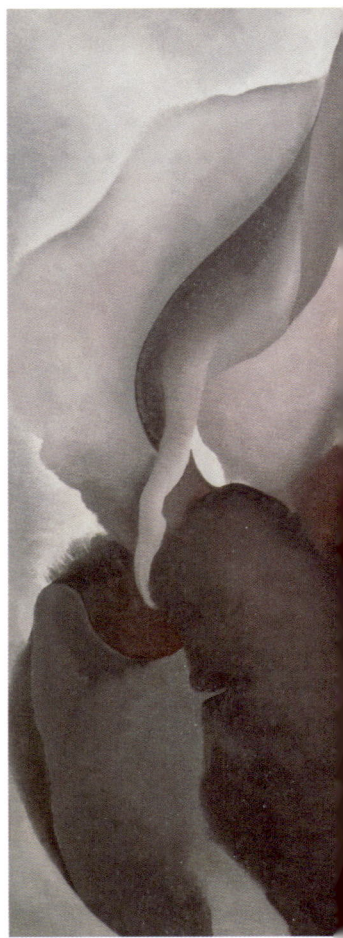

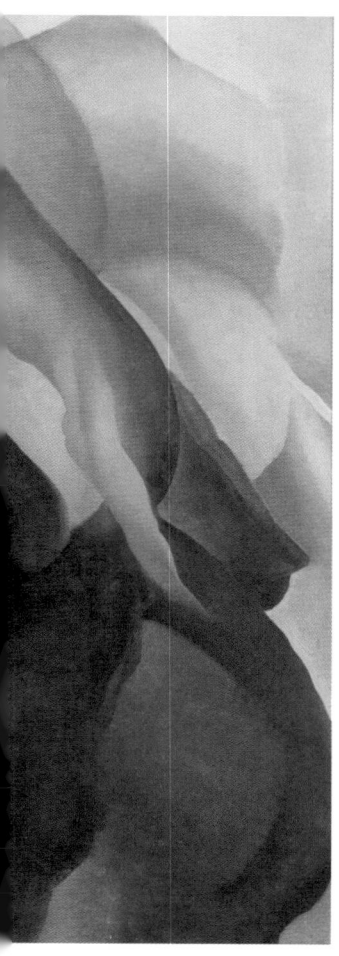

femenino, en un momento histórico en el que la mujer parecía formar parte de la sexualidad solo como objeto pasivo.

De la misma manera, las flores de esta artista se han analizado desde un punto de vista *queer*, convirtiéndose en uno de los principales argumentos para reivindicar la supuesta bisexualidad de su autora. Créeme: a nadie más que a mí le encantaría gritar a los cuatro vientos que una pintora a la que admiro tanto como a Georgia O'Keeffe era, además, un icono de disidencia sexual. Pero afirmar esto sin matices sería caer en lo fácil, pues, al menos por ahora, es difícil saberlo a ciencia cierta. Independientemente de la sexualidad de la artista, lo que me interesa es resaltar cómo la forma en la que una obra es mirada puede cambiar radicalmente su significado. Para la historiadora Susan Fillin-Yeh, por poner un ejemplo, la figura de O'Keeffe es casi la de un dandi o un travesti, y dicha androginia puede ponerse en relación con su arte: sus imágenes de la vida vegetal están «cargadas de sexualidad, pero sin un género fijo».[28]

O'Keeffe vio cómo su arte era claramente sexualizado, pero (aunque pueda resultar chocante) históricamente el imaginario floral ha tenido connotaciones sexuales evidentes. Basta con rastrear el origen etimológico de algunas especies para comprobar hasta qué punto están vinculadas: sirva como ejemplo el de las orquídeas, cuyo nombre viene del griego *orchis* (ορχις), que significa testículo. Del mismo modo, las flores y sus partes han servido para denominar la anatomía femenina, especialmente por parte de hombres, pero no de forma exclusiva. En este punto, y teniendo en cuenta que estamos rastreando casos de disidencia, conviene mencionar a Emily Dickinson, quien, desde su juventud, escribía cartas a sus «amigas» (lo pongo entre comillas porque es como le gusta a la historiografía llamar a las sáficas) con sugerencias erótico-festivas que usaban metáforas vegetales. Para Dickinson, las mujeres en sus textos son como flores —tanto ellas mismas como sus genitales— y, como tales, deben ser sostenidas, contempladas y saboreadas; en definitiva, disfrutadas físicamente.[29] Uno de sus poemas más explícitos al respecto hace una clara alusión al clítoris mediante una de estas metáforas:

«Forbidden Fruit a flavor has
That lawful Orchards mocks—
How luscious lies within the Pod
The Pea that Duty locks—».

[La fruta prohibida tiene un sabor
Que se burla de los huertos legales –
Qué delicioso es lo que hay en la vaina
El guisante que el deber encierra]

Pero voy más allá: hasta hace relativamente poco, cuando una mujer mantenía relaciones sexuales por primera vez, se decía que se «desfloraba» o «perdía su flor» (si no me crees, te invito a contrastarlo con tu madre o con tu abuela). Pues eso es justamente lo que quiso representar **Jean-Honoré Fragonard** en *El sacrificio de la rosa*, pintado hacia 1780, donde aparece una mujer semidesnuda, con cara de acabar de tener un orgasmo, acompañada de varios angelillos. Uno de ellos, de mayor tamaño e identificado como Eros, el dios griego del amor, sostiene un ramillete de flores que parece dispuesto a golpear contra el fuste de una columna partida, llevando la desfloración de la joven a un plano literal. Muy propio del Rococó, un periodo en el que los artistas hablan de temas pícaros y/o subiditos de tono delante de nuestras narices sin que la mayoría del público sea consciente de ello. Fragonard fue, sin duda, un gran especialista en ello.

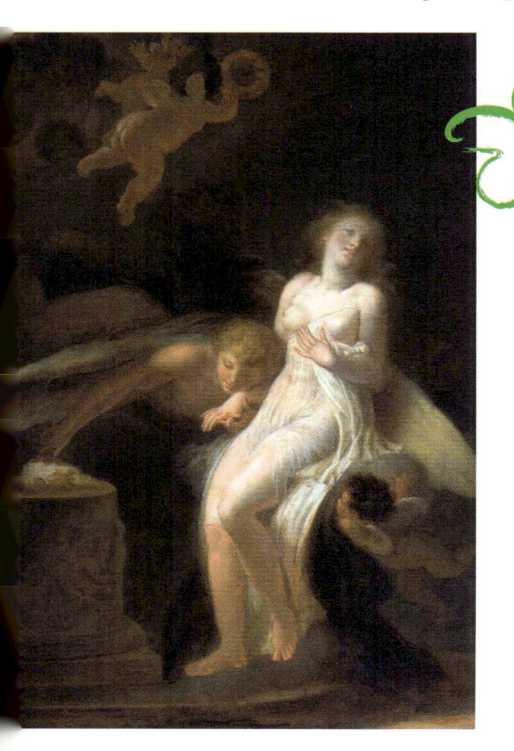

Aunque los ejemplos más destacados, como es común en estas páginas, los encontramos a lo largo del siglo XIX, el simbolismo floral permea en casi cualquier época. Pongamos sobre la mesa a uno de los grandes olvidados: el arte medieval. Aquí, la rosa —un símbolo a menudo asociado, junto al lirio, a la pureza mariana— puede convertirse también en una sugerencia erótica. En *Román de la Rose*, uno de los textos más copiados y reinterpretados del siglo XIII, a priori se narra un cortejo de amor cortés. Pero, pese a que siempre se ha estudiado desde un prisma heterosexual, tomando como punto de partida el contexto de su época, en la que otras opciones no eran aceptadas, más recientemente han surgido nuevas teorías que vislumbran que existe la posibilidad de darle una lectura homoerótica a sus páginas,[30] algo rupturista a más no poder si tenemos en cuenta que fue todo un *best-seller*.

Esta vinculación con el mundo natural también se aplicaba en cierta forma a las «desviaciones». En ocasiones, era como una forma de justificarlas. Rachilde, una novelista decimonónica cuya relación con el género no era del todo normativa (se calificaba como «andrógina»), afirmaba haber sido presa del efecto pervertidor de «demasiada hierba doncella, demasiada hiedra, demasiada parra virgen, demasia-dos sauces llorones y demasiadas trufas».[31]

Flores blancas, el *Rosas rojas*▼ de principios del siglo XX

En 1932, Prudence Maufe encargó un arreglo floral para celebrar que Gluck, quien ya se había labrado cierto nombre en el mundo de la pintura, acababa de abrir su nuevo estudio. La persona encargada de diseñarlo fue Constance Spry, amiga de Prudence y toda una celebridad en el mundo floral. Sus arreglos se consideraban auténticas piezas de arte efímero, y los aristócratas ingleses hacían cola para hacerse con una de sus composiciones. Maufe no dudó en comentárselo a Gluck en la carta que le mandó para avisar de la inminente llegada del regalo: «Creo que ella tiene un don para las flores y tú tienes un don para la pintura, así que eso debería ser motivo de alegría». Y vaya si lo fue.

Los arreglos de Constance Spry se alejaban mucho de lo típico para los floristas de los años veinte y treinta. Se atrevía con composiciones llamativas, en las que fusionaba flores silvestres con otras consideradas más delicadas y elegantes. Además, selecciona-

▼ Este es un guiño al título que se le dio en España al clásico del cine lésbico, *Imagine Me & You*.

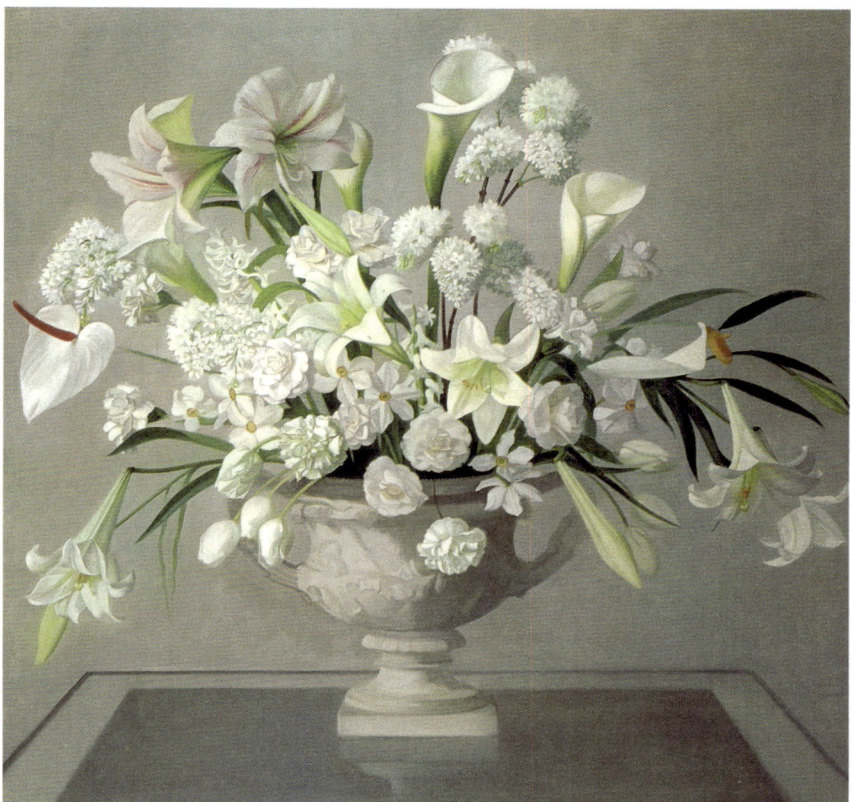

ba cuidadosamente los jarrones en los que estas iban a presentarse, llegando incluso a diseñarlos y construirlos ella misma. Su fama llegó a tal punto que pudo trabajar para la reina Isabel II y se encargó de las decoraciones florales de su boda. Lo más curioso de todo era su peculiar forma de concebir su trabajo: siempre insistía en crear los arreglos *in situ*, pues estaba convencida de que el entorno influye muchísimo en el resultado de los ramos. Tenía toda la razón del mundo, las cosas como son.

Para la ocasión, Constance optó por una composición cuidada con diversos tipos de flores blancas, entre ellas tulipanes, anturios, aros y amarilis. Eligió que todas ellas reposaran en un precioso jarrón del mismo color, con forma de vaso clásico con dos asas. ¿Que por qué lo sabemos con tanto detalle? Pues porque a **Gluck** le encantó tantísimo el regalo que decidió inmortalizarlo para siempre en una de sus pinturas en 1926. *Cromático* es, al menos para mí, su obra más delicada y minuciosa, además de ser el punto de partida de toda una serie de composiciones florales que pueden leerse como una declaración de amor no solo por el trabajo de Constance

Spry, sino también por la relación romántica que entablaron.

Pero, claro, para retratar con tanto detalle todas esas flores, Gluck necesitaba tiempo. Y precisamente el tiempo era algo incompatible con la vida vegetal una vez segada de sus raíces. Por eso mismo, fue necesario sustituir varias veces las flores para que pudiera recrearse en pintarlas a su gusto. Y aquí es donde entra lo legendario: a mucha gente le gusta pensar que utilizó estos cambios como excusa para volver a ver a Constance Spry, porque le hacía tilín. Pero, aunque esto añade romanticismo a la historia, no fue del todo así. Según la biografía de Gluck escrita por Diana Souhami, fue el ayudante de la florista, Val Pirie, quien se encargó de hacer llegar las flores al estudio y montar la obra allí mismo en un primer momento.[32] Tal vez fueron las constantes peticiones de flores para sustituir el arreglo las que llamaron la atención de Spry e hicieron que se personara ella misma allí.

Artista y florista compartían una auténtica devoción por las flores blancas, pero no era solo cosa de ellas: era el color de moda de la época. A Constance le gustaba decorar los interiores completamente blancos con este tipo de arreglos y Gluck disfrutaba pintándolos. De hecho, en su libro *Flowers decoration* [Decoraciones florales], Spry escribió sobre *Chromatic*: «*La pintura de Gluck de este grupo ejemplifica la delicadeza y la fuerza, las sutilezas y la grandeza de las flores blancas*».[33]

En cuanto a Gluck, solo puede definirse como una persona peculiar para su época. Aunque provenía de una familia adinerada, se rebeló. Primero para poder dedicarse al arte y después para poder vivir conforme a su identidad de género sentida: su propio nombre era una abreviatura de su apellido original, Gluckstein, que escogió para completar su apariencia andrógina. Además, rechazó cualquier tipo de tratamiento, tanto el masculino como el femenino.▼ El retrato que le dedica Romaine Brooks, pintora *queer* de la que hablaremos a continuación, así como de su relación con Natalie Barney (todos los caminos llevan a ella), nos permite hacernos a una idea de hasta qué punto Gluck, quien había nacido y se había criado como mujer, rompía con gran parte de los convencionalismos asignados al género femenino. Es más, la obra en cuestión se llama *Peter (una joven chica inglesa)*, dado que este fue uno de los nombres por los que se hizo llamar.

A partir de aquel primer bodegón, Gluck dedicó muchas de sus pinturas a retratar los trabajos florales de Spry, haciendo que su arte, efímero en principio, viviera para siempre. Con ella pudo cultivar su incipiente amor por la naturaleza y aprender sobre botánica, algo por lo que ya había mostrado interés con anterioridad. Al final, los bodegones florales fueron uno de los géneros en los que las mujeres pudieron desarrollar su arte más libremente y, aunque Gluck no se sentía cómoda con esa etiqueta, el mundo siguió encasillando su trabajo como femenino.

Una de las obras con motivos florales más interesantes —que van más allá del bodegón y que refleja ese interés incluso antes de conocer a la que sería su pareja— es *El manto de Flora*. Creada en 1923, representa a la diosa mítica de las plantas en un desnudo mucho más realista que los habitualmente realizados por los artistas masculinos. Se sabe, además, que esta obra estuvo en manos de Constance, quien la tenía colgada en su casa de Kent, en Park Gate, sobre la chimenea, un lugar donde la pareja solía pasar tiempo los fines de semana.[34] En alguna ocasión también estuvo expuesta en la floristería, junto a otros arreglos florales inmortalizados por Gluck y enmarcados con esos marcos tan característicos, de su propia invención, siempre blancos.

Entre los muchos arreglos florales que pintó durante los cuatro años que estuvo con Spry, uno de los más llamativos es *El altar del Diablo*, ya no por su belleza, sino por el significado simbólico que se le ha querido dar. Esta vez solo retrata dos flores de datura, cuyos

---

▼ Tal y como cuenta su biógrafa, Diana Souhami, cuando Gluck enviaba copias fotográficas de sus pinturas con fines publicitarios, siempre escribía en su reverso «Por favor, devuelva en buen estado a Gluck, sin prefijos, sufijos ni comillas».

tallos, como buenas plantas enredaderas, se entrelazan entre sí. El dato que dota de ternura a esta obra es que eran las flores favoritas de la florista ¿Eran las flores una representación de Constance y Gluck? ¿Una representación simbólica de lo que fueron como pareja? De nuevo, elijo creer que sí.

La relación entre Gluck y Spry se truncó en 1936, apenas cuatro años después de haberse conocido, y ese mismo año Gluck declaró su amor por Nesta Obermer▼ en las páginas de su diario.[35] Lo haría visible en *Medallón*, la obra que consideró su retrato de bodas, en el que Gluck y Nesta aparecen de perfil, unidas, como si miraran a un futuro en el que vivir su amor abiertamente. La relación fue tan absorbente que acabó aislando a Gluck de su círculo de amistades, incluida la propia Constance. Pero el breve romance con la florista estaba destinado a no caer en el olvido: pervive a través de los bodegones que construyeron de la mano, juntas. Para siempre.

▼ Cabe añadir aquí que, más allá de la relación entre Constance Spry y Gluck, el principal inconveniente para la relación era que Nesta estaba casada con un señor bastante más mayor que ella.

¿Se puede aplicar una mirada ecocrítica a la historia del arte?

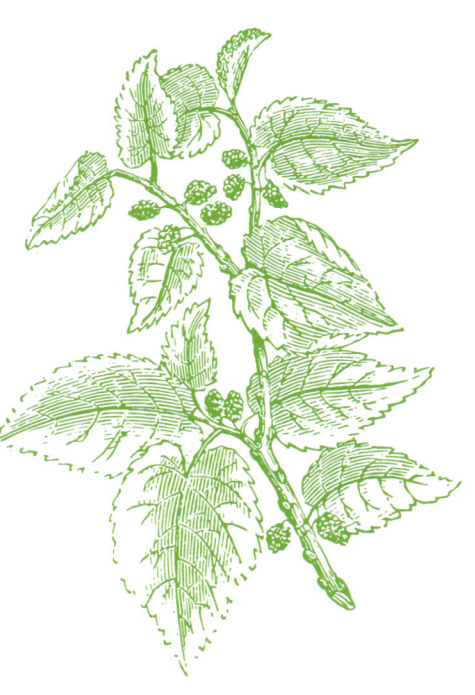

Gran parte de la obra de Thomas Eakins se construye en torno al Schuylkill, el río que atraviesa la ciudad de Filadelfia. De hecho, uno de los temas favoritos de este pintor era el de los remeros, los jóvenes musculosos que recorrían su cauce sobre esbeltas piraguas. Él mismo había formado parte de ese grupo durante su época de estudiante y más tarde se recreó retratando la grandiosidad de la naturaleza junto a dos de sus grandes pasiones: el deporte y la belleza del cuerpo masculino (que a la vista está que despertaba sus deseos más profundos).

Pero hacia 1876, Eakins creó una obra algo distinta al resto de las que había pintado sobre este río: *William Rush tallando su figura alegórica del río Schuylkill* sitúa la escena en el interior del estudio del artista al que rinde homenaje. No hay rastro de referencias naturales directas; solo la alegoría del río, representada a través de un desnudo femenino que la modelo emula sobre el pedestal. Aquí, Thomas dejaba plasmada una de sus grandes fijaciones: la importancia de la anatomía, del estudio del cuerpo al natural como parte de la disciplina artística.

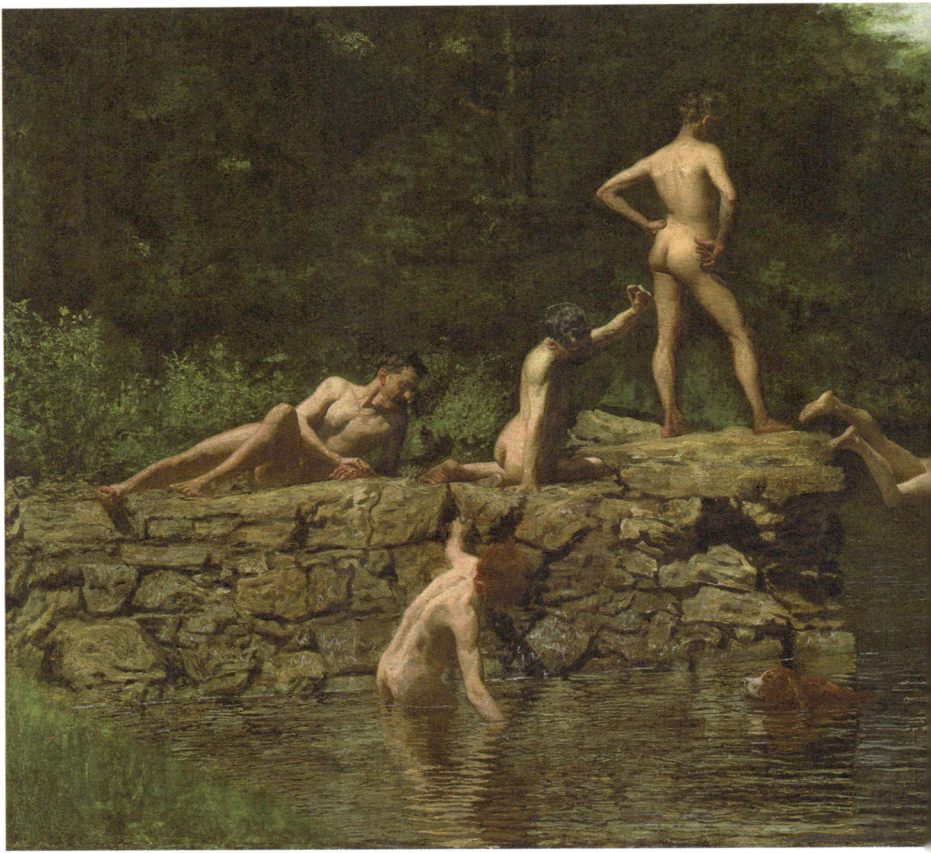

La segunda idea que extraemos de esta obra —la que más nos interesa
ahora— tiene que ver con la escultura resultante, la cual existió realmente: *Ninfa y Avetoro*. Se trataba de una personificación del río que servía
como imagen central de una fuente, concebida para celebrar el nuevo
sistema de suministro público de agua de la ciudad. Tal y como señala en
su análisis el historiador Alan C. Braddock, aquí es importante introducir algo de contexto desde el punto de vista medioambiental, ya que solo
así podremos entender el lienzo en su totalidad. En el siglo XIX, cuando
se pinta esta obra, la ciudad de Filadelfia —famosa por su buen gobierno
y avances científicos— lo era más bien por sus elevados niveles de contaminación.[36] El crecimiento de la ciudad y, especialmente, los avances de
la industria, habían puesto en jaque la pureza de sus aguas, y estaba en
riesgo la flora y la fauna de la zona. La contaminación del río fue tal que
las enfermedades alcanzaron proporciones escandalosas, sobre todo la
fiebre tifoidea, una de cuyas miles de víctimas fue la hermana de Eakins,
Margaret, que murió en 1882.[37] Desde esta perspectiva, la obra del pintor

se situaría entre la fina línea entre la crítica a esta situación y la celebración de un paisaje recobrado.

Este caso, que he tomado del citado Braddock, es un claro ejemplo de la cantidad de información que puede ofrecernos la aplicación de una mirada ecocrítica a la historia del arte. El uso de esta disciplina ha sido más extendido en el ámbito de la literatura, pero analizar obras plásticas a través de la lente ecocrítica nos permite mirar sus paisajes como algo más allá de un fondo neutro o decorativo, abriendo así nuevas líneas de investigación. Esta mirada hace que los espacios cobren vida y que podamos detectar las ideas medioambientales que en ellos se vierten, sí, pero también otro tipo de construcciones culturales, como ideas de pertenencia, productividad e incluso de dominio. En definitiva, como cualquier perspectiva aplicada de forma transversal, nos ayuda a construir un marco más completo para entender la obra a través del contexto en el que realmente fue creada.

Pero en el caso de **Thomas Eakins** esta mirada puede (y debe) convivir con otra que la historiografía, para variar, ha tratado de eludir: la de la evidente carga homoerótica de gran parte de su obra. Tomemos como referencia la que es considerada como su obra maestra, *La poza para nadar,* de 1885, en la que retrata un encuentro social entre seis jóvenes que disfrutan, sin rastro de pudor, de las bondades de un buen baño en pelotas. Aunque nos resulte chocante, al parecer esta era una costumbre aceptada entre los decimonónicos;[38] lo que cabe preguntarse, claro está, es por qué el pintor encontró tan interesante este tema. Es más, parece representar sus propias vivencias, pues la figura situada a la derecha del todo es un autorretrato.

Más allá del homoerotismo —evidente en nuestros tiempos—, si hacemos el esfuerzo de centramos únicamente en el paisaje, el aparente entorno natural en el que se sitúa la escena no es tan natural como podríamos pensar. La hipótesis más extendida sostiene que los jóvenes se encuentran en el lago Dove, el cual se creó como consecuencia directa de la intervención humana tras la construcción del embalse artificial de Mill Creek. Así, desde la ecocrítica, el paisaje retratado por Eakins podría entenderse más bien como una ficción pastoral, directamente ligada con la idea de progreso.

Swimming —así se llamaba originalmente la obra— compartía un mismo punto de interés con otras grandes composiciones de Thomas Eakins. No es difícil adivinarlo: todas las miradas parecen dirigirse, al menos en un primer momento, hacia el culo del muchacho reclinado sobre la roca. Este énfasis, que se repite, por ejemplo, en el retrato de un boxeador en *Salutat!*, pone de relieve su marcado homoerotismo. Según el historiador Lloyd Goodrich, fue Susan Macdowell Eakins, alumna y más tarde mujer del pintor, quien —movida por la vergüenza que causaron los escándalos que rodeaban a su marido por su fijación por el desnudo masculino— decidió cambiar el título de la obra tras su muerte, en un intento de hacerla más poética.[39] Es curioso, porque este mismo historiador negaba sistemáticamente que Eakins pudiera sentir atracción por otros hombres.

Y, volviendo de nuevo a lo medioambiental, el título *The Swimming Hole* es herencia de un antiguo poema de James Whitcomb Riley, en el que el autor lamenta la transformación del lugar donde nadaba durante su infancia a causa de la construcción de un puente ferroviario.

Como siempre, la mayoría de los análisis ignoran incluso la posibilidad de que Thomas Eakins sintiera atracción por los hombres (y eso que los indicios no son pocos). El argumento principal es su fijación por la anatomía masculina, hasta el punto de llegar a sugerir en una de sus cartas a su padre que pintar hombres desnudos era mucho mejor que hacerlo con mujeres (¡y mira que los desnudos femeninos fueron mucho más comunes en la mayor parte de la historia del arte!). A esto se suma su cercana relación con el poeta Walt Whitman, quien hablaba de sus deseos por otros hombres abiertamente. Lo que está claro es que su sexualidad era, como mínimo, ambigua y que su mirada despertó el deseo de hombres gais de otras épocas, como el compositor Ned Rorem, que llegó a fantasear con un encuentro sexual con el artista en las páginas de su diario.[40]

En este sentido, las nociones ecocríticas pueden dialogar con otras corrientes y movimientos. Es el caso del ecofeminismo, una de las aproximaciones que más peso ha ganado en los últimos años y que lleva este tipo de análisis a un nuevo nivel: todo se sostiene en torno a la idea de que existe una relación directa entre las estructuras de explotación y degradación de la naturaleza y la opresión a la que se ha sometido históricamente el cuerpo femenino. Aunque pueda parecer una idea reciente —que remite a artistas contemporáneas como Ana Mendieta, cuyas *performances* en entornos naturales resignifican el cuerpo femenino como elemento político—, lo cierto es que ese enfoque se puede extrapolar a cualquier periodo de la historia.

Pongamos como punto de partida a la ya citada Georgia O'Keeffe, cuya relación con el medioambiente iba mucho más allá de sus composiciones florales. A menudo recorría la naturaleza recogiendo objetos como huesos, piedras o conchas, que más tarde pasaban a formar parte activa de sus composiciones, tal y como puede verse en *Cabeza de carnero, colinas de malva blanca.*

Así, este caso puede guiarnos directamente al siguiente: el de Clara Peeters, quien en pleno siglo XVII retrató la ostentación y riqueza a través de sus mesas, las cuales no solo nos aportan información sobre qué se comía y cómo, sino que son la única pista que tenemos acerca de la vida de la pintora. En su caso, estas obras adquieren además cierto matiz reivindicativo, pues usaba los reflejos de los elementos sobre ellas para esconder pequeños autorretratos en miniatura, casi como una forma de reclamar su identidad.

Por supuesto, esta lectura también puede aplicarse al ámbito *queer*, a través de figuras como Rosa Bonheur, a quien veremos en próximos capítulos y que, además de vivir su sexualidad con relativa libertad, dedicó toda su carrera artística a inmortalizar animales. A su vez, este enfoque puede ligarse con otros conceptos, como el colonialismo. En este último caso es interesante mencionar al fotógrafo Lionel Wendt, quien ofreció una visión que se situaba entre la crítica y la homoerótica (desde su propio deseo) de las plantaciones de Sri Lanka en plena explotación colonial.[41]

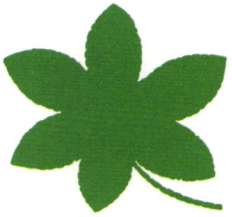

CAPÍTULO 4

NATURALEZA: Lo dicen con violetas
[They say it with violets]

1   Wilde, O. (1909). *The decay of lying.* Lamb Publishing Co., p. 38. [Hay trad. cast.: *La decadencia de la mentira.* Trad. de Javier Fernández de Castro. Barcelona: Acantilado.]

2   Ibid., p. 48.

3   Citado en Syme, A. (2010). *A Touch of Blossom: John Singer Sargent and the queer flora of fin-de-siècle art.* Pennsylvania State University Press, p. 2.

4   Cita de Dominic Janes. Visto en Li, W. (2023). Queer Flowers: Queer Erotics, Mourning, and Utopias in the Art of Flowers from the 1920s to the 1980s [Tesis doctoral]. University of Hull, p. 25.

5   Visto en Syme, A. (2010). *A Touch of Blossom: John Singer Sargent and the queer flora of fin-de-siècle art.* Pennsylvania State University Press, p. 48.

6   Ibid., p. 50.

7   Pearson, H. (1960). *The Life of Oscar Wilde.* Penguin Books, p. 223.

8   Beckson, K. (2000). Oscar Wilde and the Green Carnation. *English Literature in Transition,* 1880-1920, 43(4), p. 386.

9   Carta de Henry James a Henrietta Reubell, citada en Leon Edel, *Henry James. 1895-1901, The Treacherous Years.* Philadelphia: Lippincott, 1969, p. 45. Referencia localizada en Beckson, K. (2000), p. 387.

10   Citado en Beckson, K. (1987). *Arthur Symons: A Life.* Clarendon Press, pp. 83-84.

11   Hyde, H. M. (1962). *The trials of Oscar Wilde* (G. Greene, Ed.). Dover Publications, p. 617.

12   Cita de Dominic Janes. Visto en Li, W. (2023). Queer Flowers: Queer Erotics, Mourning, and Utopias in the Art of Flowers from the 1920s to the 1980s [Tesis doctoral]. University of Hull, p. 25.

13   Citado en Li, W. (2023). Queer Flowers: Queer Erotics, Mourning, and Utopias in the Art of Flowers from the 1920s to the 1980s [Tesis doctoral]. University of Hull, p. 43.

14   Holland, M. y Hart-Davis, R. (2000). *The complete letters of Oscar Wilde.* Henry Holt & Company, p. 617.

15   Adrados, F. R. (1980). *Lírica griega arcaica.* Editorial Gredos, p. 333.

16   Visto en González Berdús, V. (2023). Antigüedad grecolatina. En *Historia de la homosexualidad femenina en Occidente.* Vázquez García, F. (ed.). Catarata, p. 40.

17   Curtin, K. (1988). *We Can Always Call Them Bulgarians: the emergence of lesbians and gay men on the American stage.* Alyson Publication, p. 50.

18   Ibid., p. 51.

19   Bideaux, K. (2023). Queer Futures, Violet Futures. *Colour and Colorimetry. Multidisciplinary Contributions,* 18(A), p. 195.

20   Gonnard, C. y Latimer, T. T. (2025). Unbecoming women: becoming lesbians in the arts, 1850s-1920s France. En Katz, J. (Ed.). *The First Homosexuals: The birth of a new identity 1869-1939.* Monacelli Press, p. 106.

21   La vie pensive (Pensive Life) – Musée cantonal des Beaux-Arts. (2021, junio 22). https://www.mcba.ch/en/collection/la-vie-pensive-pensive-life/

22   Cellini, B. (1892). *Vida de Benvenuto Cellini (Florentino) escrita por él mismo* (Tomo II). (L. Marco, trad.). Librería de la Viuda de Hernando y C.a, pp. 191-192.

23   Museo Nacional Thyssen-Bornemisza. (s. f.). La muerte de Jacinto. Recuperado el 23 de octubre de 2025 de https://www.museothyssen.org/coleccion/artistas/tiepolo-giambattista/muerte-jacinto

24   Fusco, G. (2010). Jean Broc, "peintre Primitif". *Ricerche di storia dell'arte,* 100, p. 82.

25   Martínez, R. (2021). *Maricones de antaño: historias LGTB de la historia.* Egales ediciones, p. 52.

26   Syme, A. (2010). *A Touch of Blossom: John Singer Sargent and the queer flora of fin-de-siècle art.* Pennsylvania State University Press, p. 46.

27   Hessel, K. (2022). *Historia del arte sin hombres.* Ático de los libros, p. 204.

28   Visto en Li, W. (2023). Queer Flowers: Queer Erotics, Mourning, and Utopias in the Art of Flowers from the 1920s to the 1980s [Tesis doctoral]. University of Hull, p. 50.

29   Bennett, P. (1991). *Emily Dickinson: woman poet.* University of Iowa Press, p. 156.

30   Para saber más al respecto, recomiendo leer el capítulo 3 de Kłosowska, A. (2005). Queer Love in the Middle Ages. *The New Middle Ages.* Palgrave Macmillan.

31   Visto en Syme, A. (2010). *A Touch of Blossom: John Singer Sargent and the queer flora of fin-de-siècle art.* Pennsylvania State University Press, p. 23.

32   Souhami, D. (2001). *Gluck, 1895-1978:*

her biography. Phoenix, p. 89.

33   Ibid., p. 89.

34   Tate. (s. f.). Flora's Cloak, Gluck, c.1923.
Recuperado el 25 de octubre de 2025 de https://
www.tate.org.uk/art/artworks/gluck-floras-
cloak-t15334

35   Souhami, D. (2001). *Gluck, 1895-1978: her
biography*. Phoenix, p. 123.

36   Braddock, A. C. (2009). Ecocritical art
history. *American Art*, 23(2), p. 26. https://doi.
org/10.1086/605707

37   Ibid., p. 26.

38   Adams, H. (2005). Ibid., p. 305.

39   Adams, H. (2005). Ibid., p. 306.

40   En ibid., p. 308.

41   Sobre este artista y su relación con lo
ecoqueer, hay un artículo muy completo.
Coomasaru, E. (2023, octubre). Queer Ecologies
and Anti-Colonial Abundance in Lionel Wendt's
Ceylon. Art History 46 (4), 751-756.

A R M (

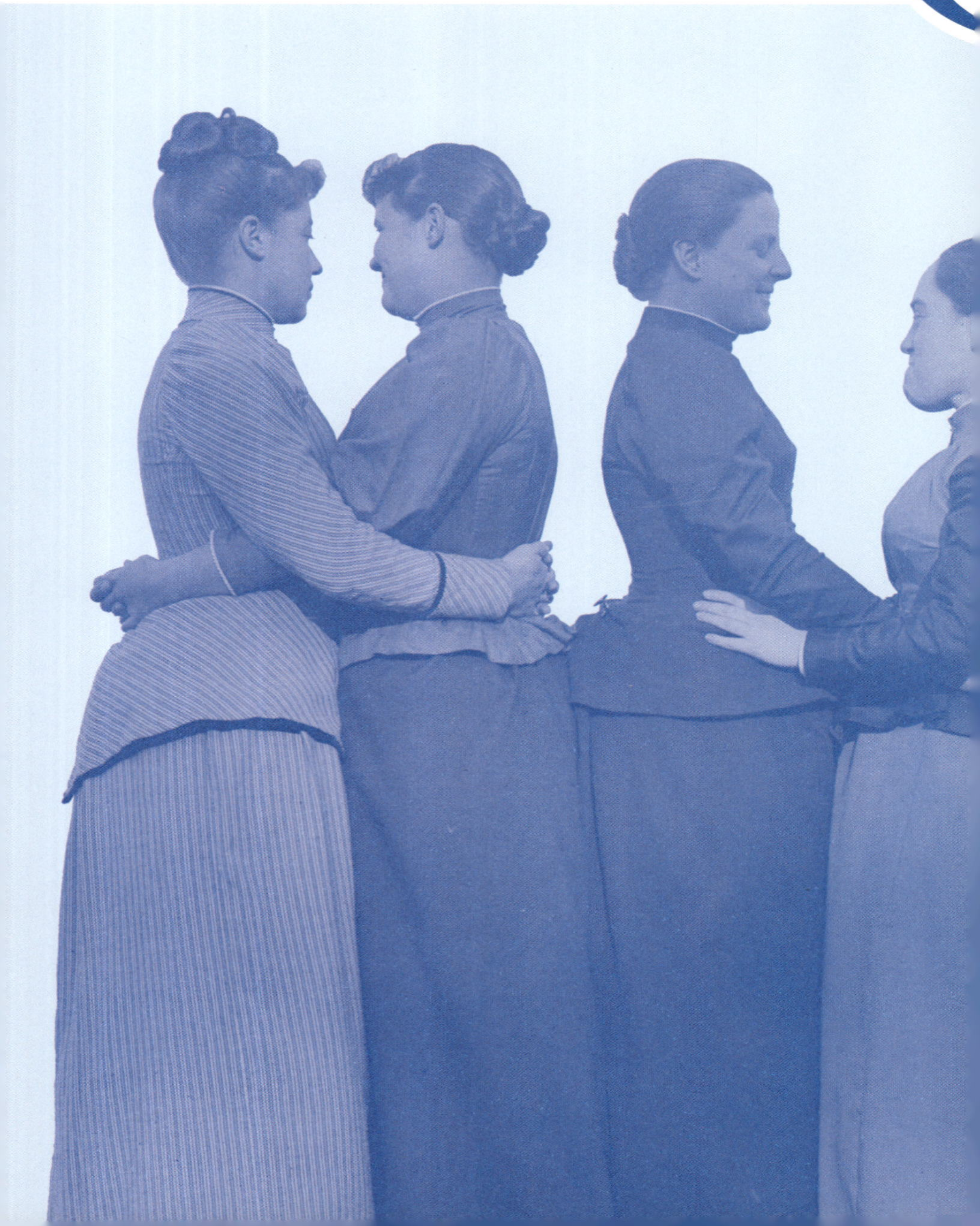

N Í A

The Guardian
17 DE FEBRERO DE 1984

El enigma de dos millones de palabras

La historia ha tendido a leer la existencia disidente de dos formas contrarias: desde la perspectiva de la ausencia —la viva prueba de que aquello de lo que no se habla no existe— o desde el concepto revolucionario. Pero ni nuestros deseos e identidades son nuevos, ni nuestra mera existencia nos convierte en activistas en favor de otras realidades. Por eso mismo, este capítulo quiere explorar los lugares seguros y las redes de apoyo que sirvieron de refugio a todas aquellas personas que se salían de la norma. Hablaremos de la importancia de aprender a reconocerse y de algunos códigos secretos ideados para ello, de esos espacios de reunión en los que se podían expresar los afectos (la previa a los bares de ambiente) y de obras creadas sin más intención que celebrar nuestra existencia y/o guardar un recuerdo de la persona amada. Porque todas sabemos que para alcanzar la armonía y serenidad que celebra el color azul, es imprescindible rodearse bien.

Y tú... ¿Entiendes?

«Bona to vada your dolly old eek!»* Lo sé, esto parece una frase sin sentido, construida con palabras de distintos idiomas. O, bueno, más bien de ninguno. Es casi como un acertijo, ¿o simplemente parece escrita al revés? Nada de lo que imaginas va a ser ni la mitad de increíble de lo que realmente tienes delante, porque es la viva prueba de que muchas veces la realidad supera a la ficción. Lo que estás leyendo es una frase en polari, un lenguaje codificado muy extendido en el siglo XX entre la comunidad gay del Reino Unido. No hay nada especialmente profundo en su traducción: sería algo así como «Me alegra ver tu preciosa cara». Ya ves, tan solo es una forma tierna y cariñosa de saludarse.

Sobre el origen del polari, se han escrito ríos de tinta y, por eso mismo, como punto de partida, podemos tirar de diccionario. Siguiendo la definición del *Collins English Dictionary*, deriva de la lengua franca que se usaba en los puertos mediterráneos, introducida en Inglaterra de la mano de los marineros en algún punto a partir del siglo XVI.[1] De lo que no cabe duda es de que estamos ante un argot de origen ecléctico: en él podemos detectar palabros italianos, yidis e incluso jerga rimada cockney, un código de lenguaje muy extendido entre las clases populares de Londres, que sustituye una palabra por una rima de dos o tres palabras (por ejemplo, *trouble and strife* para *wife*, esposa). Y aunque el polari no se puede considerar un idioma como tal, sí es cierto que incluía varios centenares de palabras.

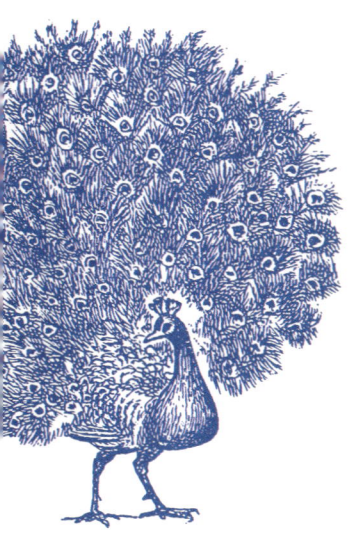

Según los lingüistas, su genealogía es algo más compleja: la lengua franca, nacida con un claro propósito comercial, derivó en un argot nuevo conocido como el *parlyaree* (del que vendría el polari), hablado principalmente por vagabundos, marineros y profesionales del mundo del espectáculo.[2] Fue entre actores y personas del mundo circense donde alcanzó mayor presencia. Esta variante es la que, más adelante, acabaría siendo adoptada por el colectivo homosexual, construyendo una jerga propia que les permitía socializar y mostrarse tal y como eran de forma segura en una época en la que su existencia estaba penada.

Pese a que el origen del polari es inevitablemente clandestino —al final estamos hablando de un código secreto—, lo llamativo es que llegó a alcanzar al público general y a escucharse incluso en la radio. Fue en la década de los sesenta, cuando la BBC Radio emitía "Round the Horne", un programa de corte cómico que consistía en una serie de *sketches* protagonizados por distintos personajes ficticios. Los que lograron más fama fueron «Julian» y «Sandy», interpretados por los cómicos Hugh Paddick y Kenneth Williams. Eran dos personajes jocosos que, aunque no hablaban abiertamente de su sexualidad, eran bastante afeminados, en contraste con la masculinidad que representaba Kenneth Horne, el presentador del programa. La frase con la que he abierto este apartado es una de las que se popularizó a través de sus voces.

No se puede negar que estos personajes tuvieron un papel clave en términos de visibilidad. Pensando en aquel momento, Julian y Sandy pudieron suponer para muchos hombres homosexuales una de las pocas pistas de que existían personas como ellos.[3] Sin embargo, la expansión del polari, sumada a la parcial despenalización de la homosexualidad en 1967, ▼ propició que este se fuera abandonado. Pero, oye, espero que esto no te haga pensar que está obsoleto. Te sorprendería saber la cantidad de palabras que seguimos usando dentro del colectivo sin saber que provienen de aquí. Como te puedes imaginar, se da más entre las personas del ámbito anglosajón, pero algunas de las más extendidas son *camp*, referido a algo muy teatral (ya hablamos de ello en el capítulo del orgullo), o *drag*, que entonces se usaba para designar la ropa empleada en los espectáculos de travestismo.[4]

Si he arrancado este capítulo hablando del polari es porque es un muy buen gancho para explorar un concepto que considero básico dentro del colectivo: el de saber

---

▼ Ese año se aprobó la Ley de Delitos Sexuales, que, entre otras cosas, legalizaba los «actos homosexuales» de mutuo acuerdo siempre que fueran privados y estuvieran realizados entre adultos de más de veintiún años.

reconocerse. No me refiero a la autoaceptación, sino a la capacidad de identificar y hacerse visible ante personas que han experimentado vivencias semejantes, que se escapan de la normatividad. Tener una red de apoyo es importante para todo el mundo, pero lo es aún más para las personas disidentes: sirve para establecer vínculos románticos y/o sexuales (ligar no está de más), pero, sobre todo, para construir un espacio seguro en el que mostrarnos sin ataduras, sabiendo que, al otro lado, encontraremos el apoyo de un igual. Las libertades que hemos conquistado hoy nos lo ponen bastante más fácil; al menos en Occidente, tenemos la suerte de poder hablar de nuestra sexualidad e identidad de forma relativamente abierta y mostrarnos de manera explícita, por ejemplo, a través de nuestra forma de vestir, de movernos o incluso de expresarnos. Pero hasta alcanzar la armonía que celebra el color de este capítulo, el camino no fue tan fácil.

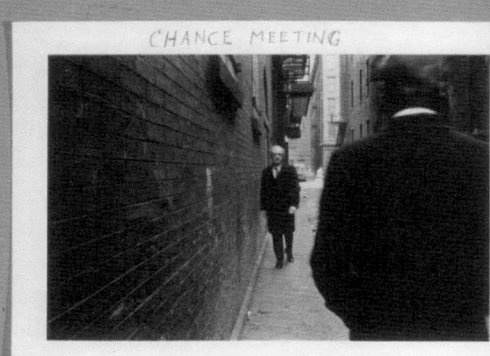

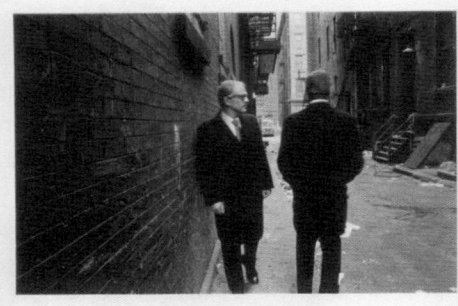

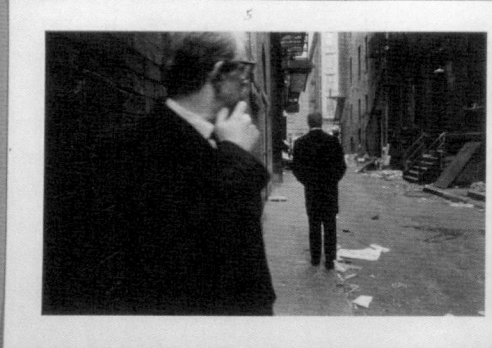

Durante siglos, ese reconocimiento, más que una opción para encontrar comodidad, era una forma de supervivencia. En sociedades donde la homosexualidad se veía como una enfermedad o como un delito al que debía darse caza, aprender a leer los signos y reconocer a quienes vivían y sentían algo parecido era, simplemente, una necesidad. Así nacieron los códigos, pequeñas señales que para la gente de a pie pasaban inadvertidas, pero que permitían a las personas disidentes reconocerse entre sí. A veces estos códigos se expresaban a través del lenguaje, como en el polari, mediante frases hechas y eufemismos. De hecho, hubo un tiempo en el que

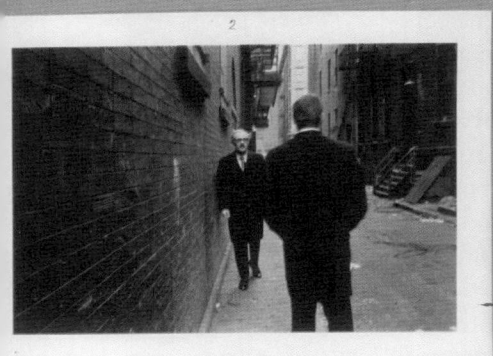

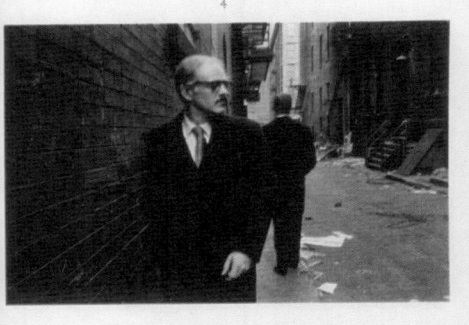

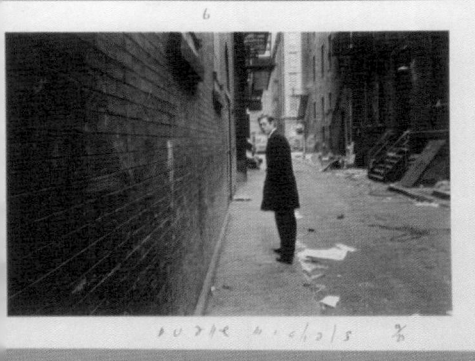

icono gay por ser un ejemplo de inclusión de quienes se salían de la norma.

Otras veces, ese reconocimiento solo podía darse a través de la intuición. Creo que esto se entiende mejor con una imagen. La serie fotográfica **Encuentro casual**, capturada en 1979, representa lo que parece una escena cotidiana, aparentemente rutinaria y que cualquiera podría haber protagonizado alguna vez: dos desconocidos que se cruzan en una calle. La clave está en que, desde los ojos de una persona *queer*, esta situación puede leerse como algo más. Y ese algo está esbozado en la sutil forma en la que los protagonistas se giran tras su paso, buscando la mirada afín del otro. De pronto, parecen conscientes de que algo les une; tal vez de que comparten los mismos deseos. Este tipo de códigos de reconocimiento se daban (y se siguen dando) mucho en el contexto del *cruising*, encuentros de sexo esporádico populares entre la comunidad de hombres gais, en los que a veces basta con frecuentar determinadas zonas a unas horas concretas del día.

los hombres españoles se preguntaban entre ellos si «entendían» para saber si eran homosexuales, mientras que en Estados Unidos se autodenominaban «amigos de Dorothy», en lo que se cree un homenaje a la película *El Mago de Oz*, cuya protagonista se volvió un

El autor de estas instantáneas, el fotógrafo estadounidense **Duane Michals**, empezó a realizar series de imágenes en la década de los sesenta, empujado por su deseo de plasmar las historias que habitaban en su cabeza. Como hombre gay fuera del armario, volcó parte de sus vivencias en su obra personal, que separaba con cierto recelo de la profesional (por su objetivo pasaron celebridades como Meryl Streep, Sting o el mismísimo Andy Warhol), para poder desarrollar esta última al margen de los intereses de los coleccionistas. «En mi época, ser gay no era una opción. La idea de que alguien se sintiera atraído por otros hombres... ni siquiera sabía lo que era eso. Cuando hice mi trabajo, este trataba sobre la legitimidad del afecto entre personas del mismo género»,[5] compartió el propio artista durante una de sus entrevistas.

Antes de que existieran las aplicaciones de ligoteo, la comunidad de hombres gais y bisexuales se las ingeniaba para buscar formas de dar con parejas sexuales que se ajustaran a sus fantasías. Así nacieron códigos secretos para los que no era necesario mediar palabra. Es el caso del código del pañuelo (*handkerchief code*), una forma curiosa de hacer saber a posibles interesados qué buscabas y qué rol querías desempeñar. Por ejemplo, si te ponías el pañuelo en el bolsillo izquierdo eras pasivo, mientras que si lo hacías en el derecho eras activo. También importaba el color: el celeste significaba que buscabas sexo oral, el azul anal, el blanco masturbación, y así sucesivamente, con un amplio abanico de colores. El código fue tan conocido en los Estados Unidos de la década de los setenta que incluso tuvo su reflejo en la gran pantalla. Una de las escenas más emblemáticas es la que aparece en *Cruising* (1980), en la que el protagonista, interpretado por Al Pacino, pregunta por los pañuelos en una tienda y el dependiente le explica cómo funciona el código.

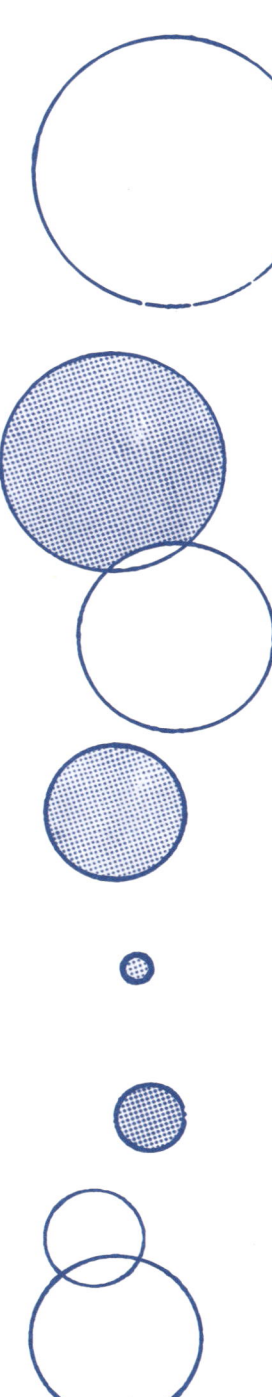

Con respecto a estos códigos, a estas formas estereotípicas de reconocerse, es interesante mencionar la serie de fotografías que Hal Fischer realiza en 1977, agrupadas bajo el título de *Gay Semiotics*. Esta serie de imágenes de sus amigos, amantes y vecinos del barrio de Castro y Haight-Ashbury,[6] en aquel momento el epicentro homosexual de San Francisco, funcionan como una especie de manual de instrucciones: a través de leyendas, atribuye varios significados sexuales a elementos utilizados por estos como pendientes, llaveros o el mencionado pañuelo. Aquí algunos de los estereotipos de la masculinidad estadounidense, que fueron reapropiados por parte de la comunidad homosexual, se analizan con un tono jocoso.

Tener pluma puede ser literal

En el siglo XIX, el Esteticismo, un movimiento victoriano que promulgaba la belleza por encima de cualquier cosa, fijó sus ojos en el plumaje de los pavos reales, convirtiéndolos en un recurso habitual dentro de sus composiciones. Una de las obras maestras de esta corriente de pensamiento —que, por cierto, contaba con Oscar Wilde entre sus adeptos —cumple a la perfección con este patrón.

Me refiero a la Sala del Pavo Real, cuya decoración inicial fue ideada por Thomas Jeckyll como una sala de porcelana. Por cosas de la vida, acabó en manos del pintor James McNeill Whistler quien, en su conocida predisposición para las bullas, se coló en la sala para pintar en una de las paredes azul verdoso una escena dorada de dos pavos reales en plena pelea. Esta fue su peculiar forma de representar la lucha de egos que tuvo lugar entre él y el comitente de la obra.

Se cree que fue en esa misma época cuando algunas personas de sexualidad disidente empezaron a usar la pluma de esta ave de forma semejante a las violetas o al clavel verde,[7] como una manera sutil de hacerse ver. Lo más probable es que esta costumbre tuviera que ver con una lectura rupturista aplicada a la naturaleza de estos animales en los que, como ocurre en muchas otras especies, es el macho —y no la hembra— el que tiene el plumaje más brillante y llamativo. Esta idea chocaba con las estrictas normas sociales victorianas, en las que la vestimenta masculina era infinitamente más austera que los vestidos pomposos reservados a las mujeres.

Más allá de lucir este tipo de plumas en la solapa, algunos artistas empezaron a introducirlas también en sus obras, como una forma velada de insinuar la disidencia de los personajes retratados. Es justo lo que puede verse en el retrato de *Charles Ricketts y Charles Shannon como Santos Medievales*, una obra que **Edmund Dulac** realizó hacia 1920. Si te fijas bien, además de la evidente apropiación de la iconografía religiosa —más concretamente la monástica (daremos algunas pinceladas sobre ello en el capítulo sobre espiritualidad)—, nos presenta a Ricketts sujetando una pluma de este animal.

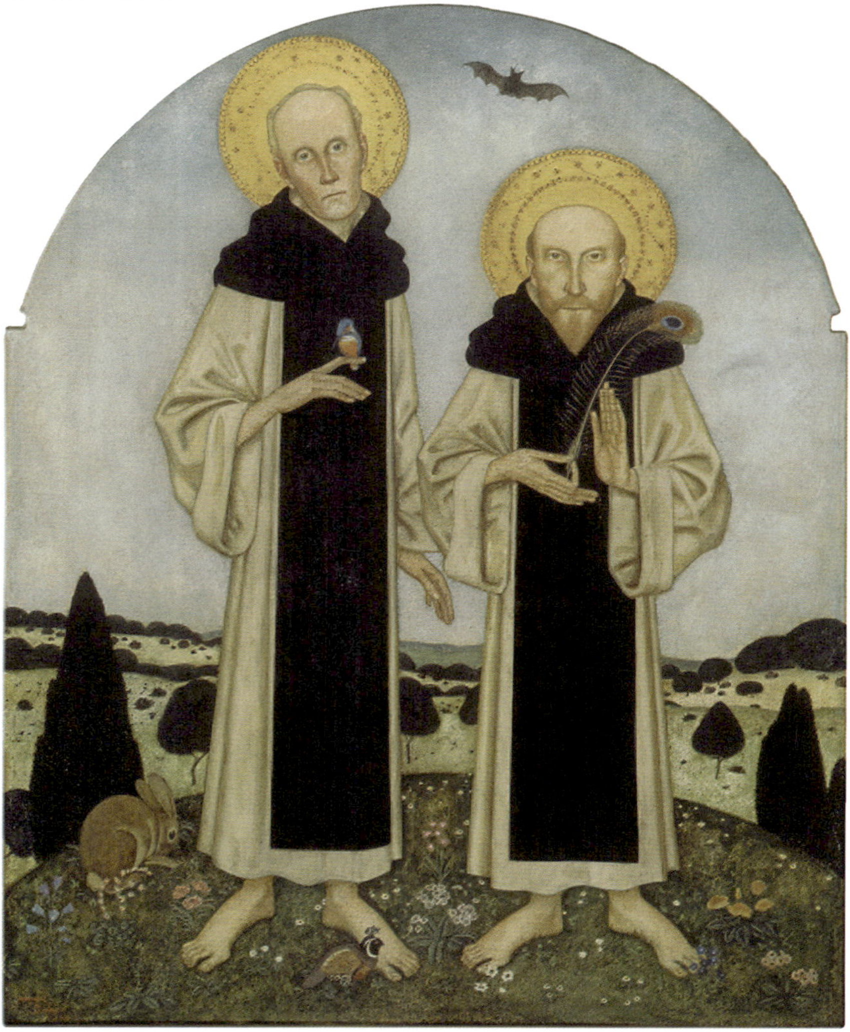

Sobre los dos Charles conviene remarcar que ambos eran artistas y que, pese a que jamás reconocieron tener otro vínculo que no fuera una amistad, sospechosamente íntima, y una relación profesional,[8] pasaron juntos toda su vida (se conocieron en la escuela de artes, así que te aseguro que compartieron bastante tiempo). Su relación debió ser significativa, pues la de Dulac no es la única pintura que los inmortaliza juntos; unos años antes, en 1904, Jacques-Émile Blanche —también señalado por su sexualidad disidente— los pintó a ambos de perfil, en un retrato que plasma la calma, la conexión y la intimidad de una pareja consolidada.[9] Al margen de sus carreras en solitario, ambas bastante exitosas, Ricketts y Shannon trabajaron en varios proyectos juntos, entre ellos su propia revista, *The Dial*, y una editorial compartida. Destacaron por el diseño y la ilustración de la mayoría de los libros de Oscar Wilde, con quien mantuvieron una estrecha amistad.[10] Este es el vivo reflejo de lo que comentábamos al principio de este capítulo: las personas que nos alejamos de la normatividad impuesta tendemos a sentirnos más seguras entre iguales.

Las plumas del pavo real también aparecen vinculadas a la sexualidad femenina. Aquí cabe destacar una de las ilustraciones que el joven Aubrey Beardsley realizó por encargo del citado Oscar Wilde,

como parte de su polémica obra *Salomé*. *La falda de pavo real* no está entre las imágenes más eróticas, pero su potencia simbólica es igualmente brutal: Salomé, vestida con una enorme capa con plumas de pavo real —que también forman parte de su tocado—, se gira para conversar con un personaje andrógino.

Por si te has quedado con ganas de más, aquí van otros símbolos que las personas del colectivo han resignificado:

Lambda - Esta letra del alfabeto griego, utilizada en física para indicar la longitud de onda, se convirtió en un icono homosexual en 1970, cuando la Gay Activist Alliance la asumió como su propio emblema.

Triángulo rosa - El origen de este símbolo es doloroso: se usaba en posición invertida, cosido a los uniformes de los hombres gais en los campos de concentración para identificarlos como tales. Durante la crisis del VIH, se recuperó en su posición natural como símbolo de la lucha.

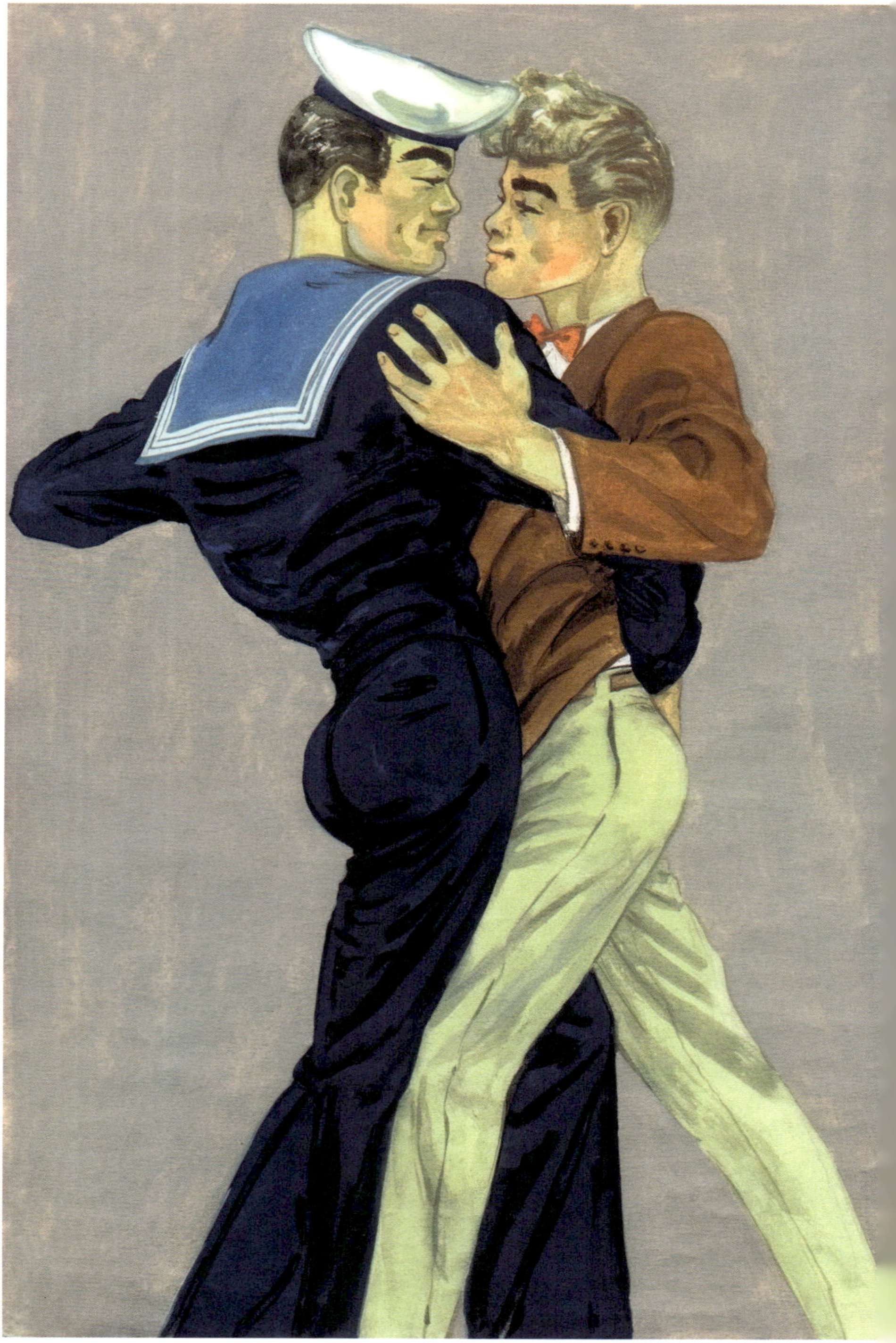

Me gustan los chicos de uniforme

Igual que ha pasado con lo femenino, la sociedad ha creado una imagen estereotipada de la masculinidad. La cultura visual ha cumplido un importante papel en la construcción de este ideal: hombres musculosos, atléticos y viriles que, a su vez, el colectivo homosexual acabó asumiendo como objetos de deseo. Es justo aquí donde determinados oficios y sus uniformes que tenemos asociados a la fortaleza, e incluso a la autoridad, se convierten en objetos de fantasía, libertad y transgresión.

Sigo creyendo que a veces una imagen vale más que mil palabras, así que en este caso estoy segura de que nadie ha sabido encarnar mejor esta idea que Touko Laaksonen, al que todo el mundo recuerda como Tom of Finland. Este artista se hizo conocido por sus dibujos —sexualmente MUY explícitos— de leñadores, socorristas, policías y vaqueros con cuerpos de infarto, marcando paquete (o, directamente, con todo al aire). Publicados por primera vez en la década de los cincuenta en una revista, las imágenes homoeróticas de Tom of Finland se hicieron populares hasta el punto de que varios historiadores les atribuyen la creación del estereotipo gay del hombre musculoso y vestido de cuero que se puso tan de moda en las celebraciones del orgullo unos años después de Stonewall.[11] Era casi la primera vez que alguien se atrevía a mostrar de forma tan directa el deseo sexual entre dos hombres y sin que, por ello, sus protagonistas perdieran los valores tradicionales de la masculinidad.

El caso es que una de las grandes fijaciones de **Tom of Finland** fue la de los marineros. Sus uniformes azules protagonizan un gran número de sus ilustraciones y, de hecho, pueden rastrearse desde sus comienzos, cuando sus escenas aún no tenían el componente erótico —o, mejor dicho, pornográfico— que lo lanzaría al estrellato. Una de sus primeras obras de amor entre hombres (y muy relajadita para ser suya) es la que se identifica habitualmente como *Tango*, realizada en 1947, donde unos jóvenes —uno de ellos luciendo dicho uniforme— bailan en actitud acaramelada. Recordemos el contexto en el que esta imagen fue creada: con la homosexualidad penada, ver en directo una escena tan explícitamente gay era, sencillamente, impensable.

Pero el estereotipo del marinero como emblema gay no fue obra de Tom of Finland: tiene raíces históricas. Al fin y al cabo, el estilo de vida de estos hombres, con largas travesías en alta mar (sin mujeres de por medio), propiciaba prácticas homosexuales. Ya fuera por aburrimiento, por interés o por deseo, estos encuentros se daban (¡no olvidemos que el polari nació de una derivación de la jerga marinera!). Nada de esto implica que las cosas fueran fáciles: las relaciones entre hombres convenía dejarlas en la intimidad. Prueba de ello es que, desde el comienzo de la Edad Moderna, nos hayan llegado los nombres de varios marineros que perdieron la vida por sucumbir a sus deseos.

El caso más conocido se dio en 1519, durante la travesía rumbo a las Islas Especieras, cuando Antonio Salomón —también Salamón o Salabón, según qué fuente— fue condenado a muerte por estrangulamiento después de que lo pillaran en plena acción con uno de sus grumetes. El maestre de la nao *Victoria* había incurrido así en el conocido pecado nefando (la sodomía), duramente perseguido por las leyes españolas y por la Iglesia. En el ámbito marítimo era común que se hiciera la vista gorda, pero en este caso Fernando de Magallanes optó por celebrar un juicio rápido que acabó con dicho veredicto.[12] El grumete, Antonio Varela —conocido también como Antonio Genovés, tal vez por sus orígenes—, fue absuelto, pero meses después decidió acabar con su vida lanzándose por la borda del barco,[13] tal vez incapaz de soportar la culpa y las burlas de sus compañeros.

Para encontrar al icono *queer* que hoy reconocemos representado de forma explícita en el arte, de nuevo, debemos dar un salto a principios del siglo XX, cuando los bares de ambiente aún eran escasos y los locales cercanos a los muelles, frecuentados casi siempre por marineros, se convirtieron en una de las mejores alternativas para buscar sexo con otros hombres. Justamente el pintor Charles Demuth aludió a estas zonas consideradas «seguras» (muy entre comillas) en su obra En "esa" calle, creada hacia 1932. En ella, el artista se autorretrata en primer plano, de espaldas al espectador, vestido con un elegante traje marrón. El título hace referencia a una calle cercana al Astillero Naval de Brooklyn, tal vez Sands Street, conocida por estar frecuentada por marineros durante su permiso de tierra en busca de alojamiento, comida caliente y buena compañía. Aquí, desde un prisma cómico, Demuth parece retratarse molesto ante la llegada de otro marinero que intenta robarle su conquista.[14] Esta escena no fue aislada en su producción; el pintor estadounidense se convirtió en un auténtico *voyeur* de estos personajes, retratándolos desde una lente erótica más o menos evidente. A veces los inmortalizaba bailando en actitud romántica; otras, el simple acto de orinar le servía como excusa para retratar sus miembros al aire.

Pero esa atracción por los marineros fue compartida por otros artistas contemporáneos en distintas partes del mundo. Anterior a Demuth, tenemos el caso del pintor sueco Gösta Adrian-Nilsson, más conocido como GAN. Este solía pasar las noches merodeando por los muelles de Estocolmo en busca de chicos de uniforme dispuestos a pasar un buen rato. Lo sabemos porque él mismo se encargó de dejar constancia de sus encuentros y enamoramientos con navegantes en sus diarios. Y, como era de esperar, su fetiche tuvo un reflejo directo en su obra, donde los marineros empezaron a inundarlo todo: «¡Con el uniforme de trabajo de la Marina Real te amé! Con ese uniforme pintaré el azul divino en ti».[15]

Su obsesión alcanzó su punto álgido en 1918, cuando se animó a organizar una exposición que recogía muchas de estas obras bajo el título *Sjömanskompositioner* [*Composiciones marineras*].[16] Pero lo verdaderamente interesante de GAN no es el hecho de que aborde el tema de los marineros en sí, sino cómo los representa. Tal y como algunos historiadores han señalado, el hecho de que usara un lenguaje vanguardista facilitó que el homoerotismo implícito quedara parcialmente velado y solo resultara legible ante los ojos de personas que compartían su misma inclinación.[17] Aun así, la exposición no tuvo una acogida muy positiva: además de por su carga erótica —recordemos que la homosexualidad estaba penada—, por considerarse su estilo demasiado caótico, cercano a un cubismo fragmentado, bastante lioso de descifrar a simple vista.

Un poco antes, también en Suecia, Eugène Fredrik Jansson había conseguido labrarse un futuro gracias a sus paisajes dominados por un azul intenso. En cierto momento, su obra da un giro hacia un homoerotismo explícito cuando decide centrarse casi por completo en los desnudos masculinos. Al igual que GAN, aunque también sintió fijación por los deportistas, con sus cuerpos atléticos, fornidos y estilizados, Jansson prefirió modelos jóvenes a los que observaba durante sus descansos en los baños públicos de la Marina. De este conjunto se han conservado bocetos, estudios previos y fotografías. Este es el escenario de una de sus pinturas más famosas, *Baños de la Marina*, realizada en 1907. Una vez más, nos encontramos ante un artista con una clara fascinación por el cuerpo de otros hombres y cuya sexualidad no fue ajena a su obra, algo que la historiografía esquivó durante décadas. El hecho resulta aún más significativo si tenemos en cuenta que su hermano quemó gran parte de su correspondencia tras su muerte. ¿Por qué habría tomado esta decisión si no fuera porque tenía algo que ocultar? Es para reflexionar.

El traje de marinero también tuvo importancia en el entorno lésbico en la década de 1920, cuando un grupo de bohemios londinenses, conocidos como *Bright Young People* [Jóvenes brillantes], lo puso de moda.[18] En París, esta indumentaria empezó a consolidarse como una opción elegante entre la comunidad lésbica para señalar la identidad homosexual. Al fin y al cabo, las mascaradas eran uno de los eventos favoritos del calendario gay parisino y atraían una amplia variedad de juerguistas vestidos con extravagantes trajes de *drag* o disfraces, entre los que el uniforme de marinero era habitual.[19] De hecho, en 1926, el célebre Moulin de la Galette de París acogió una mascarada de temática exclusivamente marítima. Pese a que varias mujeres de sexualidad disidente, como Claude Cahun o Colette, se fotografiaron con este atuendo, fue Suzy Solidor —la mujer que regentaba el pub La Vie Parisienne— quien exploró con más profundidad sus posibilidades, luciéndolo durante sus actuaciones. Como señaló el historiador Andrew Stephenson, este personaje que Solidor interpretaba con fines eróticos le valió la reputación de ser «la Madonna de los marineros».[20] Como apunte curioso, durante un tiempo fue la mujer más retratada de la historia, a pesar de que el retrato más famoso es un desnudo obra de Tamara de Lempicka, artista convertida en todo un emblema bisexual.

Y, cómo no, los artistas españoles no se quedaron atrás. Destaca el caso del pintor Gregorio Prieto que, como hombre homosexual, encontró en el marinero su icono erótico, fusionándolo con otra de las grandes fijaciones del colectivo: la romantización de la Antigüedad clásica. Esta combinación se ve perfectamente en su lienzo *Ruinas de Taormina*, ▼ de 1933, donde varias parejas de marineros descansan sobre los restos del teatro de dicha ciudad siciliana. Uno de ellos, en primer plano, reposa sobre su propio brazo en un sueño reparador. La insinuación es tan sutil que casi podría pasar desapercibida, pero con su *Sueño marinero* es difícil ignorar la connotación sexual: el grumete inclina el rostro hacia la zona genital de un maniquí, sustituida por un pez que, dentro del imaginario freudiano asumido por los surrealistas, actúa como símbolo fálico.[21] Así pues, la interpretación es clara: la escena está representando una felación. Además, durante su estancia en Roma por motivos académicos, Gregorio emprendió un proyecto junto a Eduardo Chicharro, pintor y poeta, del que se conservan varias fotografías del propio Prieto vestido con uniforme de marinero y posando entre restos clásicos.

▼ La obra forma parte de la colección del Museo Nacional Centro de Arte Reina Sofía y hay una imagen en alta definición en su página web.

Algunos de sus amigos, autores celebrados de la emblemática Generación del 27 que eran homosexuales, también compartieron esa fijación. Entre ellos se encuentra nuestro queridísimo Federico García Lorca, quien, además de su obra poética, dedicó varios dibujos —bastante curiosos, las cosas como son— a estas figuras. Por su parte, Luis Cernuda, en su libro *Los placeres prohibidos,* dedica un poema que romantiza de forma explícita a los hombres del mar:

«Los marineros son las alas del amor.
Son los espejos del amor,
El mar les acompaña,
Y sus ojos son rubios lo mismo que el amor
Rubio es también, igual que son sus ojos.
(...)
Si un marinero es mar,
Rubio mar amoroso cuya presencia es cántico;
No quiero la ciudad hecha de sueños grises;
Quiero solo ir al mar donde me anegue,
Barca sin norte,
Cuerpo sin norte hundirme en su luz rubia».[22]

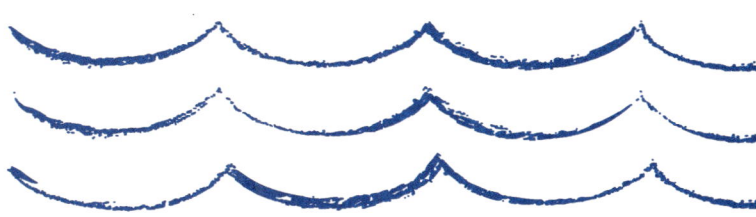

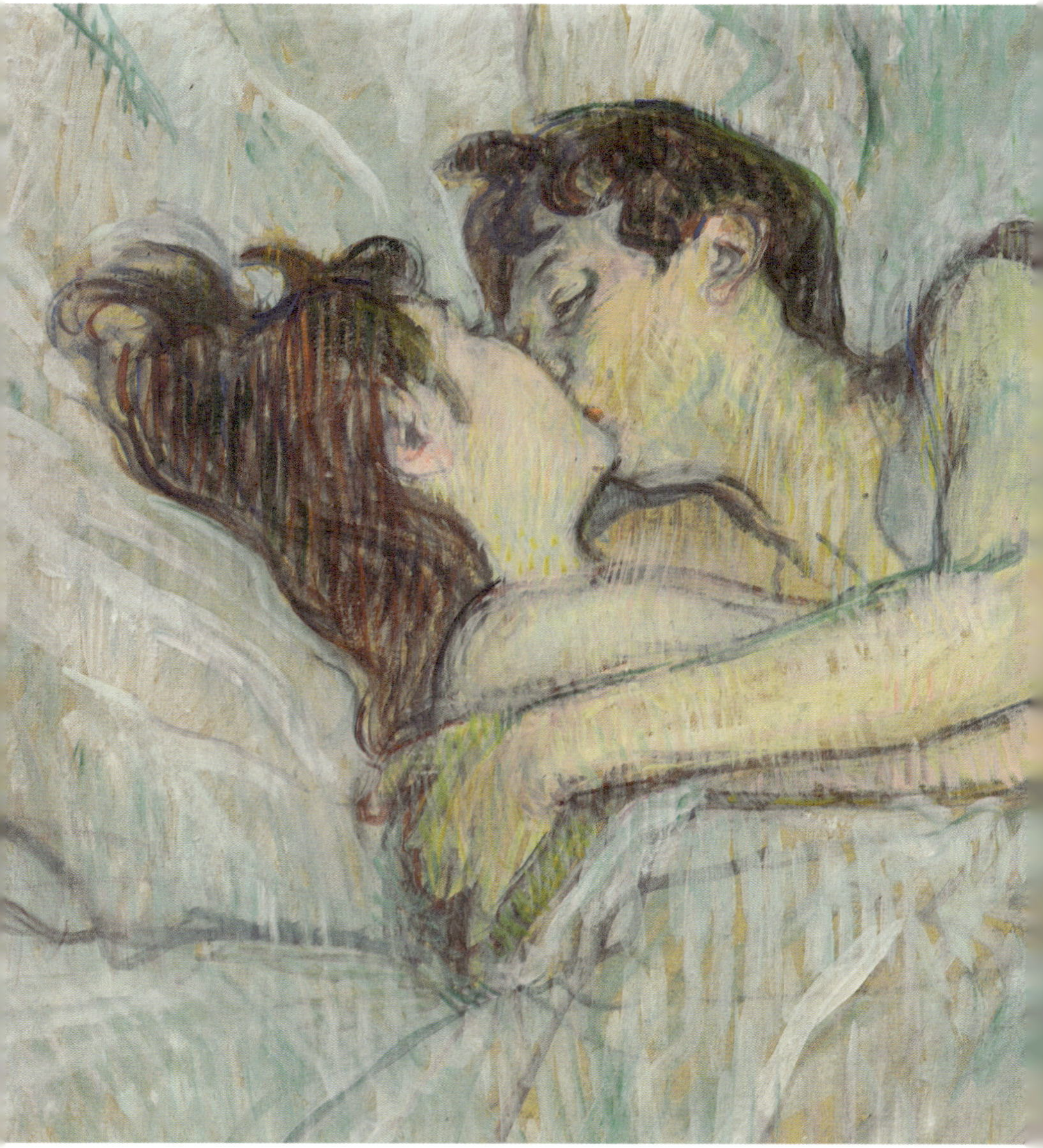

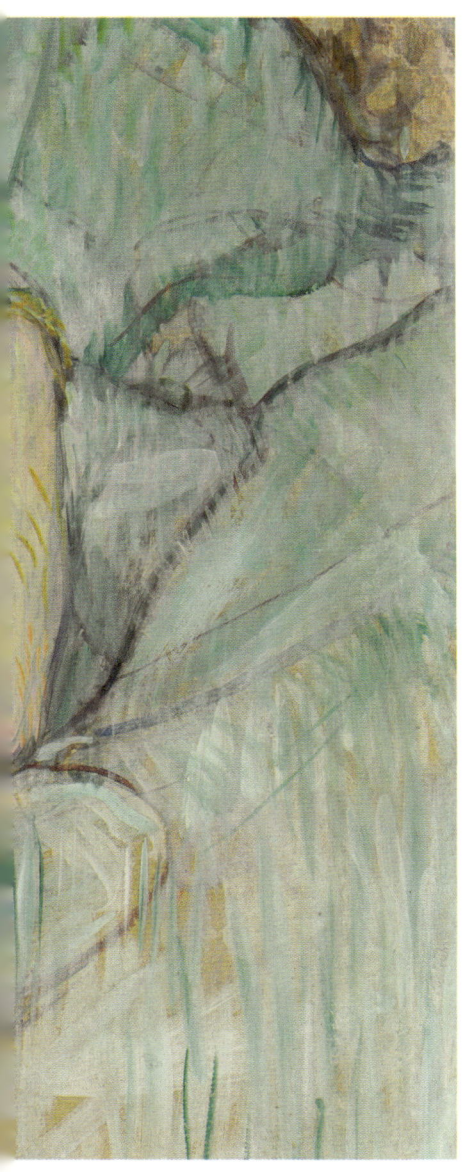

El cariño como refugio para alcanzar la armonía

No recuerdo la primera vez que vi *En la cama: el beso*, pero sí recuerdo lo mucho que me cautivó. Nunca he podido verla en persona por ser una de esas obras que forman parte de una colección privada, pero siempre supe que había algo especial en ese cuadro. Algo especial en la forma inusual en la que ambos personajes se funden en un abrazo, en la manera en que sus labios se encuentran. Siempre lo he visto de una ternura desmedida. Durante un tiempo, creí estar ante una muestra de amor de una pareja heterosexual. Sé de primera mano que hay gente que sigue creyéndolo así. Al final solo vemos a dos personas, una con el pelo corto y la otra con el pelo largo, ¿qué iban a ser si no un hombre y una mujer? Nos han enseñado a seguir esa lógica. Una vez más, el silencio nos juega una mala pasada; no hay nada que permita pensar lo contrario. Estaba equivocada, y descubrir la verdad solo hizo que la obra me conmoviera todavía más.

Henri Toulouse-Lautrec, el artista tras esta pintura, se hizo conocido por sus retratos edulcorados de la noche bohemia parisina de finales del siglo XIX. Se movía mucho por Montmartre, por sus salas de baile, sus cafés y, cómo no, por sus prostíbulos. Conocía bien la zona y a sus asiduos. No era precisamente una persona que pasara desapercibida, su apariencia no se lo permitía: sus problemas de salud habían hecho que apenas alcanzara el metro cincuenta de altura. Sus carteles y litografías inmortalizaron el ambiente de esos locales, lo que incluía a las bailarinas y otras personalidades relacionadas con el mundo del espectáculo. Pero estos no fueron los únicos sujetos que protagonizaron sus obras.

Entre el abanico de personalidades retratadas por el carismático Toulouse-Lautrec, podemos rastrear varios ejemplos de disidencia. En uno de sus famosos interiores nocturnos, *En el Moulin-Rouge: dos mujeres bailando*, representa a la bailarina de cabaret Cha-U-Kao, de quien se sabía que era lesbiana. Con este dato en mente, es más que probable que su pareja de baile fuera algo más que eso. El artista también dedicó una serie de dibujos y grabados a capturar las formas vegetales que creaba el vestido de Loie Fuller, durante su celebrada *performance* en Folies Bergère. Esta última solía moverse por los círculos sáficos junto a su pareja, que también era su escenógrafa y colaboradora artística, Gab Sorère.

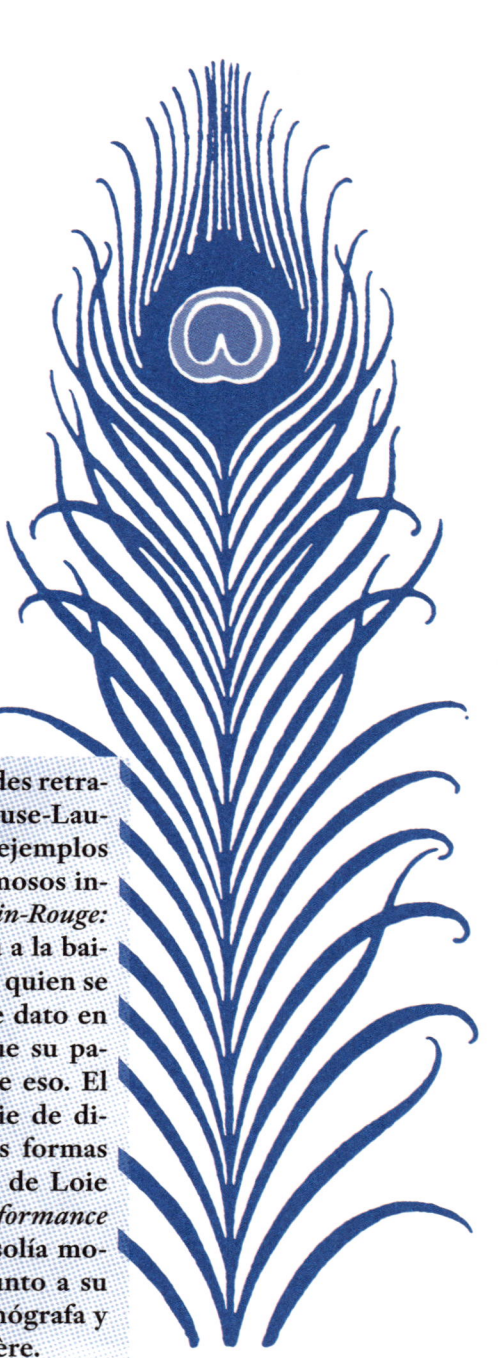

Es hacia 1892 cuando Toulouse-Lautrec recibe el encargo que daría lugar a ese beso tierno entre las sábanas. Su promotor era el dueño del prostíbulo en Rue d'Ambroise y le había pedido una serie de pinturas para decorar su salón. Su intención era diseñar dieciséis paneles de estilo Luis XV (más pomposo imposible) con un retrato ovalado de una de las mujeres en cada uno de ellos.[23] Fue este mismo encargo el que le permitió conocer más de cerca el día a día de esas chicas, muchas de las cuales venían de situaciones tan precarias que apenas les dejaban margen para imaginar una vida mejor. Lo que descubrió le conmovió: muchas de ellas encontraban el amor, el cariño y la ternura que la vida les había negado en los brazos de sus compañeras. Estaban genuinamente enamoradas entre ellas. Así se convirtieron en las protagonistas de una de las series de pinturas más tiernas, reales y demoledoras de la historia. Aquel beso tierno no era solo deseo; era hogar y refugio.

Siendo Toulouse-Lautrec un señor decimonónico y, además, de alta cuna, es sorprendente cómo logra captar ese afecto en las distintas escenas. Humaniza a esas mujeres, vistas socialmente como objetos de disfrute, sin la lente fetichista de por medio en la que caen la mayoría de señores que retratan escenas lésbicas. Por si a alguien le queda alguna duda de que el famoso cuadro describe una escena de amor entre mujeres, podemos ver a ambas protagonistas nítidamente en otras obras de la serie como *El beso* o *En la cama*. Ya ves que los nombres no son muy originales.

El día que descubrí la verdadera historia tras esa obra no pude evitar pensar en la cantidad de veces que nuestros afectos, por escaparse de la norma, se convirtieron en refugio, aunque fuera de forma clandestina. Si te paras a pensarlo, sucede en casi cualquier época. Las redes de apoyo y los espacios privados han sido imprescindibles para que el amor disidente no solo sobreviviese, sino que encontrara sus propios modos de expresarse, aunque fuera de las formas más sutiles.

Esto me recuerda al caso de Michelangelo Buonarroti (Miguel Ángel para los amigos), tan conocido por su genio creativo —sin importar el medio, pues cultivó la pintura, la escultura, la arquitectura e incluso la poesía— como por tener un carácter más bien complicado. Aunque ya hablamos sobre él y algunos de los episodios de su vida que demuestran su atracción por otros hombres, el tema de la ternura y los cuidados conduce inevitablemente a Tommaso de Cavalieri, un noble varias décadas más joven, al que conoció en uno de sus viajes a Roma, en 1532. El maestro renacentista demostró estar prendado del joven desde el primer momento, haciéndole saber en varias de sus cartas su admiración casi obsesiva por su belleza y un amor profundo que parecía ser correspondido. Es un detalle que suele pasarse por alto, pero esta relación explica en parte que, durante un tiempo, el artista quisiera asentarse en Roma. A Cavalieri le dedicó varios sonetos de corte muy neoplatónico, poniendo su belleza a la altura de lo divino:

> «*Veggio nel tuo bel viso, signor mio,*
> *quel che narrar mal puossi in questa vita:*
> *l'anima, della carne ancor vestita,*
> *con esso è già più volte ascesa a Dio.*
> *E se 'l vulgo malvagio, isciocco e rio,*
> *di quel che sente, altrui segna e addita,*
> *non è l'intensa voglia men gradita,*
> *l'amor, la fede e l'onesto desio».*[24]

> [*Veo en tu hermoso rostro, mi señor,*
> *lo que mal se puede narrar en esta vida:*
> *el alma, aún revestida de carne,*
> *con él ya ha ascendido varias veces a Dios.*
> *Y si el vulgo malvado, necio y rudo,*
> *de lo que siente, señala y señala a los demás,*
> *no es menos grato el intenso deseo,*
> *el amor, la fe y el honesto anhelo.*]

Llegara a consumarse o no en lo carnal —algo que jamás sabremos—, está claro que lo que unía a ambos hombres era un vínculo profundo que, aunque acabó transformado en una amistad sincera, rozaba la fina línea de lo homoerótico. Buonarroti le regaló al mismo Cavalieri varios dibujos de una carga sensual más que evidente, entre los que destacaba una representación del rapto de Ganímedes (mito griego que se convirtió en todo un símbolo homoerótico como veremos en el próximo capítulo, dedicado a la

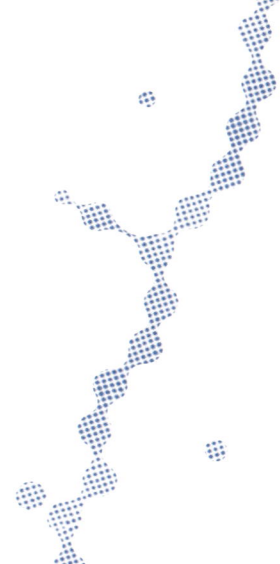

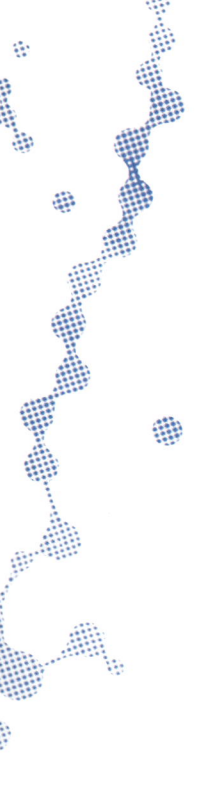

espiritualidad). También se ha especulado con la posibilidad de que el joven efebo que protagoniza la escultura *El Genio de la Victoria*, esculpida en esos mismos años, fuera en realidad un retrato de Tommaso, aunque es algo con lo que los investigadores todavía no han logrado ponerse de acuerdo.

Lo que busco demostrar es que las redes de apoyo y la intimidad entre personas del mismo género existían incluso antes de que tuvieran un nombre. Eso sí, solían manifestarse de forma discreta a través de cartas, confidencias y gestos sutiles (la mayoría de veces de formas tan leves que la historiografía rara vez se plantea la posibilidad de que significaran algo más). Justo es lo que ocurre con Francisco de Goya, quien pasó toda su vida carteándose con su amigo de la infancia, Martín Zapater, con demostraciones de cariño que están en la fina línea entre el amor y la amistad. Estamos hablando del siglo XVIII, si llegó a pasar algo entre ellos, lo más probable es que quedara en la más estricta intimidad.

Siguiendo esta misma idea de intimidad, personalmente me siento muy atraída por el trabajo de **Alice Austen**. Fue una de las primeras mujeres estadounidenses en dedicarse a la fotografía, aunque, para variar, los libros de historia de esta disciplina la recogen (si es que lo hacen) como una mera aficionada. ¿El motivo? Pues simple y llanamente porque jamás vivió de su arte. Como suele ocurrir con las mujeres que tuvieron la oportunidad de trascender, fue su situación económica privilegiada la que le permitió vivir un poco como le vino en gana. Una vez más, se demuestra que la cuestión de clases lo atraviesa todo.

Lo verdaderamente interesante de Austen es que no solo vivió su sexualidad de forma relativamente abierta, sino que dejó reflejo del amor entre mujeres —el que ella misma experimentaba— en varias de sus obras, rompiendo por el camino no pocas ideas preconcebidas. Una de sus fotografías más famosas es ***The Darned Club*** [El Club Maldito], tomada en 1891, que muestra un abrazo cómplice entre dos parejas de mujeres. Al parecer, el título de esta instantánea procede del mote que les dedicaron unos chavales de su mismo barrio —en la zona de Rosebank de Long Island— en un intento de ridiculizarlas tras sentirse excluidos de esas escenas de cariño y entendimiento mutuo.[25] Lo más llamativo es cómo ambas parejas retratadas rompen radicalmente con las ideas de género que también se asociaban a las relaciones entre mujeres, donde se asumía que una de las dos debía cumplir con el estereotipo masculino, mientras que la otra abrazaba la feminidad. La idea de *butch* y *femme*, en resumidas cuentas. Aunque, pensándolo bien, al margen de su expresión de género, ¿a qué sáfica no le han preguntado alguna vez quién es el hombre de la relación? Pues imagínate en el siglo XIX.

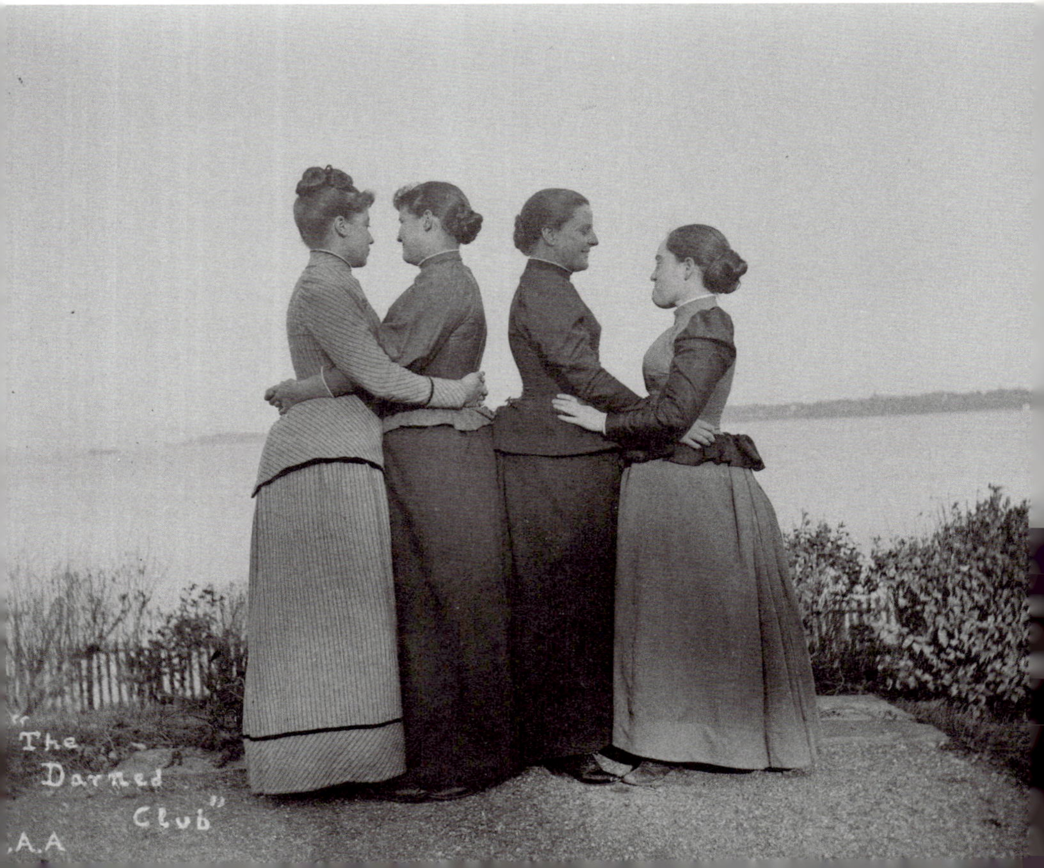

![The Darned Club, fotografía de dos parejas de mujeres abrazadas junto al agua; en la esquina inferior izquierda figura la inscripción manuscrita "The Darned Club" A.A]

En realidad, una de las chicas de la pareja de la izquierda de esta fotografía es la propia Alice Austen y su mirada de complicidad no es para nada fingida: la joven a la que abraza es Gertrude Tate, la que fue la mujer de su vida durante más de cinco décadas. Ambas vivían juntas en el casoplón de Austen, ignorando que sus familias no veían con buenos ojos su «devota amistad» (como ya sabemos, así les gustaba llamar a las parejas lésbicas). Solo el crack bursátil de 1929, con la consecuente pérdida de la fortuna de Austen y el desalojo de su casa en 1945, logró separarlas.[26] Austen murió en 1952 y Tate lo hizo unos años más tarde, pero las familias de ambas se negaron rotundamente a cumplir su última voluntad: ser enterradas la una cerca de la otra.[27] Por desgracia, esta es una de esas historias que hacen que me duela el corazón cada vez que la recuerdo.

Amistades románticas, matrimonios lavanda y otras formas de auto-afirmación serena

Si algo podemos sacar en claro de aplicar la mirada LGTBIQ+ a tiempos pasados es que la historia se ha escrito siguiendo una misma premisa: que todo el mundo es hetero hasta que una evidencia fehaciente demuestre lo contrario (y, a veces, ni con esas). Pero esta idea, disfrazada de verdad absoluta, es en realidad una suposición. El problema de necesitar esa «prueba» —una expresión explícita del deseo— es que en muchas ocasiones esta no existe; no porque no se diera, sino porque no era aceptable expresarla tan a la ligera. A veces la disidencia se muestra de formas mucho más sutiles: en una amistad más cercana de lo «normal» (si es que eso existe), en una atracción por el desnudo desmesurada o en un rechazo a las convenciones sociales de matrimonio o descendencia.

Como puedes imaginar, esto ha afectado especialmente a las mujeres, cuya sexualidad en general no ha sido algo que se pudiera expresar en público, y mucho menos cuando se salía de la norma. Es más, tal y como señala Judith C. Brown, «*antes del siglo XIX las mujeres que tenían relaciones sexuales con otras mujeres eran incapaces de verse a sí mismas como un grupo sexual y social distinto y no eran consideradas como tales por los demás*».[28] Es por ello que uno de los los grandes lastres que las sáficas han arrastrado a lo largo de la historia es el de ver sus relaciones catalogadas como simples amistades, incluso por ellas mismas.

Justo aquí podemos hablar del concepto de «amistad romántica», o lo que en el siglo XIX en Nueva Inglaterra se denominó «matrimonios bostonianos»: uniones íntimas entre dos mujeres que viven y crecen juntas pero que la sociedad no ve con los mismos ojos que a una pareja romántica heterosexual. ¿El motivo? La presunción de que no había sexo entre ellas. Ya sabes, el viejo concepto de juntas pero no revueltas. Todo esto, claro, desde una mirada externa. Estas uniones —rastreadas ya desde el Renacimiento— eran vínculos íntimos, amorosos e incluso pasionales, hasta el punto de despertar celos, como los que pueden darse en cualquier pareja. ¿Por qué entonces no se contempla la posibilidad de que fueran relaciones románticas protagonizadas por personas asexuales? O, simplemente, ¿por qué no nos planteamos que sus protagonistas fueron lo suficientemente discretas como para que sus noches de amor, al puro estilo Chelo García Cortés, no trascendieran jamás?

Aunque el tema de la libido es complejo y la asexualidad sigue siendo una realidad muy invisibilizada —pese a haber existido desde siempre—, conviene recordar que las mujeres del siglo XIX crecieron con una educación que fomentaba que dieran la espalda al deseo propio. Al final, si creces escuchando que una mujer respetable no tiene deseo y su satisfacción pasa únicamente por cumplir con sus obligaciones conyugales,[29] algo se te queda, ¿no? Siguiendo esa misma lógica, si no te casabas no tenías por qué tener deseo sexual. Si lo piensas bien, estamos hablando de una época en la que la sexualidad femenina estaba aún más estigmatizada; sin ir más lejos, existía la histeria como una enfermedad que afectaba exclusivamente a las mujeres y que se atribuía a una supuesta insatisfacción sexual.

El término matrimonio bostoniano se popularizó a raíz de la novela *Las Bostonianas*, una de las obras cumbre de Henry James publicada por primera vez en 1886. Tal y como el propio autor describió su obra, era *«una historia muy americana [sobre] una de esas amistades entre mujeres tan comunes en Nueva Inglaterra».*[30] James conocía el concepto de las amistades románticas de primera mano ya que su hermana, Alice James, mantuvo una relación así con Katharine Loring. Ambas pasaron juntas más de una década, dedicándose Katharine a cuidar con ternura todos los males que asolaban a Alice (que, todo sea dicho, no eran pocos). El novelista estaba fascinado por el vínculo que se había creado entre ambas y el amor que se profesaban la una y la otra; lo aceptaba sin contemplaciones e incluso llegó a reconocer que su hermana había sentido celos de la hermana de Loring, también enferma, porque la quería solo para ella.[31]

Uno de los ejemplos más conocidos de este tipo de relaciones está protagonizado por dos mujeres irlandesas, Eleanor Butler y Sarah

Ponsonby, más conocidas como las damas de Llangollen en honor al nombre de la localidad galesa donde se asentaron. Se conocieron en 1768, cuando Eleanor se convirtió en la profesora de Sarah, y la conexión fue inmediata. Tanto se gustaron que decidieron fugarse juntas y no pararon hasta conseguirlo. Su relación fue llamativa, sí, pero en lo social estaba relativamente aceptada. Es más, fueron un auténtico fenómeno, como demuestra la infinidad de ilustraciones que se les dedicó. Creo que hasta despertaban admiración tanto de hombres como de mujeres. Para ellas, este tipo de unión suponía una salida para vivir con relativa libertad e independencia, sin renunciar a la compañía y afectos o experimentando sus deseos más profundos. Y para ellos... Digamos que no representaban una amenaza. Al fin y al cabo, estas relaciones preservaban la supuesta pureza virginal femenina hasta el final de sus días, o al menos esa era la teoría.[32]

El mayor debate con respecto a estas dos mujeres —como en todas las relaciones de este tipo— se ha centrado siempre en el tipo de relación que tenían. ¿Eran amantes o solo amigas? ¿Dónde está el límite que separa ambos tipos de relación? ¿Había sexo de por medio? Si eres una persona *asex*, seguro que te sientes identificada. Basta decir que la auténtica pregunta es: ¿por qué damos por sentado que el sexo es imprescindible para considerar que una unión es romántica? Si existen tantas formas de deseo como personas, no resulta descabellado pensar que en estas parejas se dieron realidades diversas: relaciones plenamente asexuales y otras en las que los encuentros íntimos se reservaron para la esfera privada. Sea como sea, todas ellas compartían patrones que hoy asociamos a las relaciones románticas: ternura, lealtad, coqueteo e incluso pasión.[33]

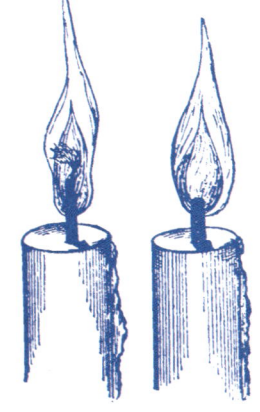

Creo que con esto ya puedes intuir hasta qué punto los lazos que se creaban eran íntimos. Pero basta con indagar en la correspondencia que se mandaban para despejar cualquier duda. Para que veas que no es un caso aislado, sirva como ejemplo las cartas de la escritora francesa Madame de Staël a Juliette Recámier, calificadas como una bonita amistad. Ten en cuenta que datan de finales del siglo XVIII, así que la forma en la que expresan sin temor sus sentimientos sugiere que este tipo de relaciones eran toleradas, tal vez por no tomárselas del todo en serio o entenderlas como algo pasajero antes de encontrar a un marido de verdad a través del cual mantenerse:

> *«Te quiero con un amor que va más allá de la amistad. Me postro ante ti y te abrazo con toda la fuerza de mi corazón. (...) Eres soberana [de mi corazón], conque dime que nunca me harás daño, porque ahora mismo, si quisieras, podrías hacerme añicos».[34]*

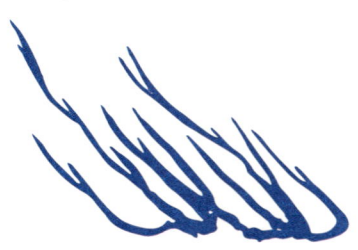

En el otro lado de la moneda tenemos otra forma de cuidado radicalmente distinta que se popularizó a principios del siglo XX: los matrimonios lavanda. Estas uniones funcionaban como tapaderas sociales en las que uno o ambos integrantes utilizaban el matrimonio para aparentar heterosexualidad de puertas hacia afuera. El fenómeno fue especialmente habitual en Hollywood, donde actrices y actores recurrían a estos acuerdos para evitar polémicas y cumplir con cláusulas contractuales estrictas.

Como ya te imaginarás, estas uniones también pueden rastrearse en el ámbito de las artes visuales. Mientras investigaba para escribir estas líneas, descubrí la existencia de una artista fascinante cuya vida encaja perfectamente en este marco: la pintora croata Nasta Rojc. Pese a casarse de boquilla con el pintor Branko Šenoa por petición de su padre, no se cortó un pelo en vivir su sexualidad con libertad. Llegó hasta el punto de diseñar y compartir su casa con la que fue su auténtica pareja, Alexandrina Onslow, junto a la cual participó activamente en la resistencia antifascista durante la Segunda Guerra Mundial.

Al igual que Romaine Brooks, Rojc plasmó su espíritu rebelde a través de sus autorretratos, destacando sobre todos *Self-Portrait in a Hunting Suit* [Autorretrato con

Traje de Caza], donde se inmortaliza llevando a cabo una actividad tradicionalmente masculina como es la caza. Lo más potente es la firmeza en su mirada, que dirige al espectador. Además, fundó el *Klub likovnih umjetnica* [Club de Mujeres Artistas], la primera asociación de mujeres artistas en Croacia, de la que acabaría renunciando al liderazgo para evitar que las polémicas en torno a su lesbianismo perjudicaran a la entidad.[35]

Un diario lésbico escrito en clave

A estas alturas ya tendrás claro que el amor entre mujeres ha existido desde siempre. Tenemos cartas, diarios y poemas en casi cualquier época que así lo refieren. El motivo por el que a menudo se han leído estas conexiones como simples amistades tiene que ver con que cumplen el mismo patrón que hoy se da en la mayoría de los casos en el flirteo entre mujeres: son muy sutiles. Toda sáfica que se precie se ha visto alguna vez preguntándose a sí misma si la conexión que siente con la chica que le gusta es correspondida.

Aun así, me sumo a la reflexión de Paula Villanueva sobre la existencia de cartas de amor preciosas, dulces e intensísimas de escritoras dedicadas a otras señoras, porque, como ella, estoy segura de que esto tiene mucho que ver con las normas de pasividad femenina en todo lo relativo a las relaciones románticas, normas que solo era posible romper cuando a quien amabas era a otra mujer.[36] Ella misma recoge en su libro, *El Círculo Sáfico*, ▼ un ejemplo tiernísimo: *Un pensamiento*, escrito en 1949 por Dolores Cabrera y Heredia y dedicado a su amiga María de la Concepción Orcáriz. Como hizo Paula, dejo que compruebes con tus propios ojos la pasión implícita en sus palabras:

▼ Desde aquí te recomiendo encarecidamente la lectura de este libro porque es todo lo que está bien para conocer nuestra propia historia.

«Si, hoy como en mejores días,
Pudiera afectuosamente
Estrechar tu mano ardiente
Con pasión entre las mías

Si junto a tu corazón
Latiese el mío agitado
Sintiéndose arrebatado
De alegría y emoción:

Si pudiera contemplar
Tus ojos negros y bellos,
Y tu frente, y tus cabellos,
Arrebatada besar;

Y el viento hiciese mover
Tus rizos sobre la mía...
El placer me mataría,
¡Si es que nos mata el placer!».[37]

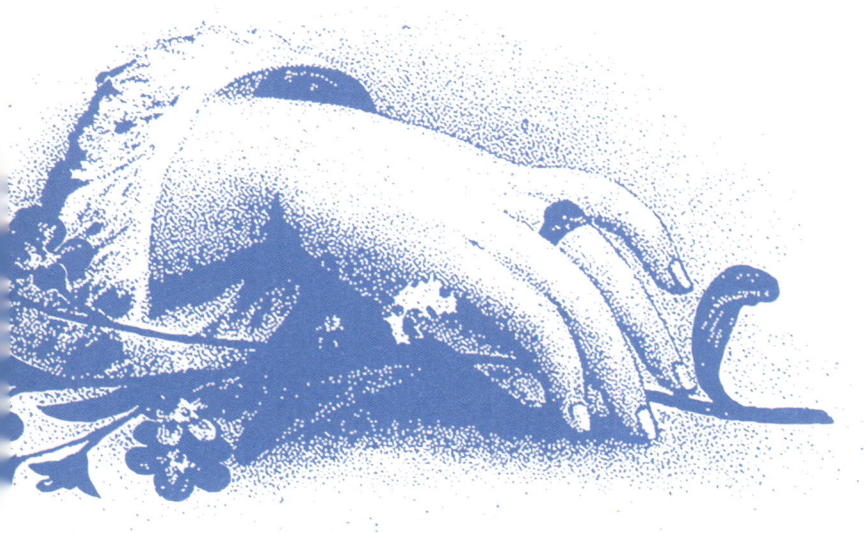

Teniendo en cuenta este contexto, la historia que quiero contarte resulta aún más revolucionaria. Viajamos ahora a principios del siglo XIX. Estamos en Halifax, una ciudad en Yorkshire, Inglaterra. Allí, una terrateniente llamada Anne Lister escribe en decenas de cuadernos la historia de su vida y sus experiencias como mujer de negocios. Páginas y páginas llenas de reflexiones, anécdotas y aventuras de una señora adinerada y llamativa, muy distinta al resto de mujeres de su época. Si buscas uno de sus retratos, podrás hacerte una idea: más allá de la pose, que desprende una seguridad impactante, siempre solía vestir de negro, optando además por prendas más bien masculinas. Te confirmo que esto, con la rigidez de la época, habría sido impensable para una persona sin recursos.

Aunque de primeras tal vez no te suene, su historia se hizo tan conocida que incluso inspiró la serie "Gentleman Jack". Pero ¿qué tiene de especial una señora decimonónica que escribe un diario? Pues mucho, ya te he dicho que Anne no era como las demás. En su caso, no se hizo famosa por aquello que escribió a simple vista, sino por lo que trató de ocultar de forma concienzuda: una sexta parte del diario está escrita en clave mediante un código complejí-simo que inventó para contar con pelos y señales toda su vida sexual y romántica. Con otras mujeres, por supuesto. Llega el momento de decirlo: Anne Lister es conocida como la primera lesbiana de la historia moderna.

Durante mucho tiempo, la historiografía ha fechado el origen del lesbianismo —entendido como las relaciones sexo-afectivas entre mujeres— a finales del siglo XIX. La historia de Anne Lister fue revolucionaria porque, cuando en la década de 1980 la historiadora Helena Whitbread se topó con sus diarios, estos desmontaron de un plumazo (nunca mejor dicho) muchas de las ideas preconcebidas que se tenían sobre las lesbianas: Anne relataba en ellos sus aventuras sexuales con todo detalle, los orgasmos que había tenido y los métodos que habían utilizado para tal hazaña. Y aun con la evidencia de bruces, hubo historiadores que pusieron en duda la veracidad de sus páginas.[38] Como siempre, la disidencia tiene la obligación de justificarse por encima de la lógica.

Anne Lister tuvo un historial romántico digno de una buena lesbiana moderna. Su primer rollito lo tuvo con quince años, cuando empezó a pasarse notas subiditas de tono con Eliza Raine, su compañera de habitación en el internado (el mismo del que acabaría siendo expulsada por su rebeldía).

Esto no le impidió formarse, algo clave para la invención de su código, que mezclaba signos algebraicos, números y letras del alfabeto griego. Solo puedo pensar en el tiempo que se habría ahorrado si hubieran existido los rotus de tinta invisible que usábamos cuando éramos pequeñas. Sí, esos que solo podían leerse con luz ultravioleta.

Pese a pasarse por el forro casi todas las convenciones del siglo XIX para una dama, Lister era profundamente religiosa. Pero, ojo, que ni con esas sentía el más mínimo rechazo por su deseo ni tenía intención de dejarlo atrás. Me vais a perdonar, pero sus razonamientos son de una lógica aplastante: si nadie le había inculcado su atracción por las mujeres y llevaba conviviendo con ella desde que tenía uso de razón, ¿qué sentido tendría pensar que era antinatural? ¿No sería mucho más lógico creer que Dios simplemente la había hecho así? «Siempre he mostrado la misma conducta desde la infancia [...]. Nunca he cambiado y ningún esfuerzo de mi parte habría podido contrarrestarla»[39] dejó por escrito en una de los miles de páginas de su diario. «Amo y solo amo el sexo femenino y, amada por ellas a mi vez, mi corazón se rebela contra cualquier amor que no sea el suyo.»[40]

Aunque ya te digo que la lista de amantes de esta mujer fue extensa, su aspiración como buena señora religiosa era conseguir una esposa. Si además era una rica heredera, como ella, pues mira, mejor. En este sentido, uno de sus grandes amores fue Mariana Belcombe, a la que conoció siendo ambas muy jóvenes. No te esperes un idilio lésbico, porque lo cierto es que fue una relación bastante tóxica. ¿Sabes el evento canónico que (casi) cualquier persona vive alguna vez? ¿El de volver y dejarlo en repetidas ocasiones con tu ex? Pues justo eso es lo que pasó. Solo que en este caso se sumaba que estaban en el siglo XIX, cuando casarse con un señor era un proceso obligatorio para toda mujer de alta cuna. Anne siempre tuvo claro que no iba a pasar por el aro, pero Mariana no lo veía igual, así que acabó casándose con un hombre bastante mayor que ella. Lister fue la otra durante un tiempo, pero acabó por tirar la toalla.

¿Consiguió Anne Lister esposa? Pues, a ver, desde su perspectiva, sí. Se llamaba Ann Walker: joven, tímida y elegante (rica también), pero con serios problemas de salud mental. Tras un largo cortejo, ambas decidieron formalizar su relación casándose en una ceremonia privada en su mansión y teniendo una noche de amor (algo poco victoriano por su parte). Unos días más tarde, ambas acudieron a la *Holy Trinity Church*, en York, donde tomaron la comunión como gesto simbólico para sellar su unión también por la vía religiosa. No necesitaron que nadie lo supiera para sentirse casadas por la Iglesia. Recordemos, dos mujeres. Año 1834. Y, hoy, una placa en ese lugar conmemora su atrevida unión.

Jugábamos a ser Safo

Cuando alguien me pregunta qué es exactamente lo que me hace sentir fijación por una obra de arte (y no por otra), en la mayoría de los casos no sé qué responder. Lo cierto es que hay demasiados factores. A veces es la historia de la obra o de la propia artista que la creó lo que me atrapa; otras, un detalle o un mensaje velado para la mayoría de espectadores lo que acaba por despertar mi interés. También está lo emocional: me gustan las obras que me remueven, aunque no necesariamente sea de forma positiva. Y, obvio, hay que tener en cuenta el factor estético; a veces solo me gustan y no hay nada más profundo detrás. Pero, en general, siempre que me preguntan, me gusta reivindicar que para que una obra me guste no hace falta un componente especial; a veces la elección es casi caprichosa, cercana incluso a lo que podría llamarse un «placer culpable». Justo aquí puedo confesaros que enamorarme de señoras que vivieron en otras épocas (o en

la imaginación de alguien) es mi pasión. Cuanto más guapas, inteligentes y creativas fueran, mejor.

Desde la primera vez que leí sobre el salón literario parisino de Natalie Clifford Barney, no he vuelto a ser la misma. No me gusta romantizar el pasado, pero a veces una no puede evitarlo; ¿cómo no quedarse fascinada con una señora nacida en el siglo XIX que, no contenta con declararse lesbiana desde niña, decidió montar fiestas en honor a la poeta Safo en su propia casa? Clifford la consideraba su reencarnación y hasta tenía un templo de corte clásico en su jardín. Lo siento, una no es de piedra. Por algo la tenéis en la portada de este mismo libro, abrazada a otra mujer que, con toda seguridad, estaría hasta los huesos por ella. Pero ¿es que acaso alguien no lo estaría?

Desde ya te aviso que hablar de la vida de Natalie Barney al completo es imposible en un apartado tan breve, pues murió con 95 años y su vida estuvo repleta de romances, polémicas y chismes que merece la pena contar. Así que voy a intentar que te lleves una buena primera imagen de ella para que puedas seguir investigando en la infinidad de libros que se le han dedicado. ▼ Para empezar, aunque fue conocida por su vida en París y por el importante salón que

▼ Para un primer acercamiento te recomiendo muchísimo *Después de Safo* de Selby Wynn Schwartz. Está muy bien documentado y hace una fusión novela–ensayo que te atrapa.

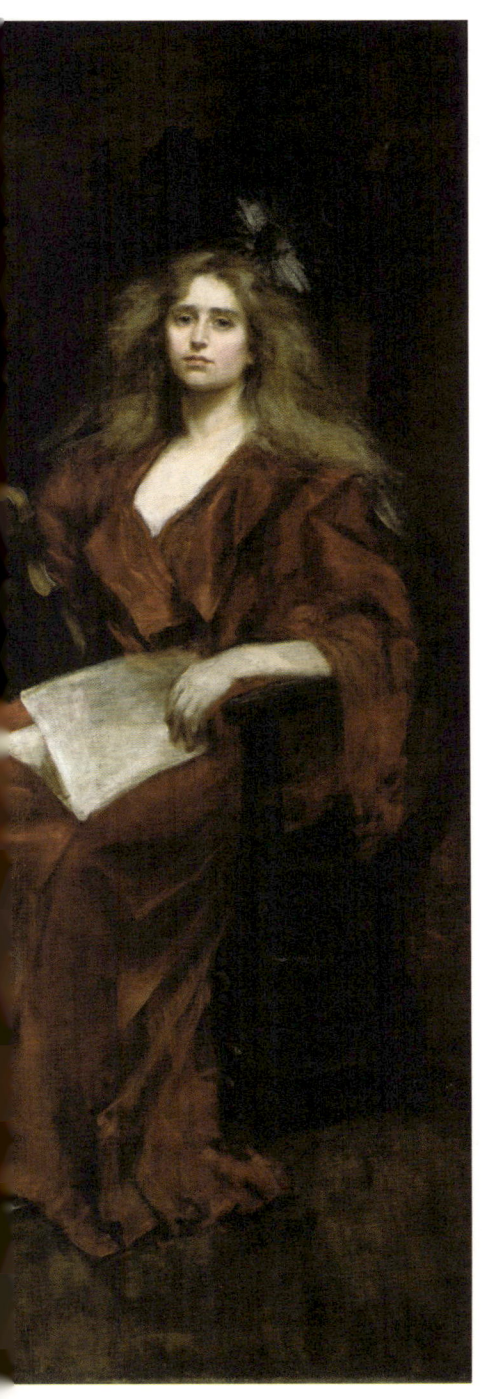

montó en dicha ciudad, debes saber que en realidad nació al otro lado del charco, en Estados Unidos, en el seno de una familia muy adinerada y vinculada con el mundo artístico. Más allá de ella, que dedicó toda su vida a la literatura, su madre, **Alice Pike Barney**, fue pintora. Te animo a que busques algunas de sus obras porque logró construirse un estilo muy suyo que revitalizó el panorama artístico de Washington D.C., donde se conservan la mayoría de sus pinturas.

Alice le dedicó varios retratos con bastante poderío a su hija —mi favorito es *Natalie con violín*— e incluso ilustró en 1900 uno de sus poemarios, *Quelques Portraits-Sonnets de Femmes* [Algunos retratos-sonetos de mujeres], que resultó escandaloso por su retrato sin tapujos del lesbianismo. Se dice que su padre compró todos los ejemplares para evitar que manchara el nombre de la familia, ya que a Natalie ni se le pasó por la cabeza publicarlo bajo un seudónimo.[41]

Pero madre e hija no eran las únicas con inquietudes artísticas en esa familia. La hermana pequeña de Natalie, Laura Clifford Barney, pasó a la historia por su labor como filántropa y maestra de la fe *bahá'i*, una religión monoteísta construida en torno a la idea de la unidad espiritual de toda la humanidad y cuyo fundador, el religioso persa Bahá'u'lláh, es interpretado como el más reciente de los mensajeros de Dios en la Tierra. Aparte de su vínculo con la fe, durante su vida —en especial, en su juventud— también destacó en un ámbito creativo muy distinto: la escultura. Algo especialmente llamativo teniendo en cuenta que ir tallando bloques de piedra no era la actividad que se esperaba de una dama de alta alcurnia. ▼ Al igual que lo hizo su madre, Laura inmortalizó la belleza de su hermana en varias de sus esculturas y, en relación con esto, hay una anécdota que, sea o no cierta, me encanta. Se dice que en 1910 realizó un nuevo retrato de Natalie, aunque esta vez fue más atrevida: la inmortalizó completamente desnuda. La obra se colocó en el jardín delantero de la casa familiar y se cree que provocó tal escándalo que la policía recibió la orden de cubrirla con una sábana.[42]

En lo que respecta a su sexualidad, Natalie se jactaba de saberse lesbiana desde los doce años.[43] Guapísima e inteligentísima (y heredera de una fortuna, todo hay que decirlo), tenía pretendientes a patadas, pero ella se había propuesto vivir su vida en libertad, y así iba a hacerlo. Lo más fascinante de esta señora es que rompía con los estereotipos asignados a este tipo de mujeres a principios de siglo, cuyas pre-

ferencias, como te comentaba, solían asociarse con un supuesto deseo de parecerse a los hombres, algo que la crítica caricaturizó en la novela de *La Garçonne* de Victor Margueritte (1922). Barney, sin embargo, era conocida por su cabellera dorada y por su feminidad, la cual mantuvo en mayor o menor medida a lo largo de toda su vida, teniendo relaciones con mujeres de todo tipo (te avanzo que su historial amoroso es largo y variopinto). Digamos que la monogamia y la fidelidad propias del amor romántico no iban mucho con la bella Natalie, y algunas de sus parejas lo encajaban mejor que otras.

Eva Palmer fue el primero de muchos amores. Se conocieron con apenas diecisiete años y mantuvieron una amistad profunda por el resto de su vida. También estuvo bastante tiempo con Dolly Wilde, la sobrina del famoso Oscar Wilde, aunque siempre de forma no exclusiva. Con la poeta Renée Vivien tuvo una de sus relaciones más intensas y tormentosas, en gran parte a causa de los muchos romances de Natalie. Con ella compartía su fijación por Safo, hasta el punto de visitar juntas al experto que supuestamente más sabía sobre la poeta, Pierre Louÿs, e incluso viajar hasta Lesbos con la intención de fundar su propia escue-

---

▼ Es uno de los problemas a los que, por ejemplo, se enfrentó Camille Claudel. Pese a mostrar aptitudes para la escultura desde muy pequeñita, siempre vivió el rechazo de su madre, que no veía este oficio como cosa de mujeres. Tal vez por eso aprovechó la mínima excusa y, junto a su hijo Paul Claudel,

la de sáficas.[44] Pero su relación más duradera fue con Romaine Brooks, una pintora bastante peculiar que se pasaba los roles de género por el arco del triunfo y con la que convivió, cada una en su propia ala de la mansión, durante más de cinco décadas. Todas estas relaciones dejaron su poso tanto en la literatura de la Amazona —el apodo que le puso Remy de Gourmont— como en la de sus compañeras, tal y como puede verse con el *affaire* que tuvo con Liane de Pougy, que dio lugar a la novela *Idilio sáfico*.

Como antes lo había hecho Lister, Barney estaba segura de que lo que sentía provenía de su propia naturaleza y no iba a cambiar por mucho que su padre se esforzara por encorsetar sus deseos en los cánones de su época. En su autobiografía reflexiona sobre ello durante un breve periodo en el que tuvo que volver a Estados Unidos, obligada por su progenitor tras los escándalos vividos en París:

«Nunca han censurado a los albinos tener los ojos rosas y los cabellos blancos, ¿por qué me censuran el ser lesbiana? Es un asunto de naturaleza: mi rareza no es un vicio, no es "querida" y no perjudica a nadie».[45]

La propia Natalie decía «mi vida es mi obra, lo que he escrito no es más que el resultado».[46] Pero su gran legado fue también su salón literario, un espacio semanal donde recitar poemas y textos con contenido lésbico, hacer representaciones teatrales clásicas, bailar o simplemente charlar y debatir sobre temas culturales. No era un espacio exclusivo para sáficas, pero sí que es cierto que eran las principales asistentes y que el salón se convirtió en un lugar seguro en el que poder expresarse. Tras varios intentos en distintas ubicaciones, fue en su casa en la Rue Jacob 2 de París la que ganó más fama. El hecho de que el jardín albergara ese templo clásico dedicado a la amistad debió ser para Natalie una señal divina. Ese era el lugar perfecto para acoger su círculo sáfico. Y la herencia millonaria de su padre le brindó la oportunidad para hacerlo realidad. Siempre a su manera.

Otros círculos sáficos para encontrarse

Lo sé, Natalie Barney también ha conquistado tu corazoncito, pero es importante remarcar que esto de los salones literarios no fue una cosa que se inventara ella. Al fi-

encerró a su hija en un centro psiquiátrico donde permaneció recluida más de tres décadas, hasta su muerte.

nal, este tipo de reuniones estuvieron muy de moda en las primeras décadas del siglo xx, especialmente en París. Eran espacios muy cotizados, en los que artistas e intelectuales podían ponerse en contacto, darse a conocer entre la gente pudiente y, de paso, disfrutar de la creación artística. Lo auténticamente revolucionario del Salón de la Amazona, que más tarde acogería la *Académie des Femmes* [Academia de Mujeres] para homenajear a escritoras, fue su celebración del lesbianismo y la bisexualidad femenina, con Safo, cómo no, como referente.

Aunque ni de lejos tuvo la carga homoerótica del salón de Barney, creo que es interesante mencionar aquí el impulsado por una de las parejas lésbicas más icónicas de todos los tiempos: la novelista Gertrude Stein y Alice B. Toklas. Ellas sí encarnaban el típico modelo de *butch* y *femme*, en el que Gertrude asumía un rol más masculino y se centraba en la escritura y Alice, por su parte, era la que se encargaba de la organización y gestión de dichas reuniones.[47]

Más allá de sus novelas y de su salón artístico y literario, Stein tuvo un importante papel en la historia del arte del siglo xx gracias a su labor como coleccionista de arte. Estuvo vinculada con importantes nombres de la vanguardia artística, entre los que destaca Pablo Ruiz Picasso, visitante asiduo de sus reuniones que retrató a la escritora entre 1905 y 1906, en un lienzo protocubista hoy conservado en el Met Museum de Nueva York.

Esta idea de los salones literarios se extendió también fuera de París y, en clave lésbica, tuvo un eco relevante en Madrid: el llamado Círculo Sáfico. ▼ La cabecilla era Victorina Durán, una señora lesbiana con la posición y

---

▼ Para saber más sobre esta congregación de mujeres, sus orígenes y la historia de algunas de sus integrantes, no hay libro mejor que *El Círculo Sáfico* de Paula Villanueva. No voy a comisión, es que me fascinó.

determinación suficientes como para acabar encontrando la forma de expresar su identidad. Frente al silencio o la sutileza que caracterizó a otras escritoras de la época, como Elena Fortún, Durán dejó por escrito en sus memorias varias de sus relaciones con mujeres. Además, sus mayores aportaciones artísticas se desarrollaron en el ámbito de las artes escénicas: fue autora de la primera obra teatral española escrita por una mujer y de temática abiertamente lésbica, titulada primero como *Al Margen* cuando la escribe en 1937, en el barco camino a su exilio en Buenos Aires, y más tarde como *Marcha atrás*. Lo sé, yo tampoco me explico cómo esta mujer no es infinitamente más conocida.

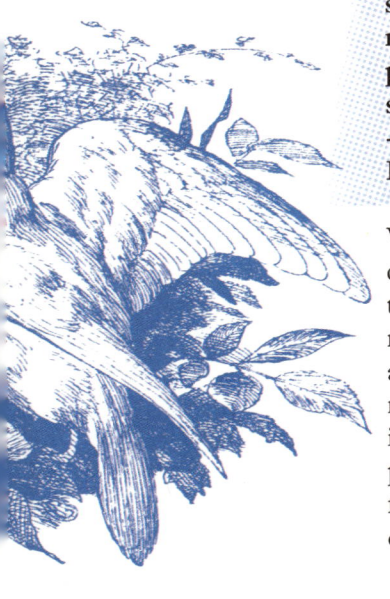

Victorina Durán fue una personalidad artística como pocas. Además de dramaturga, fue escenógrafa y diseñadora de vestuario, y llegó a convertirse en la primera mujer catedrática de Indumentaria y Arte Escenográfico del Conservatorio Nacional de Música y Declamación de San Fernando, entre muchas otras profesiones. Por si esto fuera poco, también hizo sus pinitos como pintora surrealista y compartió estudio con su amiga —y probablemente amante— Matilde Calvo Rodero.[48]

Victorina llegó a afirmar que el amor era el eje central de su vida. Tal vez por eso dedicó el tercer volumen de su autobiografía íntegramente al amor. A un amor por otras mujeres, a las cuales esconde bajo pseudónimos. Esto no implica que el proceso de aceptación de su identidad sáfica fuera siempre fácil: el clima político y social del momento, con la represión franquista cada vez más presente y sabiendo que estaba en el punto de mira, no daba pie a la exposición pública. Se percibe en la forma en la que revisa una y otra vez sus obras, en cómo duda de si publicarlas o no bajo su nombre. De hecho, *Así es*, el nombre bajo el que se publicó este volumen, tuvo un largo proceso de gestación que abarcó desde la década de los treinta hasta la de los ochenta.[49] El propio título funciona casi como un código de reconocimiento que atraviesa todo el texto y conecta directamente con la idea de «entender» con la que abríamos este capítulo. Tal y como señala Eva Moreno-Lago, si usa esta muletilla para hablar de los deseos y hábitos sexuales de las personas es en parte porque los considera intrínsecos del ser, parte de su identidad.[50]

Por cierto, gracias al trabajo de esta misma investigadora ▼ se ha descubierto, entre otras cosas, el borrador original de estas memorias. En él se puede comprobar cómo, en un acto de valentía y autoafirmación, Durán decide tachar el nombre de Raquel, el personaje ficticio a través del cual pretendía expresarse, para pasar a escribir «YO» en mayúsculas y cambiar así a la primera persona.[51] Esta es la prueba de que las primeras en autocensurarse fueron, muchas veces, las propias artistas. Lo significativo en el caso de Victorina es que decidió dar un paso adelante y convertirse en referente para otras. Y aunque tardó cuarenta

años en hacerlo bajo su propio nombre, la intención estaba presente mucho antes, tal y como puede leerse en el prólogo del volumen citado: «Alguna tiene que hablar o gritar si es que puede».[52]

El monóculo lésbico

En 1924, la pintora de origen estadounidense Romaine Brooks hizo un retrato de Una Vincenzo, célebre aristócrata y traductora británica. Como te adelantaba al hablar de su relación con Natalie Barney, Brooks se había labrado un nombre como retratista y lo había hecho a través de un estilo muy particular: en el ferviente París de las vanguardias artísticas, donde el estallido de color era la norma, ella prefirió pintar retratos de las personas de su entorno, atrapando su aura a través de una compleja gradación de grises. La mayoría de las protagonistas de sus obras eran bolleras, maricones y toda clase de personalidades disidentes, como lo era también la propia artista. De hecho, hay una legendaria frase atribuida al novelista Truman Capote que creo que define muy bien lo que era el trabajo de Brooks: supuestamente bautizó sus obras como «la galería definitiva de lesbianas famosas de todos los tiempos».[53]

▼ En 2025, Eva Moreno-Lago ha publicado una biografía completa que recoge más de una década de investigación en torno a esta enigmática artista y que estoy deseando leer: *Victorina Durán, una vida llamada teatro.*

La retratada en esta ocasión no rompía el patrón. Una Vincenzo pasó a la historia como uno de los grandes amores de Radclyffe Hall, quien pocos años después escribiría uno de esos libros imprescindibles para la historia lésbica, *El pozo de la soledad*. El retrato de Una Vincenzo, lady Troubridge —apellido tomado de su marido, al que abandonó tras el flechazo por Raddclyffe— grita a los cuatro vientos disidencia. Aunque también se dejaba ver con vestidos y dentro de una feminidad más normativa,[54] Brooks prefirió representarla con estética dandi, reivindicando el travestismo, como ella misma haría en sus autorretratos. Más allá del peculiar corte de pelo, el elegante traje de chaqueta e incluso los dos perros salchicha —que para mí se llevan todo el protagonismo y que al parecer la pareja criaba para hacer competir (señoras adineradas, qué te voy a decir)—, hay un elemento definitorio en su atuendo que durante un tiempo se convirtió en todo un emblema para las nuevas lesbianas: el monóculo.

No cabe duda de que el monóculo es un elemento que tenemos asociado a la aristocracia. ¿No es cierto que te recuerda a la mayor representación de la especulación de la vivienda que nos ha regalado la cultura popular: el monigote del Monopoly?

Bien, pues ese muñeco que todas hemos visto decenas de veces no llevaba monóculo —se trata de un efecto Mandela ▽ en toda regla—; los que sí lo hicieron fueron gran parte de los aristócratas del siglo XIX. Pese a que su origen exacto no está del todo claro, se cree que nació a principios del siglo XVIII, cuando el barón alemán Philipp von Stosch empezó a hacer uso de una lente única durante el estudio de sus antigüedades. Quién sabe. En cualquier caso, siempre se ha vinculado a la moda masculina, o al menos así nos lo han hecho creer.

En 1898, el periódico *The Penny Illustrated Paper and Illustrated Times*, declaró sin miramientos el monóculo como «la última moda entre las chicas guapas de Londres». Aunque tardó un tiempo en extenderse, esta nueva tendencia acabó por convertirse en un símbolo de rebeldía entre las mujeres. Y, cómo no, también incluía a las mujeres lesbianas. Porque, seamos sinceras, ¿existe una forma más radical de romper con la sociedad patriarcal que liándose con otras señoras? Yo creo que no. Aunque, tal y como señala Laura Doan, debemos tener cierta cautela a la hora de atribuir los monóculos, el pelo corto y los cigarrillos únicamente al lesbianismo;[55] estas señas también formaron parte de una moda que englobaba a las muje-

▽ Por si no sabes lo que es, se llama así a un fenómeno extraño que hace que varias personas recuerden nítidamente algo que nunca ha sido así.

res modernas, escapara su sexualidad o no de la normalidad establecida. Es probable que el monóculo funcionara antes como marcador de clase que como símbolo lésbico/identitario,[56] pero eso no quita que las mujeres de los círculos sáficos (sobre todo los parisinos), que eran señoras adineradas, contribuyeran decisivamente a su difusión.

Entonces, ¿hay algún motivo por el que podamos pensar en el monóculo como emblema lésbico? Claro que sí, este apartado existe por algo. Y es que el mundo de la noche parisino de entre los años veinte y los cuarenta, el local de confianza para toda lesbiana que se preciase era la discoteca Le Monocle, regentada por Lulu de Montparnasse, una de esas lesbianas *masc* que hacían perder la cabeza a las mujeres de la época. ¿Sabes la mejor parte? Que el objetivo de Brassaï, uno de los fotógrafos que mejor supo inmortalizar la noche parisina, capturó múltiples instantáneas de aquel local en 1932. En sus imágenes vemos a mujeres bailando, riendo, charlando e incluso besándose sin miedo a posibles consecuencias. Varias de ellas eligieron el monóculo como accesorio para completar su *look*. Las fotos también dejan ver otros atuendos asociados con lo lésbico, como trajes de chaqueta o la ya mencionada indumentaria marinera. Desde aquí te animo a buscarlas, porque, sin lugar a dudas, son un regalo para todas las que vinimos después.

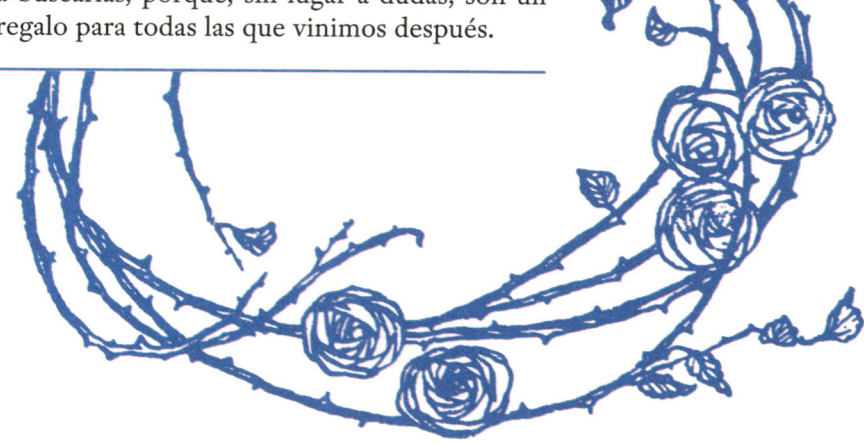

Nuestras fotos de familia

A veces siento que el simple hecho de formar parte del colectivo hace que nuestras vidas se lean como reivindicativas. Basta decir que no necesariamente es así; más que nada porque, en la mayoría de los casos, no es algo que se elija. Vivir sin abrazar quien se es no es vida. Lo mismo ocurre cuando hacemos un ejercicio de relectura del pasado como el que se propone este libro. Supongo que es normal que los ejemplos que rastreamos —los casos de personas que se atrevieron a desafiar su contexto y vivir conforme a su identidad o sexualidad sentida— nos despierten admiración, pero eso no convierte sus actos en algo premeditadamente revolucionario. A veces la respuesta es mucho más simple: solo buscan modos de sobrevivir. Y, en el ámbito de las artes, la mayoría pinta aquello que siente, inmortaliza su realidad. Querer guardar un recuerdo de su existencia, de su vida compartida, no convierte necesariamente estas obras en manifiestos de lucha.

Por eso me interesan tanto como las obras abiertamente reivindicativas aquellas que retratan el día a día de quienes las protagonizan, la esfera doméstica. Porque es ahí donde se alcanza la armonía y la paz con nosotras mismas, el concepto que recorre este capítulo.

Creo que David Hockney es un especialista en este terreno: con su tan característico estilo repleto de color, retrataba su realidad como hombre gay de la segunda mitad del siglo XX, unas veces de forma más explícita que otras. Por ejemplo, en *Domestic Scene, Los Angeles* [Escena doméstica, Los Ángeles], una obra pintada en 1961, no deja lugar a dudas: retrata la intimidad de una pareja de hombres mientras uno de ellos toma una ducha. Sus dibujos, como *The Beginning* [El comienzo], también transmiten esa misma complicidad, en este caso compartiendo un momento a solas, juntos en la cama.

La que tal vez sea su obra más famosa, *Retrato de un artista (Piscina con dos figuras)*, tampoco se aleja de esta línea, aunque lo hace de un modo mucho más sutil. Creada a partir de dos fotografías que encuentra accidentalmente, Hockney elige representar a su expareja, Peter Schlesinger —con quien acababa de romper—, observando al nadador, como una metáfora visual de su apertura a la posibilidad de encontrar en él a su nuevo amor.

Puede parecernos una idea reciente, pero este concepto de representación de nuestra rutina puede aplicarse también a tiempos más remotos. Casi un siglo antes, en 1894, **Andreas Andersen** pintó a su hermano pequeño protagonizando una escena tierna e íntima.

Aparece desnudo sobre la cama, tapado solamente por una fina sábana que cubre, de manera muy conveniente, la mitad inferior de su cuerpo. Extiende el brazo de una forma muy natural, sin otra intención que la de acariciar a un gatito. A su lado, un hombre sentado conversa con él. También está desnudo o, más bien, en proceso de vestirse. Por algún motivo, ha decidido empezar por los calcetines.

Lo único revolucionario en *Interior con Hendrik Andersen y John Briggs Potter en Florencia* —así se titula el cuadro— es que retrata a dos hombres en total tranquilidad, en un momento que fácilmente se podría ubicar justo después de un encuentro sexual entre ambos. La mayoría de los estudiosos no han querido pillarse los dedos afirmando de forma contundente la sexualidad de los protagonistas, pero creo que el ambiente que se respira en esta escena es de una intimidad indudable, de esas que rozan el límite de lo que en su época sería aceptable para una supuesta amistad entre hombres.

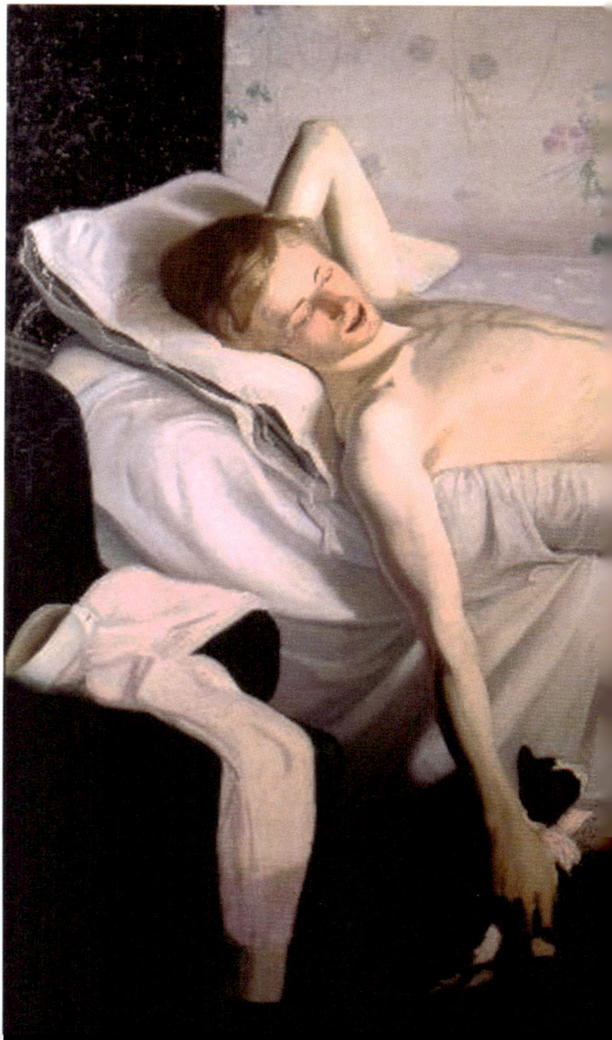

Tanto John Briggs Potter como Hendrik Andersen también desarrollaron sus carreras en el mundo del arte. Junto a Andreas, compartieron apartamento durante sus estudios en Florencia, así que la escena podría haber ocurrido de verdad y haber sido retratada entonces por el hermano (el tercero en discordia). De ser así, lo habría hecho tal y como lo ves: sin ningún tipo de estigma, con total naturalidad. Pero quien más nos interesa de los tres es Hendrik, quien focalizó su trabajo en el mundo escultórico y, además, dejó vestigios de su deseo en gran parte de sus obras, protagonizadas por desnudos masculinos con una musculatura

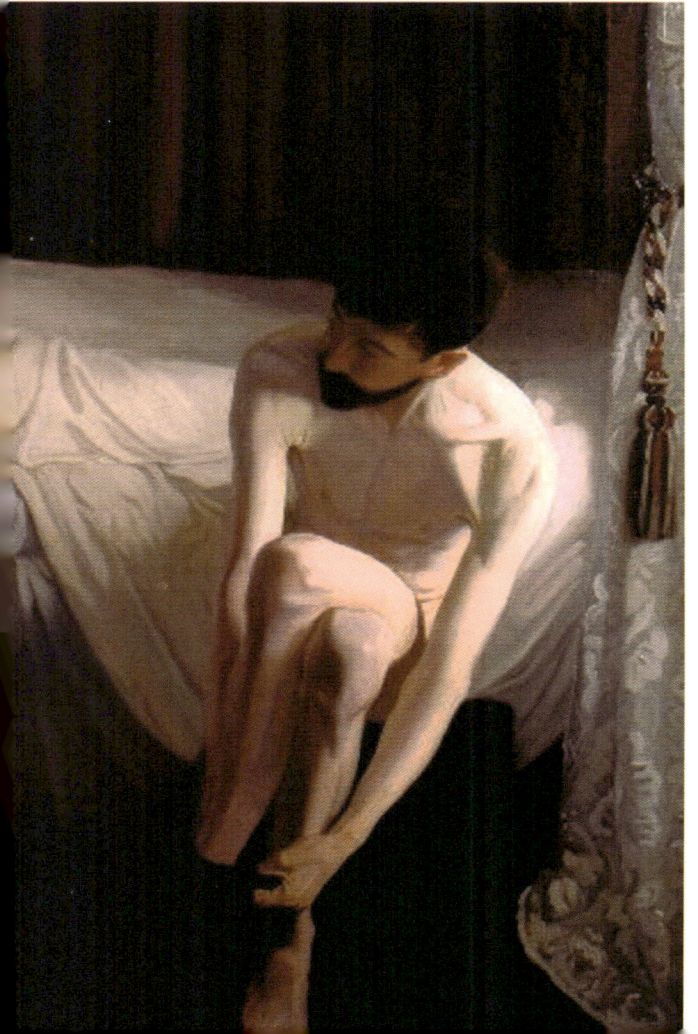

cuando menos exagerada. Para que te hagas una idea, puedes echarle un ojo a su escultura de *Jacob y el ángel*, uno de esos pasajes bíblicos que sirvieron a muchos artistas *queer* para dar rienda suelta a su imaginación y que Andersen no dudó en inmortalizar con un homoerotismo más que evidente.

El caso de **Marie Laurencin** es todavía más difuso. Si bien la mayoría de sus pinturas están protagonizadas por mujeres, a menudo entrelazadas entre sí, la crítica tradicional ha preferido esquivar la posibilidad de que estas escenas fueran una alusión a su propia disidencia y/o vivencias personales. *Le Bal élégant* [El baile elegante], también conocido como *La danse à la campagne* [El baile en la campiña], plantea precisamente esa ambigüedad: dos figuras femeninas abrazadas que se disponen a compartir un momento íntimo al son de la música interpretada por una tercera.

Una vez más, ¿por qué no se contempla una lectura sáfica? Simple y llanamente porque la artista no habló abiertamente de su sexualidad. Esto, sumado a su conocido romance con el poeta Guillaume Apollinaire y su matrimonio fallido con el pintor Otto von Wätjen, ha sido suficiente para sellar su historia bajo la etiqueta heterosexual. Pero, amigas, la bisexualidad existía antes de tener nombre. Además de codearse con la élite

vanguardista —lo que la relegó a la faceta de musa—, Marie era asidua de los círculos literarios preferidos de las sáficas, entre ellos el de Natalie Barney y, por supuesto, el de Gertrude Stein. Por no hablar de que algunas de sus relaciones amistosas con otras señoras eran demasiado íntimas como para pasar por alto que podrían no ser solo amistosas.

Pongamos como ejemplo la relación que tuvo con la diseñadora y modista francesa Nicole Groult, cuya supuesta amistad duró más de cuarenta años e influyó, en parte, en el cambio de estilo que Laurencin adoptó tras la guerra. Ambas protagonizan algunos de sus lienzos, como es el caso de *Femmes à la colombe* [Mujeres con la paloma], en la que una mujer apoya su cabeza en el hombro de la otra, en un gesto tierno que le permite mantenerse cerca de ella, mientras observa el pájaro. Aunque los rostros sean difusos, sabemos que es un retrato de ambas por el título original de la obra, que incluía sus nombres, además de por el animal que escoge, que aludiría a su relación por un poema escrito por Groult. ¿Qué tendrán las sáficas con las palomas? Jamás *Mujer contra mujer* de Mecano tuvo tanto sentido.

Para mí, lo más interesante de esta pintora se da al margen de su sexualidad, y es la forma que tiene de abrazar y resignificar la etique-

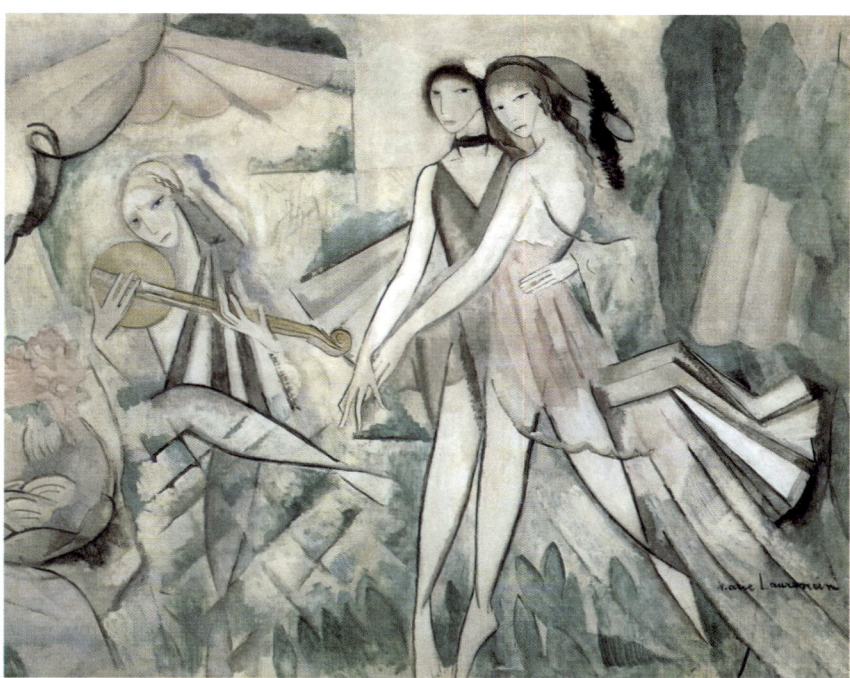

ta de «mujer artista», un concepto que solía usar para relegar a las creadoras a la categoría de «lo otro». Marie cumple con todos los roles que supuestamente debe seguir una artista femenina: temas delicados protagonizados por mujeres, a menudo acompañadas de animales, y pintadas con tonos pastel.[57]

Como apuntaba Linda Nochlin en su celebradísimo artículo publicado en 1972, «¿Por qué no ha habido grandes mujeres artistas?», la existencia de un «estilo femenino», una forma distinta de crear en función de quién sujeta el pincel, es absurda, pero eso no quita que Laurencin supiera sacar par-

tido de un concepto que, a priori, debería haberla oprimido. Eso sí, los temas tradicionalmente femeninos no acababan de gustarle. Se le atribuye una frase que da buena cuenta de ello: «¿Por qué debería pintar peces muertos, cebollas y vasos de cerveza? Las chicas son mucho más bonitas».

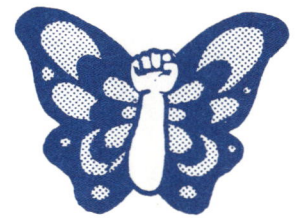

CAPÍTULO 5

ARMONÍA: El enigma de dos millones de palabras [The two million words enigma]

1   Definición del Collins English Dictionary. Recuperada el 30 de octubre de 2025, de https://www.collinsdictionary.com/dictionary/english/polari

2   Green, J. (1997). Language: Polari. *The Critical Quarterly*, 39(1), https://doi.org/10.1111/1467-8705.00083, p. 128.

3   Baker, P. (2019). *Fabulosa!: The Story of Polari, Britain's Secret Gay Language*. Reaktion Books.

4   Si tienes curiosidad por saber cómo suena, en 2015 se estrenó una película corta en polari. Se llama *Putting On the Dish*. Ahí te lo dejo.

5   Oral history interview with Duane Michals, 2016 June 7-23. *Archives of American Art*, Smithsonian Institution. Visto en Moma.org. Recuperado el 31 de octubre de 2025, de https://www.moma.org/audio/playlist/347/4757

6   Liucci-Goutnikov, N., Le Bon, L. y Rey, X. (2023). *Over the rainbow: autres histoires de la sexualité dans les collections du Centre Pompidou*. Ed. du Centre Pompidou, p. 124.

7   Sobre ellas hablamos en el capítulo dedicado a la naturaleza.

8   Al parecer, Ricketts se negaba a responder a las preguntas insistentes de John Addington Symonds sobre su sexualidad. Tal y como puede leerse en Cook, M. (2012). Domestic passions: Unpacking the homes of Charles Shannon and Charles Ricketts. *The Journal of British Studies*, 51(3), https://doi.org/10.1086/665270, p. 620.

9   Dombrowski, A. (2025). "The ravenous hunger of inexplicable, untranslatable looks: the first french homosexuals and their art". En Katz, J. (Ed.). *The First Homosexuals: The birth of a new identity 1869-1939*. Monacelli Press, p. 94.

10   Tate. (s.f.). *Five stories of queer artists*. Tate. Recuperado el 1 de noviembre de 2025, de https://www.tate.org.uk/art/five-stories-queer-artists

11   Lord, C. (2013). *Art & Queer Culture*. Phaidon, p. 140.

12   Bergreen, L. (2004). *Over the edge of the world: Magellan's terrifying circumnavigation of the globe*. William Morrow, p. 93.

13   Toribio Medina, J. (1920). *El Descubrimiento del Océano Pacífico: Hernando de Magallanes y sus compañeros: Documentos*. Imprenta Elzeviriana. p. 214.

14   En Katz, J. (2025). "Gendering and degendering: the homosexual image in american art". En Katz, J. (Ed.). *The First Homosexuals: The birth of a new identity 1869-1939*. Monacelli Press, p. 204.

15   Steorn, P. (2025). "Artists' lives, emotions and intimate relationships: a queer perspective on the advent of modernity in nordic art". En Katz, J. (Ed.). *The First Homosexuals: The birth of a new identity 1869-1939*. Monacelli Press, p. 110.

16   Pilcher, A. (2017) *A Little Queer History of Art*. Tate Publishing, p. 34.

17   Steorn, P. (2025). "Artists' lives, emotions and intimate relationships: a queer perspective on the advent of modernity in nordic art". En Katz, J. (Ed.). *The First Homosexuals: The birth of a new identity 1869-1939*. Monacelli Press, p. 110.

18   Medhurst, E. (2021, diciembre 10). Sailor outfits and lesbian culture, 1920s-1930s. Dressing Dykes. Recuperado el 10 de noviembre en https://dressingdykes.com/2021/12/10/sailor-outfits-and-lesbian-culture-1920s-1930s/

19   Stephenson, A. (2016, marzo 1). Our jolly marin wear': The queer fashionability of the sailor uniform in interwar France and Britain. *Fashion, Style & Popular Culture*, http://dx.doi.org/10.1386/fspc.3.2.157_1, p. 5.

20   Ibid. p. 6.

21   *Gregorio Prieto en "The First Homosexuals" de Chicago*. (2025, mayo 5). Museo Gregorio Prieto. Recuperado el 9 de noviembre de https://gregorioprieto.org/exposicion-the-first-homosexuals-chicago-2025/

22   Cernuda, L. (1999). *Un Río, un Amor: Los Placeres prohibidos*. Ediciones Cátedra, p. 99.

23   Néret, G. (1999). *Henri de Toulouse-Lautrec, 1864-1901*. Taschen, p. 137.

24   Ibid, p. 230.

25   Katz, J. D. (2025). *The First Homosexuals: The birth of a new identity 1869-1939*. Monacelli Press, p. 12.

26   *Alice Austen*. (2020, marzo 27). The Alice Austen House Museum. Recuperado el 6 de noviembre de 2025, de https://aliceausten.org/alice-austen/

27   Ibid, p. 204.

28   Visto en Sanfeliu Gimeno, L. (1996). *Juego de damas: aproximación histórica al homoerotismo femenino*. Servicio de Publicaciones de la Universidad de Málaga, p. 104.

29   Faderman, L. (2022). "El matrimonio bostoniano decimonónico como posible

lección para la actualidad". En Brehony, K. A. y Rothblum, E. D. (Eds.). *Los matrimonios bostonianos: El romanticismo asexual de las lesbianas contemporáneas* (M. S. Ibáñez, Trad.). Flores raras, p. 68.

30   Ibid, p. 64.

31   Edel, J. L. (Ed.). (2003). *El diario de Alice James* (E. Rodríguez-Halffter, Trad.). Fundación ONCE y Editorial Pre-Textos, p. 35.

32   VV.AA. (2023). *El libro de la historia LGTBIQ+*. Akal, p. 94.

33   Sanfeliu Gimeno, L. (1996). *Juego de damas: aproximación histórica al homoerotismo femenino*. Servicio de Publicaciones de la Universidad de Málaga, p. 11

34   Faderman, L. (2022). "El matrimonio bostoniano decimonónico como posible lección para la actualidad". En Brehony, K. A. y Rothblum, E. D. (Eds.). *Los matrimonios bostonianos: El romanticismo asexual de las lesbianas contemporáneas* (M. S. Ibáñez, Trad.). Flores raras, p. 69.

35   Leszkowicz, P. y Kitlinski, T. (2025). "Queer jewels of central eastern europe". En Katz, J. (Ed.). *The First Homosexuals: The birth of a new identity 1869-1939*. Monacelli Press, p. 167.

36   Villanueva, P. (2024). *El Círculo Sáfico: Lesbianismo y bisexualidad en el Madrid de principios del siglo xx*. Levanta fuego, pp. 93-94.

37   Ibid, p. 94.

38   Domenech, C. (2022). *Señoras que se empotraron hace mucho*. Ediciones B, p. 98.

39   Steidele, A. (2021). *Gentleman Jack. Una biografía de Anne Lister: Terrateniente, seductora y diarista secreta del siglo xix* (Vol. 124). Siruela, p. 20.

40   Domenech, C. (2022). *Señoras que se empotraron hace mucho*. Ediciones B, p. 97.

41   Ibid., p. 185.

42   *Head of Natalie Clifford Barney*. (s.f.). Smithsonian American Art Museum. Recuperado el 4 de noviembre de 2025, de https://americanart.si.edu/artwork/head-natalie-clifford-barney-1394

43   Chalon, J. (1975). *Portrait of a seductress: the world of Natalie Barney*. Crown Publisher, p. 9.

44   Ibid, p. 80.

45   Visto en Sanfeliu Gimeno, L. (1996). *Juego de damas: aproximación histórica al homoerotismo femenino*. Servicio de Publicaciones de la Universidad de Málaga, p. 122.

46   Ibid, p. 125.

47   VV.AA. (2023). *El libro de la historia LGTBIQ+*. Akal, p. 154.

48   Villanueva, P. (2024). *El Círculo Sáfico: Lesbianismo y bisexualidad en el Madrid de principios del siglo xx*. Levanta fuego, p. 218.

49   Moreno-Lago, E. (diciembre 2024). La autobiografía como liberación: el borrador inédito y desconocido de *Así es* de Victorina Durán (1899-1993). *Estudios Filológicos*, 74. https://doi.org/10.4067/s0071-17132024000200073, p. 76.

50   Visto en Villanueva, P. (2024). *El Círculo Sáfico: Lesbianismo y bisexualidad en el Madrid de principios del siglo xx*. Levanta fuego, p. 226.

51   Moreno-Lago, E. (2019). "La antología teatral de Victorina Durán". En Durán, V. *A teatro descubierto* (E. Moreno, Ed.). Torremozas, p. 29.

52   Ibid, p. 30.

53   La frase original es «the all-time ultimate gallery of famous dykes», tal como se cita en Pilcher, A. (2017). *A Little Queer History of Art*. Tate Publishing, p. 46.

54   Chadwick, W. (2000). *Amazons in the drawing room: The art of Romaine Brooks*. University of California Press, p. 35.

55   Doan, L. (1998). Passing fashions: Reading female masculinities in the 1920s. *Feminist studies: FS*, 24(3), https://doi.org/10.2307/3178585, p. 667.

56   Medhurst, E. (2024). *Unsuitable: A history of lesbian fashion*. C Hurst.

57   Gonnard, C. y Latimer, T. T. (2025). "Unbecoming women: becoming lesbians in the arts, 1850s - 1920s France". En Katz, J. (Ed.). *The First Homosexuals: The birth of a new identity 1869-1939*. Monacelli Press, p. 86.

ESPIRITL

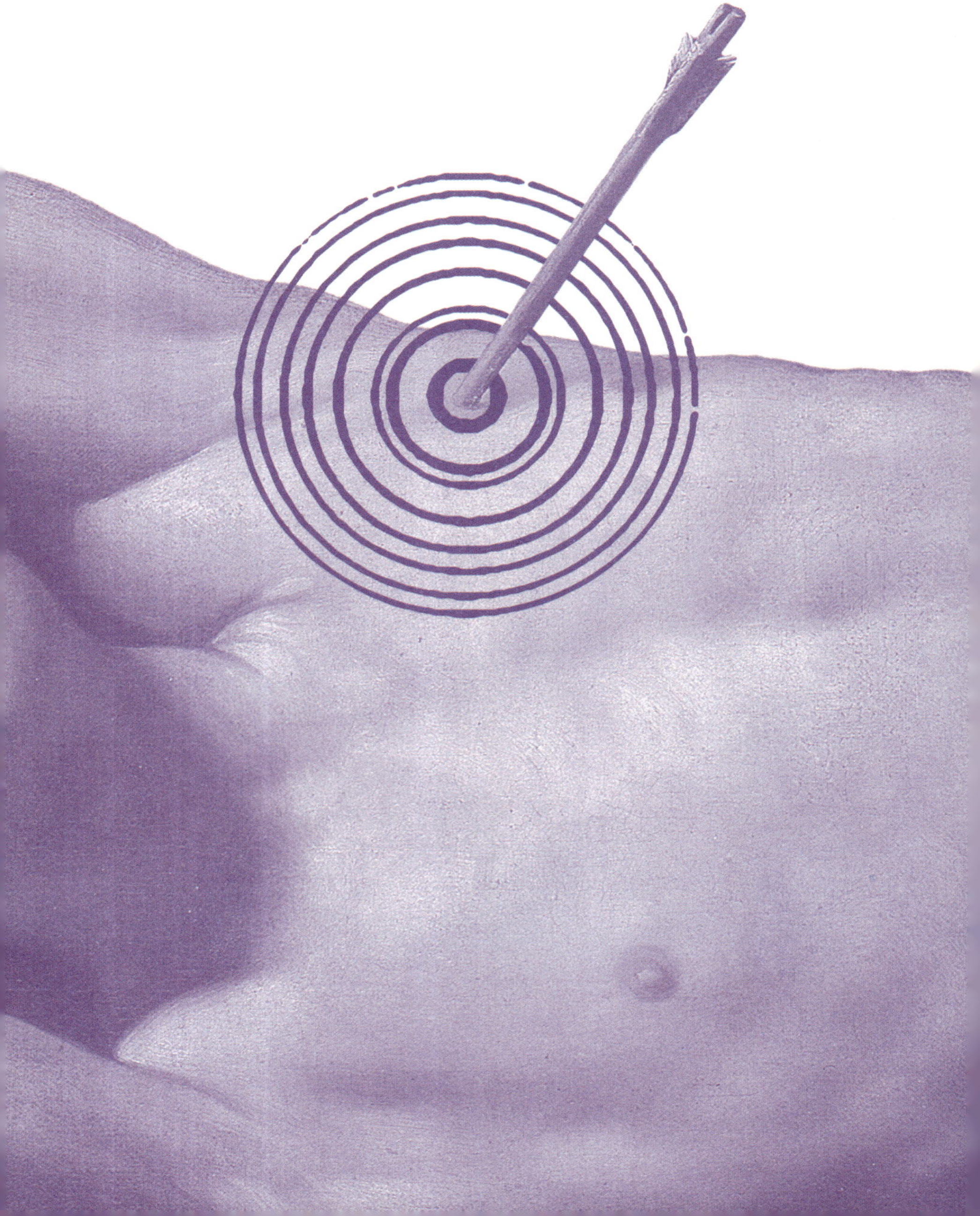

JALIDAD

Gay Community News
11 MAYO 1985

Buenas noticias para las lesbianas modernas: las monjas rompen el hábito del silencio

Tenemos asociada la religión con un espacio de control que ha perseguido y excluido sistemáticamente a aquellos que se salen de la norma. Lo que no tanta gente imagina es que, tras algunas de esas imágenes devocionales, a veces se esconden afectos difíciles de nombrar y cuerpos que se alejan del binarismo. Siendo el morado el color del espíritu, vamos a emprender un viaje simbólico en busca de espacios que nos incluyen incluso donde parecería que no tenemos lugar: santos que se convierten en emblemas homoeróticos, monjas que viven demasiado intensamente su «amistad» con otras mujeres y pasajes bíblicos que, si cambiamos de gafas, no resultan tan heterosexuales como nos han contado. Porque incluso cuando se nos negó el púlpito y la palabra, seguimos creyendo. Y, además, ¿no va siendo ya hora de preguntarnos por qué nos gustan tanto otras corrientes místicas, como la astrología?

Un mártir que sube la temperatura

Ya lo he confesado en alguna ocasión, pero siempre he pensado que la línea que separa los martirios cristianos del humor negro es muy fina. Déjame explicarme. Eso de que pongas de patrona de los oftalmólogos a una señora que se sacó los ojos y que los porta como atributo en una bandeja de plata es oscuro. No me lo puedes negar. Y no es un caso aislado: santa Apolonia de Alejandría es patrona de los odontólogos pese a que le arrancaron los dientes, igual que san Bartolomé Apóstol —que fue desollado vivo— lo es de los carniceros y de los curtidores.

El caso es que existe un mártir cuyas imágenes acabaron convertidas en emblema de algo que a priori queda muy lejos ya no solo de su vida, sino también de sus numerosos patronatos, que van desde los arqueros (ya verás que por motivos evidentes) hasta los atletas. Me refiero a san Sebastián, considerado hoy por hoy un emblema homosexual. Son numerosos los artistas que, en épocas más o menos recientes, han reutilizado su efigie con este propósito. Incluso algunos museos han incluido distintos retratos de este santo en sus exposiciones y recorridos de temática LGTBIQ+, como el del Museo del Prado con *La mirada del otro. Escenarios para la diferencia* o el Museo Thyssen y su *Amor diverso*. Pero, dejando a un lado los estereotipos, una no puede evitar preguntarse: ¿existe algo más detrás de esta asociación? ¿Por qué él y no otra figura religiosa? ¿De dónde viene tal atribución?

Pues, a ver, así a simple vista no hay nada especialmente evidente. Lo más lógico habría sido que san Sebastián pasara, sin más pena ni gloria que tantos otros, a engrosar el lista-

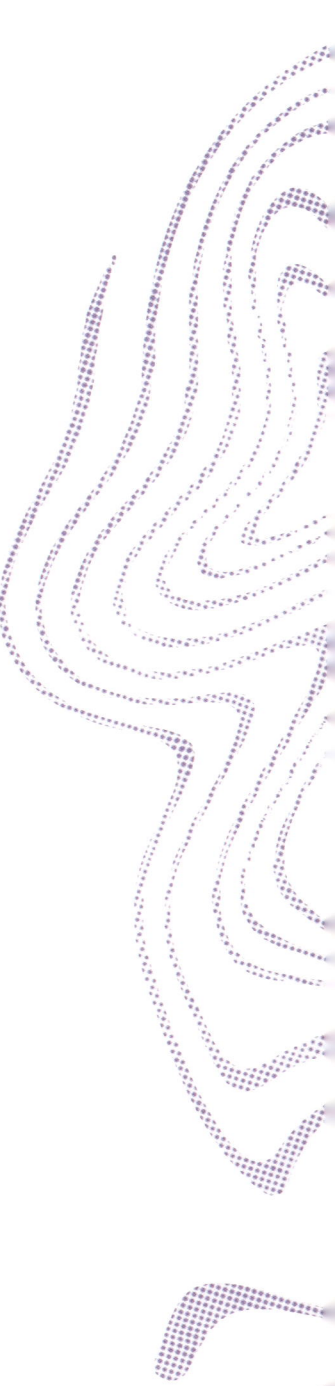

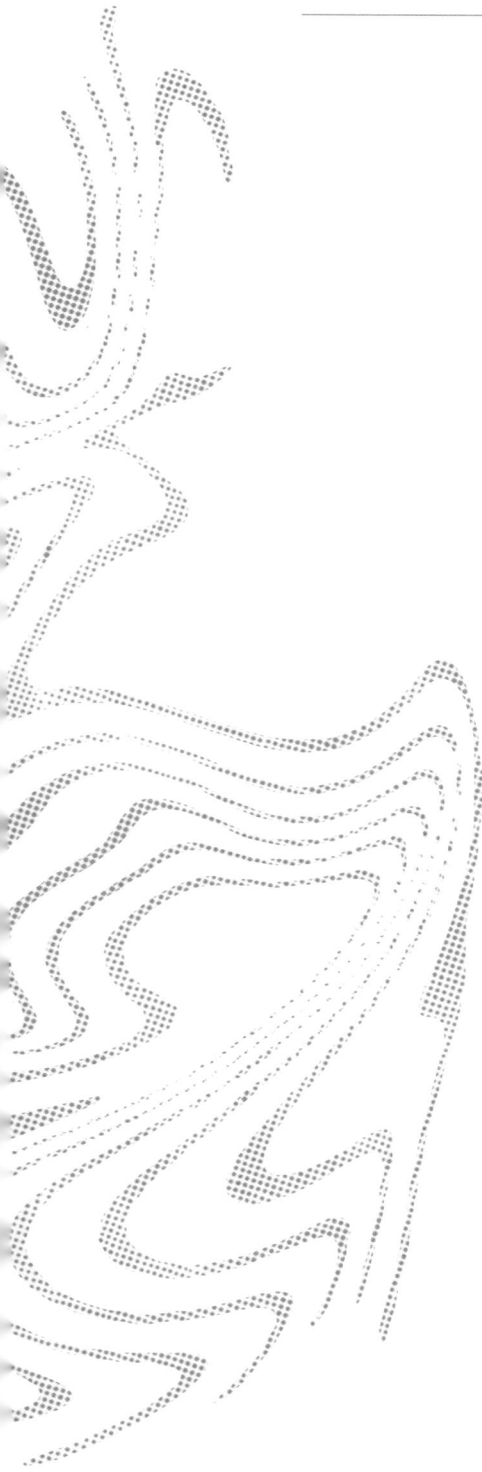

do de mártires. Sería solo uno más de esos primeros cristianos sacrificados durante la última gran persecución, la de Diocleciano, tal vez la más sangrienta de todas. De su vida sabemos poco: nacido en Narbona y asentado después en Milán, se dedicó a la vida militar, llegando a ser tribuno de la primera cohorte de la guardia imperial, un buen cargo dentro del ejército romano. También consta que, ignorando que era cristiano y que se negaba a adorar a sus ídolos, los emperadores Maximiano y Diocleciano le confiaron responsabilidades importantes, cosa que demuestra que lo tenían en alta estima.

Para conocer su martirio, fechado en el siglo III d.C., tomaremos como referencia la historia recogida por Santiago de la Vorágine en *La leyenda dorada*. Según esta versión, todo dio un vuelco al descubrir el emperador Diocleciano que Sebastián se dedicaba a ir convirtiendo a infieles por doquier. Entonces, sin atender explicaciones, ordenó que lo sacaran a campo abierto y lo ataran a un tronco, donde un grupo de soldados lo acribilló a flechazos hasta que «lo dejaron convertido en una especie de erizo».[1] Este primer ataque —el que convertiría las flechas en su principal atributo iconográfico, el que ayuda a identificarlo—, fue tan brutal que los soldados lo dieron directamente por muerto.

Pero ¡milagro! Sebastián sobrevivió. No busques explicaciones, son cosas de la fe. Tras el ataque, alguien lo descolgó y lo cuidó hasta que sanaron sus heridas. Algunas fuentes señalan a esta persona anónima como santa Irene de Roma, pero, para el tema que nos ocupa, el dato es secundario. El caso es que la experiencia cercana a la muerte no hizo que este abandonara ni su fe ni su empeño por seguir convirtiendo a infieles, así que, una vez recuperado, se presentó ante ambos emperadores para reprenderlos por su persecución contra los cristianos. Y esta vez sí acabó muerto (y rematado): Diocleciano mandó que lo apalearan hasta acabar con su vida y que después lo lanzaran a una cloaca, de forma que nadie pudiera acceder a su cuerpo y así canonizarlo. Lo que no esperaba era que, en modo fantasma, se apareciera a santa Lucía, revelándole el paradero de su cadáver y logrando así que fuera enterrado con tales honores.

Conocido ya el mito, cabe preguntarse de dónde viene entonces todo su revuelo erótico. Como ocurre con tantas otras cosas, la respuesta está en su presencia en la historia del arte, especialmente a partir del Renacimiento, cuando su representación va perdiendo la función moralizante o devocional —aquella en la que el santo se retorcía de dolor—,▼ para acercarse cada vez más a una figura idealizada. Artistas como Botticelli o Bronzino lo representaron siguiendo el modelo de belleza clásico: el del joven efebo que afronta su destino con serenidad. Poco a poco, las representaciones de los signos explícitos de dolor y el sufrimiento propios del martirio —que vemos en la obra de *Il Sodoma*, por ejemplo— van desapareciendo para dar paso a expresiones ambivalentes, que incluso pueden leerse desde el gozo o el disfrute. Es entonces cuando el espectador descubre algo hasta entonces casi prohibido: el cuerpo masculino podía ser objeto de adoración. Así, lo que había nacido como una imagen destinada a reflexionar en torno a la idea del sufrimiento se convirtió en un objeto de deseo codificado.

Siendo la excusa perfecta para explorar la belleza del cuerpo masculino, las representaciones del mártir no tardaron en levantar pasiones. Aunque claro, por aquel entonces aquellas que podían expresar que ver las imágenes del santo les subía los calores —y no precisamente por ser un ejemplo de fe— eran las mujeres. Así lo recoge, por ejemplo, Giorgio Vasari, quien, además de pintor, se ganó un hueco en la historia por ser el señor que nos dejó por escrito los trapos sucios de un buen número

▼ En época medieval, estuvo muy asociado al cuidado de los enfermos, sobre todo durante la epidemia de peste negra.

de artistas del Renacimiento (allá donde estés, gracias por tanto). Según el biógrafo, un retrato de este mártir inmortalizado por fray Bartolomeo tuvo que retirarse de la iglesia de San Marco de Florencia porque los frailes empezaron a recibir confesiones de señoras que pecaban al ver la figura con pensamientos —y alguna que otra acción— poco cristianos.[2] Al parecer, lo que buscaba el artista era demostrar que podía pintar un buen desnudo, así que, si damos por buena la anécdota (no es que Vasari fuera la cúspide de la objetividad y el rigor), podría decirse que se salió con la suya.

Sobre cómo san Sebastián acabó convertido en un icono gay

Hasta ahora, ni rastro del icono homoerótico del que estábamos hablando. Entonces, ¿de dónde viene esta idea? Para variar, se ha situado su origen a finales del siglo XIX, cuando el aumento de las representaciones erotizadas del cuerpo desnudo y atravesado por flechas del mártir con cara de placer inspiraron un culto a san Sebastián entre los disidentes, especialmente entre hombres gais. Existe una relación evidente: la atracción por la belleza de las facciones de esta figura del santoral y la volátil masculinidad de sus gestos, que podía despertar sus deseos secretos. Pero hay, además, razones menos obvias: algunos entendieron la figura del sufriente como una representación de un «alma torturada», puesto que personas que no podían expresarse con libertad podían llegar a empatizar con ella. Al final, ellos también vivían una persecución constante que podía acabar con su vida tal y como la conocían.

De nuevo, un ejemplo claro de esta fascinación lo encontramos en Oscar Wilde. Se sabe que el escritor estaba particularmente cautivado por el ***Martirio de san Sebastián***, inmortalizado por **Guido Reni** en 1615, tal vez la más conocida de las versiones que el pintor barroco dedicó a la figura del mártir. Wilde pudo contemplar la obra durante un viaje a Italia, en concreto en su visita al Palazzo Rosso de Génova, y la fascinación fue tal que no pudo evitar reflejarla en varias ocasiones en su obra. En una reseña expositiva de la Galería Grosvenor publicada en el *Dublin University Magazine*, incluye entre otras obras una mención a la belleza de esta pintura: «En las islas griegas se pueden encontrar niños tan hermosos como los Cármides de Platón. El san Sebastián de Guido en el Palazzo Rosso de Génova es uno de estos niños».[3]

La más famosa (y curiosa también) alusión aparece en el poema *La tumba de Keats,* donde Wilde establece un paralelismo entre el poeta y el mártir: «Arrebatado a la vida cuando vida y amor eran nuevos, / el mártir más joven yace aquí, / justo cual Sebastián y tan temprano muerto». Pero lo más interesante de todo es la nota en prosa que el mismo autor incluyó en el poema poco después, a modo de comentario, en la que arroja algo de luz sobre la experiencia contemplativa que experimentó ante el san Sebastián de Reni:

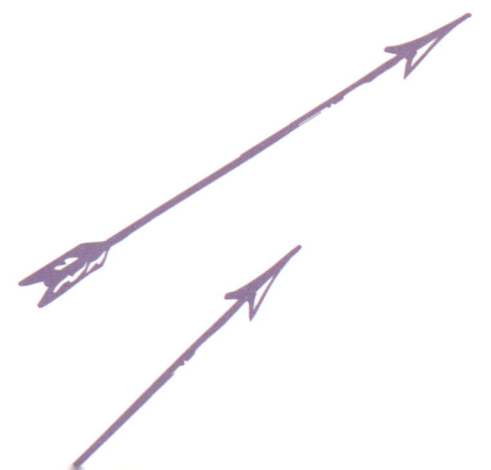

«Mientras estaba junto a la humilde tumba de este divino muchacho, pensé en él como en un sacerdote de la belleza asesinado antes de tiempo; y la visión del san Sebastián de Guido se presentó ante mis ojos tal y como lo vi en Génova, un hermoso muchacho moreno, con cabello rizado y labios rojos, atado por sus malvados enemigos a un árbol y, aunque atravesado por flechas, alzando los ojos con una mirada divina y apasionada hacia la Belleza Eterna de los Cielos que se abrían».[4]

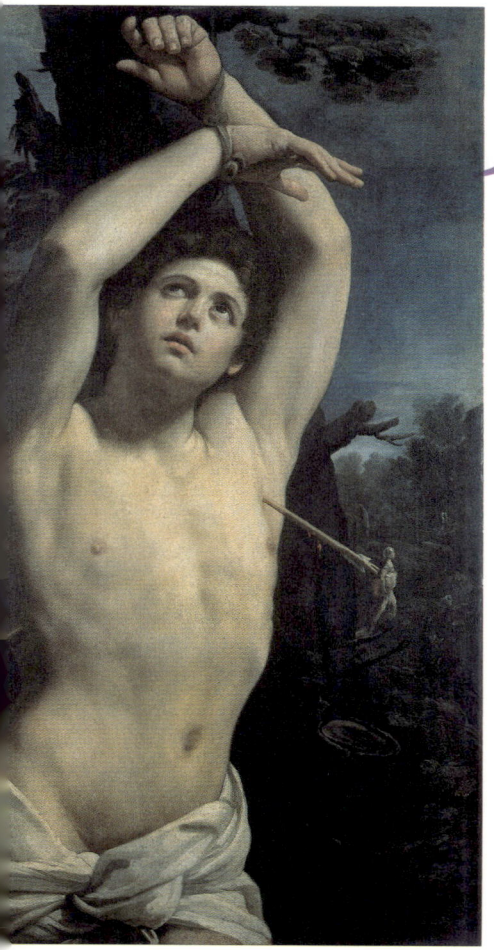
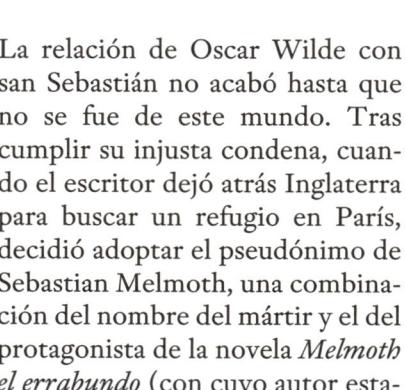

La relación de Oscar Wilde con san Sebastián no acabó hasta que no se fue de este mundo. Tras cumplir su injusta condena, cuando el escritor dejó atrás Inglaterra para buscar un refugio en París, decidió adoptar el pseudónimo de Sebastian Melmoth, una combinación del nombre del mártir y el del protagonista de la novela *Melmoth el errabundo* (con cuyo autor estaba emparentado).▼

▼ No fue el único escritor homosexual en abrazar el nombre de este santo. El ensayista y poeta francés André Raffalovich, por ejemplo, adoptó el nombre de Sebastián tras su ingreso en una orden de frailes dominicos.

Guido Reni pintó a san Sebastián en varias versiones, aunque todavía no hay consenso sobre el número exacto. Lo que sí parece claro es que sus obras eran a cada cual más erótica que la anterior. No es exagerado afirmar que estas obras fueron consideradas «eróticas» incluso en su época tardía de circulación, aunque ese no fuera necesariamente el objetivo del artista. Hace unos años se detectó que la versión conservada en el Museo del Prado había sido modificada con posterioridad. La ubicación del arrepentimiento —o _pentimento_, si usamos el vocablo italiano— era significativa: el pintor había decidido modificar el paño de pureza del santo para hacer menos visible su bajo vientre. ¿El motivo? Lo desconocemos, pero todo apunta a una necesidad de adaptarse al gusto de la persona propietaria de la obra. Demasiada piel al aire para un mártir.

Esa misma obra de Guido Reni marcaría también un punto de inflexión para otro artista, aunque fue ya en el siglo XX, cuando la figura de san Sebastián como icono homosexual se asentó de forma definitiva: el novelista japonés Yukio Mishima. La historia del arte a veces es así; una misma obra puede causar dos reacciones completamente distintas, pero también puede mover emociones semejantes en personas con realidades diferentes a más no poder. Creo que ahí reside en parte su magia.

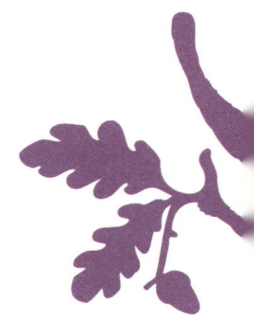

Mishima fue bastante más explícito de lo que lo fue Wilde. Podrías pensar que la época que vivió se lo permitió, pero tampoco te creas que mucho más. La cosa es que se atribuyó su despertar (homo)sexual adolescente a la figura inmortalizada por Reni tres siglos antes, dejando constancia de su experiencia en su novela _Confesiones de una máscara_, un texto repleto de elementos autobiográficos que se publicó por primera vez en 1949 en Japón (a Estados Unidos llegaría casi una década más tarde). Su protagonista, Koo-chan, se encuentra por casualidad con una fotografía de la pintura mientras hojea unos libros de arte, y tanto su belleza como su sufrimiento le producen un deseo tan irrefrenable que desembocan en su primera masturbación. A lo largo del texto, Mishima hace varias alusiones a la obra:

«Desde que me obsesioné con aquel cuadro de san Sebastián, había adquirido sin darme cuenta la costumbre de cruzar los brazos sobre la cabeza cada vez que estaba desnudo. Mi cuerpo era enclenque y no tenía ni el más mínimo parecido con la belleza opulenta del de san Sebastián. Sin querer, me puse en esa postura. Mis ojos, entonces, se dirigieron a las axilas. Y dentro de mí empezó a hervir un deseo sexual inexplicable...»[5]

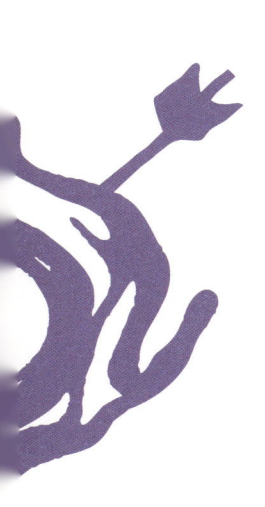

El del escritor japonés es un buen punto de partida para introducir otro de los conceptos que se han querido vincular a la asociación de la figura del santoral con el deseo homosexual: la búsqueda del placer a través del sufrimiento. Las flechas, sumadas a la expresión casi de éxtasis de muchas de estas obras, ejemplifican un deseo de ser atravesado que puedes llevar a la más explícita de las formas. Aun así, el propio Yukio Mishima señalaba en sus páginas cómo Magnus Hirschfeld —quien fue una figura fundamental para el avance de los derechos de las personas LGTBIQ+ tratando entre, otras cosas, de darle una fundamentación biológica a nuestros deseos— creía firmemente que las imágenes de este santo eran las que más deleitaban a «los invertidos».[6] Y sí, también las relacionó con el sadismo.

Pero el motivo por el que decido hablar de este concepto cuando estoy contando la historia de Yukio Mishima va un paso más allá. Tiene que ver con unas fotografías para las que el artista posó ante la lente del fotógrafo japonés **Kishin Shinoyama**, encarnando al *San Sebastián* que había despertado su auténtico deseo durante su juventud. Los paralelismos con las versiones de Guido Reni son más que evidentes, pero en este caso la posición de una de estas flechas se convierte en premonitoria: tan solo unos años después, en 1970, Mishima se quitó la vida mediante el ritual del *seppuku,* una forma de suicidio ceremonial de los samuráis. ¿Sabes en qué consistía? Te aviso que no es agradable: el protagonista debía abrirse el vientre de un tajo (lo que muchos conocerán como *harakiri*) y culminar el acto con su decapitación, ejecutada por otra persona.

El hilo que une a esta figura del santoral con la comunidad LGTBIQ+ no se limita a las pinturas de Guido Reni. Digamos que otras personalidades que hoy consideraríamos parte del colectivo tenían sus propias preferencias con respecto a las representaciones. En el caso de Jean Cocteau, poeta y dramaturgo francés abiertamente homosexual, escribió un poema titulado «Les Archers de Saint Sébastien» tras asistir a la función teatral *El martirio de San Sebastián,* estrenada en 1911, con música de Debussy y protagonizada por la admirada Ida Rubinstein, bailarina andrógina que tuvo relaciones con otras mujeres (como la ya citada Romaine Brooks). Al margen de su propia vinculación con el santo, Cocteau recordaba cómo el también escritor Marcel Proust solo salía del encierro en su apartamento parisino una o dos veces al año y lo hacía para ver el *San Sebastián* de Gustave Moreau o la versión de Mantegna conservada en el Louvre.[7] Cabe resaltar que Moreau, como buen simbolista, solía convertir al santo en una figura andrógina a más no poder.

Una vez asentado como icono *queer,* la figura de san Sebastián ha reaparecido en infinidad de formas artísticas. Desde el videoclip de R.E.M para su éxito *Losing my Religion,* donde su figura se transforma en la de un niño inocente, hasta *Sebastiane* (1976), la película dirigida por Derek Jarman en la que relata la vida del mártir desde una lente homoerótica innegable. Pero junto a estos ejemplos, tan conocidos que casi podrían considerarse parte de nuestra cultura popular, existen otros casos más singulares en los que los artistas recurren a tópicos para resaltar la disidencia del santo. Por ejemplo, en el *San Sebastián* de Alfred Courmes, una pintura de 1934, donde el artista francés decide vestir al mártir con un traje de marinero, indumentaria que ya hemos visto que estuvo muy vinculada con la identidad homosexual.

En cuanto a la asociación que Sebastián tuvo antaño con el cuidado de los enfermos —y, muy especialmente, con la epidemia de la peste—, esta recobró importancia en el contexto de una de las crisis sanitarias que más asoló al colectivo LGTBIQ+: la crisis del VIH/sida, tema que abordaremos con mayor detenimiento más adelante. Artistas homosexuales que padecieron la enfermedad en sus carnes, como Keith Haring o David Wojnarowicz, retomaron la figura del mártir bajo este simbolismo, incluyéndolo en varias de sus composiciones.

Hay muchísimas otras representaciones de san Sebastián que podrían mencionarse en este apartado, pero creo que con este breve recorrido ha sido suficiente para que puedas hacerte una ligera idea de por qué este mártir se considera el santo de los gais. Es obvio que nunca vamos a saber si realmente se sentía atraído por otros hombres o no, pero ¿importa mucho? Aquellas sexualidades que se han salido de la norma han vivido históricamente en un silencio profundo, un silencio que también se refleja en la falta de referentes. ¿A

quién hace daño que algunas personas encuentren refugio y visibilidad en una figura espiritual que murió hace siglos? ▼ Aquí tienes la prueba de que su imagen forma parte de nuestro imaginario y que siempre vuelve y se transforma. Y mientras haya alguien que se sienta reconfortado con ello, no me cabe duda de que seguirá siendo así.

Barbuda y crucificada

Una de las salas estrella del Museo del Prado es la 56 A, dedicada a la obra de Jheronimus van Aken, más conocido por el común de los mortales como El Bosco. Llega hasta el punto de que, durante las visitas al museo, se hace muy difícil explicar con tranquilidad las obras allí expuestas, en especial la joya de la corona: *El jardín de las delicias*. Pero la multitud de visitantes no es lo único que impide la calma; en este caso, la propia pintura es tan enigmática que no es raro experimentar cierta incomodidad al colocarte frente a ella. Y ahí está la ironía: esa misma incomodidad es la que la ha convertido en un icono de masas, con infinidad de teorías, cada cual más estrambótica que la anterior. Una búsqueda en Google puede llevarte, por ejemplo, a escuchar la

▼ Esto también puede aplicarse a perspectivas ajenas al colectivo. Por ejemplo, en 1992 Louise Bourgeois hizo su serie *Sainte Sebastienne,* en la que convierte al mártir en una mujer para explorar el concepto de agresión y sufrimiento femenino.

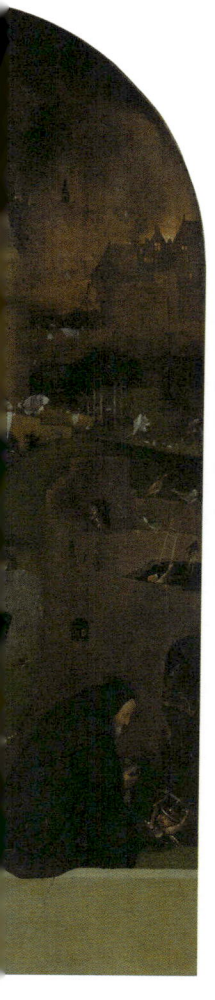

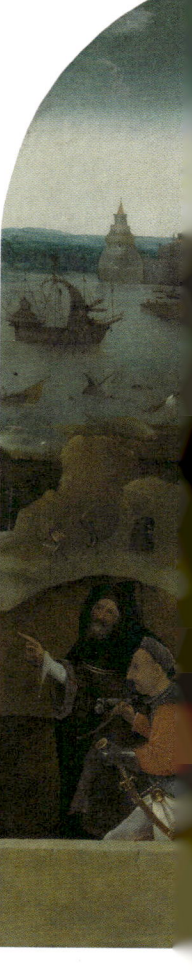

melodía inscrita en el culo de uno de los personajes castigados en su infierno musical. No puedo negarlo: me encanta.

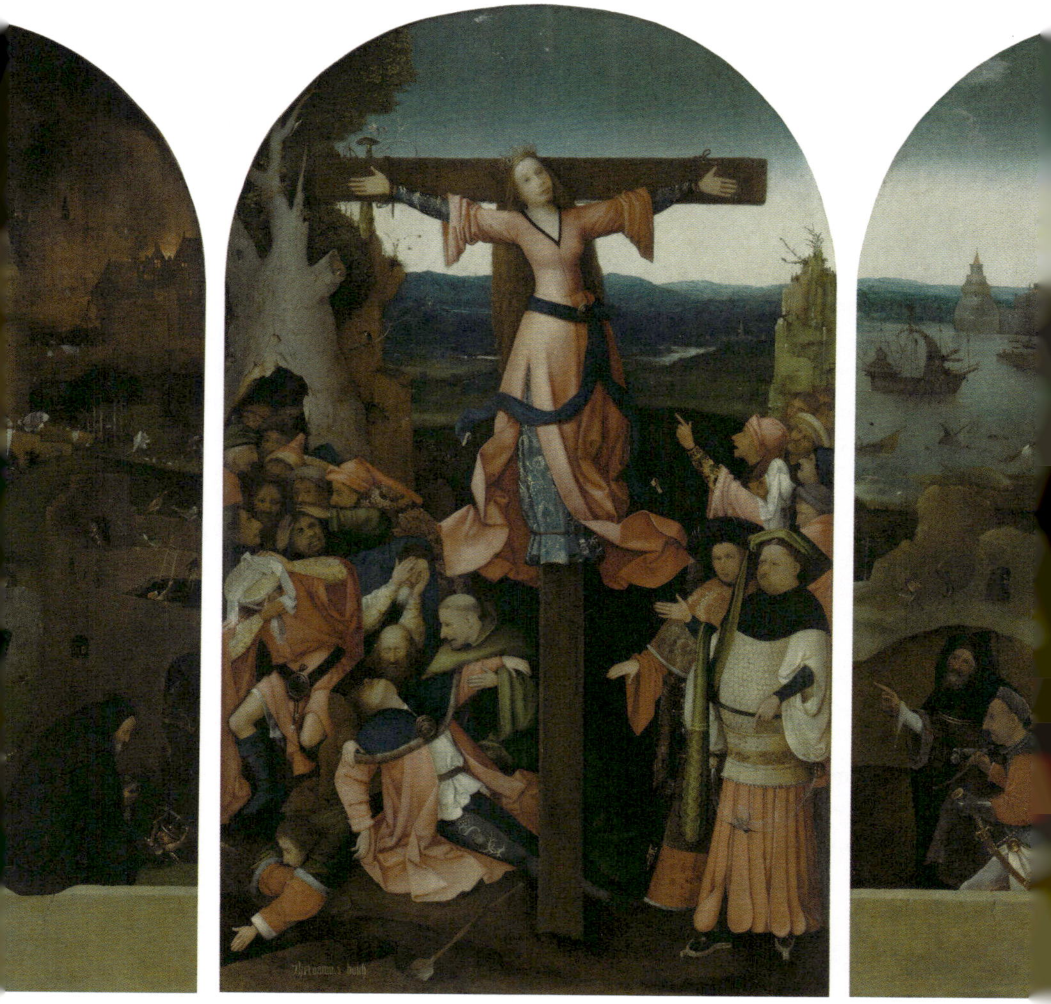

El tríptico se ha leído como una alegoría moral sobre la tentación y el castigo, especialmente aquellos actos relacionados con la lujuria. Por eso mismo es una obra ideal para ser leída desde prismas de deseo y placer más contemporáneos, evitando, a grandes rasgos, caer en anacronismos. Sobre todo su tabla central, la que representa un falso paraíso, donde se muestra a una humanidad que sucumbe a los deseos de la carne y que lleva la palabra de Dios —la famosa cita del Génesis «creced y multiplicaos»— hasta un extremo presentado como erróneo y pecaminoso. Entre todos estos personajes desnudos, de distintos géneros y etnicidades, se incluyen alusiones al sexo por placer, a la masturbación y, como no podía ser de otra forma, a la homosexualidad. Para mí, la más explícita es la figura que introduce (o extrae, según se mire) un ramillete de flores en el culo de otro personaje. Ubiquémonos. Estamos ante una obra fechada a principios del siglo XVI. ¿No te parece fascinante?

Pero esta no es la única pintura de temática religiosa en la que El Bosco despliega un imaginario vinculado a la disidencia. Hay otra, de hecho, en la que esta resulta directamente innegable: el conocido como **_Tríptico de Santa Wilgefortis_** o **_Tríptico de Santa Liberata_**, donde lo más interesante vuelve a aparecer en su tabla central. Nos muestra a una mujer serena, rodeada de personajes que contemplan con más o menos horror su figura crucificada. Vale, todo correcto, pero, ¿quién es esta señora?

Ha habido ciertos dilemas a la hora de identificar a la protagonista, más que nada porque hay varias santas asociadas a este mismo martirio. Durante el tiempo que la obra estuvo en Viena (actualmente se conserva en Venecia), por ejemplo, los especialistas se decantaron por santa Julia, una virgen crucificada por un comerciante llamado Eusebio, al que se identificaba con el hombre desplomado a los pies de la cruz.[8] También se propuso que se tratara de santa Eulalia de Barcelona, otra doncella crucificada, dándose como argumento principal el tipo de vestimenta más oriental que luce. Pero lo cierto es que esta santa suele representarse con una cruz en aspa y, otras veces —sobre todo en época medieval—, desnuda de cintura para arriba.[9]

▼ Wilgefortis y Liberata empezaron siendo santas con leyendas distintas, pero sus historias y atributos acabaron por fusionarse. Esta misma santa ha recibido otros nombres, como Ontcommer, y su representación es a menudo más explícita que la de El Bosco.

La clave para la actual identificación de la santa como Wilgefortis —del latín *Virgo fortis*, virgen fuerte— la aporta un detalle en su rostro, imperceptible antes de la restauración de la obra: presenta una ligera pelusilla alrededor de la boca, como si fuera un adolescente.[10] Sí, Wilgefortis fue una mujer barbuda, aunque debo decirte que este fenómeno fue mucho más común de lo que imaginas. Si tienes paciencia, hablaremos más sobre ello en el capítulo dedicado a la intersexualidad.

En el caso de las figuras masculinas, tenemos muy asentada la imagen de Jesús crucificado, pero este no fue el único personaje bíblico en morir así. Existen sutiles diferencias que nos permiten reconocer qué mártir aparece crucificado en cada obra. San Pedro, por ejemplo, suele representarse como un hombre de edad avanzada, con las llaves del paraíso y/o crucificado bocabajo, dado que no se sentía digno de morir como lo hizo su señor. San Andrés es incluso más sencillo de reconocer, pues su cruz tiene forma de aspa. El más confuso es quizá san Felipe, quien suele aparecer atado —en lugar de clavado— a la cruz de su martirio, que además suele ser más larga que la de Cristo.

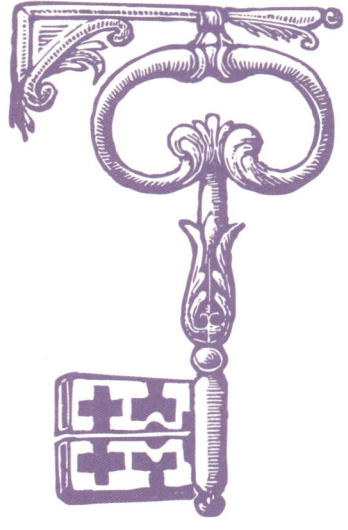

Según la leyenda, Wilgefortis era hija de un rey portugués que estaba empeñado en casarla con un poderoso príncipe siciliano. Pero había un ligerísimo problema: él era pagano y la joven se había convertido al cristianismo, jurando así permanecer virgen. Lo único que se le ocurrió hacer para evitar el matrimonio fue encomendarse a su Dios, que escuchó sus súplicas y obró un milagro: de su delicado rostro hizo que brotase una barba, haciendo que su prometido dejara de encontrarla atractiva. Funcionó, aunque no tan bien como esperaba. Aunque se anuló el matrimonio, su padre se cabreó por el asuntillo y, atribuyéndolo a algún tipo de magia negra, ordenó que la pobre Wilgefortis fuera crucificada. Tal vez buscaba que sintiera en sus propias carnes lo mismo que su supuesto señor.

Ahora bien, ¿no te resulta raro que se venerara a una mujer que se salía tanto de los cánones tradicionales de la feminidad? Se cree que este culto se originó a partir de una confusión relacionada con una figura devocional venerada en Lucca, una preciosa ciudad de la Toscana italiana: el *Santo Volto*, una escultura románica conservada en la catedral de San Martín, donde Cristo aparece vestido con una larga túnica. La importancia de esta imagen residía en la creencia de que representaba de forma fidedigna el aspecto de Jesús, al tomarse como referencia la huella dejada en el paño santo y atribuirse su autoría a Nicodemo. La proliferación de las copias de esta figura, tanto en esculturas como en pinturas, todas ellas de lo más andróginas, sería la que habría alimentado la leyenda de la santa barbuda.

Aunque las tablas laterales no guardan relación con la historia de Wilgefortis, se han señalado ciertos elementos que han llevado a que la obra se relacione con la santa. Para empezar, la figura luce una corona, lo que sería una alusión directa a su condición de princesa. La cuerda que rodea la muñeca derecha parece estar aflojándose, lo que se puede leer como una referencia a la capacidad de la virgen para liberar a los fieles de la esclavitud, ya que en el arte medieval Wilgefortis solía representarse como si hubiera «escapado» de las cuerdas o incluso sosteniendo un trozo de estas.[11] También ella escapó de lo que, como mujer, se esperaba de ella; la pena, es que necesitara una barba para lograrlo.

Uniones espirituales (¿y románticas?)

A estas alturas ya hemos tenido la oportunidad de comprobar que, cuando una decide acercarse a los textos bíblicos sin la mochila de prejuicios que solemos cargar sobre ellos, ocurre algo curioso: más que una repulsa explícita a las relaciones no normativas, lo que encontramos es un silencio. En algún que otro caso, un silencio ambiguo. Y es por esto que, leída desde el prisma adecuado —abriendo la mente más allá de la heteronormatividad, claro— es posible sacar a la luz ciertos vínculos afectivos que se escapan de lo común, que son tan íntimos que podrían trascender la fina línea que separa la amistad del amor romántico. Para que nos entendamos, hablamos de relaciones en la misma línea que veíamos en héroes mitológicos como Aquiles y Patroclo.

Viajemos un momento al siglo XII para hablar de Elredo de Rieval, un monje proclamado patrono de la amistad. Aunque, para algunos, fue algo más que eso: se le ha reivindicado como el auténtico santo gay.▼ El motivo tiene que ver con su libro *La amistad espiritual,* donde explica la importancia de rodearse de otros religiosos y de crear vínculos amistosos con ellos. Hasta aquí, todo correcto. Lo fuerte viene ahora, porque leyendo sus enseñanzas parece estar hablando de vínculos románticos más que de otra cosa. Por ejemplo, resaltaba la importancia de la atracción física para establecer estos lazos (¿tú no puedes ser amiga de alguien que no te parece guapo?) y, aunque abogaba por el celibato, normalizaba la expresión del afecto entre los monjes.[12] Al parecer, él mismo llegó a desarrollar sentimientos profundos por dos compañeros de su propio convento, equiparando esta relación a la amistad espiritual que aparece en algunos pasajes bíblicos, como veremos a continuación.

La existencia de este vínculo entre dos varones, capaz de trascender lo terrenal, quedó patente a través de una ceremonia: la *adelphopoiesis* (o adelfopoiesis), una especie de unión espiritual cuyo nombre en griego podría traducirse como «hacer hermanos». Hay que tener en cuenta que existen varias lenguas en las que «hermano»

▼ Algunos investigadores han sometido sus escritos a una relectura *queer*, pues son muy adelantados para su tiempo. El teólogo Hugo Córdova Quero ofrece una visión interesante en *Amistades con beneficios. Una lectura* queer *de Elredo de Rieval y su teología de la amistad.*

o «hermana» se usan para hacer referencia a vínculos amistosos y a parejas, sin que esto tenga nada que ver con el incesto u homosexualidad, aunque tampoco permanecen siempre en la esfera de lo estrictamente platónico.[13]

Este tipo de uniones, que casi podrían equipararse a una especie de matrimonio simbólico, se ha vinculado con las figuras de Sergio y Baco, dos militares romanos que sufrieron martirio y de quienes se decía que estaban siempre juntos, «unidos no de manera natural, sino en la fe».[14] De hecho, así es como se les presenta en la mayoría de las representaciones artísticas: el uno junto al otro, en actitud más o menos cercana y cariñosa. Fue precisamente este vínculo tan estrecho el que llevó al historiador John Boswell a sugerir que su relación fuera en cierta medida romántica, aunque sea imposible determinar si en algún punto existió entre ellos algún tipo de encuentro sexual.

No hace falta rebuscar mucho en la Biblia para encontrar el mejor de los ejemplos de esta conexión intensa. David, uno de los personajes más destacados del Antiguo Testamento, protagoniza una relación fácilmente analizable desde una lente homoerótica. Además del célebre episodio de su lucha contra Goliat —el gigante al que logró vencer haciendo uso de una honda y una piedra—, el joven pastor, que acabaría por convertirse en rey, mantuvo una relación muy estrecha con Jonatán, hijo del monarca Saúl. Su historia es digna de novela romántica (de esas que caen en el tópico del *enemies to lovers*), pues la situación en la que ambos se encontraban les empujaba más a la rivalidad que a cualquier otra cosa. Al ver amenazado el ascenso al trono de su hijo por la fama y éxitos militares de David, Saúl ordenó que se le diera caza para acabar con su vida.▽ De haber sido ambicioso, podríamos pensar que Jonatán salía ganando con la muerte del joven, pero no acató las órdenes de su propio padre y puso en riesgo su vida para salvar la de su amado amigo dándole el chivatazo para que pudiera huir.

▽ Al parecer, tampoco le hacía gracia el tipo de relación que existía entre ambos jóvenes, cosa que no hace más que incentivar la lectura homoerótica del texto.

Justo el momento de despedida entre ambos jóvenes es el que captura **Rembrandt** en *David y Jonatán*, una obra de 1642 que se conserva en el Museo Hermitage de San Petersburgo, Rusia. Si observamos la pintura y la ponemos en relación con el pasaje bíblico del que bebe, se hace evidente que el pintor holandés se inspiró en el versículo que describe su adiós: «Y se besaron el uno al otro y lloraron juntos, pero David lloró más» (1 Samuel, 20:41). David, de apariencia más juvenil, se abalanza sobre el pecho de Jonatán, que luce un turbante. Los rasgos de este último se asemejan sospechosamente a los del propio pintor, una idea fácil de comprobar si tenemos en cuenta que Rembrandt fue uno de los artistas que más se autorretrató de la historia (otra cosa no, pero vanidoso lo era un rato). La escena adquiere un tinte más emotivo cuando descubres que, cerca de la fecha en la que la pintó, el holandés atravesaba su propio duelo: el de la muerte de su esposa, Saskia.

Volviendo al pasaje bíblico, ambos jóvenes parecían saber que esa era la última vez que iban a encontrarse. Y así fue. Poco después, Jonatán falleció en el campo de batalla junto a su padre. El pasaje en el que David llora por su pérdida es, sin lugar a dudas, el que más interrogantes abre con respecto a la naturaleza de su relación: «Angustia tengo por ti, hermano mío Jonatán, que me fuiste muy dulce. Más maravilloso fue tu amor que el amor de las mujeres» (2 Samuel 1:26). No hay alusiones explícitas al tipo de amor que unía a ambos hombres ni si traspasó los límites de lo platónico, pero desde nuestra mirada contemporánea resulta difícil no interpretar estas palabras como algo que escapa de lo habitual.

Algunos estudiosos mencionan un pasaje bíblico anterior en el que encontramos una relación igual de estrecha protagonizada por dos mujeres: Rut y Noemí. En este caso, la relación que unía a ambas era la de nuera y suegra, por lo que leer su vínculo de otra forma puede resultar forzado. Eso no quita que protagonizaran una de las declaraciones de amor y fidelidad más bonitas de todo el relato bíblico. Tras la muerte de sus respectivos maridos, Noemí decidió regresar a su casa y había aconsejado a Rut que hiciera lo mismo, pero esta se negó diciendo: «No me ruegues que te deje, y me aparte de ti; porque a dondequiera que tú fueres, iré yo, y dondequiera que vivieres, viviré. Tu pueblo será mi pueblo, y tu Dios mi Dios» (Rut, 1:16)

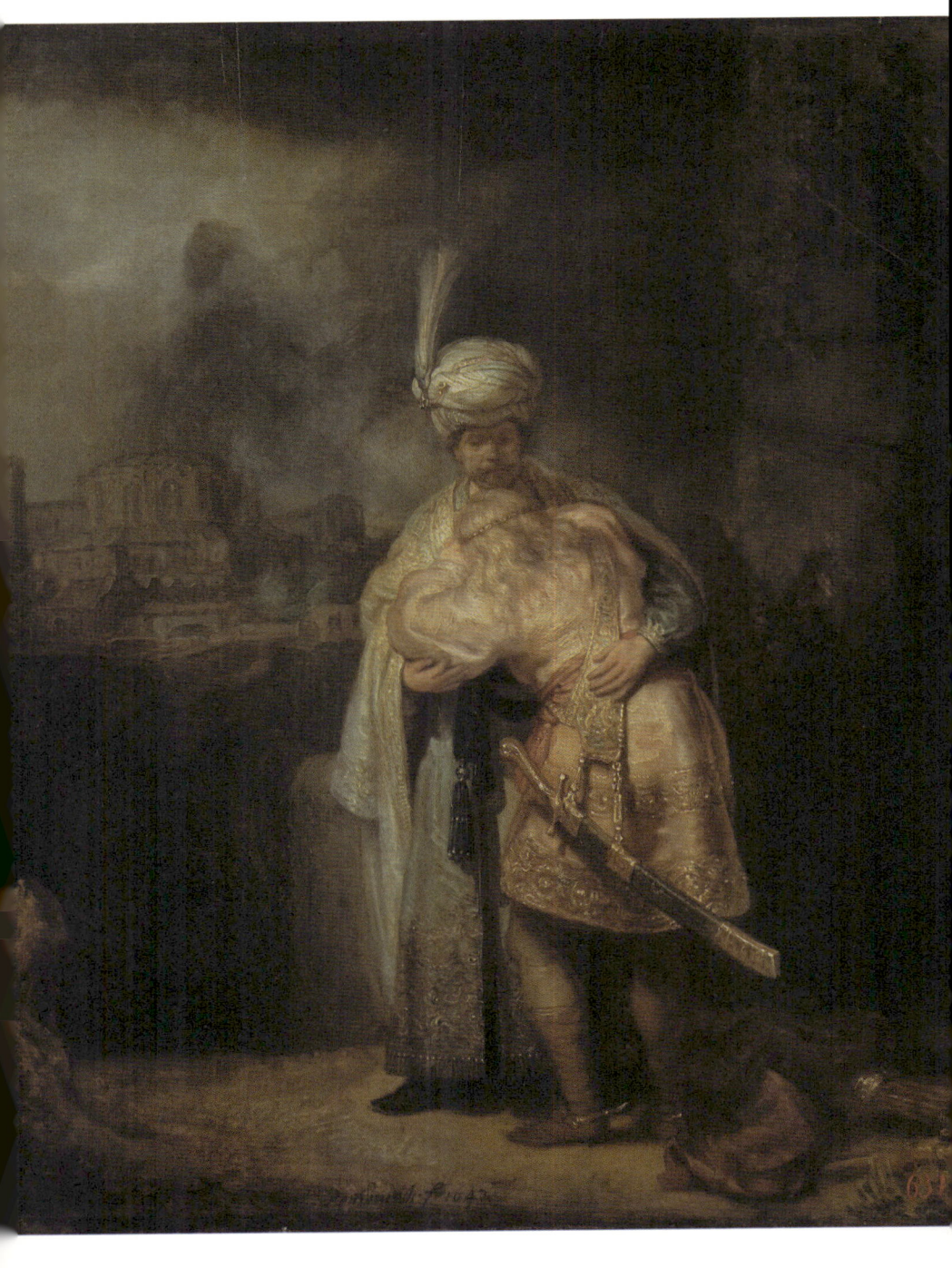

En todo caso, afirmar de manera categórica que la Biblia recoge ejemplos de relaciones homosexuales sería un error. No solo estaríamos incurriendo en un anacronismo como una catedral (nunca mejor dicho), sino que nos impediría entender hasta qué punto la interpretación de los textos religiosos no ha sido precisamente laxa con respecto al amor entre iguales.

Lo que pasa en el convento, se queda dentro

Hace unos años, en 2023, el Museo del Prado celebró una exposición de esas que se te clavan en la memoria. En este caso, no se debía tanto a la presencia de una obra maestra —una de las que está en tu indiscutible lista de cuadros que tienes que ver antes de morir— como a la originalidad de su planteamiento. Aunque reunía pinturas de lo más variopintas, el interés residía en su reverso, la parte que habitualmente se nos priva de ver. ¿Nunca te has preguntado, por ejemplo, qué hay detrás de *Las Meninas*? Pues esta exposición te permitía descubrirlo.

Entre las obras seleccionadas había una que, hasta entonces, había sido desconocida para mí. El título no deja demasiado espacio a la imaginación. En *Monja arrodillada*, una pintura de pequeño formato fechada en 1731, el pintor sueco Martin van Meytens representa justo lo que promete: una religiosa rezando en su celda mirando de reojo a una de sus compañeras —bastante más mayor que ella— que la observa con atención desde una pequeña ventana. O al menos, eso parece a simple vista. Aunque por el concepto de la exposición ya puedes imaginarte que todo cambia al darle la vuelta a la obra, estoy segura de que no esperas lo que te vas a encontrar: la susodicha monja que asomaba la nariz no estaba interesada en las oraciones de su hermana de congregación, sino en sus enormes nalgas al descubierto. En un abrir y cerrar de ojos, hemos pasado de una imagen cotidiana de convento a una escena sacrílega la mires por donde la mires: por la diferencia de edad entre ambas, por el erotismo explícito en la misma y, por supuesto, por ser abiertamente sáfica. Muy rococó por su parte, todo hay que decirlo, porque sorprender, sorprende.

Esta pintura me sirve para introducir —y para desmentir también— uno de los tópicos más repetidos sobre la vida conventual: la idea de que todas las monjas eran lesbianas o bisexuales, en la mayoría de los casos, reprimidas. ▼ Y no, no es así. Como tampoco es cierto que todas las hermanas ingresaran en un convento por motivaciones espirituales o por su clara vocación de servicio y solidaridad. Lo cierto es que los motivos que podían llevar a una mujer a abrazar este tipo vida eran de lo más variados y cambiaban de forma significativa en función de la época y la situación personal de cada una: desde la necesidad de garantizarse una seguridad y estabilidad económica hasta el deseo de huir de ciertas convenciones sociales, como el matrimonio. Incluso existen casos en los que la decisión venía marcada directamente por presiones familiares. ▽

Lo que sí es cierto es que la disidencia tuvo cabida en estos espacios. Una de las primeras manifestaciones documentadas de relaciones sentimentales entre monjas la encontramos en la Alemania medieval, la del siglo XII, en las conocidas cartas de amor de Tegernsee. Aunque la mayoría son bastante sutiles y se han querido encasillar dentro de una profunda amistad, la séptima de estas misivas no deja lugar a equívocos:

«Cuando recuerdo los besos que me diste y las palabras alegres con las que acariciaste mis pequeños pechos, quiero morir porque no se me permite verte (...) Porque ninguna mujer nacida en el mundo es tan adorable y encantadora y me ama con un amor tan íntimo, sin fingir. Así que no cesaré en mi interminable duelo hasta que merezca verte».[15]

▼ Si te interesa saber más sobre el tema de las monjas, nadie mejor que Las Hijas de Felipe. Si no conoces su pódcast, ya estás tardando. ▽ No puedo evitar pensar aquí en Aurelia Navarro, una pintora española de principios del siglo XX con una carrera prometedora que, misteriosamente, decidió abandonar para abrazar la vida religiosa. Todo parece indicar que lo hizo bajo la presión de sus padres, que no veían con buenos ojos sus vocaciones artísticas y mucho menos después de su *Desnudo femenino*, inspirado en la *Venus del espejo* de Velázquez y en ocasiones leído como un autorretrato.

Rastrear el origen de este tipo de relaciones no es sencillo, pero una de las primeras fuentes que deja constancia de la existencia de encuentros carnales entre las monjas y la preocupación de los religiosos por las mismas la encontramos mucho antes. En el siglo v, Agustín de Hipona, considerado como uno de los padres de la iglesia, escribió una misiva al convento en el que su hermana había sido la madre superiora. En ella advertía a las monjas sobre el tipo de relaciones que debían entablar entre ellas, extendiendo la recomendación a cualquier mujer:

«Pero el amor entre vosotras no debe ser carnal, sino espiritual; porque esas cosas que hacen las que han olvidado el pudor jugando de manera repugnante y ridícula, incluso mujer con mujer, no solo no debéis hacerlo ni las viudas ni las castas siervas dedicadas al santo propósito del servicio de Cristo, sino que, de ningún modo debéis hacerlo las mujeres casadas ni las vírgenes que desean casarse».[16]

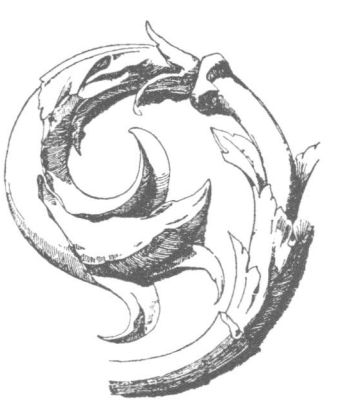

Una de las monjas más conocidas de la historia, santa Teresa de Jesus —la mística cuya reforma dio lugar a la Orden de los Carmelitas Descalzos—, también mostró preocupación por este tipo de afectos e incluso dejó instrucciones al respecto:

«Ninguna hermana debe abrazar a otra, ni tocarle la cara o las manos, y no debe haber amistades especiales entre ellas, sino que cada una debe tener un amor general por todas las demás, como Cristo ordenó a menudo a sus apóstoles».[17]

Casi un siglo después, el padre Bernardino de Villegas retomó algunas de las ideas reflejadas por la monja en su texto *La esposa de Christo*: basado en la vida de santa Lutgarda virgen (1625), donde establecía una serie de criterios que podían ayudar al resto de hermanas a discernir si las amistades entre monjas eran carnales o espirituales.[18] La existencia de este tipo de textos no hace más que confirmarnos que, efectivamente, la preocupación era real y extendida, y que incluso en los casos en los que lo sexual no se daba, el vínculo romántico podía llegar a ser demasiado evidente.

Pese a la discreción que solía rodear este tipo de actos, conocemos ejemplos de monjas que llevaron su amor más allá de las palabras. Una de las historias más conocidas —y que hasta ha inspirado una película, *Benedetta* (2021)— es la de la monja italiana Benedetta Carlini, quien en pleno siglo XVI fue expulsada del convento y apresada durante más de tres décadas, acusada entre otros motivos de «hacer cosas muy impúdicas» con la hermana Bartolomea Crivelli,[19] quien había sido su compañera durante los primeros años en la congregación.

Bartolomea denunció los hechos años después, movida por la vergüenza, cuando las autoridades investigaban a Benedetta por un tema muy distinto: la monja aseguraba vivir visiones místicas un tanto peculiares. En su testimonio afirmó haber sufrido abusos al menos tres veces por semana durante dos años, cuando su compañera aprovechaba el momento de irse a dormir «y, abrazándola, se ponía sobre ella y besándola como si fuera un hombre le decía palabras de amor, y tanto se movía sobre ella que las dos se corrompían y así, a la fuerza, la tenía a veces una hora, a veces dos y a veces tres horas».[20] Además, para justificar haber caído en su trampa, afirmó que Benedetta le engañaba haciéndole pensar que era el ángel Splenditello quien actuaba a través de ella y que, por eso mismo, sus encuentros no constituían pecado alguno.

Pocas cosas buenas pueden decirse de la persecución de la Inquisición, salvo que nos ha permitido conocer varios encuentros lésbicos, algunos de ellos protagonizados por religiosas. Uno de estos es el de Inés de Santa Cruz —que era monja e incluso adquirió fama de beata—, y Catalina Ledesma, dos mujeres que en el siglo XVII fueron detenidas en Salamanca bajo la etiqueta despectiva de «bujarronas». Eran lesbianas reincidentes, pues ya habían sido detenidas en Valladolid por el mismo pecado, además de haber recibido azotes públicos y el destierro de la ciudad. El caso es más conocido como «Las Cañitas», en alusión al «instrumento de caña de forma de natura de hombre» del que supuestamente hacían uso durante sus encuentros.

Mucho más tierna es la historia de sor Juana Inés de la Cruz, una monja mexicana cuyos poemas de amor —del tipo que sea—, dedicados e inspirados en la virreina María Luisa Manrique de Lara, se han visto como un ejemplo de safismo en tiempos remotos. Antes de hablar de ella, necesito aclarar algo. Tomo aquí las palabras de Cristina Domenech, que lo deja muy claro en su libro *Señoras ilustres que se empotraron hace mucho*: yo también he venido aquí a plantear la posibilidad de que a sor Juana Inés de la Cruz le gustaran las mujeres. No me pidas pruebas concluyentes; te digo tan claro como ella, y siendo fiel a mi propio nombre, que no las hay. ¿Significa esto que sea remotamente imposible que esta fuera su inclinación? Ni por asomo. La ternura que desprenden sus versos situada en el momento en el que fueron escritos, pleno siglo XVII, es más que suficiente para contemplar la posibilidad, por mucho que esto pueda suponer enfadar a algún que otro señor académico por el camino.

Para variar, Juana Inés venía de una familia bien posicionada, lo que le permitió entrar como dama de compañía de la virreina Leonor Carreto. Fue una de esas mujeres que, ante la imposibilidad de evitar el matrimonio —aunque no sepamos los motivos— prefirió abrazar la vida religiosa, que al menos le permitía seguir con sus estudios y cosechar su intelecto en libertad (¡qué ironía que la clausura ofreciera entonces una opción más viable que la propia vida!). Respecto a su afición por la lectura y por todo aquello que alimentara su intelecto, se le atribuye una cita reveladora: «No estudio por saber más, sino por ignorar menos».

Con el tiempo, los virreyes —sus principales mecenas— fueron destituidos. El golpe fue doble: poco después la virreina falleció, lo que apenó mucho a nuestra monja. Pero no hay mal que por bien no venga, y fue precisamente esta situación trágica la que trajo consigo la aparición de una figura importantísima en su vida, que se convertiría en central en su producción: la virreina María Luisa Manrique de Lara, su querida «Lisi». Cultivó muchos escritos en los que se refería a su protectora y amiga íntima con este apelativo cariñoso (y derivados) que, teniendo en cuenta que era su mecenas, podría justificarse en un simple peloteo, pero créeme que sus palabras trascienden este límite. Hace poco, muchos de ellos fueron recopilados en *Un amar ardiente. Poemas a la virreina* y, aunque es difícil elegir, me gustaría dejarte aquí una pequeña estrofa sacada de uno de ellos:

Ser mujer, ni estar ausente,
no es de amarte impedimento;
pues sabes tú que las almas
distancia ignoran y sexo.

Corre, ve a por algo para secarte las lágrimas.

¿Sabes el tópico de que las relaciones entre mujeres están dominadas por la intensidad? Pues parece que viene de siglos atrás. Aquí también se cumplen. Cuando María Luisa fue destituida y tuvo que volver a España, se dice que se llevó consigo un retrato de sor Juana y un anillo que le había regalado y que mantuvo consigo hasta su muerte. Por no hablar de que hizo todo lo posible para dar a conocer su obra en la Península. Sea cual sea el vínculo que las unía, llegaran o no a la carne, trascendía los límites de la amistad tradicional. Y por eso mismo, aunque siempre nos quedará la duda, aunque pudo ser amor romántico como pudo no serlo, merece ser contado en estas páginas.

Como ha ocurrido con otros símbolos, las indumentarias de las religiosas también han sido reapropiadas dentro de la simbología *queer*. El mejor ejemplo es el de Las Hermanas de la Perpetua Indulgencia, un grupo fundado en abril de 1979 que llevaba a cabo *performances* militantes que utilizó el hábito de las monjas desde una estética *drag queen*. Era su peculiar forma de llamar la atención sobre la importancia de la libertad sexual y denunciar desde la sátira la moralidad. Su papel fue importante en el contexto del activismo por la crisis del VIH/sida, cuando algunas de estas acciones fueron inmortalizadas por el fotógrafo Jean-Baptiste Carhaix.[21]

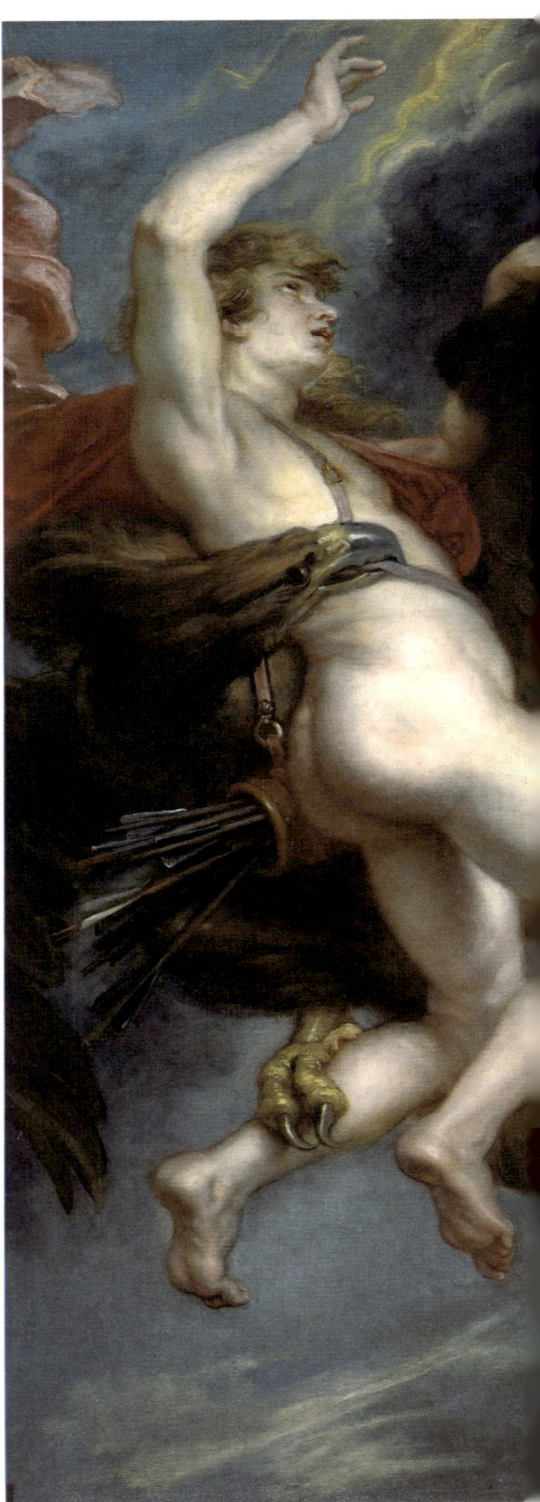

Más mitos que rompen con la heteronorma

A lo largo de la lectura, hemos tenido la oportunidad de comprobar que la disidencia —tanto en lo relativo a la sexualidad como a lo identitario— ha tenido una presencia privilegiada en la mitología grecolatina. Aun así, me he reservado algunos de los mitos más abiertamente *queer* para explorarlos en este capítulo, pues creo que sirven como recordatorio y demostración definitiva de que la diversidad ha existido en infinidad de panteones.

En la introducción de este mismo libro, citaba a la catedrática Estrella de Diego, quien defendía cómo múltiples lecturas pueden cohabitar una misma obra. Y sí, esto ocurre con obras en las que el tema homoerótico es muy sutil, pero también sucede en aquellos pasajes que son indudablemente gais. Siempre acaban por poder someterse a lecturas que los enriquecen y que nos ayudan a entender mejor la época en la que fueron creadas.

Los dos pasajes más conocidos en este sentido tienen como uno de sus protagonistas a Zeus (o Júpiter, si eres más de romanos), el llamado padre de todos los dioses. Nada nuevo en el horizonte, porque si por algo se caracterizaba este señor era por tener una libido imposible y por no entender un no por respuesta: a lo largo de sus mitos erótico-festivos, el dios del trueno no tenía ningún problema en cambiar su apariencia —no siempre en forma humana— para secuestrar a sus víctimas y forzarlas a yacer con él o para engañarlas. Justo lo que ocurre en ambos mitos.

Empecemos, pues, por el que tal vez es la historia clásica más conocida dentro de la temática homoerótica: el rapto del joven Ganímedes. Como de costumbre, tomaremos como referencia para conocer este pasaje las viejas y confiables *Metamorfosis* de Ovidio. Según este texto, este efebo frigio era conocido por su belleza especial, que despertaba la pasión de ellas y ellos casi por igual. Llegó hasta el punto de llamar la atención del mismísimo Júpiter que, en su clásico *modus operandi*, decidió transmutarse en un águila imperial para llevarlo consigo al Olimpo. Para rematar, acabó convirtiéndose, a partir de ese momento, en el copero de los dioses.

El tema del rapto de Ganímedes fue recurrente en el arte, convirtiéndose en una de las excusas predilectas para explorar el desnudo masculino con una justificación en la que ampararse. Una de las pinturas más interesantes se conserva en el Museo del Prado: **El rapto de Ganímedes**, la visión del mito de **Pedro Pablo Rubens**, que incorporó este lienzo a su amplio catálogo de obras de temática mitológica entre 1636 y 1638. La composición es muy similar a otras escenas de este mismo rapto, como, por ejemplo, el dibujo de Miguel Ángel Buonarroti para su más que probable amado Tommaso de Cavalieri; incluso podemos encontrar similitudes bastante evidentes con los jóvenes representados en el célebre *Laocoonte*.

Pero al margen de estas referencias, hay algo en esta imagen que resulta tan evidente, que una vez lo identificas, es chocante comprobar cómo, como te ocurrió a ti misma, la mayoría de estudios han decidido pasarlo por alto: la colocación del carcaj con las flechas —un guiño al momento previo al rapto en el que el joven se encontraba cazando— lo convierte en una alusión explícita a una penetración.[22]

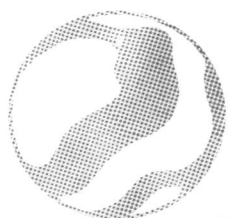

En el siglo xvi, en Inglaterra, la pasión por la cultura clásica dejó su poso en la literatura. Gracias a ello, es posible rastrear guiños a estos mitos, incluidos aquellos más próximos a lo que hoy calificaríamos como homoeróticos. En algún punto del cambio de siglo, William Shakespeare escribió su obra *Como gustéis*, una comedia bastante atrevida para su tiempo, dado que trataba temas como el travestismo o la atracción homosexual: esta tenía un pasaje en el que Rosalinda, una de las protagonistas, se asienta en el bosque junto a su prima Celia, alterando por completo su identidad para pasar a ser un joven llamado Ganímedes. Este personaje, como su tocayo mitológico, despertaba la pasión de mujeres y hombres, explorando así de forma indirecta conceptos tan actuales como la fluidez del género o de la sexualidad. En todo caso, este curioso pasaje de *cross-dressing* tuvo su reflejo en una pintura de Arthur Hughes, pintor asociado al círculo prerrafaelita, hoy conservada en la Walker Art Gallery de Liverpool.

El otro mito que nos sirve para ejemplificar la presencia *queer* en el panteón clásico es radicalmente distinto. Aunque es difícil de categorizar —ahora entenderás por qué—, se podría decir que tiene una temática principalmente lésbica. Me refiero al pasaje que narra la noche de amor entre la ninfa Calisto y Diana (o, en el caso griego, Artemisa), la diosa cazadora. Bueno, supuestamente. Para sorpresa de absolutamente nadie, la joven diosa resultó ser, una vez más, Júpiter transformado. Y esta vez, además, bajo la apariencia de su propia hija. Si ya te digo, este señor ni tiene vergüenza ni la conoce.

Según la versión que se consulte, el castigo de Calisto por caer en las redes del dios de dioses lo ejerce una diosa u otra. A veces es Juno, la versión romana de Hera, que decide actuar ante la infidelidad de su esposo (y hermano, porque todo queda en familia). En otras, se dice que fue la propia Diana quien la castigó, al comprobar que su fiel seguidora estaba embarazada. En cualquier caso, el desenlace casi siempre suele ser el mismo: Calisto acaba expulsada del séquito y convertida en osa, lo que lleva a su captor a transformarla en una constelación bien conocida, la de la Osa Mayor.

Pero lo realmente significativo de esta historia, lo que creo que merece ser subrayado, es la consideración del amor entre mujeres que puede extraerse de ella. Más que nada porque, tanto Diana como su séquito de ninfas, habían jurado un voto de castidad: todas ellas estaban comprometidas a preservar su virginidad. Pero claro, aun con estas, Calisto rechazó a Júpiter cuando se presentó como hombre, pero no hizo lo mismo cuando adoptó la apariencia de su compañera. Entonces... ¿era la ninfa excesivamente obediente y entregada o, al tratarse de un encuentro entre dos mujeres, le resultó aceptable? ¿Se sentía en realidad atraída por la diosa? Y, sobre todo, ¿habría tenido Calisto el mismo final si su acompañante aquel día hubiera sido la auténtica Diana?

Sea como fuere, el pasaje de Diana y Calisto se convirtió en uno de los temas más representados del imaginario mitológico, especialmente a partir del Renacimiento. Por ejemplo, tenemos la visión del mito de Tiziano, centrada en el castigo ejemplar que la diosa inflige a su ninfa favorita tras descubrir su estado durante uno de los baños compartidos. De nuevo, la escena servía como una excusa buenísima para recrearse en el desnudo femenino, en todas las formas y posiciones.

Un siglo más tarde, durante su estancia en la corte española, el anteriormente citado Rubens, se enamoró perdidamente del estilo del artista veneciano —muy presente en la colección española por ser uno de los favoritos de Felipe II—, y se animó a copiar y reinterpretar sus pinturas. En este mito concreto, el pintor barroco se tomó la licencia de darle más sensibilidad, representando a una Diana mucho más clemente.

Pero para el tema que nos ocupa, son mucho más interesantes las representaciones del mito que podemos rastrear algo después, en época rococó, recordado por ser el periodo de lo pomposo pero también de lo erótico a más no poder. Artistas como **François Boucher** recurrieron al pasaje para representar, sin posibles escándalos de por medio, un encuentro erótico entre dos mujeres. En sus obras no hay rastro del disfraz: sin el contexto o la información suficiente, es imposible identificar que una de las figuras es, en realidad, un Júpiter travestido.

Y hablo en plural porque, efectivamente, el artista realizó varias visiones del mito, cada una más explícita que la anterior. *Júpiter, bajo la apariencia de Diana, y Calisto* (1763), la versión conservada en el MET de Nueva York es, tal vez, la más contenida. El desnudo es más comedido y muestra a la ninfa y a la diosa —identificada por la semiluna sobre su cabeza y el carcaj de flechas que reposa a su lado— rodeadas de *putti*, los pequeños angelitos rechonchos.

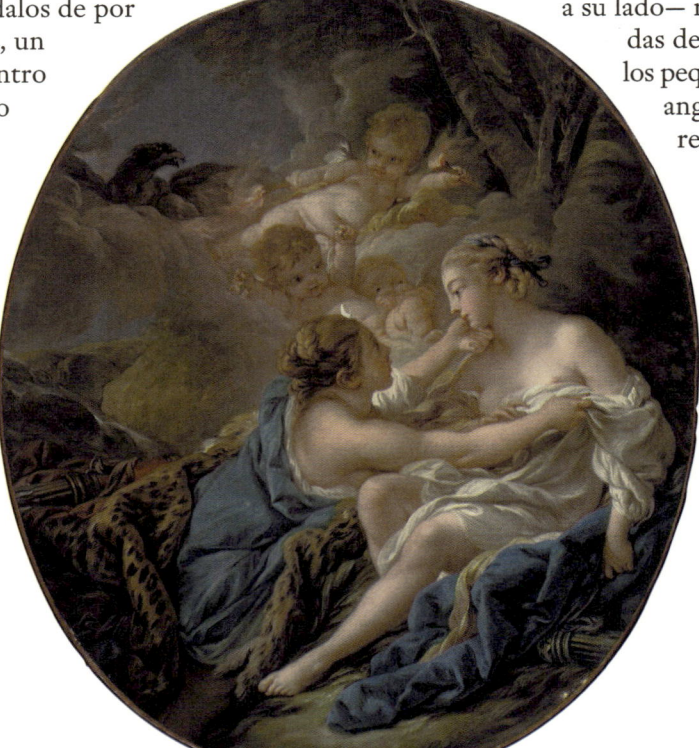

El único indicio que insinúa la auténtica identidad de la supuesta Diana es el águila que se asoma entre las nubes a la izquierda, uno de los atributos asociados a Júpiter.

Ambos mitos comparten, además de protagonista, un mismo recurso narrativo: la transformación momentánea que, más que como un reflejo de una identidad de género disidente, funciona como una especie de disfraz temporal destinado a cumplir un objetivo muy concreto. No hay misterio, siempre es el mismo: secuestrar y/o forzar al otro protagonista a tener relaciones sexuales. Sin embargo, existen otros mitos en los que la transgresión del género es aún más evidente. Pongamos como ejemplo la historia de Ifis y Yante, en la que ya te adelanto que no hay travestismo; directamente hay cambios de un sexo/género al otro.

Como en la mayoría de mitos, existe una versión más sencilla de la historia, en este caso surgida en Festo (Creta) para explicar el origen del festival religioso de Ekdusia.▼ Durante dicha celebración, los adolescentes solían adoptar atuendos femeninos que luego se quitaban como gesto simbólico del fin de su niñez.[23] Pero la versión más extendida, y la que tomaremos como referencia, es la recogida por el poeta romano Ovidio.

Según este texto, cuando Telefusa da a luz a una niña, decide criarla como un niño y darle el nombre de Ifis, en un intento de esquivar el destino impuesto por su marido Ligdo. Este había ordenado sacrificar al recién nacido si resultaba ser niña, al no poder hacer frente a los gastos extra —entre ellos, la dote— que esto suponía. Al parecer, Telefusa toma la decisión siguiendo una sugerencia de la diosa Isis, que se ofrece a ayudarla. Todo marcha bien hasta que, al cumplir trece años, el padre promete a Ifis con Yante, la joven más bella de la ciudad. Y surge el amor. Aunque la sociedad acepta la relación —pues es aparentemente heterosexual—, Ifis rechaza sus sentimientos, los considera monstruosos e incluso llega a desear «no existir» y amar lo que «debe amar como mujer».[24] Tras acudir al templo junto a su madre, Isis transforma a Ifis en hombre, legitimando de esta manera su amor. Pero, ojo, que como bien señala Victoria González Berdús, lo relevante de todo esto es que Ifis no cambia de sexo porque no se sienta cómoda en lo que se lee como un cuerpo de mujer o porque se identifique más bien como hombre, sino porque ama a otra mujer y cree que este sentimiento solo es legítimo cuando lo siente un hombre.[25]

▼ Los nombres de los protagonistas varían respecto a los más conocidos de este mito: el protagonista aquí se llama Leucipo, mientras que sus padres son Galatea y Lampro.

Encontrar nuestra propia fe

¿**A**lguna vez te han rechazado por tu signo zodiacal? Puede que esto te suene absurdo. Imposible, incluso. Pero, error: de hecho, tengo una amiga a la que más de una chica le ha hecho bomba de humo sin más motivo que su signo solar (y no, en este caso concreto la amiga no soy yo). Si como mujer sáfica alguna vez has usado aplicaciones de ligoteo, es bastante probable que te hayan preguntado por tu carta astral. No tengo pruebas, pero tampoco dudas. Por cierto, por si tienes curiosidad, mi amiga es Géminis. Ahí lo dejo.

Algo que he notado desde que hice ese acto simbólico de «salir del armario» y empecé a relacionarme con más personas del colectivo es que parecemos sentir una especial conexión con el mundo astrológico. Ocurre más en el caso de las mujeres. A ver, estoy generalizando; yo misma formo parte de ese porcentaje de sáficas cuya relación con su carta astral no va mucho más allá de unas risas entre cervezas o una excusa para justificar mis patrones de conducta más bizarros. «Cuando voy a un restaurante, siempre pido lo mismo porque soy extremadamente tauro» es mi frase estrella.

El caso es que un estudio del Pew Research Center[26] publicado en 2025 en el que se estudia la relación con la astrología de los ciudadanos estadounidenses, confirma mis sospechas: el 54 % de las personas LGTBIQ+ incluidas en sus análisis confesó consultar el horóscopo al menos una vez al año, una cifra que prácticamente duplica el cómputo general, que se sitúa en un 28 %. En el caso de las mujeres del colectivo, el porcentaje asciende de forma significativa, llegando hasta el 63 %.

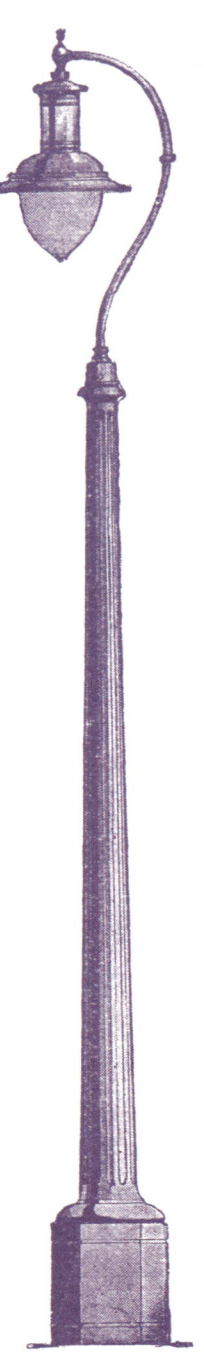

¿Qué es lo que lleva a las personas disidentes a sentirse más vinculadas al horóscopo, el tarot y otras prácticas espirituales alternativas a las religiones más conocidas? Durante su intervención en un pódcast, Chani Nicholas, autora del libro *Has nacido para esto: Astrología para la autoaceptación radical,* intentó buscarle un sentido a esta atracción y señaló que tiene que ver con el silencio o la falta de representación de las identidades y sexualidades que se salen de la norma, algo que estamos viendo que ha sido una constante en la historia en general y, por supuesto, en el ámbito espiritual también. Según esta astróloga, quien además se autodefine como mujer *queer*, la necesidad de ser vistos nos empuja a buscar formas más amables de relacionarnos con nuestra existencia y «no es que la astrología no juzgue, sino que no es moralista en ese sentido, al menos no en el sentido en que la religión ha tendido a serlo».[27]

Sin entrar en el debate de la verosimilitud (o no) de la astrología, sí considero interesante este concepto de buscar lugares alternativos con los que relacionarse con lo espiritual. Hemos visto que dentro de algunas de las religiones oficiales —con especial foco en el cristianismo— la disidencia encontró formas para verse representada (aunque fuera indirectamente), pero en los márgenes también se crearon otras corrientes alternativas de pensamiento místico y espiritual a las que muchas personas pudieron sumarse.

El cambio del siglo XIX al XX estuvo marcado por profundas transformaciones sociales y culturales que propiciaron la aparición de movimientos alternativos a las religiones tradicionales. La industrialización y el consecuente auge de la burguesía, así como los grandes avances científicos (como las teorías darwinistas, por poner un ejemplo), hicieron tambalear los cimientos de la sociedad tal y como se conocía. Es entonces cuando surgieron varios movimientos que buscaban canalizar estas inquietudes y darles una respuesta. Entre los más conocidos se encuentra la Teosofía, una corriente que se originó en Nueva York a mediados del siglo XIX y que aunaba el espiritismo —es decir, una pseudociencia— con doctrinas filosóficas como el neoplatonismo, y que sentaba sus cimientos en ideas tomadas de diversas religiones, sobre todo orientales, como el hinduismo o el budismo. Porque, tal y como lo definía Helena Blavatsky, médium y escritora a la que se atribuye su fundación, «no hay religión superior a la Verdad».[28]

Todo esto me lleva irremediablemente a hablar de Hilma af Klint. Tampoco sufro con ello, oye, porque en los últimos años se ha convertido en una de mis artistas favoritas. Siendo una de las primeras mujeres en poder acceder a una formación reglada en la Real Academia de Bellas Artes de Estocolmo, esta pintora sueca encarna bien esta búsqueda de respuestas en estas nuevas corrientes que a menudo fusionan conceptos científicos, esoterismo y religión. Pese a que fue educada en el cristianismo y se mantuvo vinculada a esta fe durante sus años de formación, desarrolló una particular fascinación por el ocultismo, participando en sesiones espiritistas que le permitían conectar y conocer el mundo intangible. Hago un inciso aquí para aclarar que, aunque suene raro desde nuestro presente, estaba muy de moda en aquel momento. También es importante entender que para Af Klint no existía contradicción entre espiritualidad y ciencia: ambas eran, para ella, vías complementarias para alcanzar una verdad superior.

La relación de Hilma con la espiritualidad a la que reza este capítulo (el chiste era fácil) es indisoluble. Junto a algunas de sus amigas, formó el grupo de Las Cinco, que se reunía para celebrar estas sesiones y conectar con espíritus, con los cuales se comunicaban a través de imágenes. Llegó a afirmar que creaba sus obras guiada por estas fuerzas superiores. En concreto, un espíritu llamado Amariel fue el que le pidió que creara una serie de cuadros «para transmitir a la humanidad los asuntos del reino espiritual»,[29] que darían lugar a sus emblemáticas *Pinturas para el templo*. No tienen nada de anecdótico; la historiografía está empezando a considerarlas como las primeras obras completamente abstractas. Porque sí: este lenguaje visual, tan a menudo menospreciado, es en realidad uno de los más cercanos a lo espiritual.

Los primeros años del siglo xx estuvieron marcados por una auténtica carrera simbólica hacia la abstracción. Durante años, se ha señalado a Vasily Kandinsky como su principal impulsor, cuando en 1910 (según él) se convirtió en el primer artista en pintar algo totalmente desvinculado de la realidad. Pero esta es una verdad a medias. Sin tener en cuenta que el lenguaje abstracto nos ha acompañado desde siempre, podemos señalar que Hilma af Klint empezó a crear sus primeras obras abstractas en 1906. Su concepto era tan avanzado que mandó que se ocultasen ▼ durante varias décadas tras su fallecimiento, esperando que en el futuro fueran capaces de entenderlas. Y solo ahora hemos podido hacerlo.

Pero es que hay más. La mayoría de historiadores se han mostrado

---

▼ Algunos especialistas han llegado a señalar que Af Klint habría tomado esta drástica decisión por consejo de Rudolf Steiner, padre de otro de estos movimientos místicos, la Antroposofía. De ser así, no le habría dicho lo mismo a Kandinsky, oye.

reacios a mencionar la sexualidad de la artista, aunque la escasa información de la que disponemos nos permite situarla en los márgenes de lo normativo en su época.▽ **Hilma af Klint** ni se casó ni tuvo descendencia, pero sí estableció amistades íntimas con varias mujeres a lo largo de su vida. La más conocida de estas uniones es la que entabló con Anna Cassel, a la que conoció durante sus estudios en la Real Academia de Bellas Artes y que también formó parte del grupo de Las Cinco. Recientemente se ha reivindicado a Cassel como participante activa en el proceso de creación de *Las pinturas para el templo*, además de saberse que ayudó a financiar la obra de Af Klint hasta su muerte. Parecen encarnar la típica «amistad romántica», esas uniones (supuestamente asexuales) entre mujeres de las que hablamos en el capítulo de la armonía, pero cada vez son más las voces que apuntan a un posible romance. Tal y como señala Hedwig Martin —historiadora que ha participado en varios proyectos relacionados con la artista—, con toda probabilidad fueron amantes (al menos en inicio) y mantuvieron una relación afectiva que duró toda su vida.[30]

Además de Anna Cassel, Hilma mantuvo relaciones estrechas con otras mujeres de su círculo que también se podrían leer en clave romántica. Desde este punto de vista, podría considerarse que la relación más duradera fue la que mantuvo con Thomasine Anderson, enfermera que le ayudó en el cuidado de su madre durante su convalecencia. Por su parte, la unión con Gusten Andersson, quien también formaba parte de su grupo espiritista, queda reflejada en las obras de la serie *Grandes pinturas de figuras, Serie WU/Rosa* (1907), en las que explora la dualidad masculino-femenina a través de un retrato de ambas, en el que Hilma

▽ Aunque dejó por escrito buena parte de su proceso creativo en sus cuadernos, la vida personal de Hilma af Klint sigue siendo un misterio. Sin duda, era una mujer reservada, pues, hasta ahora, no se ha encontrado entre su documentación ni una triste postal.

adopta el rol masculino y Gusten el femenino.[31] En la evolución de las obras de dicha serie se aprecia cómo ambas energías se van fusionando hasta dar lugar a imágenes cada vez más abstractas.

Esta idea de la unión de lo opuesto, que podemos apreciar en gran parte de su obra, está muy relacionada con el concepto de androginia: Hilma no solo entrelaza la energía masculina y femenina, representadas por el amarillo y el azul respectivamente, sino que también presenta en su obra figuras asexuadas, difíciles de catalogar dentro de nuestros cajones estancos del género. Es justo lo que ocurre en **The Us Series, Group VIII. No. I** (1913), pintura en la que uno de estos seres andróginos, compuesto de ambas energías, se presenta sobre una cruz blanca que divide en cuatro partes un óvalo en el que se repite este mismo esquema de fuerzas binarias.

Pasando por alto las dos figuras de arriba, que podrían leerse como femeninas, destaca uno de los recursos más comunes dentro de la obra de esta pintora: el de la caracola, con su característica concha en espiral. Al estar este elemento natural irre-

mediablemente ligado a los caracoles, para este grupo de mujeres esotéricas estaría asociado al hermafroditismo presente en esta especie.[32] Además, Hilma dejó constancia en sus notas de que la obra estaba inspirada en Sigrid Lancén, con quien también se ha planteado la posibilidad de que tuviera una relación romántica en ese momento.[33]

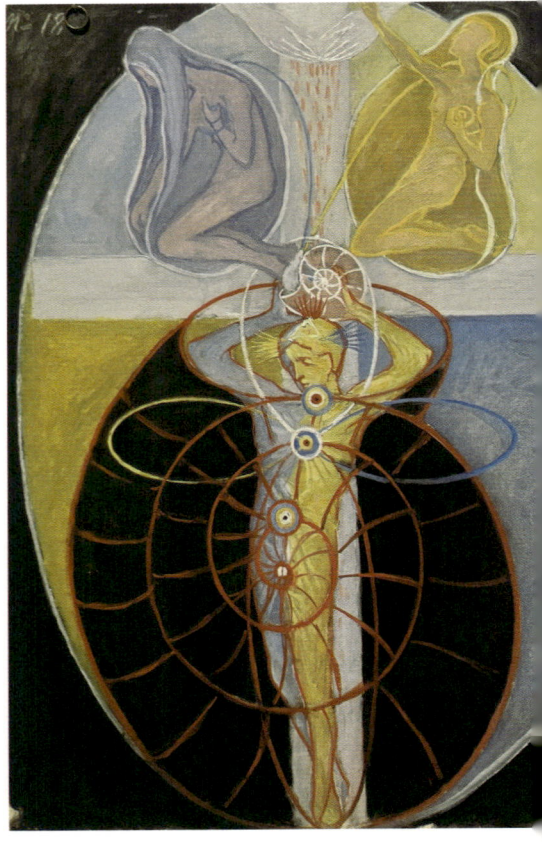

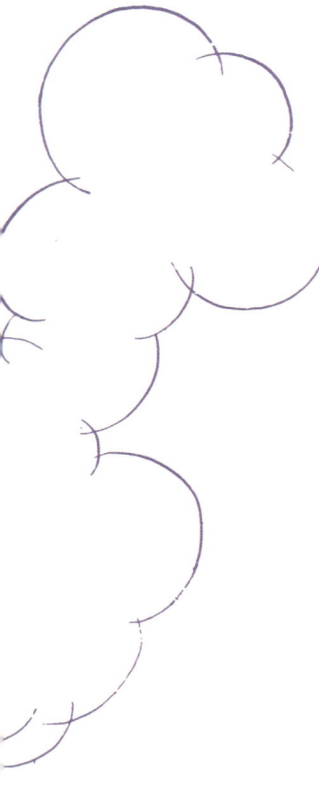

Si no encajo en ninguna, ¿puedo fundar mi propia religión?

Tomando como punto de partida la mística y la necesidad de encontrar respuestas en corrientes alternativas a los credos más extendidos, una pareja de jóvenes creó todo un movimiento estético que funcionaba a su vez como una especie de filosofía-religión: el Clarismo. Para mí, lo que buscaban el filósofo alemán Eduard von Mayer y el artista estonio Elisàr von Kupffer era crear un ideal utópico que conciliase su identidad y sexualidad con un nuevo tipo de espiritualidad.

Von Mayer estaba particularmente fascinado por el homoerotismo de las sociedades helénicas, en las que hemos visto que los encuentros sexuales entre un hombre adulto y otro bastante más joven formaban parte de su socialización. En los frescos de Pompeya, una de las pocas fuentes pictóricas conservadas de época romana, la pareja encuentra esta realidad inmortalizada a través de una serie de figuras indeterminadas. Ambos coincidían en que la masculinidad ideal era andrógina y exploraban tal concepto a través de la idea del «araphrodite» (Arafrodita) —la fusión de Ares (hombre) con Afrodita (mujer)—, que tomaba como punto de partida la ambigüedad sexual del ya citado pintor renacentista Giovanni Antonio Bazzi, más conocido por su peculiar apodo de Il Sodoma (El Sodomita).[34]

Pero lo central aquí es toda la creación artística que desarrolló Von Kupffer para su nuevo credo. Para empezar, es importante saber que muchas de estas obras beben directamente de equivalentes fotográficos: Elisàr era fotógrafo aficionado y solía utilizar a jóvenes —e incluso,

▼ Aunque nos centraremos en su pintura, Elisàr von Kupffer también fue importante en el mundo de la literatura. Editó una de las primeras y más influyentes antologías poéticas de la homosexualidad, publicada en 1900 bajo el título *Lieblingminne und Freundesliebe in der Weltliteratur* (algo así como «El amor cortés y el amor entre amigos en la literatura mundial»).

adolescentes— como modelos para sus instantáneas, que a su vez se convertían en cuadros. Solía retratarlos tal y como Dios los trajo al mundo. Literalmente. Parece ser que el encuentro que tuvo durante su viaje a Sicilia con el fotógrafo Wilhelm von Gloeden, conocido por su romantización absoluta de la Antigüedad clásica y su mirada abiertamente homoerótica, le inspiró y le ayudó a comprender el potencial de materializar los deseos a través de cuadros vivientes, siempre tomando como referencia los cánones antiguos.[35]

Sí, recurría a esos jóvenes, pero a veces él mismo se convertía en protagonista de su obra. Y ya que hemos empezado hablando de san Sebastián al inicio de este capítulo, tal vez te interese saber que fue uno de los muchos artistas que se inclinaron por retomar la imagen del santo como emblema de disidencia: se inmortalizó a sí mismo caracterizado como este, muy ligerito de ropa y atado a un árbol. Para rizar el rizo, esta imagen presuntamente se inspiró en la versión del martirio pintada por Il Sodoma. Entre sodomitas, se ve que se entienden.

Pero lo más fundamental es que ideó un programa iconográfico específico para el Clarismo, que sentaba sus bases en la cultura clásica y en la mitología —que vemos que hoy sigue bastante vinculada con el homoerotismo— y la entremezclaba con el cristianismo medieval, tradicionalmente considerado su antagonista. Partiendo de esta mezcla inesperada, consiguió construir una serie de imágenes protagonizada por figuras andróginas, con referencias reconocibles a ambos credos y plenamente coherentes con su identidad como persona disidente. Firmó estas obras bajo el nombre de Elisarion.

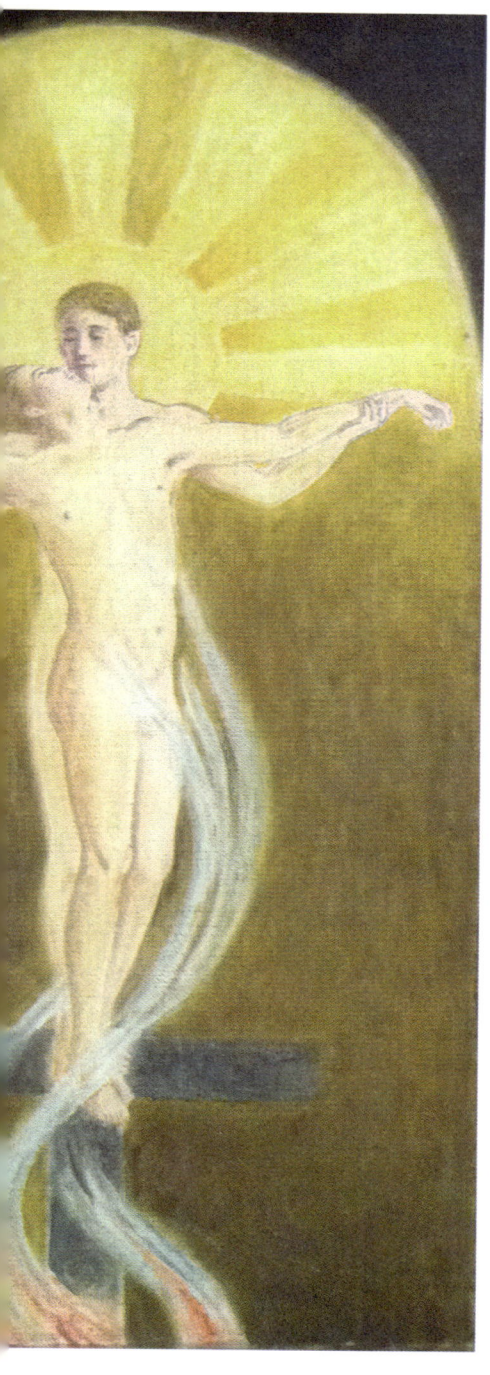

Como siempre, una imagen vale más que mil palabras. Vamos con una impactante. En ***Resurrección***, pintada hacia 1908 (se desconoce la fecha exacta), **Von Kupffer** toma como punto de partida una imagen profundamente arraigada en el imaginario cristiano: la crucifixión. Pese a que solemos asociarla al sacrificio y al sufrimiento como vía hacia la redención, el artista la reinterpreta desde su concepción del andrógino y la transforma en una imagen de elevación mística, recurriendo para ello a la representación de dos desnudos masculinos. El resultado es una composición en la que el homoerotismo no pasa precisamente desapercibido, ni haciendo el mayor de los esfuerzos.

Junto a la idealización del pasado, el artista estonio también encontró inspiración en artistas contemporáneos, cuyas ideas motivaron algunas de sus pinturas. Su obra, aunque rara vez aparece en los manuales de historia del arte (por lo que sea), puede inscribirse dentro de los pintores de la corriente simbolista, pues de ellos toma buena parte de sus referencias. Ni siquiera es necesario poner otro ejemplo: si buscas *El amor de las almas*, un lienzo pintado por el artista belga Jean Delville▼ hacia 1900, podrás reconocer, sin mucho esfuerzo, el parecido con *Resurrección*.[36]

▼ Volveremos sobre este artista en el capítulo de la intersexualidad, pero puedo adelantarte que pintar figuras andróginas era una de sus especialidades.

No es que la nueva religión tuviera muchísimo éxito, pero eso no evitó que ambos pensaran a lo grande: mientras que Hilma af Klint solo pudo imaginar su templo en espiral —sorprendentemente parecido al concepto del Guggenheim de Nueva York, donde ha sido expuesta—, Eduard von Mayer y Elisàr von Kupffer sí lograron materializar su santuario. Tras ver truncados sus planes de construir «un castillo sagrado», en 1926 establecieron su pequeño templo en su propia residencia en Minusio, una pequeña comuna en el cantón de Tesino (Suiza): el *Sanctuarium Artis Elisarion*. Allí, en una rotonda añadida algunos años más tarde, se encontraba su obra más monumental, *The Clear World of the Blissful* [El mundo claro de los bienaventurados], una representación pictórica de su paraíso ideal. De este modo, quienes se adentraran en el edificio recorrerían un camino deliberadamente oscuro que desembocaba en el clímax etéreo de esa sala, una metáfora espacial de la llegada a la iluminación de un mundo ajeno a cualquier tipo de sexualidad o género, donde vivir en libertad.[37]

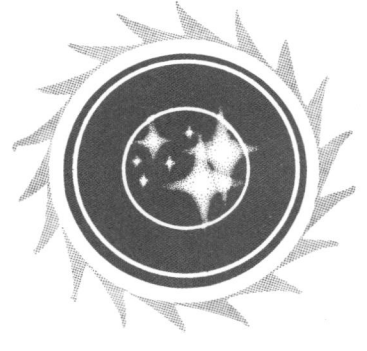

Disclaimer: Soy consciente de que muchas otras religiones habrían encajado en este capítulo, pero la limitación de espacio me ha llevado a seleccionar los ejemplos más llamativos. Aun así, a lo largo de estas páginas encontrarás más casos que remiten a la disidencia desde otras culturas y creencias completamente distintas al cristianismo. Si no los has encontrado todavía, ten paciencia.

CAPÍTULO 6

Espiritualidad: Buenas noticias para las lesbianas modernas: las monjas rompen el hábito del silencio [*Good news for modern lesbians: nuns break the habit of silence*]

1   De la Vorágine, S. (1999). *La leyenda dorada*, 1 (F. J. M. Macías, Trad.). Alianza Editorial, p. 113.

2   Vasari, G. (1914). *Lives of the Most Eminent Painters, Sculptors, and Architects* (G. D. C. de Vere, Trad.). Philip Lee Warner, p. 158.

3   Elmann, R. (1988). *Oscar Wilde* de Alfred A. Knopf, p. 83.

4   Ibid, p. 74.

5   Mishima, Y. (2010). *Confesiones de una máscara* (R. Sato y C. Rubio, Trads.). Alianza, p. 110.

6   Ibid, p. 57.

7   Kaye, R. (1996). Losing His Religion. En Horne, P. y Lewis, R. (Ed.). *Outlooks: Gay and Lesbian Visual Cultures. Lesbian and Gay Sexualities and Visual Cultures*, p. 90.

8   Mills, R. (2021). Recognizing Wilgefortis. En LaFleur, G., Raskolnikov, M. y Klosowska, A. (Ed.). *Trans Historical: Gender Plurality before the Modern*. Cornell University, p. 133.

9   Ibid, pp. 133-134.

10   Trittico di santa Liberata. (s.f.). Gallerie dell'Accademia di Venezia. Recuperado el 13 de diciembre de 2025, de https://www.gallerieaccademia.it/trittico-di-santa-liberata

11   Mills, R. (2021). Recognizing Wilgefortis. En LaFleur, G., Raskolnikov, M. y Klosowska, A. (Ed.). Trans Historical: Gender Plurality before the Modern. Cornell University, p. 140.

12   Martínez, R. (2021). *Maricones de antaño: historias LGTB de la historia*. Egales ediciones, p. 71.

13   Boswell, J. (1995). *Same-sex unions in premodern Europe*. Vintage Books, p. 148.

14   Citado en ibid, p. 148.

15   Newman, B. (Ed.) (2020). *Making love in the twelfth century: Letters of two lovers in context*. University of Pennsylvania Press, p. 240.

16   Citado en Calatrava, P. M. (2023). Edad Media. En García, F. V. (Ed.). *Historia de la homosexualidad femenina en Occidente*. Los Libros de La Catarata, p. 92.

17   Velasco, S. (2011). *Lesbians in Early Modern Spain*. Vanderbilt University Press, p. 93.

18   Ibid, p. 101.

19   Brown, J. C. (1989). *Afectos vergonzosos. Sor Benedetta: entre santa y lesbiana*, (T. Camprodón Trad.). Editorial Crítica, p. 134.

20   Ibid, p. 134.

21   Liucci-Goutnikov, N., Le Bon, L. y Rey, X. (2023). *Over the rainbow: autres histoires de la sexualité dans les collections du Centre Pompidou*. Ed. du Centre Pompidou, p. 132.

22   Navarro, C. G. y Perdices, Á. (2023). *La mirada del otro: escenarios para la diferencia*. Museo Nacional del Prado, p. 97.

23   Berdús, V. G. (2023). Antigüedad Grecolatina. En García, F. V. (Ed.). *Historia de la homosexualidad femenina en Occidente*. Los Libros de La Catarata, p. 56.

24   Ovidio, P. (2012). *Metamorfosis. Libros VI-X* (J. C. F. Corte y J. C. Llorca, Trads.). Editorial Gredos, pp. 163-164.

25   Berdús, V. G. (2023). Antigüedad Grecolatina. En García, F. V. (Ed.). *Historia de la homosexualidad femenina en Occidente*. Los Libros de La Catarata, p. 59.

26   Todos los datos citados a continuación están extraídos del informe. Rotolo, C. (2025, mayo 21). *30% of Americans consult astrology, tarot cards or fortune tellers*. Pew Research Center. https://www.pewresearch.org/religion/2025/05/21/3-in-10-americans-consult-astrology-tarot-cards-or-fortune-tellers/

27   Masters, J. [@jeffreymasters1]. (2024, 19 de enero). *Chani Nicholas: Why do queer people love astrology?* [Vídeo]. YouTube. Recuperado el 14 de diciembre de 2025, de https://www.youtube.com/watch?v=nxOU9sHwEi8 (11:38 - 11:50).

28   Visto en Aguirre, L. (2025). Hilma af Klint: una mujer de su tiempo. En *Hilma af Klint*. La Fábrica, Guggenheim Bilbao, p. 30.

29   Hessel, K. (2022). *Historia del arte sin hombres*. Ático de los libros, p. 104

30   Visto en Aberth, S. L. (2023, abril 19). Spirited away. Artforum. Recuperado el 15 de diciembre de 2025, de https://www.artforum.com/columns/who-painted-hilma-af-klints-otherworldly-visions-252631

31   Grandes pinturas de figuras (1907). (s.f.). Museo Guggenheim de Bilbao. Recuperado el 19 de diciembre de 2025, de https://www.guggenheim-bilbao.eus/exposicion/grandes-pinturas-de-figuras-1907

32   Steorn, P. (2025). Artists' lives, emotions and intimate relationships: a queer perspective on the advent of modernity in nordic art. En Katz, J. (Ed.). *The First Homosexuals: The birth of a new identity 1869-1939*. Monacelli Press, p. 107.

33   Ibid, p. 107.

34   Delille, D. (2014). *Queer Mysticism: Elisàr von Kupffer and the androgynous reform of art*, p. 49

35   Ibid, p. 50.

36   Ibid, p. 54.

37   Elisarion: Condition before the restoration.
(s.f.). Santuarium Artis Elisarion. Recuperado
el 18 de diciembre de 2025, de https://www.
elisarion.ch/en/the_cyclorama/the_restoration/
condition_before_the_restoration.html

INTERSE X

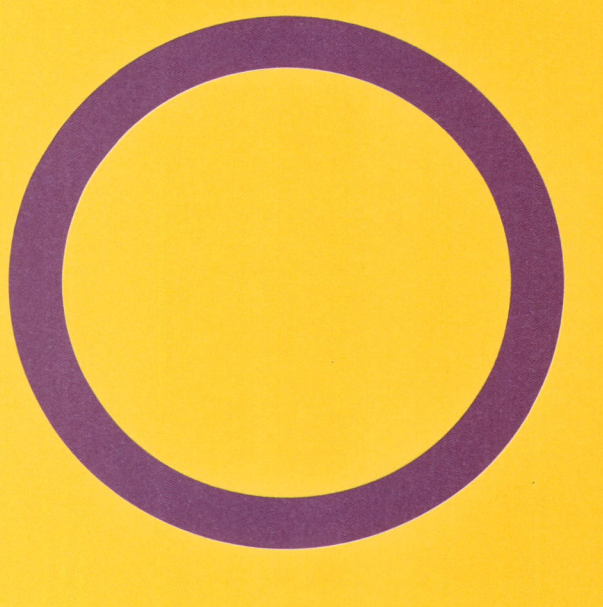

XUALIDAD

Emblemas Morales
SEBASTIÁN DE COVARRUBIAS, 1610

Soy varón, soy mujer, soy un tercero que no es uno, ni otro, ni está claro

Nos han enseñado que existen dos sexos y lo han hecho como una verdad inmutable. Pero ¿ha sido siempre así? Te sorprenderá saber que la historia está repleta de casos que transgreden esta norma y que, lejos de tratarse de experiencias aisladas o clandestinas, su existencia se relacionó incluso con figuras veneradas, como las de los dioses. Exploraremos cómo las realidades que hoy denominamos intersexuales, así como aquellas que se escapan de los atributos tradicionalmente asociados al sexo asignado, han tenido también su huequito en las artes.

Hermafrodito siempre estuvo acompañado

A principios del siglo XVII, en Roma, apareció una obra que levantaría pasiones entre los artistas de la época. Como suele pasar con muchas de las esculturas clásicas, se trataba de una copia romana de un original griego del siglo II a.C. (hoy desaparecido debido a la costumbre de los helenos de usar el bronce como material creativo). ▼ Lo curioso de la escultura, y lo que causaba tantísima fascinación, era su ambigüedad. Vista desde la parte posterior, es decir, su espalda, la figura se identificaba como una mujer: además del pelo recogido y del rostro estilizado, apoyado en su propio brazo sobre el que duerme plácidamente, la forma voluptuosa de sus caderas y la delicadeza del resto de su cuerpo no llevaron a los contemporáneos a pensar otra cosa. Pero desde el lado opuesto, se revelaba algo que, al menos para ellos, era inesperado: más allá de unos pechos insinuados, esta vista permitía reconocer con claridad un pene.

La escultura se inspira en un mito clásico, el protagonizado por Hermafrodito, cuyo nombre, al parecer, no era tan original como lo es su historia, pues procede de la suma de los de sus padres, Hermes y Afrodita.[1] Tomando como referencia a Ovidio, poeta romano que se explaya especialmente con el tema, todo empieza cuando la ninfa Salmacis se enamora perdidamente de este efebo, que al parecer era guapísimo, pero que, por lo que sea (ya tú te lo imaginas), tenía muy poco interés por las mujeres.[2] Sin tener ni idea de lo que significa el consentimiento —en esto Zeus era todo un especialista—, la ninfa se mete con él en un

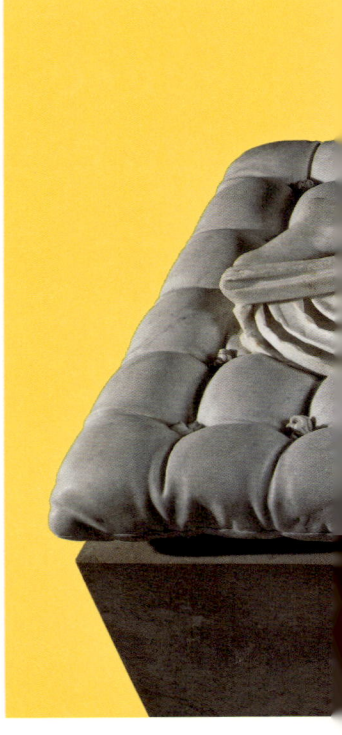

▼ El bronce es un material fácilmente reutilizable. Se cree que la mayoría de las esculturas griegas fueron fundidas para crear material constructivo y armas. ¿Quién sabe? Tal vez el *Hermafrodito* original acabase siendo un cañón de guerra.

lago y lo abraza por la fuerza. Al ver que este se resiste, obsesionada y fuera de sí, pide a los dioses que no los separen nunca. Y así es como sus dos cuerpos se fusionaron y formaron uno solo: masculino y femenino a partes iguales.

Aquella escultura del **_Hermafrodito durmiente_** causó furor entre los señores barrocos. Si algo les atraía —al igual que había ocurrido en el periodo helenístico, momento en el que se creó la obra original— era la insinuación, la sorpresa y la teatralidad llevada a niveles inconfesables.[3] Eso es precisamente lo que les pareció encontrar en esta figura: algo que se salía de lo que para ellos era la norma. La obra se incorporó a la colección de esculturas clásicas de la familia Borghese, que no dudó en solicitar al escultor más querido del momento,

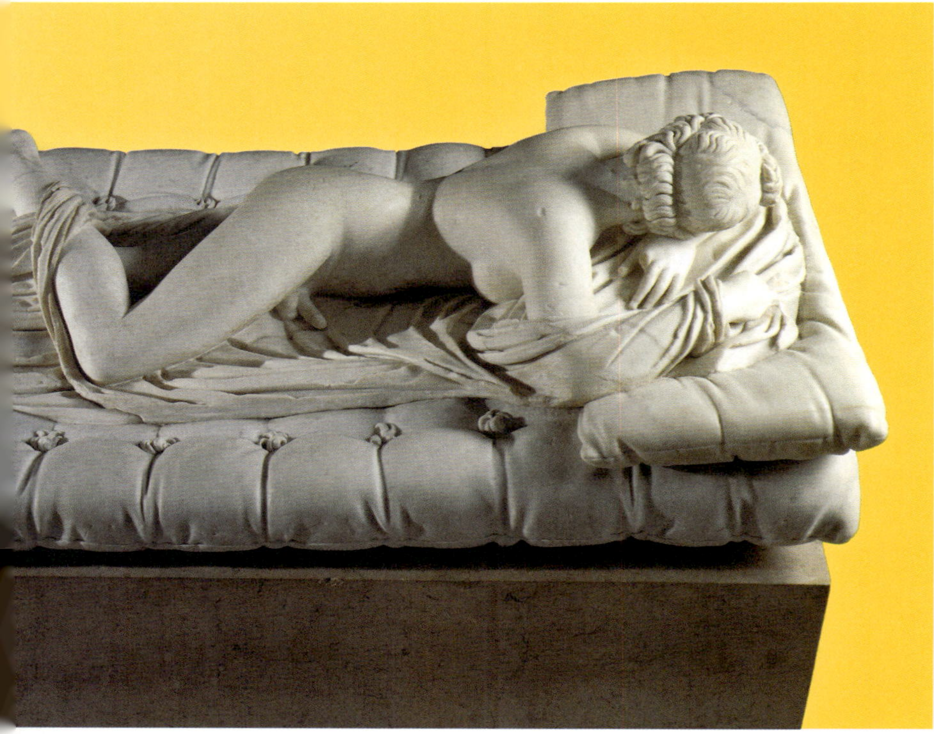

Gian Lorenzo Bernini, que le añadiera un colchón abotonado de lo más realista. Un añadido que, desde luego, refuerza la sensación de que el Hermafrodito descansa plácidamente.

Hoy, la escultura original con el añadido se conserva en el Louvre, en París. Pero una de las cosas que prueba la importancia de esta obra es la existencia de múltiples copias y reinterpretaciones de la misma. En el propio Museo del Prado se conserva un vaciado en bronce▼ de esta figura, que cobra incluso más valor cuando sabes que quien la encargó fue el mismísimo Velázquez.

Aunque *Hermafrodito durmiente* es la representación más famosa de este personaje mitológico, no es ni de lejos la única imagen que conservamos al respecto. Eso sí, más allá del arte antiguo, la mayoría de artistas que eligieron representar esta escena prefirieron centrarse en el momento justamente anterior a la unión de ambos cuerpos. En el propio Louvre, por ejemplo, se conserva una escultura también de época helenística que, aunque repite el mismo concepto, lo hace de forma sutilmente diferente: peinada y vestida con una túnica que permite intuir sus pechos, la figura se levanta la vestimenta para revelar un pene erecto.

Esta misma ambigüedad también aparece en ciertas representaciones de otros dioses del panteón grecorromano. En algunas imágenes podemos encontrar a Eros, el dios griego del amor, representado en una versión hermafrodita, tal y como puede verse en un cántaro conservado en el Museo Arqueológico Nacional (MAN). Lo mismo ocurría con Dionisio, dios

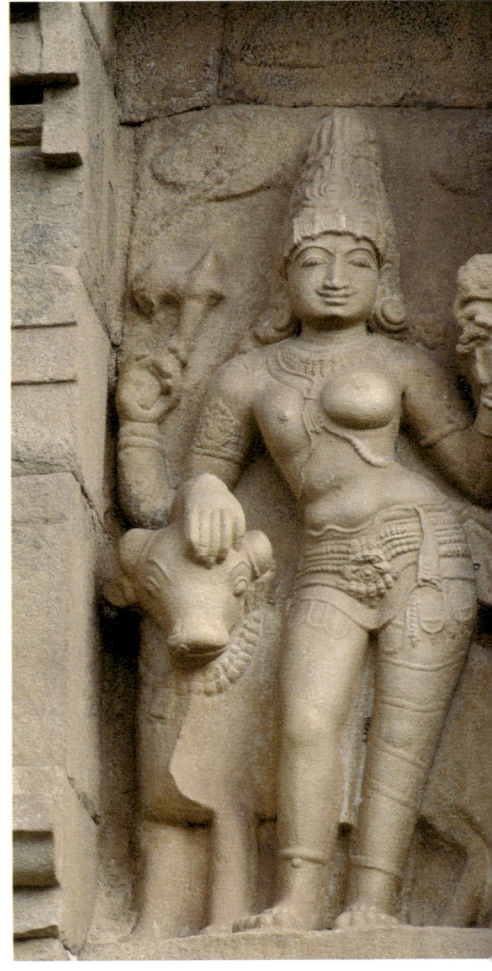

▼ Esta es la técnica más popular para obtener esculturas de metal y se consigue a partir de una figura modelo de cera. Esta se recubre con varias capas de otro material maleable pero resistente a altas temperaturas, como escayola o arcilla, se fija y se le practican una serie de agujeros, conocidos como «bebederos», por donde se dejará salir la cera una vez derretida tras introducirse en horno. Una vez

del vino y de la fertilidad, quien también podía aparecer representado con características sexuales duales.

Lo curioso viene ahora, porque la idea de una divinidad andrógina, un personaje que mezcla atributos de ambos sexos, no es exclusiva de los dioses grecorromanos; puede rastrearse en culturas de todo el mundo. El caso más parecido que he encontrado es el de **Ardhanarishvara**, una deidad hindú que simboliza la fusión entre Shiva, conocido como el destructor (pero al menos es considerado y después de destruir el universo lo renueva), y su mujer, Parvati. En algunas versiones, esta fusión también ocurre con Shakti, una representación de la energía femenina que encarna la fuerza creadora, destructiva y transformadora de la vida. Al igual que con Hermafrodito y Salmacis, ambas figuras se fusionan en un solo ser, pero con una representación artística completamente distinta: aquí, un único cuerpo se divide en su centro por una línea vertical invisible que separa los atributos masculinos a la derecha y los femeninos a la izquierda.

Si seguimos rastreando ejemplos, en Mali, en África, podemos encontrar a los *Nommo*, los espíritus ancestrales del grupo indígena de los dogón. Lo curioso en su caso es que, aparte de definirse como hermafroditas, también se conciben como anfibios, capaces de transitar el agua y la tierra.[4] Conservamos algunas esculturas en las que se les representa, casi siempre con los brazos hacia arriba —en lo que se ha interpretado como un gesto ritual— y con una apariencia completamente andrógina.

Bajo un prisma actual, todas las deidades que hemos mencionado podrían leerse como repre-

vacío, añadiríamos el metal deseado —el más común es el bronce— y lo dejaríamos enfriar antes de sacarla del molde. Es importante someter la obra a un proceso posterior para eliminar imperfecciones y pulirla, pero la imagen principal se obtiene a partir de este proceso.

sentaciones de la intersexualidad. No te culpo si este concepto no te suena, pues, de todas las letras de nuestro acrónimo, la «i» es, de lejos, la más desconocida. A veces casi da la sensación de que viene de *invisible*. Sus protagonistas rara vez ocupan titulares; la mayoría toma la decisión de mantener su historia en privado, conscientes del estigma al que todavía se enfrentan a día de hoy. A lo largo de los siglos, estas personas han sido silenciadas, señaladas e incluso empujadas a mutilar sus cuerpos para hacerlos encajar en lo considerado «normal». Creo que este patrón atraviesa todos los capítulos, pero una de las conclusiones que espero que saques de esta lectura es que lo normal no existe.

Aunque suponga apartarnos un poco del tema, creo que por su desconocimiento merece la pena dar una definición básica. Se considera que las personas intersex son aquellas que presentan características sexuales que no se ajustan a las nociones binarias tradicionales. Es decir, desde los parámetros normativos, sus cuerpos a menudo son difícilmente catalogables como masculinos o femeninos. Precisamente a partir del mito del dios Hermafrodito, hasta hace más bien poco, a estas personas se las conocía como «hermafroditas». Aunque los términos «intersex» y «hermafrodita» se usan como sinónimos, no significan lo mismo. Si bien algunas personas intersexuales han intentado reapropiarse esta palabra —como se hizo con la palabra «maricón» o «bollera»—, la mayoría de la comunidad considera que es un término impreciso y estigmatizante.

Creo que el motivo principal por el que la intersexualidad está tan estigmatizada es porque parte de la diferencia: su existencia desmonta la idea de que solo existen dos únicos sexos posibles. Y antes de que pienses que no cuenta porque representa una anomalía o una excepción, deberías saber que varios organismos y expertos —entre ellos la ONU— han estimado que alrededor de un 1,7 % de la población mundial es intersexual.[5] Si tomamos esta cifra como cierta, ▼ significa que existe casi el mismo número de personas intersexuales que de personas pelirrojas (obviamente solo cuentan las naturales), teniendo en cuenta que estos últimos se estiman en torno al 2 % de la población.

▼ Tomamos esta cifra de referencia porque es la defendida por las asociaciones *intersex* y la más extendida en general, pero sigue estando en cuestión. Es muy difícil determinar el número exacto de personas que entrarían dentro de esta categoría, además de que en el ámbito científico hay un debate sobre si determinadas variaciones entrarían o no dentro de este espectro.

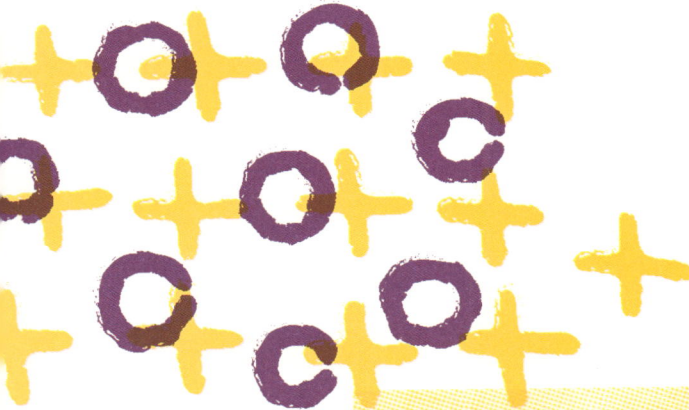

En realidad, hermafrodita es un término científico que hace referencia a organismos vivos que poseen órganos reproductores masculinos y femeninos capaces de generar esperma y óvulos, ya sea de forma simultánea o de forma alterna en distintas etapas de su vida. Aunque suene curioso, es algo común en muchas especies, sobre todo en plantas, pero también existen algunos animales invertebrados que entran en esta categoría, como los caracoles o las lombrices de tierra.

Desde finales del siglo XVIII, y sobre todo en el siglo XIX, varios tratados médicos estudiaron la posible (o no) existencia del hermafroditismo perfecto en seres humanos, pero en la actualidad (y desde principios del siglo XX) esta posibilidad está más que descartada. Aunque se siguió usando la palabra *hermafrodita* durante un tiempo, hoy se prefiere intersexual, un término paraguas que incluye decenas de variaciones distintas en las características sexuales. Estas pueden ser visibles a nivel genital, pero dependiendo de la variación pueden aparecer solo en las gónadas (los ovarios y los testículos) o en los cromosomas. Y para derribar un estereotipo importante: no es ninguna enfermedad, es algo natural.

Pero, volviendo a los dioses —los mismos que hemos visto que podríamos considerar un precedente de la intersexualidad—, el hecho de que estén presentes en tantos y tan diversos panteones podría llevarnos a pensar que, en sus respectivas culturas, esta realidad estaba más que aceptada. En algunos casos fue así, pero en la mayoría la realidad resulta bastante más triste. Vuelvo a repetir lo mismo: salirse de la norma supone vivir el estigma y el rechazo. Suena irónico, pero en muchas de estas culturas, la androginia celestial se celebraba y adoraba, pero la terrestre se castigaba y perseguía. Triste pero cierto.

Los mitos eran la particular forma de las sociedades antiguas de explicar cómo funcionaba el mundo y el origen de quienes habitaban en él. Igual que la fábula de Aracné surge para dar una explicación al origen de las arañas, o el mito de Apolo y Dafne hace lo propio con el laurel y su asociación con la victoria, la historia de Hermafrodito sirve para legitimar la existencia de personas cuyos cuerpos se escapaban del binomio masculino-femenino, aunque no siempre se manifestaran como un reflejo de la corporalidad del dios. Tampoco debemos idealizarlo: Hermafrodito nació como una figura asociada a lo prodigioso, lo híbrido, lo que se escapa de lo común. Era una divinidad que justo por su dualidad se relacionaba con el amor y la fer-

tilidad, pero esto no se tradujo en una mayor aceptación social de las personas que vivieron realidades corporales semejantes a la suya.

Cariño, ¿esto que he parido es un niño?

No conservamos demasiada información de Grecia en relación con la intersexualidad, pero sí sabemos que, en Roma, cuando nacía un bebé con características sexuales ambiguas, en el mejor de los casos se le asignaba el sexo que se consideraba predominante observando sus genitales. Pero en muchos otros, el nacimiento de esta clase de niños y niñas se leía como un mal presagio del que hacía falta deshacerse mediante un ritual no especialmente sangriento, pero sí cruel: abandonarlos a su suerte y dejar que se ahogasen. Por ejemplo, conservamos un texto del año 200 a.C. (Liv. XXXI, 12, 6-10,) que da fe de esta costumbre:

«En la Sabina había nacido una criatura que no se sabía si era niño o niña, y había aparecido otro chico, de dieciséis años ya, también de sexo incierto... Se consideró que todos estos seres eran monstruosos y aberrantes, fruto de una

naturaleza que pervertía las especies; fueron rechazados con particular horror los hermafroditas, dando orden de echarlos al mar inmediatamente, como se había hecho poco antes, durante el consulado de Gayo Claudio y Marco Livio [207 a.C.], con un engendro parecido».[6]

Pero no siempre era así. En este sentido, nos interesa el testimonio que Plinio el Viejo emite en el siglo I d.C., en el que señala que antes a este tipo de personas se las veía como monstruos, pero que en su época pasaron a ser más bien objeto de maravilla, y que solían dedicarse al trabajo sexual.[7] Esta es una realidad a la que todavía se enfrentan las personas intersex (compartida también con muchas personas trans): la dicotomía entre ser rechazadas y odiadas o convertirse en una mera fantasía sexual.

La ambivalencia entre maravilla y condena continuaría en la Edad Media. Aunque fue una época profundamente cristiana, las creencias de la nueva religión imperante a menudo convivían con ideas heredadas del paganismo. Justo en este punto encontramos los *bestiarios*, libros manuscritos llenos de miniaturas preciosas que recogían animales reales, pero, sobre todo, desplegaban un universo de bestias y seres monstruosos. Y, entre todos ellos, se colaba algún que otro personaje que podría leerse como intersexual.

Aunque no es exactamente un bestiario, creo que es especialmente curioso el ejemplo que se conserva en *Maravillas del Este*, uno de los muchos textos sobre razas monstruosas y criaturas de anatomías y costumbres extraordinarias que vivían más allá de Europa. Esta obra, creada entre los siglos X y XII en Inglaterra, incluye entre sus páginas una miniatura que representa a una figura no binaria, mitad masculina y mitad femenina, que en la versión anglolatina se describe como un «hermafrodita».[8] Más allá de fantasear con la idea de la capacidad de estos personajes para cambiar de género a su antojo, la imagen podría seguir la descripción de un manuscrito anterior, el *Liber Monstrorum* [Libro de los monstruos], que describe a este tipo de personas con *«un pecho derecho como el de un hombre para realizar el trabajo y un pecho izquierdo como el de una mujer para alimentar a los niños».*[9]

Como te puedes imaginar, los libros tuvieron un importante papel en lo que a la percepción de las personas intersex se refiere. Profundizar en todos da para escribir un libro aparte (ironías de la vida), pero sí creo que es interesante mencionar uno de ellos, cuya influencia abarcó desde su aparición en el siglo XVI hasta finales del siglo XIX: me refiero al *Aristotle's Masterpiece* [La obra maestra de Aristóteles]. Pista: ni es de Aristóteles ni es una obra maestra. Lo que sí fue es uno de los manuales sobre embarazo y sexo más populares de la época, sobre todo en Inglaterra y en las colonias americanas. Entre consejos y pasos a seguir de cara al nacimiento de un bebé, los más curiosos son los llamados «partos monstruosos» y sus causas, que se asociaban o bien a pensamientos impuros de la madre o bien a relaciones sexuales como mínimo cuestionables. Entre sus *hits* está la mujer que copuló con un perro y dio a luz a una bestia mezcla de ambos, o la señora que tuvo un hijo negro por haber soñado con alguien negro. ¿No te parece... mágico?

Aristotle's Masterpiece también mencionaba a sujetos que entran dentro de las definiciones de intersex (aunque no están señalados como tal). Eso sí, el libro añade un poco de fantasía por el camino. Por ejemplo, cuenta cómo en 1512, en Rávena, nació un niño con un cuerno en la cabeza, dos alas y una garra, que además tenía «los genitales masculinos y femeninos, y el resto del cuerpo como el de un hombre».[10] Con esta descripción, dan ganas de hacerse una ligadura de trompas.

La barba no es solo para los hombres

Aunque es difícil identificar y señalar con toda seguridad casos históricos de ambigüedad sexual —más aún cuando tratamos de hacerlo a través de representaciones artísticas—, la historia está plagada de ejemplos de disidencia, en los que el aspecto físico de sus protagonistas no casa en absoluto con los estereotipos del género asignado. Dentro de las variaciones hormonales, también presentes en muchas personas intersex, vale la pena detenernos en el ejemplo de las mujeres barbudas. Nuestro imaginario colectivo estereotipado hace que nos resulten sorprendentes, pero lo cierto es que son bastante comunes. Aunque tal vez el caso más conocido es el de Magdalena Ventura, una señora italiana famosa por ser retratada por **José de Ribera**, una de las figuras clave del barroco español. Me refiero al lienzo *La mujer barbuda* que hoy cuelga en una de las salas del Museo del Prado, aunque la mayoría no sabe que en realidad forma parte de la colección Fundación Casa Ducal de Medinaceli.

Magdalena se alza con una actitud serena y devuelve la mirada a todo aquel que posa sus ojos sobre ella. Su rostro, con una barba frondosa y unas innegables entradas, contrasta con lo que se encuentra un poco más abajo: su vestido deja

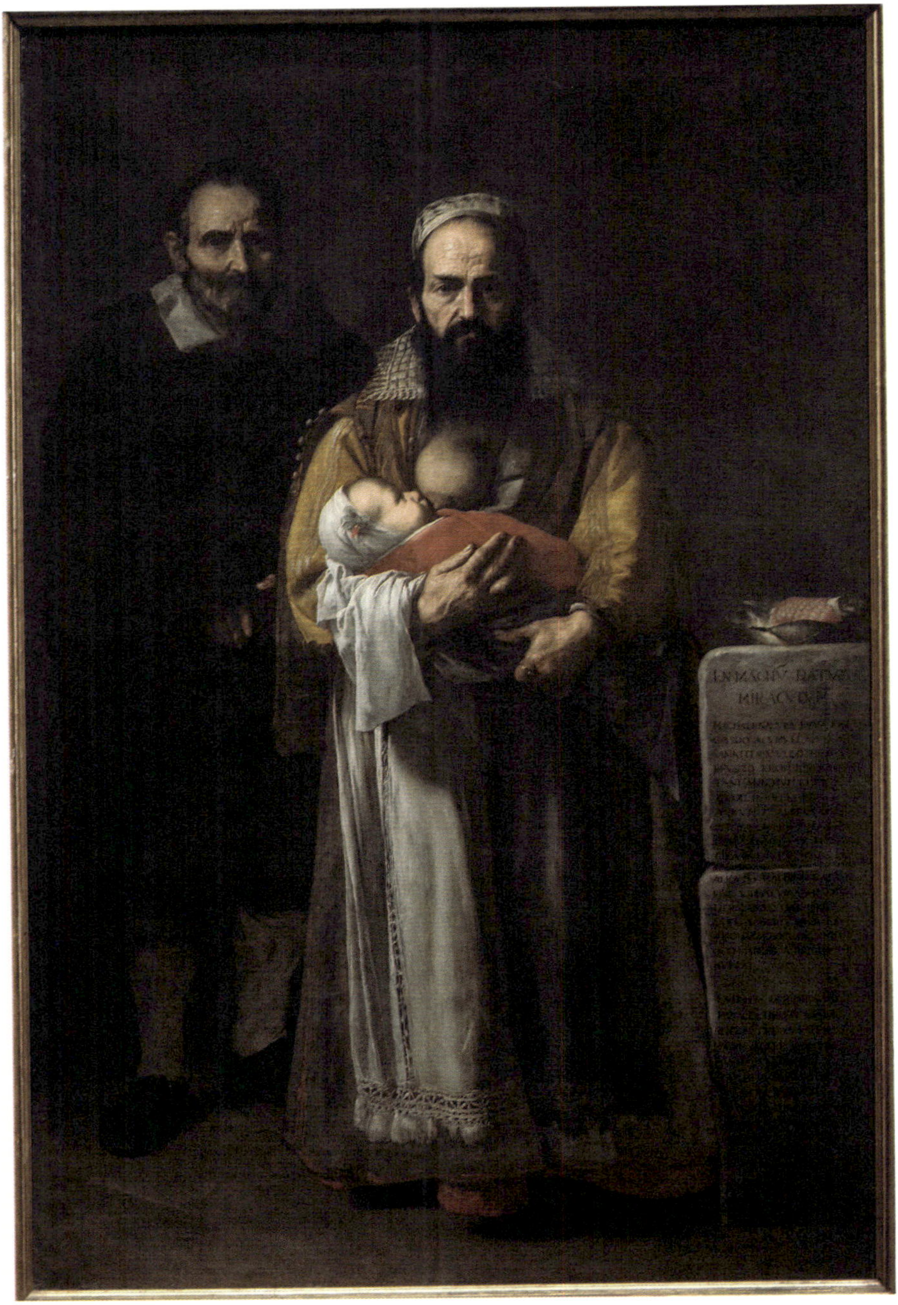

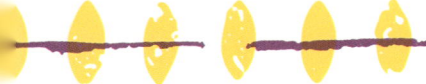
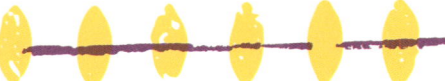

ver uno de sus pechos, con el que está dando de mamar a un bebé. Sabemos que Ventura tuvo varios hijos y que sus cambios hormonales no empezaron a darse hasta los 37 años ▼ (tal vez a raíz de la menopausia), pero cuando posó para esta obra tenía 52, así que no parece muy verosímil que estuviera recién parida.[11] Lo más probable es que ese bebé fuera un añadido gamberro del pintor, una excusa para hacerlo más exagerado y teatral —porque si no es barroco, me sabe a poco— y crear más contraste entre los polos femeninos y masculinos.

Si conocemos tantos datos sobre esta mujer es, en parte, gracias a la inscripción en latín que Ribera metió en el cuadro, disfrazada de una especie de lápida de piedra. En ella nos presenta a Magdalena como «el gran milagro de la naturaleza». Además de tirarse flores (el pobrecito mío no tenía abuela), cuenta que la obra fue pintada el 16 de febrero de 1631 y que fue fruto de un encargo del virrey de Nápoles. Otro de los datos que ofrece es que esta mujer estaba casada con un tal Felici di Amici, el señor que aparece al fondo entre las sombras, a quien muchos no han dudado en comparar con san José en las representaciones de la Sagrada Familia, aquellas en las que este aparece acompañando a la Virgen y al niño. La verdad es

que no entiendo muy bien este punto, digo yo que en algo participó para que naciera ese niño...

Creo que es interesante que te fijes en los objetos que aparecen sobre esta misma lápida. Uno es sin duda un huso de hilar, colocado de forma estratégica para reforzar el género de esta mujer, dado que esta es una labor indudablemente femenina. Pero el dilema está en el otro objeto, que todavía no se sabe muy bien qué podría representar. Aunque hoy la mayoría de expertos cree que sería otro instrumento para tejer —probablemente una rueca de mano—, algunos investigadores han visto en él una caracola o algún tipo de molusco, en un intento de asociar esta obra con la representación del hermafroditismo.[12]

Han pasado casi cuatro siglos desde que la existencia de Magdalena quedase atrapada para siempre en ese lienzo. Tenemos la suerte de que fuera con toda clase de detalles (ya sabes que los amigos barrocos eran muy aficionados al naturalismo descarnado y sin adornos). Pero, incluso con el tiempo que ha pasado, seguimos sin ser capaces de normalizar su existencia. Te invito a que hagas la prueba: detente un rato en su sala en el Prado y escucha los comentarios de las personas que descubren esta imagen por pri-

---

▼ Todo parece indicar que Magdalena tenía hirsutismo, un desajuste hormonal producido por múltiples causas que lleva a algunas mujeres a un mayor crecimiento de vello en varias zonas del cuerpo, entre ellas la cara.

mera vez. Las reacciones van del horror a la sorpresa, de la risa a la confusión, pero lo que casi nunca se ve es indiferencia. Y si no tienes tiempo para esto, te doy una opción para hacer el experimento desde el sofá de tu casa: prueba a ver un documental que RTVE dedicó a la obra en 1983. Vale, ha llovido mucho desde entonces, pero es impactante. Entre las perlitas de sus protagonistas, creo que el pensamiento general puede resumirse en este comentario:

«Lo que yo no entiendo es lo que debió sentir para pintar semejante monstruo. Porque es un monstruo, no es normal».[13]

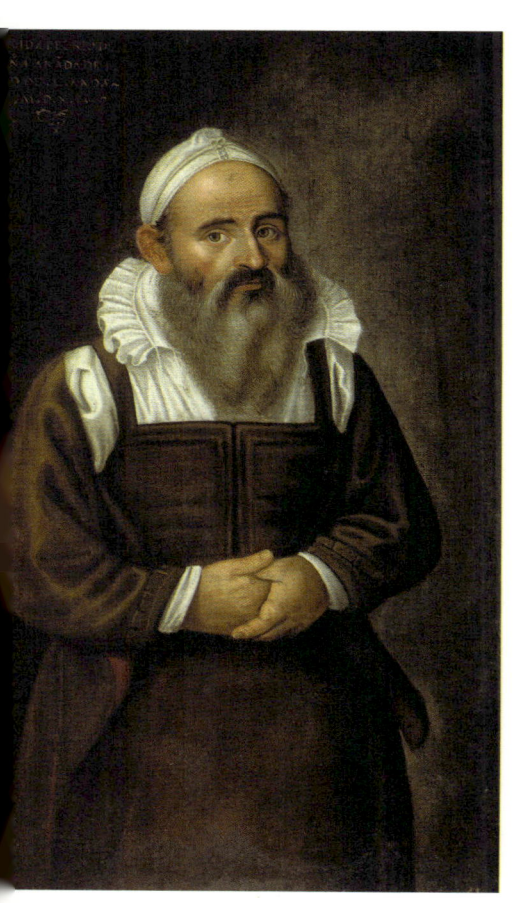

Pero, como decíamos unos párrafos más arriba, el caso de Magdalena Ventura no fue tan excepcional como ha querido venderse. Aquí en España tenemos a **Brígida del Río, la barbuda de Peñaranda**. Fue todo un fenómeno en el siglo XVI, cosa que en parte le vino bien (por verle algo positivo), ya que encontró así una forma de ganar algo de dinero a cambio de dejarse ver. La prueba de su fama la tenemos en la existencia de varios retratos suyos, siendo el más famoso tal vez el de **Juan Sánchez Cotán**, pintado hacia 1590 y que el Museo del Prado se empeña en mantener oculto en los almacenes. Con lo bien que quedaría junto a Magdalena, oye.

Pero la influencia de Brígida no solo es patente en las artes visuales, sino que también queda reflejada en varios ejemplos de la literatura del Siglo de Oro español. El caso más llamativo y el que mejor ejemplifica la visión contradictoria que se tenía de este tipo de personas —entre la maravilla y el horror—, es sin duda el de Sebastián de Covarrubias, quien en 1610 decidió incluir un retrato suyo en sus *Emblemas morales*, al que acompaña este texto:

«Soy hic, et haec, et hoc. Yo me declaro

Soy varón, soy mujer, soy un tercero

que no es uno ni otro ni está claro

Cuál de estas cosas sea. Soy terrero

De los que como a monstruo horrendo y raro

Me tienen por siniestro y mal agüero.

Advierta cada cual que me ha mirado

Que es otro yo si vive afeminado».

La cita puede interpretarse como una reivindicación de las realidades que transgreden las normas de género tradicionales, incluso parece insinuar la existencia de un género neutro. Pero, pese a todo, habla también de una percepción de la persona en cuestión como monstruosa. La última frase es la que más debates ha levantado, aunque para mí la interpretación es más que obvia: una vez más vemos una criminalización de la feminidad. En todo caso, el motivo por el que me ha resultado interesante incluir esta cita de Covarrubias, es más bien por el texto que la acompaña a continuación: el pasaje del mito del Hermafrodito según Ovidio.

Soy consciente de que los dos ejemplos de mujeres barbudas en los que he querido profundizar son europeos y con claras vinculaciones con España (porque una tira a lo que conoce), pero no me gustaría que te quedaras con la idea de que este fenómeno fue exclusivo de nuestro continente. En México, en pleno siglo XIX, tenemos el caso de Julia Pastrana, descendiente de la tribu nativa americana Root-Digger, que fue reclutada y exhibida por todo el continente (y parte de Europa) solo por el hecho de ser muy peluda y tener una dentadura inusualmente pronunciada.[14] Los testimonios —de nuevo entre la fascinación y el odio— llegaron a calificarla de monstruosa, mujer oso (o, a veces, babuino y simio), ser extraordinario y bautizada con el dudoso honor de ser «la mujer más fea del mundo». Casos como el de ella o el de Sara Baartman,[15] que tenía el culo más grande de lo normal debido a la esteatopigia, reflejan un interés por la dualidad de «lo primitivo» y «lo civilizado» que lleva a legitimar el ego burgués y que es innegable que tiene ciertos tintes racistas.

En el Barroco, las cortes europeas estaban repletas de personas que se salían de «lo común». Entre las gentes que rodeaban a Felipe IV, por ejemplo, tenían un gran protagonismo las personas con acondroplasia, que hacían las veces de bufones y a los que Velázquez retrató con una dignidad sin precedentes. Pero aquí todo lo diferente tenía cabida: en el Museo del Prado (no voy a comisión) se conservan dos retratos de una niña de unos seis años, Eugenia Martínez Vallejo, desnuda y vestida, cuyo único pecado fue ser más grande que el resto de chicas de su edad. Creo que es particularmente llamativo —al hilo de las mujeres barbudas— el caso de las personas con hipertricosis, un trastorno que causa un crecimiento excesivo de vello que puede darse en todo el cuerpo, y que el folklore y la mitología han transformado en hombres lobo. Por su parte, la pintora italiana Lavinia Fontana retrató hacia 1580 a una niña cubierta de pelo, Antonietta Gonsalvus, en el que es uno de los retratos más curiosos y delicados de la historia.

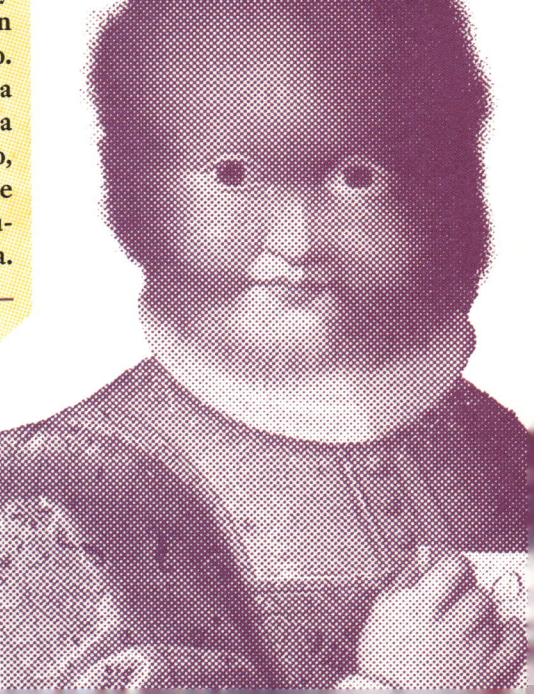

No hay nada más perfecto que un pene

Creemos en el sexo como una verdad biológica inmutable. Pero, al igual que ocurre con el género, también ha sido estudiado, interpretado e incluso transformado. Hasta el siglo XVIII, la idea más extendida (aunque no exenta de críticas y debates) era que hombres y mujeres proveníamos de un mismo sexo. Según esta teoría, el cuerpo masculino era el modelo completo, mientras que el femenino se entendía como una versión inacabada del mismo. Las diferencias anatómicas se explicaban por una supuesta falta de calor durante el embarazo: si el feto no desarrollaba suficiente calor vital, los genitales no «salían» al exterior. Galeno de Pérgamo, médico de referencia durante siglos, defendía que los genitales eran esencialmente los mismos en ambos casos, solo que en las mujeres estaban invertidos. Y precisamente por eso se las consideraba imperfectas, ya que el cuerpo canónico era el masculino.[16] Gracias, supongo.

Tampoco nos libramos de la misoginia cuando se definieron los dos sexos diferenciados que estudiamos hoy. Yo sigo dándole vueltas a las ideas de Sigmund Freud, que cierto día se levantó inspirado y creó la bautizada como la teoría de «la envidia del pene». Solo por el nombre ya pinta fuerte, ¿verdad?

El padre del psicoanálisis —recordado por éxitos como aquella vez que encontró un supuesto buitre oculto en un cuadro de Leonardo da Vinci y decidió relacionarlo directamente con el deseo homosexual— creía con firmeza que las mujeres cis nos sentimos castradas y acabamos anhelando un pene dentro de nosotras, bien en formato bebé (tener un hijo) o bien en formato placer sexual.

Pero, volviendo a esas ideas primitivas, creo que lo más interesante de leer los textos previos a la Ilustración —y también a los avances médicos y científicos asociados a ella— es darse cuenta de que en ellos el género parece tener más peso a la hora de definir a la persona, mientras que el sexo funciona más bien como un complemento, un epifenómeno.[17] No sé si te habrás dado cuenta, pero es justo la noción contraria a la que tenemos asentada ahora.

Así, al ser las personas con vulva personas cuyos cuerpos imperfectos fueron incapaces de dejar salir el pene (a Freud le gusta esto), se veía factible que pudieran experimentar ciertas transformaciones al exponerse, por ejemplo, a temperaturas demasiado elevadas. Esta idea no era otra cosa que una forma peculiar de justificar ciertas realidades intersex, pues se tiene constancia de infinidad de casos en los que, con la pubertad, el cuerpo se transforma y adquiere características que podían asociarse más bien con el sexo contrario al que se tenía asignado.

Aunque por desgracia no tenemos una pintura que lo ilustre, me parece interesante hablar de uno de los casos de transgresión del género más curioso que se conocen y que tiene mucho que ver con este concepto. Ocurrió aquí en España, en pleno siglo XVI: me refiero a Eleno/Elena de Céspedes. Si tienes curiosidad, te animo a que lo busques en el Portal de Archivos Españoles (PARES),[18] porque incluso la propia Inquisición estaba tan confusa con el género de esta persona que se la reconoció con ambos nombres. Eso sí, para entender el documento tendrás que dar unas cuantas clases de paleografía.

Céspedes nació en Alhama de Granada. Descendía de una esclava negra y del señor al que servía. Una vez creció, en su condición de esclava liberta, se casó con un tal Cristóbal Lombardo, que huyó mientras estaban esperando un hijo. Céspedes también hizo lo propio con ese bebé, al que dejó con una familia, y se fue por ahí a vivir la vida (y a meterse en alguna que otra pelea, todo sea dicho). Poco después decidió vivir una especie de transición a hombre: empezó a vestirse como tal e incluso cambió su nombre, desempeñando varias profesiones relacionadas con ese estatus, entre ellas la de

soldado. También se formó como cirujano e incluso llegó a ejercer como tal.

El drama empieza cuando se enamora de una mujer, una tal María del Caño, y decide casarse con ella. Ante la ausencia de barba —el principal atributo viril, por supuesto— empieza a circular la sospecha de que podría ser mujer o eunuco, por lo que se le somete a varias inspecciones genitales en las que se determina que es un hombre y se le permite casarse por la Iglesia. Todo va bien hasta que, un año después, en 1588, mientras vivía con su esposa en las afueras de Toledo, es apresado por la Inquisición, de nuevo ante la duda de que pudiera tratarse de una mujer «disfrazada» de hombre para seducir a otras mujeres. Una sodomita, vaya.

Este tipo de casos los solían llevar las autoridades seculares, pero por algún motivo la Inquisición reclamó la jurisdicción. Como señala Richard Kagan, si no hubiera sido así, lo más probable es que Céspedes hubiera acabado en la hoguera, aunque la única fuente para su acusación hubieran sido testimonios externos.[19] Pero para la Inquisición era imprescindible determinar si había habido penetración con un objeto externo y, para ello, necesitaban conocer de primera mano el sexo de la persona detenida, para ver si realmente estaba cometiendo sodomía.

Y aquí viene el giro argumental que no te veías venir: este nuevo examen determinó que en los genitales de Eleno no había ni rastro del pene, lo que le convertía automáticamente en culpable del delito del que se le estaba acusando. Pero ¿cómo había podido engañar a los examinadores, entre los que se encontraba un médico, durante las inspecciones previas? Nada parecía encajar. Aquí entra la versión del propio Céspedes, que se declaró como una persona de «doble naturaleza» o hermafrodita, lo que hoy sería una persona intersexual. Según su relato, durante el parto de su hijo había hecho tanto esfuerzo que le había salido un pene. Una explicación que hoy en día nos resulta inverosímil, pero que encajaba con las nociones de Plinio el Viejo en su *Historia natural*, donde defendía que el cuerpo femenino era susceptible de transformarse en un cuerpo masculino como resultado de una actividad física extrema.[20]

¡Sorpresa! La presencia de un pene legitimaba el deseo de Céspedes por las mujeres. Al final, solo estaba siguiendo su «deseo natural», el que debía sentir todo hombre (porque todas sabemos que lo importante es ser hetero). Pero, claro, si el cuerpo humano solo podía transformarse en busca de una mayor perfección, ¿cómo había vuelto Céspedes a tener vulva? No tenía sentido que volviera a un estadio que consideraban inferior. Eleno reconoció haber intervenido sobre su propio cuerpo gracias a sus conocimientos médicos, asegurando que había perdido su pene tras ser encarcelado y que ya había modificado su cuerpo previamente para pasar los exámenes pertinentes.

¿Cuál fue el veredicto final del tribunal? Que Eleno/Elena de Céspedes siempre había sido mujer y, como era difícil determinar cómo había engañado hasta a un médico en el examen anterior, recurrieron a la excusa preferida de la época: había hecho un pacto con el diablo. Suena creíble. Lo llamativo es que su condena no fue por sodomía imperfecta, sino por bigamia, es decir, por no haber respetado el sacramento del matrimonio y haberse casado dos veces. Recibió azotes públicos y se le obligó a vivir el resto de su vida como una mujer, ejerciendo además como cirujana en un hospital sin derecho a sueldo. Y, aun así, podríamos decir que tuvo mucha suerte.

Habrá que aceptar que jamás sabremos si, desde el prisma actual, Eleno fue una persona intersexual, un hombre trans y/o una mujer sáfica que quiso vivir en una posición más aventajada y experimentar su deseo sin trabas. Pero lo que es innegable es que su caso sirve para ejemplificar las nociones con respecto al sexo de una época muy alejada de la nuestra.

Eligiendo (o no) tu sexo

En 1860, a Nadar —el apodo con el que Gaspard-Félix Tournachon firmaba sus fotografías— lo llamaron desde el Hospital de París para registrar con su cámara un sujeto extraordinario «con la mayor veracidad y arte posible».[21] No solía solicitar derechos de autor para sus obras, pero en este caso concreto hizo una excepción. La única condición era que las fotos solo se usaran con fines científicos y médicos y que jamás fueran vistas por el público general. Por eso mismo me resulta un tanto inmoral que hoy circulen libremente por internet.

Aquella serie de instantáneas incluye algunas de las primeras imágenes explícitas de los genitales de una persona intersexual. Su no inclusión en este libro es un acto consciente: para el tema que tratamos no hay nada interesante en ellas más allá del puro morbo. Pero su mención en este apartado sí es relevante, ya que ejemplifican un debate que, como hemos señalado al principio de este capítulo, la comunidad científica arrastró durante siglos: «¿existen los hermafroditas humanos?».

Como sabemos, la conclusión a la que llegaron los estudios científicos fue la de la inexistencia de hermafroditismo en humanos, pero eso no quita que existieran cuerpos que hoy encajarían dentro de la categoría intersexual y que, por lo tanto, resultaran difíciles de clasificar dentro de los parámetros estancos de ambos sexos. Era un tema que despertaba preocupación y para el que se buscaba activamente algún tipo de remedio.

La mayoría de estudiosos coincidían en que, siempre que fuera posible, debía designarse un género a la persona, basándose para ello en el sexo que, a su parecer, se encontrara más desarrollado. Supongo que esto no te sorprenderá, pero la heterosexualidad también jugaba un papel importante en esta decisión. Según las ideas recogidas en el *Aristotle's Book of Problems*, para determinar si los mal llamados «hermafroditas» eran hombres o mujeres, había que tener en cuenta los genitales que tuvieran más desarrollados de cara a tener relaciones sexuales.[22] Seguro que coincides conmigo en que es un criterio bastante subjetivo, ¿verdad?

Pero ¿qué pasaba con las personas en las que determinar el sexo era muy difícil o directamente imposible? Pues, aunque pudiera parecer un supuesto poco probable, en ese caso la decisión debía recaer en la propia persona. Pese a la incredulidad de muchos estudiosos, lo realmente maravilloso es que conocemos algunos casos en los que esto ocurrió. En España tenemos a Esteban de Valdaracete ▼ quien, en el siglo xv, eligió vivir como hombre tras descubrirse que era una persona intersexual. Había sido criado como mujer, pero su fortaleza y su pasión por actividades puramente varoniles (y por las mujeres, claro) hicieron que, a su llegada a Granada, las autoridades de la Chancillería dudasen de que una mujer «pudiera hacer ese tipo de cosas heroicas».[23] Lo sé, suena surrealista, pero ese fue el motivo por el que le mandaron a examinarse y, ante la imposibilidad de dictaminar cuál era su sexo, le dieron a elegir con qué género se sentía más cómodo. Escogió ser un hombre, y el resto de su vida vivió como tal: se casó con una mujer y se convirtió en un maestro espadachín de renombre hasta el punto de retar (y vencer) a varios de los hombres de Carlos V.

Como en toda regla, hay excepciones. Y justo aquí merece la pena hablar de uno de los primeros casos de la historia estadounidense en los que se documenta a ciencia cierta la existencia de una persona intersexual —y que se diferencia de todos los que hemos visto hasta ahora—: la historia de Thomas(ine) Hall, quien en 1629 tuvo que enfrentarse a un tribunal por alternar el uso de ropa de hombre y de mujer. Aunque se crio como

mujer en Inglaterra, en cierto momento decidió cortarse el pelo y adoptar una identidad masculina para servir en el ejército (veremos que esto era bastante común). Lo curioso es que, a partir de entonces, empieza a fluctuar entre ambos géneros: vuelve a presentarse como mujer, pero al marcharse a la colonia de Virginia lo hace como hombre. El punto clave llega una vez allí, cuando empieza a alternar abiertamente entre ambas identidades.

El caso era raro de por sí, pero seguramente lo que más inquietaba al tribunal era su comportamiento sexual. Era imprescindible determinar su sexo para que no pudiera pasearse por ahí «engañando» a personas inocentes (sobre todo porque empezaron a circular rumores sobre un supuesto rollete con una criada). Al preguntarle por qué se vestía de mujer, su respuesta fue críptica: «*I goe in womans apparel to get a bitt for my Catt*» [Me visto de mujer para conseguir un bocado para mi gato]. Se le ha dado muchas vueltas al supuesto significado de esta frase, pero la historiadora Mary Beth Norton ha sugerido que podría ser una referencia a la prostitución, al tratarse de una alusión directa al dicho francés «*pour avoir une bite pour mon chat*»[24] (te traduzco sin tapujos: para conseguir una polla para mi coño).

▼ Para conocer más casos como el de Esteban/Estebanía de Valdaracete, Catarina/Antonio de Erauso o el de Eleno/Elena de Céspedes, ocurridos en nuestro territorio, recomiendo mucho leer *Sexo, identidad y hermafroditas en el mundo ibérico*, donde Francisco Vázquez García y Richard Cleminson los cuentan con todo lujo de detalles. Es un libro que me ha ayudado mucho de cara a escribir este capítulo.

Para determinar qué demonios era Thomas/Thomasine, dado que afirmaba ser ambas cosas, tuvo que someterse a múltiples revisiones en las que no voy a entrar porque fueron invasivas y, muchas de ellas, sin su consentimiento. Como nadie se ponía de acuerdo con lo que esta persona tenía entre sus piernas, se tomó una decisión curiosa: Thomas/Thomasine tendría que vestir con un atuendo que mezclaba características de ambos géneros, de forma que cada persona con la que se encontrara pudiera determinar a simple vista que no era «normal» y así no pudiera relacionarse fácilmente con nadie.

Pero pese al estigma general que asola a las personas intersexuales, sí pueden rastrearse casos en los que se romantiza su existencia. En el siglo XX, encontramos al pintor estadounidense Forrest Bess, quien estaba convencido de que la unificación de los géneros masculino y femenino en un solo cuerpo era la clave para vivir una transformación espiritual y alcanzar conceptos tan ansiados como la paz mundial o la inmortalidad.[25] Incluso llegó a someterse a una intervención quirúrgica con ese objetivo, cortándose la uretra por debajo del escroto.[26] Como era de esperar, la operación no satisfizo sus expectativas. Estas ideas también quedaron representadas en su arte, como en la obra pintada en 1957 bajo el título *El Hermafrodita*.

De cuando se pensaba que las sáficas podían ser «hermafroditas»

Muy en la línea de la supuesta tendencia de las personas con vulva a experimentar transiciones que acercaban sus cuerpos al ideal (al de tener una señora verga), surge una idea que, como lesbiana que soy, me resulta incluso más llamativa. Me refiero a cuando se empezó a buscar una explicación natural al deseo de las mujeres cis por otras mujeres cis y se acabó vinculando con la intersexualidad. Te explico, porque es fuerte.

Si hoy existen señores (demasiados) que no entienden que una mujer desee a otra y que puedan tener sexo entre ellas sin un pene en la ecuación, ni te cuento antaño. Antes, la duda (que para nosotras ya es casi un meme) de cómo tienen sexo las lesbianas se resolvía desde el falocentrismo. La respuesta estaba en el clítoris: si una mujer lo tenía muy grande, podía incitarla a hacer un «mal uso» de sus genitales y querer penetrar a otra.[27] Esta no era era una idea novedosa: los griegos ya contemplaban esta posibilidad para las llamadas *tríbades*. Pero ahora algunos investigadores empezaron a preguntarse si las mujeres que mantenían relaciones con otras mujeres eran en realidad «hermafroditas» o si habían experimentado uno de esos cambios corporales milagrosos.

Por ejemplo, en 1671, Jane Sharp publica el primer manual de comadronas en lengua inglesa, *The Midwives Book* [El libro de las parteras]. En este libro se describe el clítoris como la principal fuente de placer (gracias por tanto) y se compara con un pene en miniatura. Hasta aquí, todo bien. El problema viene cuando se transgreden ciertos límites y se usa como no se debe, como hacían algunas mujeres venidas de las Indias Orientales, África y Egipto, según la autora:

«A veces crece tanto que sobresale de la hendidura como un pene, y se hincha y se vuelve rígido si se le provoca, y algunas mujeres lascivas se han esforzado por utilizarlo como lo hacen los hombres».[28]

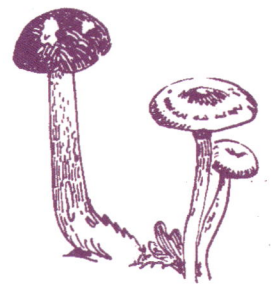

Pero Sharp no fue la única en imaginar el lesbianismo como una condición relacionada con el clítoris. El médico y autor inglés James Parsons, quien vivió en pleno siglo XVII, creía que el Hermafrodi-

to del mito clásico no tenía equivalente en el mundo real. Aun así, estaba convencido de que existían distintos tipos de hermafroditas y que la mayoría venían de mujeres con clítoris hiperdesarrollados. De hecho, le preocupaba la poca atención que se prestaba a este órgano (en algo teníamos que estar de acuerdo). El problema es que él también estaba convencido de que esta clase de clítoris enormes eran comunes entre las mujeres africanas y que podían provocar *«la obstaculización del coito y el abuso de las mujeres entre sí».*[29]

Esta asociación entre los clítoris grandes y países remotos que se consideraban «exóticos» o «salvajes» (que se lo digan a Gauguin) pudo tener una relación con la horrible costumbre en algunas de estas zonas de extirpar el clítoris como forma de controlar la lujuria femenina. Pero, si le das una pensadita, te darás cuenta de que, de nuevo, tiene connotaciones racistas. Como bien señala Elaine Hobby, situar el lesbianismo en zonas lejanas a Europa es «una señal del deseo (blanco) heterosexual de convertirlo en algo extranjero (...) en algo incivilizado».[30] *Sorry*, las lesbianas, intersexuales o no, existimos independientemente de nuestro país de origen.

La teoría del clítoris no fue la única. Estaba ahí con otra que decía que las mujeres podían sufrir un prolapso vaginal que provocara que su miembro oculto saliera a la luz. Esto podía darse, por ejemplo, tras la noche de bodas, cuando la ruptura del himen propiciaba esta transformación, despertándose al día siguiente siendo del sexo contrario.[31]

Hablemos de un caso real, uno que de nuevo nos demuestra lo difícil que es aplicar etiquetas actuales cuando estudiamos tiempos remotos en los que estos conceptos sencillamente no existían: Catharina Vizzani, quien durante los últimos diez años de su vida se dio a conocer como Giovanni Bordoni, pero que, supuestamente, en un arrebato de fe, decidió confesarse mujer y virgen en su lecho de muerte.

Habiéndose criado como mujer a principios del siglo XVIII, Vizzani no tardó en darse cuenta de que le atraían las chicas y, ante la dificultad de mantener un encuentro íntimo con Margherita, la chica que por aquel entonces le gustaba, se animó a empezar a travestirse. En cierto momento tuvo que huir de Roma al ser pillada coqueteando por el padre de la susodicha (que la reconoció) y fue entonces cuando decidió adoptar una identidad masculina que mantendría tanto a su vuelta a la ciudad eterna como hasta su lecho de muerte. Así nació Giovanni Bordoni, bajo cuya piel, aparte de trabajar, se dedicó a cortejar a todas las damas que se le ponían por delante (no vamos a profundizar en este tema, pero puedo asegurarte que fueron muchas). Y, antes de seguir, voy a regalarte un detalle que para mí es especialmente revelador para este caso: llegó a fabricarse un dildo de cuero que llevaba siempre puesto, ajustado a sus muslos mediante un sistema de correas.[32]

El desenlace de la historia es trágico: huyendo con una de sus amantes, recibe un disparo que, consciente de su gravedad, le lleva a revelar su «auténtica identidad» (muy entre comillas, sí), además de asegurar su virginidad y pedir ser honrada como tal en su entierro. ▼ Lo turbio —y lo que nos interesa— ocurre justo después de su muerte: Giovanni Bianchi, profesor de anatomía que le había conocido cuando vivía su vida como hombre, se quedó fascinado ante tal revelación y decidió que era su oportunidad para comprobar si el cuerpo de una sáfica era como se decía, con un clítoris enorme que le permitiera ir penetrando a diestro y siniestro. Debió de llevarse un chasco al ver que en este caso concreto no era así, pero eso no impidió que se recorriera media Italia haciendo entrevistas para publicar después su biografía.

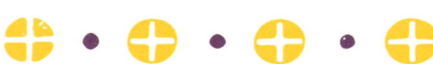

Érase una vez un andrógino

¿Sabes de dónde viene el pilar central del amor romántico? Me refiero a eso de buscar a «tu media naranja». Tal vez te sorprenda, pero se lo debemos a la filosofía. En el siglo IV a.C., Platón publica *El Banquete* (o *El Simposio*), un diálogo ficticio en el que pone a varios filósofos, escritores y pensadores a debatir sobre el amor. En cierto punto de la cena, Aristófanes —un señor que se dedicaba a escribir comedias— pronuncia un discurso en el que explica un posible origen de la raza humana un poco peculiar. Según su teoría, los humanos teníamos forma esférica, con cuatro brazos y piernas, dos rostros en una sola cabeza y, lo más importante, dos sexos. Es decir, que en el mundo existían personas formadas por dos hombres, dos mujeres y un hombre y una mujer. Fue la arrogancia (o tal vez el miedo a su fortaleza) lo que llevó a los dioses a dividirlos, condenándolos a buscar a su otra mitad para poder sentirse completos.

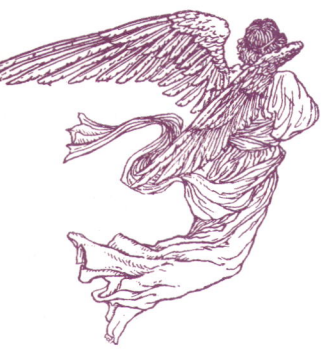

La historia de Aristófanes es sorprendente por muchos motivos, pero creo que se pueden destacar al menos dos. Primero, porque parece dar legitimidad a la homosexualidad y, de hecho, coloca el amor entre dos hombres como el más puro y duradero de todos. Y, segundo (y el tema que más nos interesa ahora mismo), porque introduce la existencia de personas de los dos sexos unidos en uno solo, a las que bautiza como andróginos:

«En otro tiempo la naturaleza humana era muy diferente de lo que es hoy. Primero había tres clases de hombres: los dos sexos que hoy existen, y uno tercero compuesto de estos dos, el cual ha desaparecido, conservándose solo el nombre.

que no puedo recomendarte más, esta tendencia se explica porque, en el siglo XVIII, si una mujer moría virgen se consideraba que se había casado con Dios y era enterrada con sumo respeto y engalanada con túnicas y flores.

Este animal formaba una especie particular, y se llamaba andrógino porque reunía el sexo masculino y el femenino; pero ya no existe y su nombre está en descrédito».[33]

La sociedad nos ha enseñado que, para identificar el sexo de una persona —como no vamos en pelotas por la vida— debemos basarnos en una serie de normas estereotípicas que nos clasifican como hombres o mujeres. Algunas de ellas son absurdas. Otras, supuestamente, responden a razones biológicas que se siguen defendiendo pese a que está más que demostrado que no todo el mundo encaja en ellas. Y todas juntas, a grandes rasgos, constituyen lo que se conoce como el género, aunque sobre esto hablaremos largo y tendido en el siguiente capítulo.

Hoy asociamos el concepto de androginia a una persona cuyo género no es fácilmente reconocible o nos resulta ambiguo. Sin embargo, como podemos comprobar en la cita que Platón atribuye a Aristófanes, en su origen el término se usaba más bien como sinónimo de hermafrodita. De hecho, esta es la primera definición que aparece en la RAE y que, sin que sirva de precedente, vamos a tomar aquí como referencia. Y por eso mismo, este es el apartado perfecto para servir de nexo entre este capítulo y el siguiente.

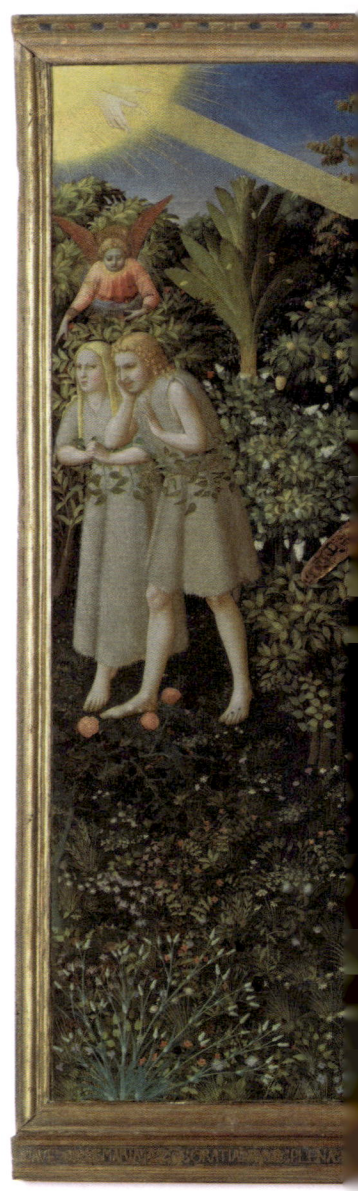

En el arte, uno de los ejemplos más evidentes de androginia se encuentra irónicamente en la iconografía religiosa, en concreto en la representación de los ángeles. No me refiero tanto a los *putti* —los niños regordetes que pueblan las obras del Renacimiento—, sino a los arcángeles. Pongamos como ejemplo ***La Anunciación*** de **Fra Angélico**, una obra de entre 1425 y 1426 que, como su propio nombre indica, representa el momento en el que el arcángel Gabriel se presenta ante la Virgen para darle la gran noticia de que va a ser la madre del Mesías, al que lleva en su vientre por obra del Espíritu Santo, aquí representado en formato paloma con su propio halo de santidad (que me encanta). Más allá de la cara de seto que tie-ne la Virgen, que no parece muy feliz por la noticia, fijémonos en Gabriel: una figura alada, con una larga túnica que no deja ver su cuerpo, el pelo de bucles dorados y una cara fina, de piel blanca y delicada, sin rastro alguno de vello facial. Vamos, la imagen que a la

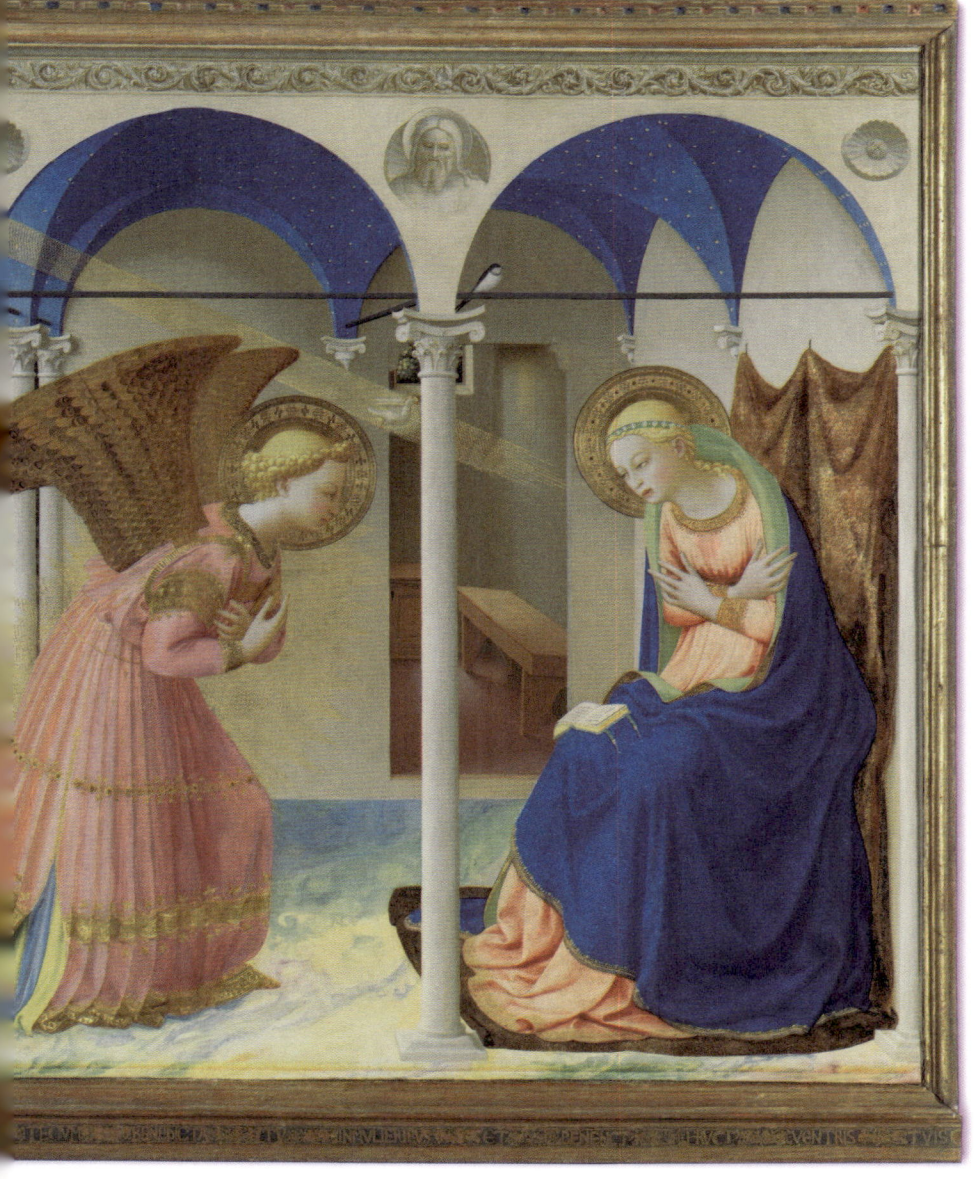

mayoría nos viene a la cabeza cuando pensamos en un ángel.

Vale, te compro que esta interpretación pueda parecerte sesgada, sobre todo teniendo en cuenta que existen muchos hombres que nacen y mueren imberbes. Pero es importante recordar que la barba se usaba en las representaciones artísticas como un sinónimo de virilidad, por lo que es normal que su ausencia nos provoque la sensación contraria. Y si esta asociación no te convence, podemos rastrear otras obras en las que la androginia de este tipo de figuras es aún más evidente.

En *San Rafael*, un lienzo pintado en 1925, **Julio Romero de Torres** retrata al protector y custodio de su ciudad, la bella Córdoba, acompañado de dos mujeres: una vestida con mantilla, inclinada en una especie de reverencia, y otra con mantón que, con un gesto más altivo, le ofrece un ramillete de claveles blancos. La presencia de ambas figuras femeninas no hace más que confirmarnos la androginia del arcángel que, más allá de su nombre, por su estética podría recordarnos más a una mujer que a un hombre.

Una de las teorías conspiranoicas más famosas en torno a *La última cena* de Leonardo da Vinci está protagonizada por el único personaje imberbe de toda la escena: el que aparece a la izquierda de Jesucristo. Su rostro delicado, el pelo largo e incluso la pose han hecho que algunas personas crean que esta figura es ni más ni menos que una mujer, en concreto María Magdalena. Sería una fantasía, pero en este caso no es así. Este personaje en cuestión es el apóstol san Juan, uno de cuyos atributos más característicos es precisamente la ausencia de barba. El motivo no tiene nada de sorprendente: es una manera fácil de mostrar que es el más jovencito de todos los apóstoles.

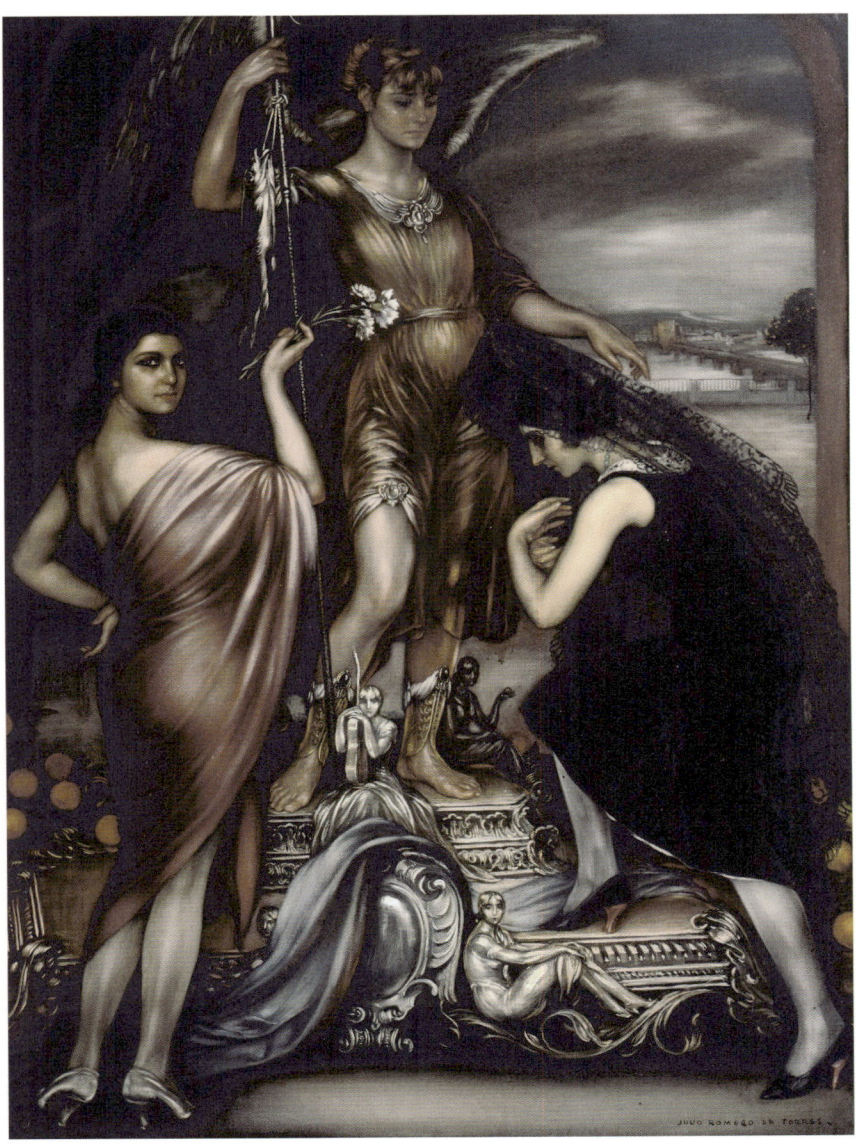

A lo mejor has escuchado alguna vez eso de «discutir el sexo de los ángeles», una frase muy de abuela que se usa como sinónimo de tener un debate acalorado sobre un tema que no tiene sentido o no lleva a nada. Pero a estas alturas, creo que la duda es lícita: ¿qué demonios son los ángeles? ¿Son hombres porque sus nombres son masculinos? ¿O son mujeres porque no hay rastro de la barba ni de otros atributos «viriles»? Hay bastantes textos en los que se hacen referencias ambiguas a estas figuras —por ejemplo, al hecho de que no podían casarse—, pero creo que es especialmente interesante la visión de san Agustín. En su *Comentario al Salmo* 103 (1:15), describe la naturaleza de los ángeles como algo ajeno a cualquier categoría humana, porque son otra cosa distinta:

«Los ángeles son espíritus, pero no por ser espíritus son ángeles. Cuando son enviados, se denominan ángeles. Pues la palabra ángel es nombre de oficio, no de naturaleza. Si preguntas por el nombre de esta naturaleza, se te responde que es espíritu; si preguntas por su oficio, se te dice que es ángel: por lo que es es espíritu, por lo que obra es ángel. Observad esto en el hombre. El hombre, por su naturaleza, es hombre; por su oficio, por ejemplo, militar. El nombre de su naturaleza es el de varón; el de su oficio, pregonero».[34]

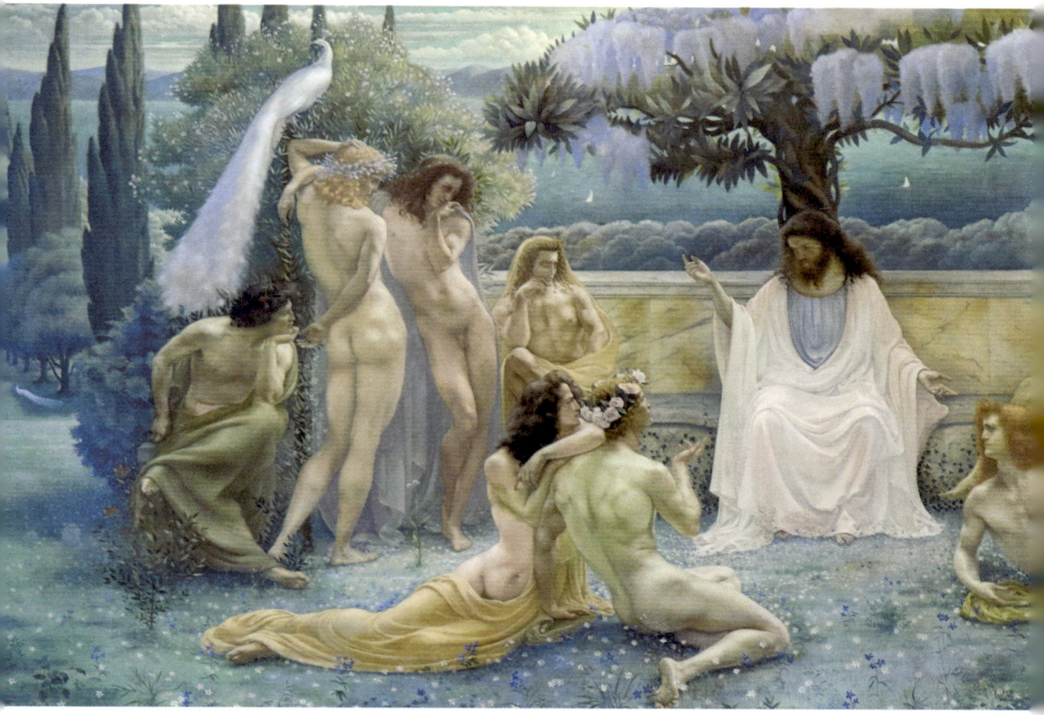

Desde finales del siglo XIX, el concepto andrógino gana un protagonismo aún mayor, sobre todo para aquellos artistas interesados en ir un paso más allá de la realidad.[35] Aubrey Beardsley fue uno de los primeros en convertir este tipo de figuras en protagonistas, que aparecen de forma explícita en algunas de sus ilustraciones para *Salomé* de Oscar Wilde, como ya hemos visto.

Pero ocurre de forma especial en los círculos simbolistas, en los que este ser, fusión perfecta de lo masculino y lo femenino, se convierte en un símbolo de belleza, misterio y fascinación.[36] Este movimiento rehuía la realidad para explicar más bien un mundo onírico en el que desentrañar la realidad desde un prisma siempre muy poético y estrechamente relacionado con la literatura. No te lo voy a negar: eran bastante intensos, pero como resultado creaban obras preciosas, al menos estéticamente.

Gustave Moreau, uno de los pintores simbolistas más destacados de la historia del arte, aprovechaba los mitos clásicos para representar figuras completamente andróginas en las que, siguiendo estereotipos, nos es imposible distinguir si estamos ante hombres o mujeres.[37] Ocurre, por ejemplo, con sus visiones del mito de Orfeo, como la pintada en 1875 y conservada en el Louvre, donde nos presenta a Eurídice sosteniendo la cabeza de su esposo, cuyos rasgos nos hacen pensar más en una mujer que en un hombre.

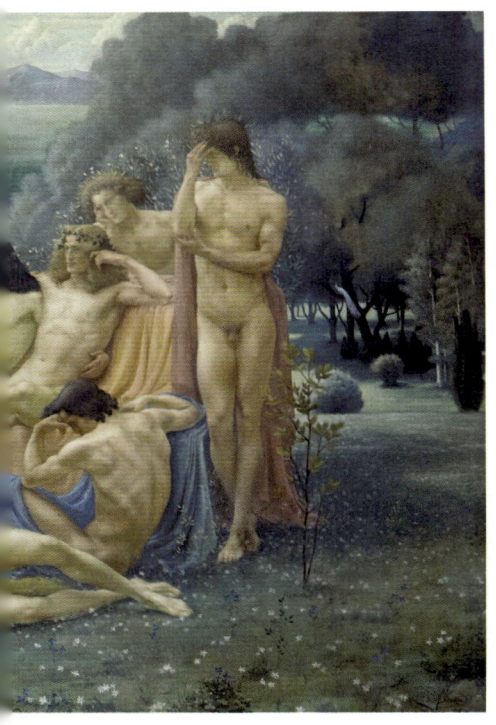

Mejor ejemplo es el de Jean Delville, pintor de origen belga también adscrito a este movimiento, que en *La Escuela de Platón* (1898) nos retrata al filósofo griego siguiendo una iconografía que indudablemente lo acerca a Cristo. Es más, el espacio paradisíaco en el que se encuentra es comparable con el

Edén. Lo interesante está a su alrededor: los jóvenes a los que da la bienvenida, sus alumnos. Figuras semidesnudas, musculosas y delicadas a partes iguales que se abrazan y llevan coronas de flores y que forman un conjunto indiscutiblemente andrógino. Es un lienzo que me recuerda (y mucho) a uno que pude ver el verano de 2025 en el Museo Reina Sofía: las figuras que pueblan *El jardín de las hespérides* de **Néstor Martín-Fernández de la Torre**, que también son imposibles de catalogar en un solo género.

Y justo sobre este artista canario me gustaría hablar, pues creó, a partir del cambio de siglo, infinidad de obras que en su mayoría están protagonizadas por personajes andróginos, alquímicos y con claras referencias a la masonería (una fantasía, si me preguntas). En su serie de ***Poemas de la tierra***, una de cuyas obras puedes ver aquí, por poner un ejemplo, estas figuras ambiguas se retuercen, funden y entremezclan. Jugó tanto con el límite entre ambos géneros que su *Estampa romántica*, una representación de un hombre de estilo dandi, fue interpretada por la prensa como una mujer.[38] Pero para mí la imagen más curiosa de este pintor es la que retrata en *Epitalamio* (o *Las bodas del príncipe Néstor*), en la que el rostro de la mujer se asemeja mucho a su propio autorretrato, que puede verse justo a su lado.

El interés por la dualidad femenina y masculina y por los cuerpos que no encajan del todo en ella no se limita al simbolismo. Como vimos en el capítulo de la espiritualidad, un claro ejemplo de ello es el de Hilma af Klimt que, a través de un arte profundamente espiritual, experimentaba con la energía masculina y femenina y las representaba a través de los colores azul y amarillo, desdibujando en muchas ocasiones sus límites. Aunque para descubrir más transgresiones del género, lo mejor será que avances al siguiente apartado.

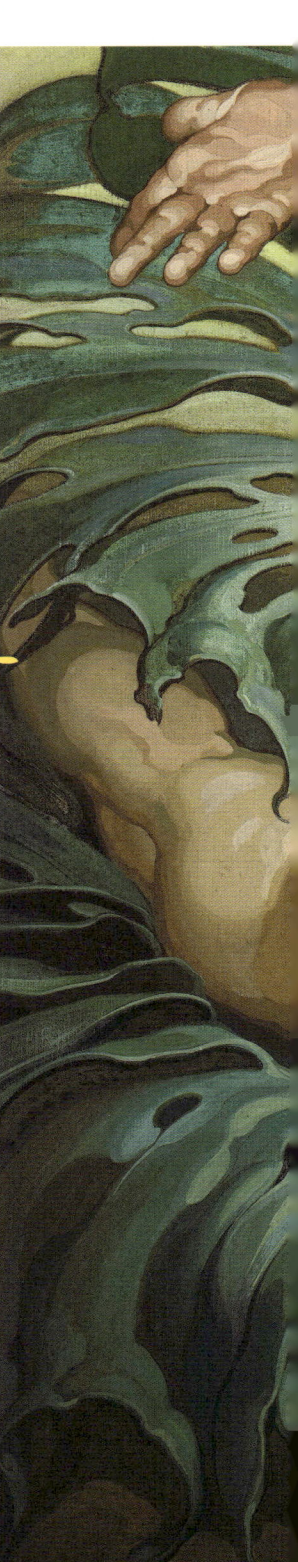

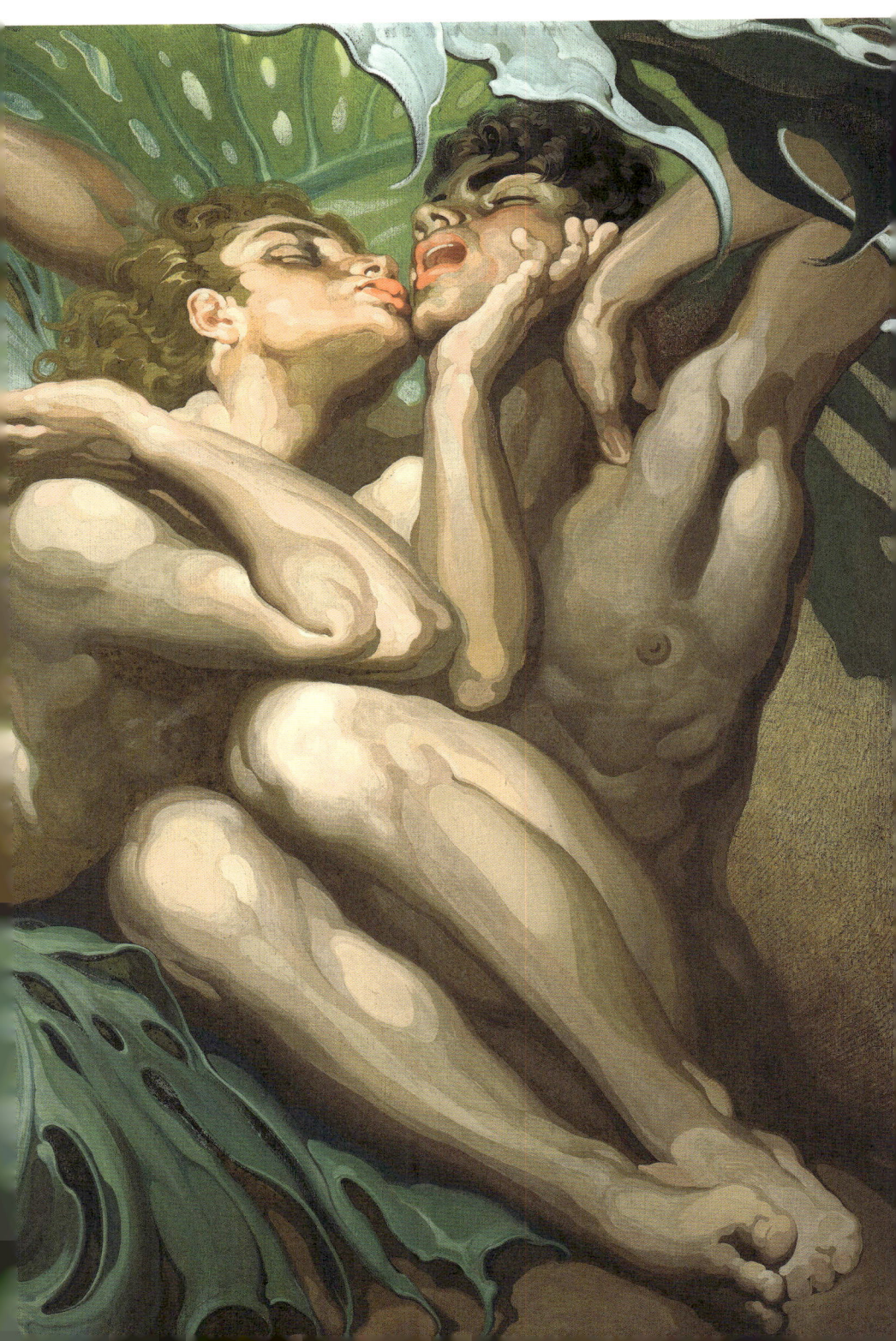

CAPÍTULO 7

INTERSEXUALIDAD: Soy varón, soy mujer, soy un tercero que no es uno, ni otro, ni está claro

1   De Sicilia, D. (2004). *Biblioteca histórica: Libros IV - VIII*. Editorial Gredos, p. 32.

2   Navarro, C. G. y Perdices, Á. (2023). *La mirada del otro: escenarios para la diferencia*. Museo Nacional del Prado, p. 82.

3   VV.AA. (2015). *La guía del Louvre* (A. B. Sorribes, Trad.) Musée du Louvre Éditions, p. 120.

4   Gutiérrez Usillos, A. (Ed.). (2017). *Trans*: diversidad de identidades y roles de género: Museo de América, 22 de junio - 24 de septiembre de 2017*. Ministerio de Educación, Cultura y Deporte, p. 259.

5   He tomado este dato de la página oficial de InterAction for Health and Human Rights, la principal organización en Australia creada por y para personas intersexuales. Recuperado el 12 de septiembre de 2025, de https://interaction.org.au/resource/population-figures/

6   Herrero, S. M. (2019). La mujer romana y la expiación de los andróginos. *Vínculos de Historia. Revista del Departamento de Historia de la Universidad de Castilla-La Mancha*, (8), p. 36. http://dx.doi.org/10.18239/vdh_2019.08.02

7   Visto en Herrán, M. (2024). *Sodomitas, vagas y maleantes. Historia de la España desviada de Atapuerca a Chueca*. Planeta, p. 113.

8   DeVun, L. (2021). Mapping the Borders of Sex. En LaFleur, G., Raskolnikov, M. y Kłosowska, A. (Eds.). (2021). *Trans Historical: Gender Plurality before the Modern*. Cornell University Press, p. 28.

9   Ibid, p. 30.

10   Reis, E. (2009). *Bodies in doubt: an American history of intersex*. Johns Hopkins University Press, p. 5.

11   Gutiérrez Usillos, A. (Ed.). (2017). *Trans*: diversidad de identidades y roles de género: Museo de América, 22 de junio - 24 de septiembre de 2017*. Ministerio de Educación, Cultura y Deporte, p. 268.

12   Ibid, p. 268.

13   Aunque el documental sea del siglo pasado, es igualmente interesante su visionado. Se encuentra indexado en la página web del Museo del Prado. Recuperado el 24 de septiembre de 2025, de https://www.museodelprado.es/video/la-mujer-barbuda-o-magdalena-ventura-con-su/5c52b287-ede0-41ee-80eb-75a4ead4731a

14   Garland-Thomson, R. Julia Pastrana, the "extraordinary lady", *Alter*, 11(1), 2017, https://doi.org/10.1016/j.alter.2016.12.001, p. 36.

15   Sin ser fan del autobombo ni nada de eso yo, puedo decirte que sobre ella hablé en mi primer libro, *Un Van Gogh en el salón*.

16   Laqueur, T. (1994). *La construcción del sexo: Cuerpos y género desde los griegos hasta Freud*. Ediciones Cátedra, pp. 56-57.

17   Ibid p. 27.

18   Esta es la referencia: Archivo Histórico nacional, Inquisición, 234, exp. 24.

19   Citado en De Souza, I. (2021). Elenx de Céspedes: Indeterminate Genders in the Spanish Inquisition. En LaFleur, G., Raskolnikov, M. y Kłosowska, A. (Eds.). *Trans Historical: Gender Plurality before the Modern*. Cornell University Press, p. 47.

20   Ibid, p. 53.

21   Nadar - Hermaphrodite - The Metropolitan Museum of Art. (1860). The Metropolitan Museum Of Art. Recuperado el 17 de septiembre de 2025, de https://www.metmuseum.org/art/collection/search/294431

22   *Aristotle's Book of Problems, with Other Astronomers, Astrologers, Physicians, and Philosophers. The Thirtieth Edition* (1776). London: Printed, and sold by the booksellers, p. 72.

23   Cleminson, R. y Vázquez García, F. (2018). *Sexo, identidad y hermafroditas en el mundo ibérico, 1500-1800*, Cátedra.

24   Reis, E. (2009). *Bodies in doubt: an American history of intersex*. Johns Hopkins University Press, p. 16.

25   Franz, D. E., Linden, C. y Vargas, C. E. (Eds.). (2024). *Trans hirstory in 99 objects*. Hirmer Verlag.

26   Palmerton, E. (2014, noviembre 4). Forrest Bess. *Artillery Magazine*. https://artillerymag.com/forrest-bess/

27   VV.AA. (2023). *El libro de la historia LGTBIQ+*. Akal, p. 77.

28   Donoghue, E. (1993). Imagined more than women: lesbians as hermaphrodites, 1671-1766. *Women's History Review*, 2(2), https://doi.org/10.1080/09612029300200027, p. 204.

29   Reis, E. (2009). *Bodies in doubt: an American history of intersex*. Johns Hopkins University Press, p. 17.

30   Hobby, E. (1991). Katherine Philips: seventeenth-century lesbian poet. En Hobby, E. y White, C. (Eds.). *What Lesbians Do in Books*, The Women's Press, p. 189.

31   Ibid, p. 204.

32   Domenech, C. (2022). *Señoras que se empotraron hace mucho*. Ediciones B, p. 47.

33   Azcárate, P. (1871). *Platón, Obras completas*. Versiones clásicas, p. 320.

34   Agustín, San. (1966). *Enarraciones sobre los salmos (Vol. 3)*. (B. Martín Pérez, Ed.). La Editorial Católica, p. 736.

35   Steorn, P. (2025). Artists' lives, emotions and intimate relationships: a queer perspective on the advent of modernity in nordic art. En Katz, J. (Ed.). *The First Homosexuals: The birth of a new identity* 1869-1939. Monacelli, p. 106.

36   Bornay, Erika (2020). *Las hijas de Lilith*. Cátedra, p. 241.

37   Carmelo, S. I. (2022). *Arte y disidencia sexual: algunos modos de visibilidad, enunciación y representación del cuerpo*. Nobuko, p. 27.

38   Sobre ello se hablaba en las cartelas de la exposición *Néstor Reencontrado*, abierta al público en el Museo Reina Sofía hasta finales de agosto de 2025.

DISIDENCIA

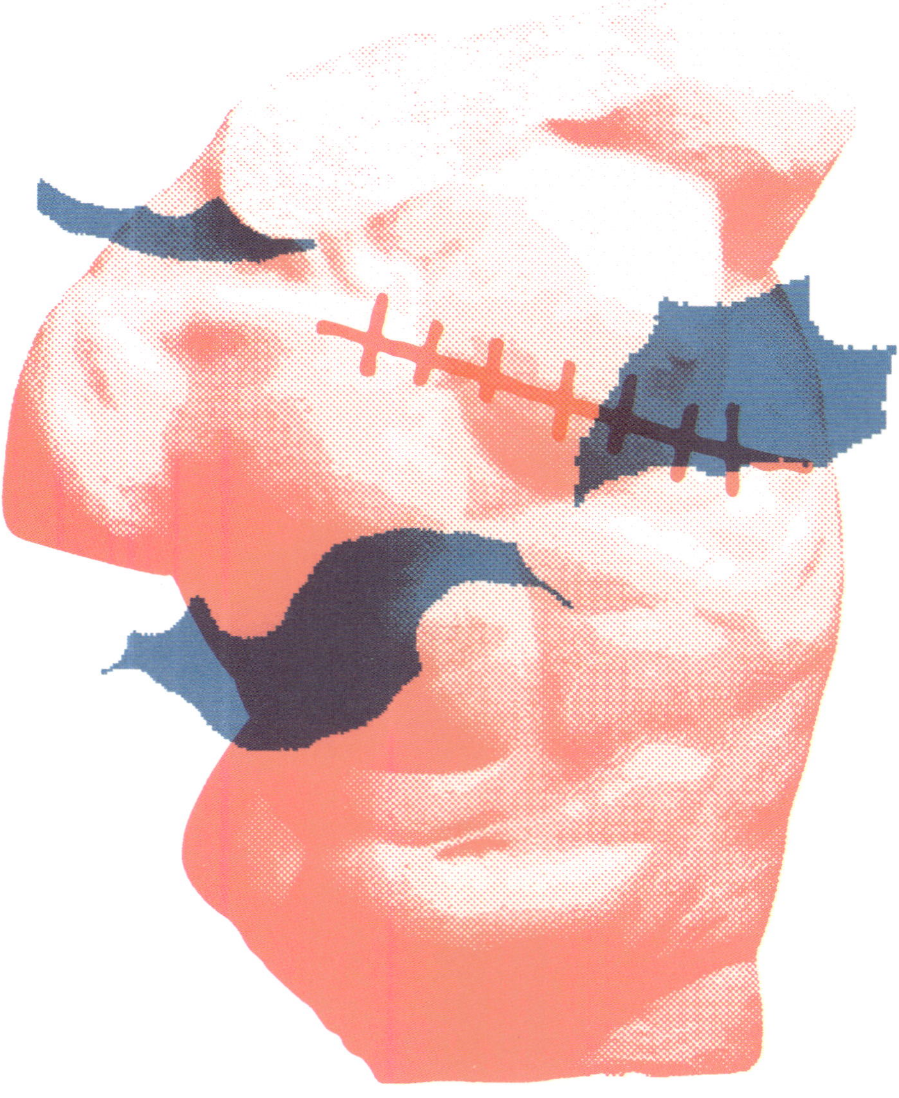

DE GÉNERO

Omaha World-Herald
22 DE OCTUBRE DE 1933

El asombroso caso del hombre que se transformó en mujer

¿Qué es ser mujer? ¿Y ser hombre? La respuesta depende de muchos factores, entre ellos tu contexto cultural y la época que te ha tocado vivir. En este sentido, el arte creado por personas trans o con disidencia de género se alza como un poderoso acto de reconfiguración que, buscándolo o no, desafía activamente la rígida dicotomía del género. Este capítulo quiere demostrarte que siempre ha habido personas que se han atrevido a romper con estos roles y a vivir conforme a su propia identidad. ¡Es hora de acercarse a la historia y la creación de artistas que experimentaron esta ruptura en sus propias carnes!

Dime cómo vistes...
¿y te diré cuál es tu género?

Una de las cosas que más me ha pesado de crecer como mujer ha sido aceptar que no sentirme del todo representada por lo que se asocia tradicionalmente con la feminidad no conlleva no formar parte de ella. Porque para quienes hemos crecido bajo la etiqueta femenina, la feminidad a veces se siente como una especie de lista de tareas a las que poner un *check*: maquillarse a diario, saber andar con tacones, llevar los lóbulos de las orejas perforados y, obviamente, sentir debilidad por vestidos y faldas. Pero, ¿es acaso más «mujer» quien cumple al pie de la letra ese guion que quien decide ignorarlo, reinterpretar a su antojo o, directamente, dinamitarlo? Mientras me planteo esta cuestión no puedo evitar pensar en la famosísima cita de Simone de Beauvoir: «No se nace mujer, se llega a serlo». Es innegable que a la mayoría de las mujeres se nos asigna tal rol en espejo a nuestro sexo, pero hay otros muchos factores, sociales y culturales principalmente, que influyen en nuestra vida y que son los que hacen que seamos leídas como tal.

Esto que estoy describiendo es el género y, aunque hablo desde la visión femenina (porque es la que he vivido), se aplica también a los hombres. Sin embargo, ¿qué pasa cuando no encajas en la categoría que te ha tocado? ¿Y si ni siquiera te sientes bien con ninguna? Cabe plantearse quién escribe las reglas según las cuáles nos clasificamos y, sobre todo, quién tiene el poder para romperlas.

Tal vez el terreno en el que más se evidencian estas tensiones es el de la vestimenta, por ser la forma más directa de expresar nuestra propia identidad. Como persona que jamás se ha sentido especialmente atraída por la moda, siempre he tenido curiosidad por el porqué determinadas prendas se asocian de forma irremediable a un género concreto. En estos últimos años se ha avanzado mucho para romper esta barrera, pero no deja de ser llamativo lo profundamente arraigada que está esta idea, hasta el punto de que la mayoría de las veces ni siquiera llegamos a cuestionárnosla. Lo cierto es que basta con levantar la mirada más allá del cuello de nuestra camisa para descubrir que la moda, como casi todo, tiene su raíz en la cultura. Supongo que el ejemplo más evidente es el de los hombres escoceses y su *kilt*, la tradicional falda que además suele llevarse con todo al aire, pero... ¡Sorpresa! La historia está plagada de estos ejemplos.

Si alguna vez has visto un retrato de Luis XIV, apodado por los franceses como «el Rey Sol», estarás de acuerdo conmigo en que, para nuestro canon actual, no es precisamente el culmen de la masculinidad. Sin entrar en el pelucón ni la pose, que hoy también consideraríamos «afeminados», quiero que te fijes en los tacones que ha escogido como calzado. Porque, en la actualidad, son un innegable símbolo de belleza y seducción femenina, pero el origen de los tacones es bastante más funcional: eran perfectos para agarrarse a los estribos y, por lo tanto, se convirtieron en una de las prendas favoritas de los caballeros.

La cosa es mucho más compleja que cumplir una simple lista de tareas, porque, como ves, lo que tenemos asociado con lo femenino o lo masculino no ha sido siempre lo mismo. Se me ocurre el caso de los *gender reveal*, las típicas fiestas que hacen muchas parejas para revelar el género (en base al sexo, claro) del bebé que esperan, como si eso fuera posible. Lo normal es que todo se descubra a través de un código de color: el azul si es niño y el rosa si es niña. ¿Qué cara crees que se les quedaría a esas parejas si supieran que esta asociación tan solo tiene un siglo de antigüedad? Es más, se cree que el rosa, al ser la versión pastel del rojo, color más fuerte y supuestamente «agresivo», durante un tiempo fue considerado un tono masculino, mientras que el azul, un color más tranquilo —y que además tiene evidentes connotaciones religiosas—, era el predilecto para las mujeres.

En verano de 2024 visité una exposición en el Rijksmuseum de Ámsterdam que me resultó muy interesante. Se llamaba *Point of view* [Punto de vista] y exploraba precisamente este asunto: cómo las categorías que hemos creado, casi siempre con el afán de clasificarnos (o más bien intentarlo), han mutado e incluso se ha interconectado a lo largo del tiempo. Me pareció especialmente interesante la forma en la que abría la muestra, con una selección de retratos infantiles cuyo género era casi imposible de averiguar por su vestimenta. Solo los objetos que les acompañaban —los relojes en el caso de los niños y las joyas en el de las niñas— permitían responder a esta cuestión.

Aunque el caso que exploraban era el holandés, esta neutralidad en la vestimenta infantil se extiende también a otros países, como se puede ver a través de su arte. En el caso español, si tomamos a **Velázquez** como ejemplo, podemos observar que la indumentaria que la infanta Margarita luce en los retratos de cuando era niña es muy parecida a la que el pintor elige para inmortalizar a su hermano, el fugaz príncipe *Felipe Próspero de Austria*, que apenas llegó a cumplir los cuatro años de edad. Pista: el atuendo compartido por ambos es ni más ni menos que un vestidito. Si te paras a pensarlo, no es especialmente chocante; aún hoy, las familias católicas suelen elegir esta misma prenda para el bautizo de sus hijos. Y, además, escogen para el momento el color blanco, un tono habitualmente asociado con la pureza y, por extensión, con la neutralidad.

Estamos en un punto en el que tenemos cada vez más normalizado expresar nuestra identidad a través

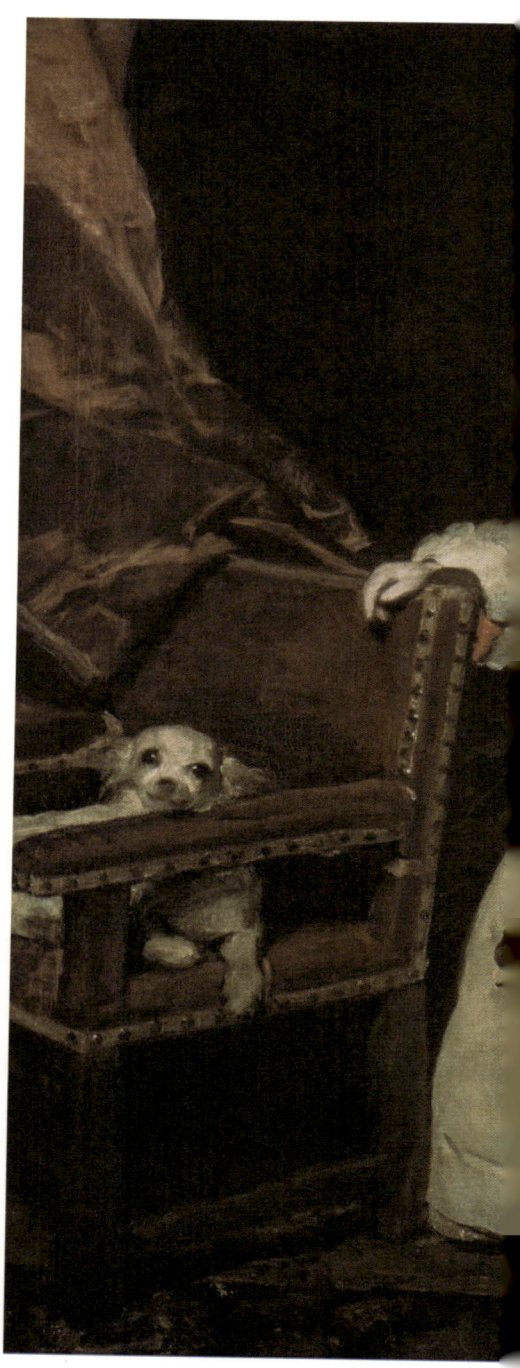

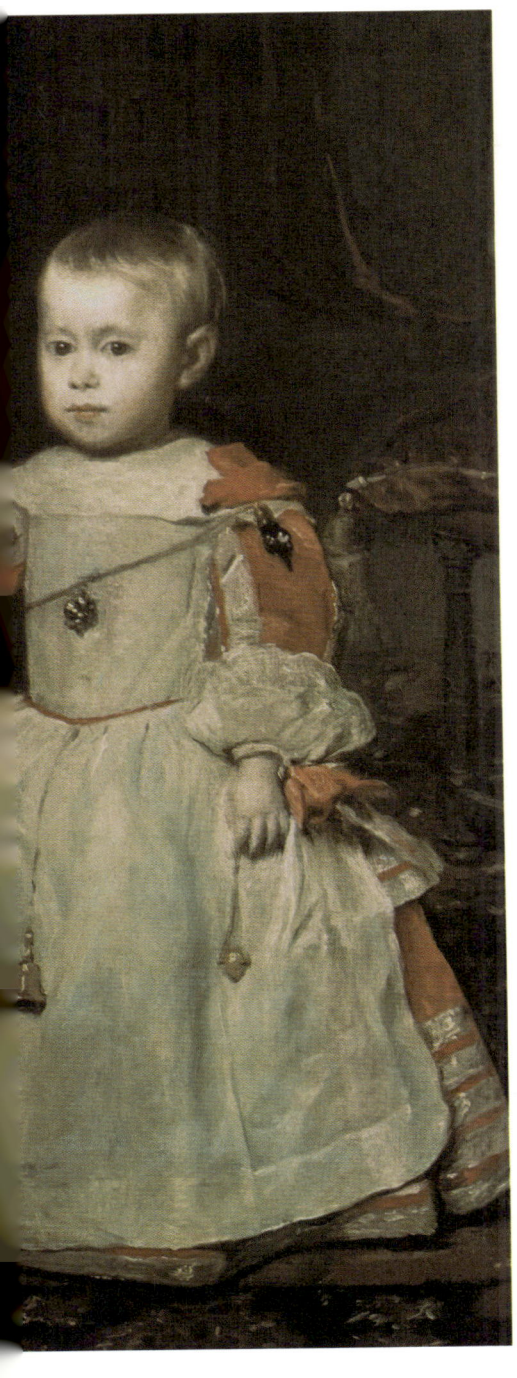

de la ropa (de forma independiente a nuestro género), pero esto no siempre ha sido así. Antaño, el travestismo, entendido como el uso de prendas de vestir asignadas al género contrario, no solo suponía un escarnio social, sino que a menudo estuvo penado y perseguido. Asumir el rol contrario en escena podía tolerarse —como en el teatro barroco o el teatro *kabuki* japonés, donde los hombres solían vestirse de mujer para interpretar papeles femeninos—,▼ pero llevarlo fuera de esos casos se consideraba una transgresión del orden «natural» impuesto.

Siempre hubo excepciones, pero lo interesante del travestismo —más allá de las divas *drag* con las que hoy solemos asociarlo— es que acabó por convertirse en una de las formas más extendidas de explorar la disidencia y de romper con el género impuesto y sus roles asociados, fuera cual fuera el motivo que había detrás.

¡Que vivan las travestis!

En 1919, el sexólogo Magnus Hirschfeld creó en Berlín lo que se considera como el primer instituto de sexología del mundo, el *Institut für Sexualwissenschaft* [Instituto para la Ciencia Sexual]. Muy pronto

▼ Existen ejemplos de varias épocas de esta misma práctica con motivaciones artísticas, como por ejemplo en el teatro griego. Aunque es menos común, también encontramos algunos ejemplos en los que la protagonista era una mujer que se viste de hombre. Uno de los casos más llamativos, aunque muy posterior, es el de Vesta Tilley, actriz inglesa que, en la estrecha mirada del Londres victoriano, logró una enorme fama por su interpretación de papeles masculinos para los que se travestía.

se convirtió en un refugio para la disidencia y Hirschfeld, en un icono para las reivindicaciones de las personas homosexuales en Alemania. Sin embargo, su aportación fue mucho más allá: fue prácticamente el primero en escuchar y dar voz a las necesidades de todas aquellas personas que o bien no se sentían conformes con el género que se les había asignado al nacer o bien no estaban cómodas cumpliendo con las normas asociadas al mismo. El Instituto les daba asesoramiento y acompañamiento, pero muchas veces también les ofrecía trabajo y un techo bajo el que vivir.

Hirschfeld sostenía que el género y la sexualidad humana debían entenderse a partir de la existencia de diversos «intermedios sexuales», dado que para él era imposible agrupar a todas las personas del mundo bajo las categorías estancas de femenino y masculino. Esta idea contemplaba a todas aquellas personas que no encajaban en el estereotipo cisgénero heterosexual, ya fueran hombres o mujeres.[1] Una de sus grandes aportaciones fue acuñar científicamente el término «Transvestitismus» [transvestismo], definiendo así a un grupo de personas que encontraban comodidad —fuera cual fuera su motivación— en la práctica de vestir con ropa asociada al género contrario al que se les había

asignado. Se trataba de una definición ambigua que incluía a aquellas que ocasionalmente se vestían con ropa considerada de hombre o mujer, pero, sobre todo, a las personas que hoy encajarían en la etiqueta trans.▼ Lo más importante es que —a diferencia de otros teóricos como el padre del psicoanálisis, Sigmund Freud— Magnus Hirschfeld separó ese impulso de travestirse de la homosexualidad, ya que sostenía que se presentaba en la misma proporción en sujetos heterosexuales.

Y dado que concebía estos estadios intermedios como naturales e innatos, otra de las grandes aportaciones de Hirschfeld fue impulsar la creación de «certificados de travestismo»: documentos oficiales que respaldaban la expresión de género de las personas que los portaban, evitando que fueran víctimas de la represión policial. Porque en aquel momento, teóricamente, el travestismo no estaba penado en Alemania —aunque ya sabes lo que se dice, hecha la ley, hecha la trampa— pero no era poco común que se acosara y apresara a las personas que vestían con ropa del «género contrario» usando como excusa la ambigüedad con la que se definía el delito de «alteración del orden público». El primer certificado conocido data de entre 1908 y 1909, y la persona beneficiaria fue presumi-

---

▼ El propio Hirschfeld fue consciente de este problema. Tal vez por eso, en 1923, creó el término «transexual» para poder hacer esta distinción. Habían pasado solo unos años desde que empezara a realizar sus cirugías de afirmación de género.

blemente lo que hoy entenderíamos como un hombre trans, dado que se aceptó su solicitud de travestismo, pero no su cambio de nombre a uno masculino. Su caso no fue excepcional: todo indica que las personas que solicitaban también el cambio de nombre tenían menos posibilidades de salir airosas.[2]

Ese ambiente de mayor apertura y diversidad quedó plasmado en la obra de algunas artistas que vivieron en Berlín en este tiempo. Aunque alemana de nacimiento, Jeanne Mammen creció en el ambiente liberal de París, lo que hizo que llevara regular verse obligada a volver a su ciudad natal tras el estallido de la Primera Guerra Mundial (algo comprensible, era todo mucho más conservador). Pero todo cambió cuando descubrió la noche berlinesa, que si ahora se caracteriza por su *techno*, antes lo hacía por convertirse en hogar y disfrute de toda clase de disidencias. Como hizo antes Toulouse-Lautrec —al que debemos algunas de las escenas lésbicas más bonitas de la historia (pienso en *En la cama: El beso* y se me cae una lagrimita)—, Mammen se convirtió en una *voyeur* de las personas que acudían a cafés y clubs nocturnos, sobre todo de la «nueva mujer»,▼ de las prostitutas y de toda clase de personalidades que hoy entenderíamos como *queer*. Las acuarelas y dibujos que realizaba allí le llevaron a trabajar en múltiples revistas y le permitieron ganarse la vida (al menos hasta que llegaron los nazis y tacharon su arte de degenerado).

En *Travestitenlokal* [Local de travestis], una de sus acuarelas de 1931, nos presenta un local abarrotado de gente entre la que destaca una figura que se encuentra de pie sobre una de las mesas. Es imposible conocer su género a simple vista, pues es andrógina a más no poder. Al

▼ La figura de la «nueva mujer» fue un símbolo de ruptura con la feminidad convencional y se convirtió en el ideal de las feministas desde su nacimiento a finales del siglo XIX. Esta figura la encarnaban jóvenes, preferiblemente con estudios (la cuestión de clase siempre está ahí), poco interesadas en el matrimonio y la maternidad y con una mayor presencia en la vida pública. En definitiva, una generación de mujeres más libre social, cultural y sexualmente. El término fue utilizado por primera vez por Sarah Grand en uno de sus influyentes artículos.

margen de esta obra, me gustaría destacar el papel de Jeanne Mammen en la representación de mujeres sáficas desde un prisma tierno y de disfrute que no tiene nada que ver con las clásicas visiones sexualizadas de los artistas masculinos. Lo vemos por ejemplo en *¡Ella representa!*, donde captura a una pareja de dos mujeres, una de ellas con una transgresión del género más que evidente, pues de nuevo viste con el sombrero de copa y la ropa típica de los dandis.

Volviendo al tema de los certificados, en Francia ya se había dado una situación semejante un siglo antes, aunque en ese momento solo afectó a las mujeres. La ordenanza del 16 de brumario del año IX▼ (el 7 de noviembre de 1800), en un intento de evitar que «usurparan la identidad masculina», exigía que solicitaran un permiso de travestismo para poder vestir con ropa de hombre. Podría resumirse en una especie de permiso para poder llevar pantalones, cuyas beneficiarias debían renovar cada seis meses. Eso no implicaba necesariamente la pertenencia a lo que hoy sería el colectivo LGTBIQ+; de hecho, las motivaciones para querer obtenerlo eran de lo más variopintas. Podemos poner como ejemplo el caso de la artista Elizabeth Jane Gardner, quien parece que solicitó dicho certificado al margen de su sexualidad o identidad de género; casada con el famosísimo pintor academicista William-Adolphe Bouguereau, se amparó en este documento para poder acceder a clases reservadas solo para hombres. Aunque no se han conservado cartas en las que Gardner hable abiertamente sobre esta experiencia, el artículo de 1910 que Lida Rose McCabe dedicó a la artista recoge una cita en la que hace alusión a este suceso:

▼ Durante la Revolución francesa, se creó el Calendario republicano que, entre tantos otros cambios, cumplía el sueño de muchas: el de empezar el año en septiembre (aunque en su caso hacía coincidir la fecha con el equinoccio de otoño). Con este sistema, el año se dividía en 12 meses de 30 días y los

«Decidí seguir el ejemplo de Rosa Bonheur con una urgencia similar. Tenía el pelo corto, ya que la emoción hizo que me lo cortara antes de abandonar América. Solicité a la policía de París permiso para llevar ropa de chico. Me lo concedieron sin problemas. Con ese disfraz fui admitida en la Escuela Gobelins, con la aprobación del profesor que se interesó por mí. Nunca sufrí la más mínima molestia».[3]

Es muy interesante la referencia al caso de la pintora francesa Rosa Bonheur, quien le sirve de modelo, una personalidad enigmática en cuya vida merece la pena detenerse, aunque sea para dar unas pinceladas. Bonheur fue tan apasionada de los animales que decidió que estos simpáticos seres serían los protagonistas indiscutibles de su obra, así que se convirtió en lo que se denominaba una pintora *«animalier»*. Que este fuera un género considerado más bien menor frente a otros —como la pintura histórica o la religiosa— no evitó que cosechara toda clase de éxitos, hasta el punto de llegar a comercializarse una muñeca que recreaba al dedillo su apariencia. Si el hecho de que fuera una mujer no te parece de base rupturista, tienes que saber que Rosa Bonheur distaba mucho de ser la feminidad hecha persona, o al menos su canon no encajaba en los estrictos corsés de la sociedad francesa del siglo XIX.

Pero ni en la cumbre de su carrera dejó atrás su pasión por los animales: llegó a convivir en su *château*, su castillo, además de con sus parejas (que, ¡sorpresa!, eran otras mujeres), con decenas de especies en condiciones de semilibertad. Su favorita era su leona *Fatma*, con la que se conservan varias fotografías preciosas. Al parecer, su amor por los animales le venía de

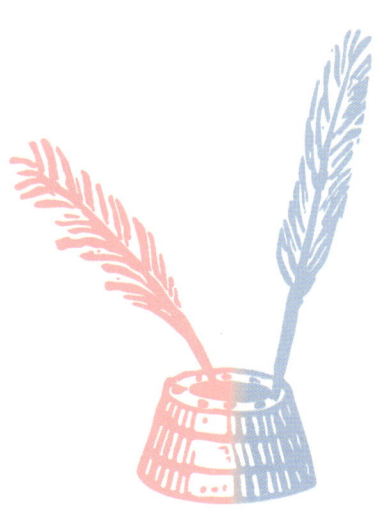

lejos: ante sus dificultades para el estudio, su madre la animó a asociar a cada letra del abecedario un animal para después dibujarlo.[4]

La solicitud y aprobación de su «permiso de travestismo», al menos a priori, surgió en relación con su trabajo. No es difícil imaginar que este atuendo era mucho más cómodo para frecuentar espacios poco accesibles para las mujeres, pero necesarios para desarrollar su labor, como las ferias de ganado. Pero al estudiar su vida con mayor profundidad, una puede intuir que su uso de prendas socialmente asociadas con lo masculino no se limitaba, en su caso, a una mera estrategia profesional. Algunas investigadoras, como Rozsika Parker y Griselda Pollock, sostienen que esta decisión pudo estar relacionada con la necesidad de garantizar su seguridad, permitiéndole pasar desapercibida en un entorno reservado a los hombres.[5] Pero es bastante probable que este atuendo también le sirviera para expresar su identidad, dado que a su transgresión en la vestimenta se sumaba la de su melena, siempre corta, y un descaro con pocos precedentes, que le hizo, por ejemplo, dejarse ver fumando en público. Por no hablar de que compartía su vida de forma abierta con otras mujeres.

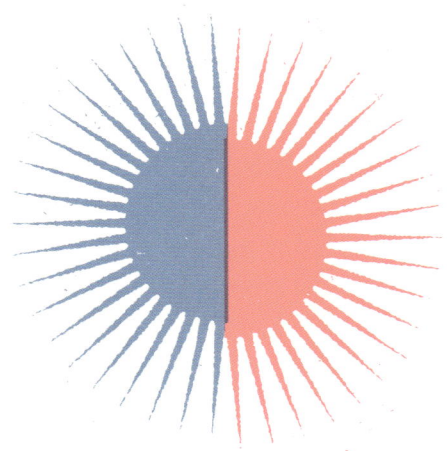

Más allá de su aportación al mundo del arte, en su vida privada Rosa Bonheur demostró ser un ejemplo de mujer moderna que vivía en libertad, pese a que la sociedad no veía con buenos ojos su ruptura con el género y su amor fuera de la norma. Compartió su vida con dos parejas, ambas mujeres. La primera (y su gran amor) fue la pintora Nathalie Micas, a quien conoció siendo una niña y con la que compartió más de cuarenta años de su vida. Solo la muerte de esta pudo separarlas. Ambas se profesaban un amor y respeto innegable, por mucho que la historiografía haya querido reducirlo a una amistad; pero, por si hubiera alguna duda, te dejo esta cita de la propia Bonheur: «Si hubiera sido un hombre, me habría casado con ella (...) Habría formado una familia, con mis hijos como herederos, y nadie habría tenido derecho a quejarse».[6] Pausa dramática para que puedas secarte las lágrimas.

La otra mujer de la vida de Rosa fue Anna Elizabeth Klumpke, quien apareció como una bella casualidad cuando hizo las veces de intérprete para un criador de caballos americano durante una visita a París. Klumpke, que también era pintora y que en ese momento tenía treinta y tres años, sabía muy bien dónde se estaba metiendo: admiraba profundamente el trabajo de la pintora, que era como un ídolo para ella. Poco a poco, el cariño y apoyo mutuo, materializado, en el caso de Anna, en un dulce retrato y una biografía de la artista, acabó por ir más allá de una amistad convencional, sin que las décadas de diferencia de edad entre ambas lograran frenarlo. Hoy, las tres descansan juntas en el panteón de la familia de Micas, en el cementerio Père-Lachaise de París, donde una inscripción reza: «L'AMITIÉ EST UNE AFFECTION DIVINE» [LA AMISTAD ES UN AFECTO DIVINO].[7]

No debemos olvidar que, como la mayoría de las mujeres que pudieron dedicarse al arte, Rosa Bonheur creció en una familia burguesa con ciertos privilegios. Lo peculiar de su caso es que sus padres abogaron por una educación paritaria para sus hijos e hijas, fruto de su adscripción al sansimonismo, un movimiento ideológico que ofrecía una especie de fusión entre el socialismo y la fe cristiana. Tal vez por eso mismo, Rosa no sentía pesar por su condición de mujer, incluso siendo lesbiana y no adaptándose a los roles tradicionalmente femeninos:

«¿Por qué no estar orgullosa de ser mujer? Mi padre, ese entusiasta apóstol de la humanidad, me repetía una y otra vez que la misión de la mujer era mejorar la raza humana, que ella era el futuro Mesías. A sus doctrinas debo mi gran y gloriosa ambición por el sexo al que orgullosamente pertenezco, cuya independencia defenderé hasta el día de mi muerte». [8]

A veces, lo que llevaba a una persona a solicitar este tipo de permisos tenía que ver con otras cuestiones. En el capítulo sobre la intersexualidad hablábamos de la existencia de mujeres barbudas, personas incapaces de encajar en el género femenino por tener una característica que siempre ha estado asociada con la masculinidad. Pues, en este sentido, tenemos el caso de Clémentine Delait, que en la Francia del siglo XIX se dejó crecer la barba y que, al parecer, llegó a solicitar uno de estos permisos.

La línea que separa el travestismo de la disidencia con respecto al género es una línea muy fina. Como llevamos viendo a lo largo de todo este libro, las etiquetas con las que actualmente nos definimos son modernas e imposibles de aplicar de forma rígida a personalidades que vivieron en lugares y tiempos remotos. Es más, hacerlo sería caer en lo fácil, borrar la diversidad e incurrir en la homogeneización que tanto rechazamos. Lo importante es saber abrazar estos ejemplos como lo que son: formas de enfrentamiento a las normas binarias que regulan nuestros cuerpos, nuestra apariencia y, sobre todo, nuestra propia identidad. Por eso mismo, al margen de los motivos que existen tras la elección de sus protagonistas, merece la pena recordar a estas personas bajo el color de la moderna bandera trans por su fortaleza y desafío al género impuesto, entendiéndolas como una manifestación previa a este concepto y a todo lo que aún estaba por venir.

Las travestis también tienen su lugar en el arte

El *cross-dressing* (o travestismo) ha tenido una vinculación innegable con las artes. Más allá del movimiento *drag*, del cual ya hablamos hace algunos capítulos —más concretamente en el del orgullo—, muchos creadores han recurrido a esta práctica con el fin de explorar otras identidades. Es lo que se conoce como un *alter ego*, un personaje (en este caso ficticio) paralelo al del artista que surge con fines creativos. El mundo de la música es, tal vez, uno de aquellos en el que más ejemplos encontramos, con casos como el de Taylor Swift, quien adoptó una apariencia masculina en el videoclip de *The Man* con el fin de ejemplificar las reivindicaciones incluidas en la letra de la canción, o el de Lady Gaga —difícil de olvidar—, travestida en varias ocasiones durante la de gira de *Born This Way*, cuando encarnó a un carismático joven italiano bautizado como Jo Calderone. En el ámbito de las artes plásticas también encontramos varios ejemplos, aunque tal vez el más conocido es el de Marcel Duchamp, un artista conceptual que ha pasado a la historia por su trabajo con los *ready-made*. En 1921, posó ante la lente del fotógrafo surrealista Man Ray convertido en toda una dama a la que bautizó como Rrose Sélavy, en un ingenioso juego de palabras que hacía alusión al dicho en francés *C'est la vie* [Así es la vida]. Duchamp firmaría varios de sus textos y algunas de sus esculturas más emblemáticas bajo este mismo pseudónimo.

Muchas de las identidades no normativas que conocemos están íntimamente ligadas al mundo del espectáculo. Esto no es casual; la farándula ha sido uno de los espacios que ha dado más pie a la expresión de la diversidad en general. En un breve rastreo podemos encontrar casos como el de la actriz y escritora Charlotte Charke, que, en pleno siglo XVIII, se travestía para interpretar papeles masculinos, algo que además le servía para explorar su propia identidad,[9] que no encajaba en los corsés tradicionales. En el siglo XX, aunque hay infinidad de ejemplos, me resulta especialmente interesante el de Barbette, que encarnaba una figura completamente andrógina, especialmente en las fotografías que le hizo Man Ray con la indumentaria propia de su *show* de acrobacias.

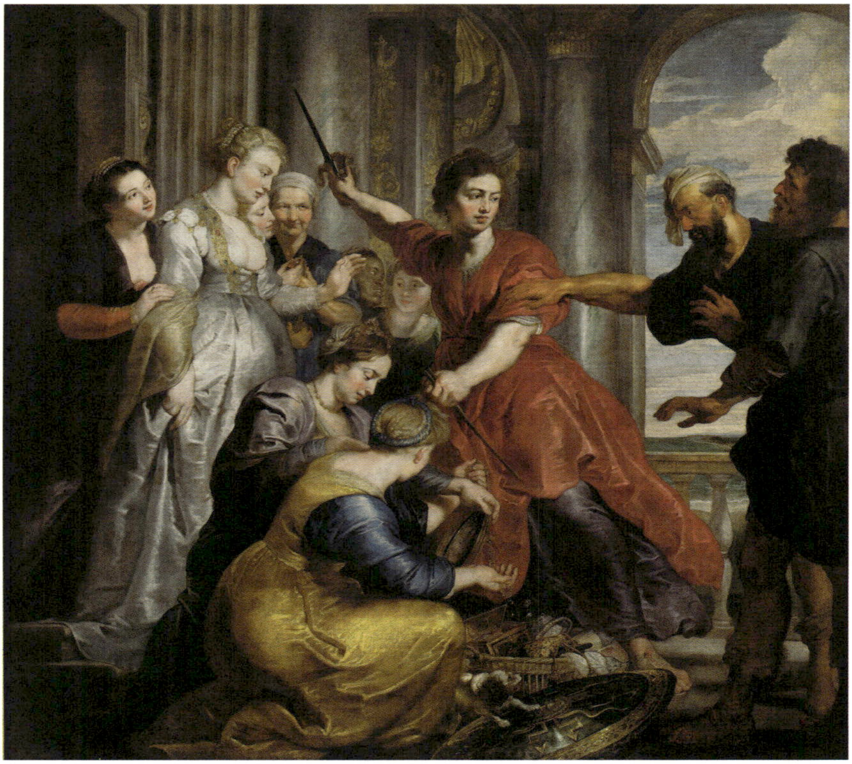

Aunque el término —y con ello el concepto en sí mismo— se acuñó a principios del siglo XX, la idea del travestismo, entendida como ese intercambio de vestimentas entre géneros, puede rastrearse en la cultura occidental casi desde sus orígenes. Dentro de la mitología encontramos a Tetis, quien vistió de mujer a su hijo Aquiles para camuflarlo entre las jóvenes de la corte de Licomedes y esquivar así la predicción del oráculo, que presagiaba su muerte en la Guerra de Troya. Al respecto hay dos cuadros preciosos en el Museo del Prado, ambos firmados por **Rubens** (con sus ayudantes de taller echándole una mano), que recogen el momento exacto en el que Aquiles revela su auténtica identidad al caer en una trampa. Así, lo que vemos en *Aquiles descubierto por Ulises y Diomedves* (1617-1618), es el momento preciso en el que, consciente de su importancia para ganar la guerra e incapaces de distinguirlo del resto de damas, ambos personajes colocaron una serie de regalos «apropiados para mujeres» entre los que escondieron un escudo y una lanza. A continuación, fingieron un ataque, lo que hizo que el héroe no pudiera evitar lanzarse a por las armas, revelando así su auténtica identidad.[10] Porque todo el mundo sabe que no hay hombre al que una buena guerra se le resista, ¿verdad? Por si acaso, nótese la ironía.

De todos los personajes presentes, además de Aquiles, vestido con un traje rojo intenso, destaca la muchacha vestida de color perla. Es Deidamía, una de las hijas de Licomedes, cuyo vientre abultado parece indicarnos que está embarazada del héroe. Ella sería la única que, por lo que sea, conocería previamente su pequeño secretito.

Para mí, lo más curioso de estas pinturas, dejando de lado la apariencia andrógina del héroe clásico, es la ubicación de este dentro de la composición, que ya te aviso que está más que meditada: se usa como una especie de línea divisoria entre los personajes femeninos —las mujeres de la corte entre las que se encuentra oculto— y los masculinos —Ulises y su tripulación—.[11] Es casi como una indicación del supuesto «orden natural» de las cosas, aquel que nadie debería saltarse.

Siguiendo con los héroes mitológicos, el Museo Arqueológico Nacional (MAN), en Madrid, conserva uno de los mosaicos más sorprendentes de la iconografía clásica. Descubierto hace más de un siglo en el patio de lo que fue una antigua villa romana en Liria (Valencia), el *Mosaico de los trabajos de Hércules*, una pieza de enormes proporciones, narra a lo largo de toda su superficie los distintos trabajos a los que este personaje mitológico tuvo que enfrentarse. Aunque, claro, lo más interesante se encuentra en la escena central, en la que el héroe romano (el equivalente griego sería Heracles, solo que Disney hizo mucho daño) aparece acompañado de la reina de Lydia, Ónfale. La pregunta aquí es: ¿quién es quién?

A primera vista, todo parece evidente: el personaje sentado en el trono porta dos de los atributos con los que más comúnmente se identifican las representaciones de Hércules: el garrote y la piel del león de Nemea. La otra figura, de pie frente a él, viste ropas más bien femeninas y se encuentra hilando, una tarea reservada a las mujeres. Pero una segunda mirada revela un detalle que rompe la ilusión y obliga a replantearnos

la escena: la frondosa barba de la figura hiladora delata que se trata del propio Hércules, quien, travestido y sumiso, protagoniza uno de los episodios más curiosos y desconocidos de su mito. Mientras él se dedica a las tareas domésticas y viste un manto femenino, Ónfale, poderosa y triunfante, ocupa el asiento real y se apropia de sus atributos heroicos, algo que en su momento habría sido considerado, como mínimo, humillante. Pero lejos de sucumbir a esta ofensa, Hércules acaba enamorándose de la reina e incluso casándose con ella. Sí, ya te he dicho que su historia no es tan bonita como en la peli de nuestra infancia. Otro día, si eso, hablamos de Mégara.

Aunque el travestismo también estaba presente y se aceptaba en el teatro —uno de los espectáculos por excelencia de las sociedades griega y romana—, este episodio pasó sin pena ni gloria por la mente de la mayoría de artistas, que evitaron representarlo o lo trataron de pasada, esquivando lo que consideraban una ridiculización del héroe. Precisamente por eso, este mosaico es tan especial. ¿Qué pudo llevar a la persona que vivía en esta villa a querer inmortalizar este pasaje en un lugar tan visible para sus invitados? Una de las teorías (y, sinceramente, mi favorita) sostiene que podría tratarse de una expresión de poder por parte de una *domina*, probablemente una mujer viuda que, como dueña

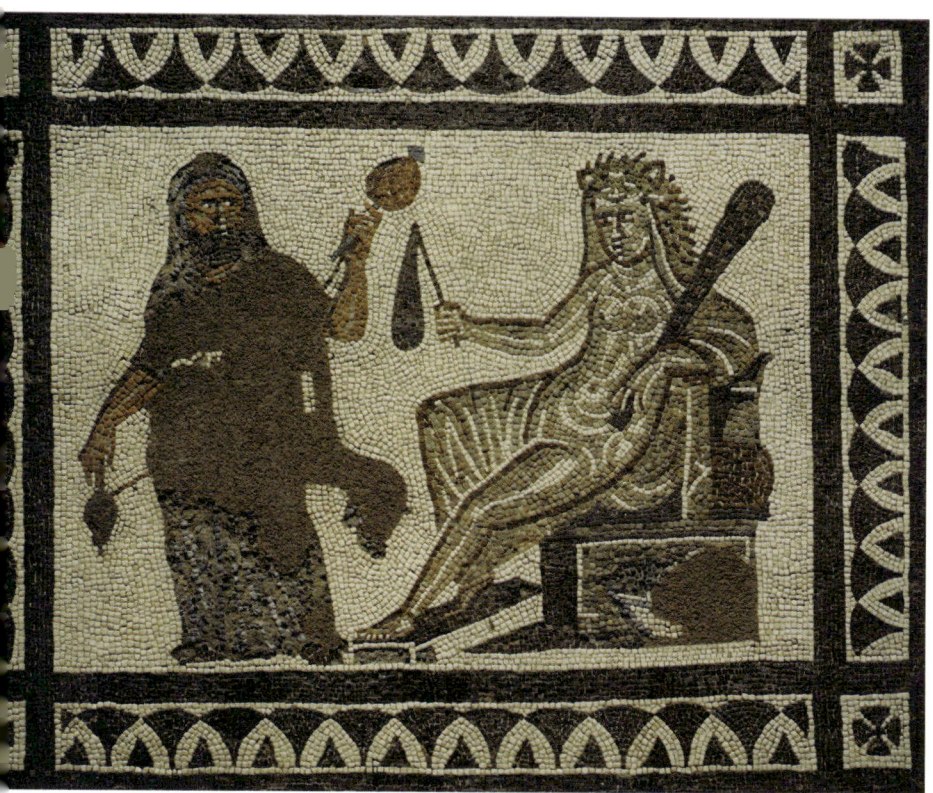

de su casa, quiso dejar claro quien mandaba allí y que no iba a dejarse pisar por nadie, tampoco por ningún hombre.[12]

Este mismo episodio aparece en un cuadro muy interesante de un pintor español, barroco a más no poder, llamado Diego López el Mudo. En él distinguimos a dos damas y la figura de Hércules, que no solo viste un pomposo vestido y aparece con el hilo en la boca, sino que encima lleva dos trencitas y lacitos en el pelo. Una fantasía, si me preguntas. Lo que más me llama la atención aquí es el color de la piel: mientras que las dos mujeres parecen no haber visto la luz del sol en su vida, Hércules se presenta con una tez mucho más morena. Y esto no es casual, se trata de una forma más de distinción por género habitual en la época.[13] En cualquier caso, el pintor no deja lugar a dudas: Hércules es un hombre inequívocamente disfrazado de mujer.

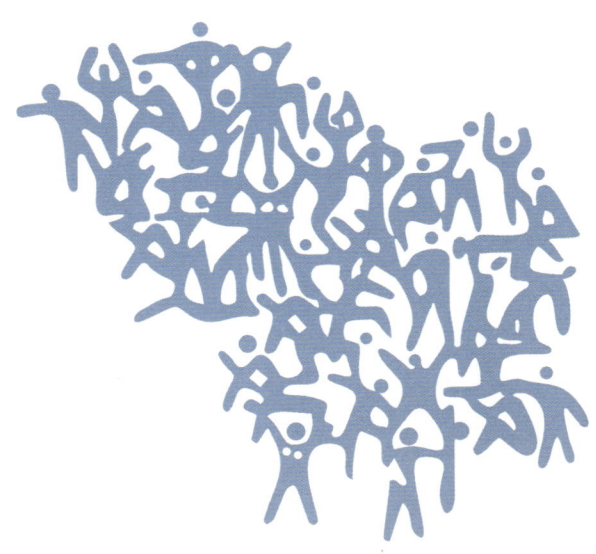

Voy a hacer un hombre de ti

Cuando era pequeña, mi peli preferida de Disney era *Mulán*. Cuando me preguntaban por mi princesa favorita, también la elegía a ella. En realidad, sabía que no era una princesa como tal, y tampoco cumplía con el papel típico que suelen tener en los cuentos (al menos, los antiguos): ser canónicamente femenina y esperar que apareciera su príncipe azul. Supongo que eso era lo que me gustaba de Mulán: que antes que mujer o amante, era una guerrera. Y, para qué mentir, encajaba con mi patrón. Mis padres estaban desesperados por la cantidad de veces que me pillaron jugando con la espada con la que cortaron el pastel de su boda, imaginándome como reencarnación de Xena, la princesa guerrera. Incluso llegaron a comprarme mi propia espada de madera en un mercadillo medieval. Desde aquí, gracias por la paciencia y por intentar salvarme de mí misma, padres.

Ya de adulta (o en mi intento por serlo, más bien), entendí que mi predilección por esa película no era casual; es más, la mayoría de mis amigas del colectivo también tienen a Mulán como su princesa favorita. ¿Casualidad? No lo creo. Aunque todo parte de tópicos, claro. Tranquila, no voy a juzgarte si eras más de Aurora o de La Sirenita.

El caso es que, aunque este libro se centra en las creaciones artísticas, no puedo evitar abrir un pequeño paréntesis para hacer feliz a mi yo-niña, pero, sobre todo, para dar visibilidad a un fenómeno histórico que me tiene embelesada como poco: el de las personas asignadas como mujer al nacer que decidieron adoptar una identidad masculina para unirse al ejército. Y esto trasciende la leyenda de la que nace Mulán; se trata de algo mucho más común de lo que podrías llegar a imaginar.

Para adentrarnos en uno de los casos más excepcionales (y también más polémicos), no nos hace falta irnos muy lejos: dentro de la historia de España tenemos el ejemplo de Catalina de Erauso, alias Antonio Díaz de Guzmán o la Monja Alférez, como prefieras. Su historia es de película: ¿una señora que a finales del siglo XVI se cansa de estar en un convento y antes de jurar sus votos decide pirarse vestida de señor con un traje que se ha cosido con lo que ha ido pillando por allí? Por no hablar de que acaba convirtiéndose en soldado y viajando a las Indias... Dime qué plataforma de *streaming* tiene esto en su catálogo, porque yo hago clic sin pensarlo.

Antes de sumergirnos de lleno en la vida de esta monja-soldado, conviene señalar que existen numerosos factores que han hecho que sea muy difícil saber con qué pronombres referirse a Catalina/Antonio de Erauso (sí, también puso su apellido a su nombre masculino) y cómo pudo haberse identificado en cuanto a su género y sexualidad. Este problema se detecta con un simple vistazo a sus memorias. Tal y como señala Mikel Herrán, al que tal vez conozcas como *PutoMikel*, Catalina/Antonio de Erauso fue una de las pocas personas juzgadas de la que conservamos un testimonio escrito de su puño y letra que, lejos de resolvernos las dudas, nos las multiplica.[14] *Spoiler*: va cambiando de pronombre constantemente, refiriéndose a sí mismo/a en femenino o masculino más en función del contexto o la actividad que desempeña —como monja o como soldado— que a cómo se siente o se percibe. De lo que no hay duda es de que podemos considerar esta figura como un precedente de la experiencia trans, por su ruptura sostenida con el género impuesto.

Tras su huida, Catalina/Antonio Erauso vivió varias décadas como un hombre, hasta que un día, por una de las múltiples trifulcas en las que se metía (la violencia le tiraba demasiado), acabó entre rejas. Y es justamente ahí, cuando, en un alarde de sinceridad, decide confesar que en realidad es una mujer y que, además, es virgen. ¿Te acuerdas del caso de Catharina Vizzani?▼ Pues justo lo mismo. Entiendo que esto puede sonar *random*, pero no era lo mismo ser acusado de travestismo con o sin una motivación sexual de por medio. Si la había, estabas incurriendo en sodomía y, dependiendo de si se trataba de relaciones entre hombres o entre mujeres, el castigo podía llegar a ser mortal. Declararse mujer y demostrar que conservaba el himen (ya sabemos que eso de la virginidad es un poco relativo) le salvó la vida.

Pero lo mejor viene al final: su caso se hizo tan conocido que el mismísimo rey ordenó que viajara hasta Roma, donde el papa Urbano VIII le concedió una licencia para que pudiera vestir hábito masculino. Sí, podrías considerarlo algo parecido a los certificados de travestismo de los que hablábamos unos párrafos más arriba, solo que esto pasó bastante antes, en pleno siglo XVII. Según sus memorias (de las que no sé si deberíamos creérnoslo todo al dedillo),

cuando el pontífice fue recriminado por esta decisión, respondió: «Dadme otra monja alférez, y le concederé lo mismo».[15]

Unos años más tarde, en Estados Unidos, encontramos el caso de Deborah Sampson que, durante la guerra de la Independencia estadounidense, se alistó en el ejército continental bajo el nombre de Robert Shurtliff. Su historia se relaciona más íntimamente con la de Mulán: en 1783, tras requerir asistencia médica, se descubre su «secreto» y, como consecuencia, recibe la expulsión (aunque regresa a casa con honores, eso sí). El desenlace de su historia es menos épico. Al volver, acepta su rol femenino y acaba casándose y llevando una vida agreste junto a sus hijos, lo que, a ojos contemporáneos, demostraría que su travestismo no era fruto de una «desviación sexual».

Pese a que, en su caso, el travestismo se presenta como algo temporal, es muy curiosa la visión que se tenía de su físico, detallado en un texto que aparece poco después. Me refiero a *The Female Review*, publicado en 1797 de la mano de un tal Herman Mann, en el que se señala que Sampson «tiene una piel naturalmente clara y sonrosada como un clavel en flor, pero su aspecto es más bien masculino y sereno, que afeminado y tonta-

---

▼ Hablamos sobre ella en el capítulo intersex y de cómo decidió confesarse mujer y virgen en su lecho de muerte.

mente jocoso. (...) Las damas de buen gusto la consideraban atractiva cuando vestía con atuendos masculinos».[16]

Podría profundizar en más casos dentro del contexto bélico, como el de Albert Cashier, quien a finales del siglo XIX empezó a hacerse llamar por este nombre masculino incluso antes de servir al ejército de la Unión en la guerra de Secesión (y lo mantuvo después). O el de James Barry, cirujano del ejército británico en pleno siglo XIX cuyo sexo biológico solo se descubrió tras un examen realizado tras su muerte. Pero supongo que ya te habrás percatado de que todos los casos que estoy mencionando aquí responden a un mismo patrón: o bien mujeres que asumieron un rol masculino temporal para poder vivir la vida que deseaban o bien antecedentes directos de lo que hoy llamaríamos hombres trans. Además, la mayoría parecen haber vivido cierto grado de aceptación e incluso admiración. Por el contrario, es más difícil encontrar ejemplos de personas que vivieran la situación inversa: individuos asignados al género masculino al nacer que tomaran la decisión, temporal o indefinida, de vivir bajo una apariencia femenina y hacerlo con relativa tranquilidad. No hace falta darle demasiadas vueltas para imaginar el motivo. Frente al valor atribuido a lo masculino, la feminidad no ha sido vista como algo deseable. Si hasta acabaron bautizándonos como el «sexo débil» (es que hay que reírse, de verdad...). Ser mujer implicaba ser despreciada y, en esta época, el mayor estatus al que podía aspirar una mujer era el de madre,[17] algo que se consideraba imposible para los que eran leídos como hombres.

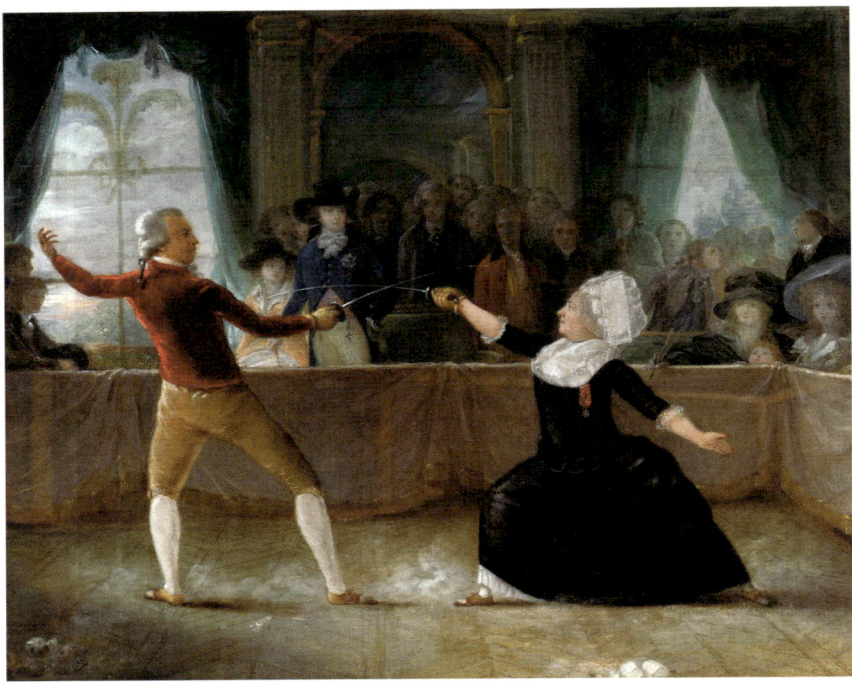

¿Y si fuera al contrario?

Retomando la idea con la que cerrábamos el apartado anterior, creo que merece la pena detenerse, aunque sea brevemente, en la historia de Chevalier d'Eon. Pese a que hoy no es un personaje tan conocido, ni siquiera dentro de los círculos LGTBIQ+, en su época alcanzó muchísima notoriedad, y es por eso que se conservan multitud de retratos suyos de distintas épocas, entre ellos uno precioso de la artista francesa Angelica Kauffmann. Te invito a que lo busques para que puedas ponerle cara.

Chevalier d'Eon vivió gran parte de su vida como hombre, identidad bajo la cual recibió varios reconocimientos militares y diplomáticos. Pero la cosa no se quedó aquí, porque además trabajó como espía para el rey Luis XV de Francia (por eso acabó inicialmente en Londres). Tuvo varios malentendidos y trifulcas con el monarca que resolvió publicando parte de su correspondencia secreta (hay que ver cómo se las gastaba...), asegurándose así de de seguir recibiendo su pensión. Que, ya sabes, no se vive del aire. Al menos, hasta que estalló la Revolución francesa.

Aquí es donde el asunto se vuelve realmente llamativo. En Inglaterra, a medida que su fama aumentaba, comenzó a especularse con la posibilidad de que en realidad se tratase de una mujer.[18] Empieza a crecer el interés por saber qué tenía esta persona entre las piernas e incluso empezaron a hacerse apuestas al respecto. Es imposible saber con exactitud cómo empezó el rumor, pero sí se conservan varias ilustraciones de la época que representan a este personaje como una mezcla entre ambos géneros. También se dijo que había nacido como una niña, pero que su padre, ante la ausencia de un heredero, había decidido que se criase como un hombre. Todo culmina en 1777, cuando D'Eon empieza a aparecer públicamente con indumentaria femenina, abrazando una identidad que no volvería a abandonar durante las más de tres décadas que le quedaban por vivir.[19] Y mucho menos después de que se celebrara un juicio en el que, con el testimonio de terceros, se decretó oficialmente que era una mujer.

Aunque muchas personas apoyaron a Chevalier d'Eon en su transición, muchas otras pusieron en duda la autenticidad de los hechos. Por ese motivo, al morir en 1810, y aprovechando que ya no había forma de que pudiera negarse, su cuerpo fue examinado en profundidad, razón por la cual se conserva tanto una descripción muy detallada como un dibujo en primerísimo plano de sus genitales. Lo sé, muy cuestionable, pero durante la historia tenemos varios casos en los que ocurre algo así.

Con todo esto que te he contado debes estar frotándote las manos, porque todo apunta a que estamos ante una de las primeras mujeres trans reconocidas de la historia, Sin embargo, a estas alturas seguro que ya has aprendido que para los personajes anteriores al siglo XX las cosas no son tan fáciles de categorizar. Durante un tiempo, se estudió a Chevalier d'Eon como un caso de travestismo masculino, hasta el punto de acuñarse el término «eonismo» para referirse a casos como el suyo. Como señala el historiador Gary Kates, muchos investigadores no ven viable que se pueda considerar a Chevalier d'Eon como una persona disidente de su género, y sostienen que, tras su cambio, pudieron existir intereses políticos, y que podía tratarse de una estratagema para evitar la prisión por traición al volver a Francia.[20] Además, no era la feminidad hecha persona: nunca fue muy fan de los vestidos, le gustaba lucir sus condecoraciones militares y se ganaba la vida participando en competiciones públicas de esgrima con hombres, como la que se retrata en *El duelo de esgrima entre el Caballero de Saint-George y el Caballero d'Eon*, un cuadro pintado por **Alexandre-Auguste Robineau** hacia 1787. Pero tú y yo sabemos bien que eso no es precisamente lo que determina lo que se es, ¿verdad? Con el concepto trans ni cerca de nacer, lo que está claro es que Chevalier d'Eon es un ejemplo de lo volátil y fluido que siempre ha sido el género. Ahí lo dejo.

Que le den al canon

P rimeras décadas del siglo XX. París. **Gerda Wegener**, una joven pintora danesa, trataba de hacerse un nombre en los círculos artísticos de la capital del arte y la libertad. Las opiniones en Copenhague sobre su obra eran variopintas, pero lo estaba logrando. Por su estudio pasaban toda clase de personalidades —especialmente mujeres— y sus obras empezaban a aparecer en revistas y a ilustrar libros, ofreciendo un retrato fiel de una feminidad moderna y atrevida en su tan característico estilo *art déco*. Pero, entre todas esas figuras sofisticadas, había un rostro que se repetía una y otra vez: el de una mujer de mirada profunda y pose elegante a la que retrató en un ambiente más íntimo y cercano que a las otras. En algunas ocasiones aparece fumando, en otras protagoniza desnudos sutiles. No solo dio vida a algunas de sus pinturas más exitosas, sino que también se convirtió en su compañera en algunos de sus famosos autorretratos, como **_En el camino a Anacapri_** (1922), en el que la relación entre ambas parece íntima, pero queda abierta a la interpretación de quien observa sus pinceladas.

La confianza que respiran estas pinturas frente a otras de su producción es lógica. La modelo no era otra que su pareja, la también pintora Lili Ilse Elvenes, más conocida como Lili Elbe. Ella fue uno de los motivos por los que decidieron poner rumbo a París en busca de un ambiente más abierto. Porque Lili siempre fue Lili: una mujer carismática y valiente, solo que durante mucho tiempo nadie lo supo, ni

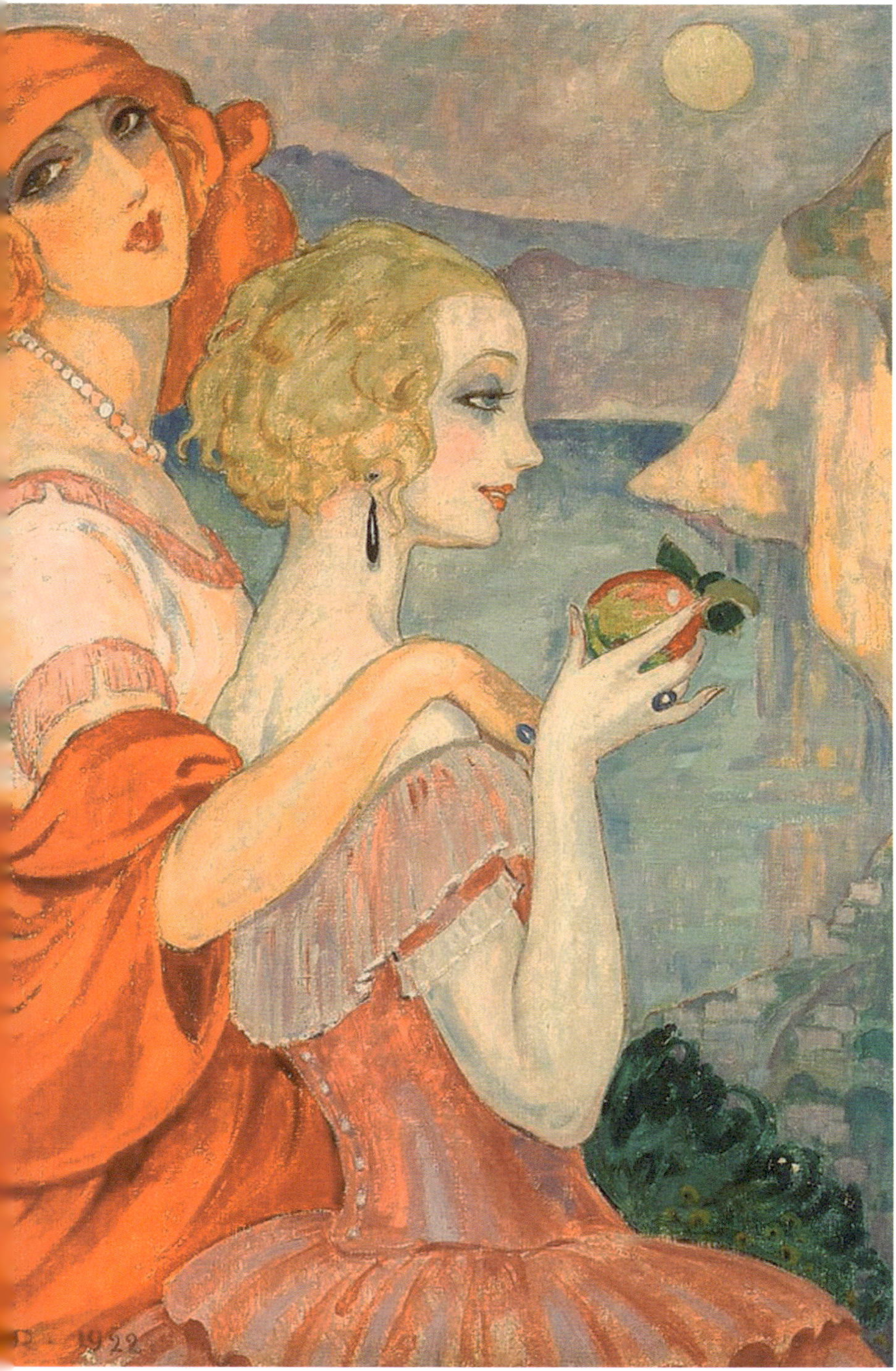

siquiera ella misma. Vivió su transición en un momento en que hacerlo era impensable, y lo hizo de forma visible, tratando de abrir camino a todas las personas trans que vinieron después. Aunque, claro, si has leído este libro en orden cronológico, esto ya lo sabrás, dado que fue protagonista de una de las primeras cirugías de afirmación de género (las mal llamadas operaciones de cambio de sexo) de las que hablamos en el capítulo de la salud.

No sabemos exactamente el momento en el que Elbe empezó a sentirse incómoda siendo leída como un hombre. Tal vez fue algo que llevó consigo durante toda su vida o puede que apareciera un día sin más; la falta de referentes pudo dificultarle identificar su propia disconformidad con el género que le habían asignado. Lo que sí está claro es que su mujer jugó un papel fundamental durante todo este proceso. Tal y como relata en sus memorias, todo empezó cuando Gerda le pidió ayuda para seguir trabajando en un retrato que le estaba haciendo a Anna Larsen.[21] Ese día, Larsen no iba a poder asistir a la sesión de posado así que, tras mucha insistencia, la pintora consiguió que su entonces marido accediera a travestirse. Nadie había previsto el resultado: Lili se sintió extrañamente reconfortada y Gerda vio en ella la belleza y naturalidad que siempre quiso plasmar en sus pinturas. Parece que el nombre también se eligió esa misma noche, como una sugerencia de Anna, quien guardó el secreto durante el tiempo que fue necesario.[22] «Así surgió Lili, y el nombre se quedó; no era solo una cuestión de nombre. Con una broma extravagante, un auténtico accidente en el estudio, por así decirlo, empezó y durante muchos años jugamos nuestro juego con Lili»,[23] señaló la propia Elbe en sus escritos.

Como bien escribe en este mismo texto, durante un tiempo Lili llevó una especie de «doble vida». Cada vez con mayor frecuencia se dejaba ver en público vestida de mujer, causando sensación entre los hombres. Gerda Wegener participaba activamente de ese juego y se encargaba de mantener su clandestinidad, presentándola como la prima de su esposo. En su supuesta autobiografía, Elbe habla de sí misma como una mezcla de dos personalidades, dos identidades distintas con las que intenta convivir hasta que se da cuenta de que solo quiere ser reconocida como una de ellas. Pero tampoco debemos tomarnos esto al pie de la letra, pues son varias las investigadoras que han señalado que en esta publicación pudieron haber intervenido otros autores más allá de la propia Lili,[24] lo que explicaría ciertas visiones —por decirlo de alguna manera— «peculiares». Aunque tal vez deberíamos preguntarnos qué tenía que hacer o decir Lili a principios de 1930 para ser aceptada como mujer, sobre todo si tenemos en cuenta que el poder para definir la identidad trans estaba en manos de los médicos y los especialistas en leyes,[25] no en las suyas.

Es probable que tanto los nombres como la historia en sí te resulten familiares: ambos inspiran a las protagonistas de *La chica danesa*, la película basada en la novela homónima y que, por qué no decirlo, se hizo bastante viral al verse envuelta en diversas polémicas. La más sonada es la que gira en torno a la elección del reparto, pues Lili Elbe fue interpretada por el actor Eddie Redmayne en lugar de por una actriz trans, que hubiera sido lo suyo.

Para mí, otro gran problema de la cinta es la visión dramática que ofrece de la transición de la artista, dando por sentados, primero, los ataques de celos y, más tarde, la heterosexualidad de Gerda Wegener, que una vez iniciada su transición queda relegada al papel de «amiga». Lo cierto es que no se conoce con seguridad la sexualidad de la pintora, ya que nunca hizo declaraciones al respecto. Lo único que sabemos es que, en 1930, el matrimonio entre ambas fue declarado nulo tras reconocerse definitivamente el «cambio de sexo» de Lili,▼ así como su cambio de nombre, y que en 1931 Gerda volvió a casarse con un varón,▽ del que más tarde se divorciaría.

Ahora bien, no parece que Wegener tuviera problema alguno con respecto al amor sáfico. Ella misma se hizo conocida por realizar ilustraciones sexualmente muy explícitas protagonizadas por mujeres, como las incluidas en el libro *Las recreaciones de Eros: Doce*

▼ Es importante tener en cuenta que el matrimonio entre personas del mismo sexo era sencillamente impensable. Tras la operación, el caso de Lili Elbe tuvo una amplia cobertura en toda clase de medios, fomentando que el rey Cristián X de Dinamarca tomara la decisión de declararlo nulo. ▽ Pese a volver a casarse, Gerda Wegener no volvió a cambiar su apellido (que había tomado de su matrimonio con Lili, antes de su transición), solo añadió el de su segundo marido, tal y como reflejan las obras que firma en época posterior: Gerda Wegener Porta.

sonetos lascivos de Louis Perceau. Por no hablar de que algunas de sus obras incluyen parejas en las que uno de los miembros presenta una ambivalencia en su género tan marcada que, desde una lectura binaria, se hace muy difícil distinguir si estamos ante un hombre o una mujer. En *Un día de verano*, más allá de los personajes claramente femeninos, entre ellos una mujer desnuda, destaca la figura tras el caballete, de apariencia completamente andrógina. Visto lo visto, y dado que ella no puede darnos la respuesta, quizá merece la pena darle una vuelta a su supuesta heteronormatividad, ¿verdad?

A medida que Elbe avanza en su transición, va dejando de pintar. Seguramente tenía esta práctica asociada a su identidad masculina, con la que firmaba sus obras y con la que había logrado hacerse hueco en el mundo del arte. Algunas de sus últimas pinturas —por supuesto paisajes, dado que era el género en el que estaba especializada— representan de forma indirecta la relación de la pareja. Podemos verlo en *Lili y Gerda en la terraza (Retrato de Lili y Gerda en Anacarpi)*, una obra que, pintada en 1929, esconde a ambas artistas entre la vista montañosa de la ciudad italiana. Lo que es innegable es que Lili se volcó de lleno en impulsar la carrera de su pareja, lo que podría elevarla a la categoría de cocreadora. Ambas constru-

yeron juntas una obra que rompe con el canon y que constituye un precedente fundamental en la representación de las disidencias de género, todo ello desde un prisma tierno y de exaltación de la belleza, sin una intención reivindicativa explícita detrás. Aun así, estas imágenes demuestran cierta consciencia de sí misma por parte de Lili, ya que, al posar activamente en muchas de ellas y mostrarse segura, pueden entenderse como una forma de ganarse el reconocimiento y la legitimidad como sujeto femenino.[26]

De todas las obras que crearon juntas, hay dos que me fascinan particularmente. Una es **Calor de verano**, que, pintada en 1924, nos muestra a Lili en un desnudo integral, de espaldas, sujetando el mismo abanico con el que aparece en una de sus fotografías más emblemáticas. No tiene pérdida: es la primera que sale al buscar su nombre en Google. Si por algo me fascina esta pintura de **Gerda Wegener** es por su evidente parecido a uno de los desnudos femeninos más emblemáticos de la historia del arte occidental: *La gran odalisca*, del artista neoclásico francés (aunque un poco romanticón) Jean-Auguste-Dominique Ingres.

La otra obra es *Reina de corazones*, pintada algo después, en 1928. Lo más interesante aquí es que nos retrata a una Lili de mirada segura que, fumando y sentada ante un característico bodegón vanguardista, se erige como un símbolo inequívoco de la mujer moderna que fue.

El de Lili Elbe, desde luego, no fue un caso aislado en el mundo artístico. También en el capítulo dedicado a la salud mencioná-

bamos el ejemplo de otra artista contemporánea que se sometió a una de las primeras operaciones de afirmación de género, incluso antes de que lo hiciera Lili. Ella es Toni Ebel que, pese al parecido del apellido de ambas y su vinculación compartida con el arte y con el ambiente del Instituto para

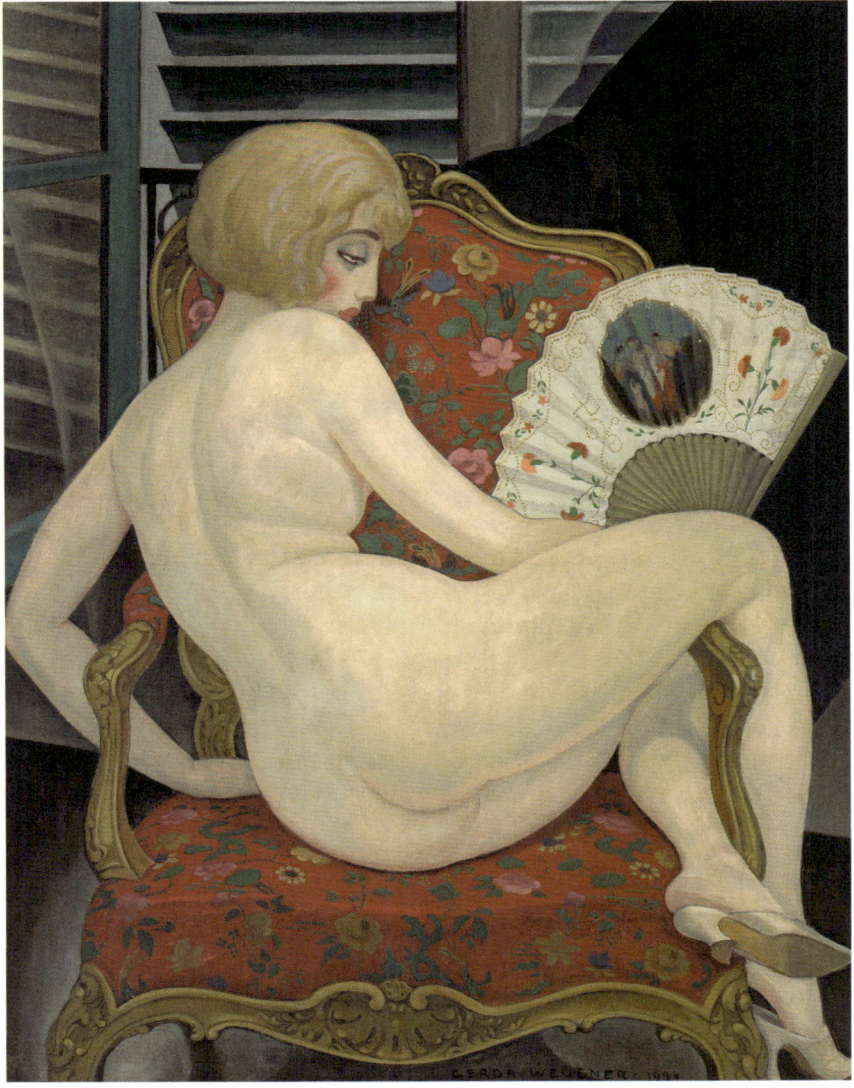

la Ciencia Sexual de Berlín, nada tiene que ver con Elbe, más allá de convertirse en una pesadilla para las personas con dislexia.

Toni Ebel era alemana y, aunque el rechazo de su familia la empujó a vivir un tiempo en Italia y Austria, una vez de vuelta en Alemania logró hacerse un nombre entre los artistas del círculo de Käthe Kollwitz.▼ Pero había algo en ella que no acababa de encajar. Por aquel entonces, al parecer, seguía utilizando su *deadname*▽ y vistiendo con «ropa masculina» que, desde luego, no la hacía sentirse representada. Fue entonces, en su momento más bajo, cuando apareció Charlotte Charlaque, actriz germano-estadounidense que se convirtió en su compañera de vida hasta 1942, cuando los nazis las obligaron a separarse.[27]

Nadie como Charlaque supo entender e identificar por lo que estaba pasando Ebel, no solo como pareja, sino como persona que lo había vivido en sus carnes. Ella también era una mujer trans y, de hecho, fue quien puso a la pintora alemana en contacto con Hirschfeld, que, además de ofrecerle asesoramiento, trabajo y la posibilidad de operarse —opción que sabemos que ambas aceptaron—, adquirió varias obras firmadas por ella.

En cuanto a su producción artística, Toni Ebel practicó diversos géneros, destacando sobre todo en el paisaje, los bodegones y los retratos. Aunque, por desgracia, gran parte de su obra se ha perdido, resultan muy interesantes sus autorretratos que, tal vez sin ella ser plenamente consciente, encarnan con naturalidad una de las primeras realidades trans conocidas. Junto a su pareja y a Dora Richter —oficialmente la primera mujer trans en someterse a una cirugía de afirmación de género—, Ebel aparece en la película austriaca de 1933, *Mysterium des Geschlechts* [El misterio del género], donde muestran sus cuerpos tras las operaciones con el fin de visibilizar la problemática de la identidad de género y así contribuir a su normalización.

Más artistas para cambiar la historia

En esta misma época, aunque esta vez en París, podemos mencionar el caso de Michel-Marie Poulain, quien acabaría por considerarse como una de las primeras personas trans en Francia en convertirse casi en una celebridad.[28] Pero ni la fama que cosechó en su momento —llegando a participar en reportajes de revistas de tira-

---

▼ No me detengo en Käthe Kollwitz para no desviarnos mucho del tema, pero te animo encarecidamente a que te asomes a su obra. Tanto sus esculturas como sus grabados y dibujos ofrecen un retrato crudo de la guerra y de la pérdida humana (en su caso, la de su hijo) que, pese a tener casi un siglo de historia, es terriblemente actual.   ▽ Este término hace referencia al nombre que la persona utilizaba antes de iniciar su transición. Como habrás notado a lo largo del capítulo, evito hacer referencia a estos «nombres de nacimiento» por respeto a los deseos de sus portadoras, fueran cuales fueran sus motivaciones.

da nacional como *Voilà!* (aunque en algunos de ellos se cuestionaba abiertamente su género)— le sirvió para esquivar el olvido. Aunque al principio rechazó la oferta de Magnus Hirschfeld de operarse, también acabó pasando por quirófano e, igual que Lili Elbe, fue protagonista de una supuesta biografía con demasiadas licencias como para considerarla como tal.

Poulain pintaba marinas y paisajes (sobre todo vistas de París), salones de baile, bodegones florales y retratos, especialmente protagonizados por mujeres. Como ves, abordaba temáticas muy amplias, aunque todas ellas desde un prisma agradable y un intenso uso del color. Sus figuras solían presentar un trazo esquemático y estaban delimitadas en negro, un estilo que a muchos nos recordaba al de su contemporáneo Bernard Buffet.[29]

Como habrás podido comprobar, la mayoría de creadores que hoy conocemos y que podemos englobar en la etiqueta trans pertenecen, como era de esperar, a artistas a partir de finales del siglo XIX y, sobre todo, del siglo XX, en la época que podríamos considerar como el inicio del «arte moderno». Pero esto, desde luego, no resta valor a su reivindicación, dado que su existencia sigue siendo invisible para la mayoría de personas. Como señala Marsha Meskimmon, «las historias de los "otros" del modernismo —sujetos creativos que se identificaban de diversas maneras como mujeres, *queer*, *trans* o no binarios; como negros, indígenas o de color; como migrantes, exiliados o colonizados— rara vez se han considerado parte del heroico canon del genio modernista, ni han facilitado su derrocamiento».[30]

Aunque soy consciente de que su inclusión en este apartado puede verse como polémica, me gustaría hacer mención a Anton Prinner como ejemplo de un artista que, como mínimo, desafió el canon tradicional al abordar de cerca la cuestión del género. Tras estudiar pintura en la sección femenina de la Academia de Budapest, pasó a adoptar el nombre por el que hoy lo conocemos al mudarse a París, a finales de la década de 1920.[31] La construcción de su nueva identidad se culminó con una indumentaria varonil —una boina negra y una pipa—con la que solía dejarse ver fumando en público. Todo aquel que alguna vez se ha marchado sabe que, aunque te pueda la nostalgia, a veces la libertad solo se encuentra lejos de casa.

Sobre los motivos que llevaron a Prinner a tomar la decisión de adoptar una identidad masculina se han escrito ríos de tinta. Son varias las fuentes que apuntan el posible origen de su transformación hacia el deseo de trabajar como artista, de obtener ciertas ventajas que, como mujer, desde luego, no habría podido disfrutar. Ya hemos visto que esto no sería raro; la pregunta en este caso es otra: ¿de verdad disfrutó de alguna facilidad? ¿Le sirvió de algo? Por lo que sabemos, su nombre acabó cayendo en el olvido —me está costando la vida encontrar información accesible, lo cual ya dice mucho—, y ocurrió incluso pese a mantener amistad con artistas consagrados como Pablo Picasso.

Lo que más me chirría de este tipo de afirmaciones es que parecen pasar por alto los riesgos que atraviesa casi cualquier persona que se sale de la norma, especialmente si tenemos en cuenta que Prinner era migrante y tuvo que trabajar duro para poder ganarse la vida. No creo que lleguemos a encontrar la respuesta definitiva, pero, por lo que a mí respecta, me quedo con las palabras del propio Anton Prinner, quien se mantuvo firme en su identidad hasta el último de sus días y, por si no fuera suficiente, llegó a escribir sobre su atracción por los hombres, definiéndose como alguien con «cierta inclinación homosexual».[32]

Pero bueno, como hemos venido a hablar de arte, este es precisamente el punto en el que más sentido tiene incluir a Prinner como precedente del melón que vamos a abrir a continuación. La mayoría de sus obras de la etapa figurativa —empezó haciendo pintura abstracta, calificada como constructivista— juegan con los límites entre ambos géneros. Sus esculturas presentan rostros completamente andróginos, de nariz aguileña y ojos redondos. Pero, como buena friki del arte egipcio que soy, te invito a detenerte en las ilustraciones que hizo para *El libro de los muertos de los antiguos egipcios* publicado en 1948. Su fascinación por el mundo esotérico y por la mitología egipcia alcanza aquí su culminación, en un proyecto en el que algunas de las figuras parecen en estados de transformación.

Artistas para romper con el género

La mayoría de las personas no elegimos nuestra identidad; al menos una parte de ella nos es impuesta incluso antes de haber nacido. Ocurre el día en el que se descubre nuestro sexo. De pronto parte de nuestras vivencias parecen venir ya escritas: nuestros gustos e intereses, la forma en la que debemos comportarnos, el trato que recibimos e incluso las relaciones interpersonales que estableceremos. Es más, si naces con vulva, en España, es más que probable que se marque tu feminidad de manera simbólica a través de la perforación de tus orejas. Es irónico ver cómo se escandalizan ciertas señoras cuando alguna pareja decide hacer lo propio con un niño, como si no fuera igual de cuestionable.

Como bien señalábamos al abrir este capítulo, todos estos factores los marca lo que conocemos como género, un término complejo que se define a través de un conjunto de normas sociales y culturales. Al respecto, han surgido dos corrientes de pensamiento: las que lo entienden como un constructo completamente externo y las que lo identifican directamente con el sexo que se nos asignó al nacer. Mi visión —y la de muchas personas— se encuentra en un punto medio. Comparto las ideas de la filósofa Judith Butler, que muy convenientemente señaló que «el género resulta ser performativo, es decir, que constituye la identidad que se supone que es».[33] Lo que entendemos por hombre o mujer depende de unas normas culturales —de ahí que sea tan cambiante entre épocas, contextos y territorios— que se basan en un binarismo impuesto a partir de la asignación sexual, pero que no derivan exclusivamente de ella. Es justo aquí donde entra en juego la forma en la que vivimos y deseamos ser percibidas.

Cada vez más, se habla de identidades de género que trascienden este modelo binario, que exploran sus límites y los tensionan, que no se posicionan ni en el blanco ni en el negro, sino que crean una escala de tonos grises intermedios. Me refiero al conjunto de identidades que hoy conocemos como de género fluido, agénero o no binarias. Pero esta ruptura con los roles tradicionalmente asociados al género —y con la lectura que se hace de nosotras mismas— no es algo reciente: tiene al menos un siglo de antigüedad. El arte, como fiel reflejo de las viven-

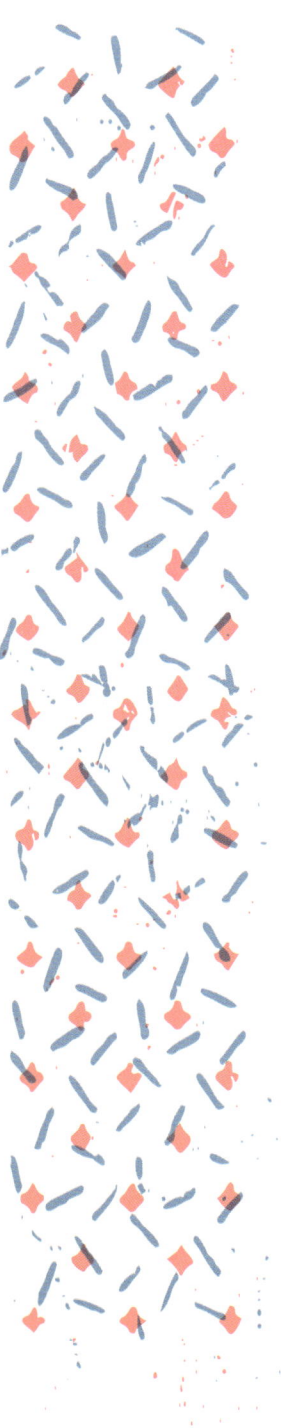

cias de cada época y lugar, pero, ante todo, de las preocupaciones e inquietudes de las personas que lo crean, ha sabido dar buena cuenta de ello.

Ya en la primera mitad del siglo xx, **Claude Cahun** puso voz a una idea cuya vigencia resultará sorprendentemente actual —incluso personal— para algunas de las personas que leáis este libro:

«¿Masculino? ¿Femenino? El neutro es el único género que siempre me queda bien». [34]

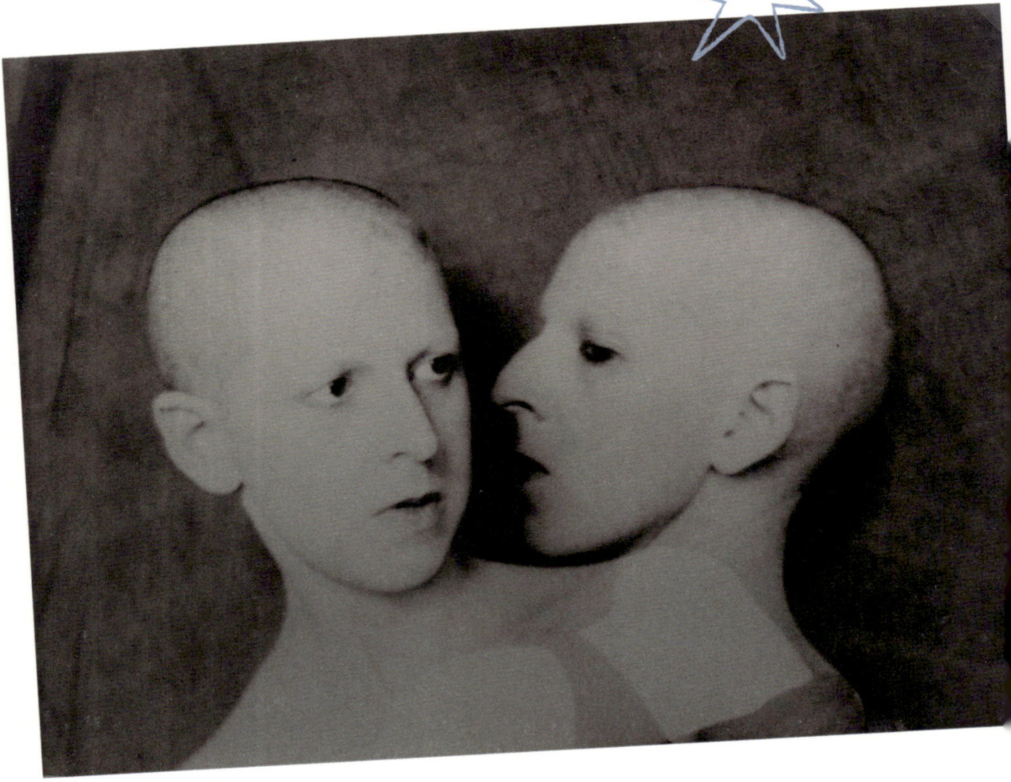

Nos encontramos ante una persona que verbaliza y además expresa, a través de sus escritos y autorretratos fotográficos, un cuestionamiento del género que le ha sido impuesto, de sus roles y de sus estereotipos. A veces lo hace de forma juguetona, con mucho sentido del humor, como en *Estoy entrenando, no me beses*, una obra para la que reutiliza el disfraz de una antigua mascarada:[35] un *maillot* con pezones falsos sobre el que escribe la frase que le da título. El sujeto retratado podría leerse como masculino, pero, desde luego, no es el estereotipo de *machote*; como mucho podríamos asociarlo con los tan populares dandis de París de finales del siglo XIX. Esta fue solo una de la lista infinita de personalidades en las que se convirtió, porque su cuerpo siempre fue su mejor materia creativa.

En otras ocasiones, su forma de desafiar los roles impuestos es aún más evidente. Se ve en las fotografías en las que aparece con la cabeza rapada, sin rastro de su melena, uno de los símbolos que incluso hoy más nos siguen identificando como mujeres (ya vamos saliendo de eso, ¡menos mal!). Una de sus mejores obras (y no admito discusión) es **¿Qué quieres de mí?**, de 1929, en la que vemos cómo el rostro de Claude, a través de una doble exposición, consigue dividirse. La imagen resultante refleja, sin duda, una lucha interna. Para más inri, la ficha del Metropolitan Museum vincula esta obra con el concepto de la autoalienación,[36] un estado emocional en el que la persona se siente como fuera de sí misma, presa de la vergüenza y la autocrítica. Algo con lo que muchas podemos llegar a empatizar.

Claude Cahun había recibido la etiqueta de mujer al nacer; sin embargo, adoptó este nombre buscando de manera consciente una ambigüedad con respecto a su género que también exploró en su obra. Todo lo que hizo fue en compañía de Marcel Moore, quien también adoptó un seudónimo neutro. Desde que se conocieron en la adolescencia, fue la persona con la que compartió su vida: su pareja artística, su amante —los *señoros* dirán que tenían una bellísima amistad— y, desde que sus padres se casaron, fueron oficialmente hermanastras. Pero por si a alguien se le ocurre poner en duda la implicación de Moore —que además de fotógrafa hacía unas ilustraciones preciosas— o el tipo de relación que tenían, mejor dejo que sea la propia Cahun quien lo aclare. En 1914 se describió con respecto a su pareja como «*la obra de tu vida*».[37]

Lo verdaderamente revolucionario de Claude y Marcel es la forma en la que trabajan la identidad: no como algo cerrado e inmutable, sino como un proceso que fluctúa y que está en constante transformación. En sus fotografías juegan a menudo con los espejos, que en la historia del arte se han usado para revelar una verdad oculta —piensa en *El matrimonio Arnolfini*— y/o como símbolo del autoconocimiento. Del mismo modo usan las máscaras, que precisamente sirven para ocultar la identidad, lo que nos lleva a una de las citas más famosas atribuidas a Cahun: «*Bajo esta máscara, otra máscara. Nunca terminaré de quitarme todos estos rostros*».

En la misma época —y también con vínculos claros con el grupo surrealista— podemos encontrar un caso aún más complejo, pero en el que merece la pena detenerse. Me refiero a Toyen, quien, con el pincel como su gran aliado, desarrolló su arte entre París y Praga (había nacido en la actual República Checa). Como puedes intuir, su nombre de cuna no era este: también decidió adoptar un pseudónimo neutro, del que se han rastreado dos posibles orígenes. Uno derivaría de la palabra francesa «*citoyen*» [ciudadano] —la hipótesis más aceptada— y el otro estaría inspirado en la expresión checa «*to jan jen*» [pensar por uno mismo].[38]

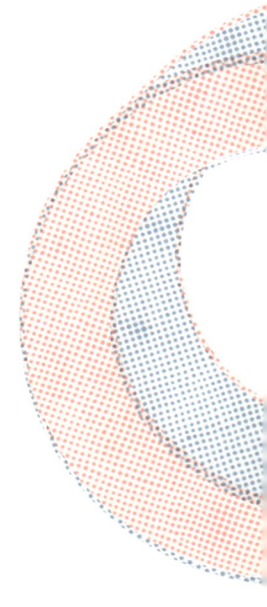

Las cosas como son: se conoce muy poco sobre la vida privada de Toyen, y mucho menos sobre su orientación sexual y su género. Al menos nada salido de su propia boca, porque se dice que quemó todos sus documentos personales justo antes de morir.[39] Lo llamativo es que, cuando se pone sobre la mesa la posibilidad de su disconformidad con respecto al género, todavía hay quien se lleva las manos a la cabeza. Estamos hablando de alguien que no solo adoptó un nombre neutro, sino que solía vestir con ropa «masculina» (tú ya me entiendes), con la que conseguía una apariencia completamente andrógina. Pero es que, además, renegaba de la etiqueta de «pintora», especialmente si venía acompañada de «mujer». En checo se hacía llamar «*malíř smutnej*», que es el masculino de «artista triste». ¿De verdad suena tan inverosímil hablar de una posible disidencia? Aun-

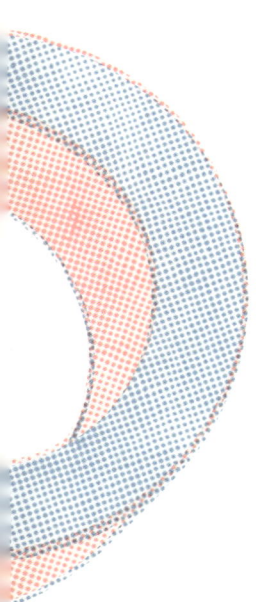

que jamás vayamos a conocer la respuesta, sus contradicciones pueden entenderse como una prueba de su elección consciente de vivir con fluidez y no amoldarse a los roles tradicionales. Al menos, así lo veo yo.

Aunque representó muy bien la crueldad, la violencia y la muerte a consecuencia de las vivencias dejadas por la Segunda Guerra Mundial —la misma que la llevó a asentarse en Francia—, otro de sus temas predilectos siempre fue la sexualidad. Durante sus primeros años, antes de fundar junto a su amigo el Artificialismo —un movimiento nacido con el pretexto de fusionar la pintura y la poesía—, realizó ilustraciones y dibujos con escenas sexuales explícitas. Gran parte de esta producción temprana se ha perdido, pero conservamos ejemplos como *Coussin* [Cojín], que retrata una orgía. Vuelve a retomar este tipo de escenas en sus ilustraciones para la publicación checa *Erotická revue*, aunque esta vez incluye entre sus imágenes varias figuras con un corte que podríamos calificar, como mínimo, como un antecedente de lo *queer*: figuras andróginas, escenas lésbicas, etc.

Como buena surrealista, Toyen desarrolló la mayoría de sus temas de manera sutil, dejando siempre un aura de misterio y posibilidad tras de sí. Sus retratos de mujeres jóvenes, algunos apenas compuestos por unas líneas, dan buena cuenta de ello. Te animo a que eches un vistazo a *Untitled (portrait with nude)* [Sin título (retrato con desnudo)] de 1935, en el que representa lo que parece ser la cabeza de una mujer con bigote de la que emerge una mujer desnuda, casi como una traducción visual de tener a alguien en mente.[40]

En el caso de Marlow Moss, su evidente disconformidad con respecto al género que se le asignó al nacer —también femenino, para variar— no quedó reflejada en su arte. Si no conoces sus pinturas, es posible que a simple vista las confundas con las de Piet Mondrian, bautizado como el padre del neoplasticismo holandés (o igual te suena más como *De Stijl*). Ambos formaron parte del influyente grupo *Abstraction-Création* y desempeñaron un papel fundamental en la creación vanguardista de la década de 1930, aunque su colaboración (y amistad) empezó un poco antes. Cuando se conocieron mostraron interés mutuo por su trabajo, que era muy afín: una abstracción geométrica que exploraba los espacios en blanco, los campos de color puro, la ordenación en retícula... Para que tú y yo nos entendamos: cuadraditos de colores muy ordenados. Al parecer, fue Moss quien introdujo en Mondrian el que sería uno de sus elementos más característicos: el uso de la doble línea paralela.[41] Aun así, su nombre no aparece en la mayoría de libros de historia del arte. Qué casualidad, ¿no?

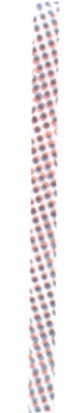

En lo personal, Marlow acompañó su nombre elegido de un aspecto varonil, tanto en la vestimenta como en el corte de pelo, corto y repeinado. Aunque muchos documentos se refieren a su persona utilizando apelativos masculinos, todo parece indicar que su círculo más cercano —en el que también se incluye su compañera de vida, la escritora neerlandesa Netty Nijhoff— empleaba pronombres femeninos.[42] Entre una lesbiana *butch* y lo que hoy podríamos considerar un antecedente directo de una persona trans, lo que está claro es que la ambivalencia fue un terreno en el que Marlow Moss se movía con soltura, dado que solía usar su nombre, sin títulos, para esquivar cualquier atribución que se le pudiera dar con respecto a su género.

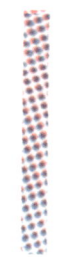

Tras la elección de un nombre asociado al género contrario o deliberadamente ambiguo, no siempre existe un contexto de disidencia; a veces este cambio se lleva a cabo con un objetivo más simbólico o reivindicativo. Existen infinidad de autoras que publicaron sus libros bajo un pseudónimo masculino con el fin de esquivar la censura y/o la crítica por el mero hecho de ser mujer. En el ámbito de las artes visuales, encontramos el ejemplo de Alice Lex-Nerlinger, una artista alemana que puso su creatividad al servicio de la lucha de clases a través de pinturas, fotografías y fotomontajes muy reivindicativos y con fuerte carga política. Tras casarse, decidió adoptar el nombre neutro Lex para evitar que, como ocurrió con tantas otras mujeres en la historia, su obra quedara eclipsada por la de su marido, el pintor Oskar Nerlinger. Hoy, es común encontrar su apellido de casada unido por un guion con este seudónimo.

Dime cómo te autorretratas y te diré cómo eres

El rechazo a los roles de género no se manifiesta únicamente a través de la adopción de un nombre neutro; a veces se manifiesta de forma mucho más sutil. Bueno, lo de sutil habría que cogerlo con pinzas, porque en la mayoría de los casos basta con una mirada atenta a la obra para detectarlo (o igual es que entre «desviadas» nos reconocemos). Uno de los terrenos donde más se puede rastrear es en los autorretratos. Entiendo que es un género que puede parecer aburrido o repetitivo, pero te prometo que no puede ser más rico y complejo.

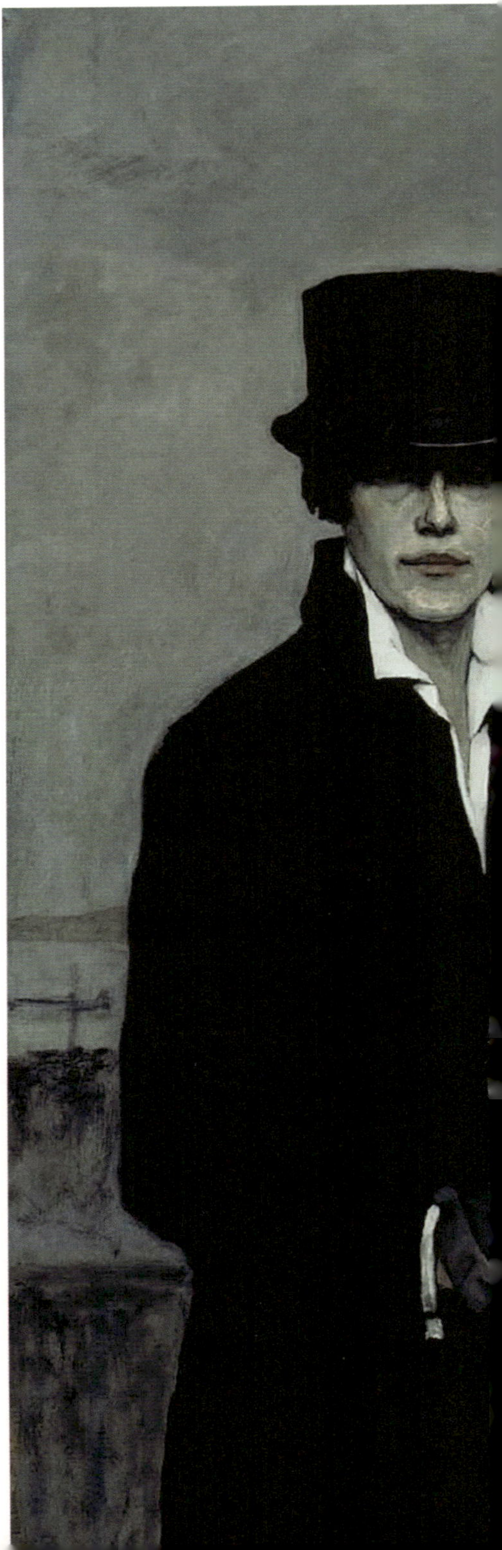

En el caso de las artistas femeninas, por ejemplo, hay cierta tendencia a autorrepresentarse como pintoras, casi como en un intento de reivindicar su profesión, casi como si supieran que iban a ser borradas. Pero cuando tenemos muchos autorretratos de un mismo artista, como pasa con Rembrandt o Van Gogh, no solo nos sirven para observar cómo llevaron el paso del tiempo (*spoiler*: regular), sino para conocer psicológicamente a sus protagonistas, averiguando sus gustos y la percepción que tenían de sí mismos. En casos como el de Edvard Munch, el ejercicio es incluso más complejo: sus autorretratos nos

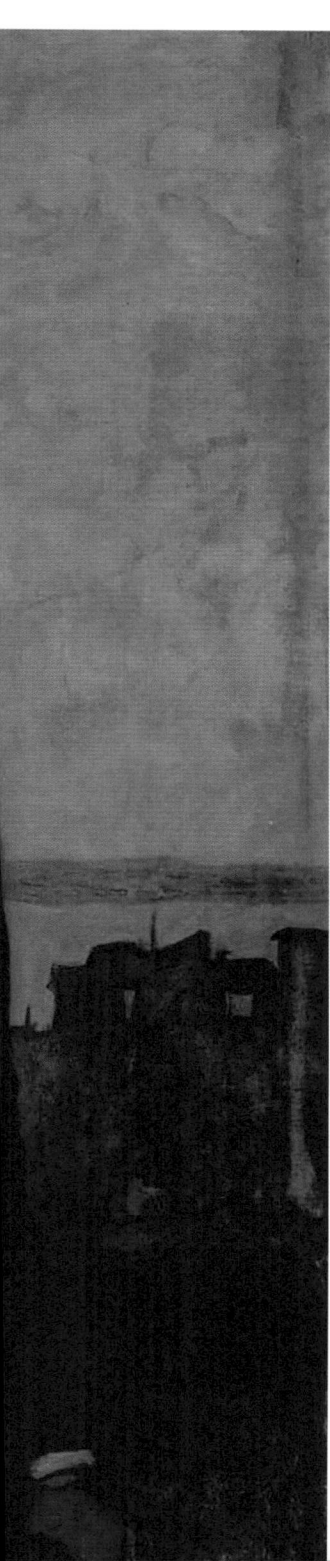

ayudan a entender el progresivo deterioro de su salud mental. ¿Cómo no te va a gustar un género que te permite saber todo esto?

Algo muy similar sucede con las artistas que manifestaron un rechazo consciente a los roles de género. Los ejemplos son innumerables. En el París de los años veinte, tenemos a **Romaine Brooks,** una señora que se dedicó a retratar a todo su grupo de amigos desviados con su tan característica paleta de tonos grises. Ya hablamos de ella y de su turbulenta relación con el icono lésbico de Natalie Barney (de nuevo, puedes escucharme suspirar mientras lees esto), pero de lo que no hemos hablado es de su forma de autorrepresentarse. Su *Autorretrato* de 1923 nos muestra a una persona segura de sí misma, que abraza un estilo andrógino y que luce, una vez más, todas las prendas favoritas de los dandis. Por supuesto, todo esto es más fácil cuando eres asquerosamente rica.

Poco después, en Colombia, tenemos el caso de Hena Rodríguez, una de las primeras mujeres en llevar pantalones en su país y en declararse abiertamente homosexual. Aunque también hizo esculturas impresionantes, a mí me resulta más llamativa su forma de mirarse a sí misma, y más concretamente cómo lo hizo en uno de sus dibujos, que muchas investigadoras han interpretado como un autorretrato. En él explora con su propio cuerpo, retratando a una figura con el pecho al descubierto cuyo género es difícil de dilucidar.

Para cerrar este recorrido por la autorrepresentación como herramienta de cuestionamiento del género, me gustaría mencionar a Van Leo. Afincado en Egipto, este fotógrafo turco, hijo de padres americanos, se convirtió en una figura de referencia en los retratos fotográficos. Pero lo más interesante de toda su producción es la infinidad de autorretratos que realizó, muchos de ellos inspirados por la obra de Vincent van Gogh, del que le fascinaba su capacidad para captar la psicología del sujeto. En su caso, se pone en la piel de múltiples personajes sin que el género suponga una limitación.

Desde siempre (y para siempre)

La mayoría de las personas que sentimos interés por rastrear y desenterrar aquellas figuras que quedaron al margen del canon tradicional de la historia del arte, solemos ser acusadas de presentismo. Se nos dice que distorsionamos las obras, que les imponemos nuestra mirada, nuestras ideas, nuestra ideología.

Resulta curioso, porque los historiadores llevan incurriendo en esto desde hace siglos. Nuestra disciplina está llena de vacíos, de medias tintas, de teorías que sientan cátedra sin contar con las fuentes suficientes para sostenerse. La mayoría parten de la ideología de quien las formula, tomando como norma un ideal de género y sexualidad que se impone incluso cuando las figuras o las obras a estudiar claramente no encajan en él. Pienso en las dos mujeres con cara de orgasmo que protagonizan *El*

sueño de Courbet, a las que la historiografía ha llamado amigas. El mismo empeño que han tenido al leer las cartas que Goya mandaba a su amigo de la infancia, Martín Zapater. No sé tú, pero a mí que firmara con frases como «tuyo y retuyo» o «tu Paco que te adora» me hace pensar que, una vez más, merece la pena plantearse esta posibilidad... ¿Dejaría Goya de ser Goya si, por una casualidad del destino, apareciera otra carta que demostrara al cien por cien que le gustaba este señor? Ya te digo yo que no.

Por supuesto, no debemos juzgar el pasado con los ojos del presente. No debemos categorizar de manera rígida las vidas de tiempos remotos, aplicando de manera inflexible etiquetas modernas. El dilema no está en si hay o no presentismo, sino en identificar desde qué presente estamos observando el pasado y en hacerlo desde la consciencia, porque lo cierto es que la mayoría de nuestras miradas están situadas. Es inevitable. Ojo, que tampoco estamos inventando el fuego; como bien dice Estrella de Diego, toda obra admite dos lecturas posibles: la de su tiempo y la del presente. Y la realidad es que «los desapercibidos siempre han estado ahí, esperando a que alguien los sepa ver».[43]

Lo mismo puede aplicarse a lo que hoy consideramos como una persona trans. Es casi imposible incluir en esta categoría a alguien que vivió antes del siglo XX, pero eso no invalida la existencia de personas que podríamos leer como disidentes con respecto al género en prácticamente todos los periodos y lugares del mundo.

Fuera del mundo occidental encontramos numerosos ejemplos de personas que escapan de este binarismo, aunque no puedan usarse al cien por cien como sinónimo de ninguna de nuestras categorías actuales. En la Polinesia, en los pueblos nativos de Tahití y Hawái, tenemos el ejemplo de los *māhū*, un término maorí que designa a sujetos que podríamos considerar como un tercer género y que, en todo caso, se aproximarían a las mujeres trans. Se conciben como una suma de lo masculino y lo femenino, ya que, aun habiéndoseles asignado el género masculino al nacer, adoptan costumbres y vestimentas femeninas.

Algo que nuestro cerebro occidental tal vez no sepa procesar es que, igual que ocurre con otras identidades de las islas vecinas, lo que define a una persona como *māhū* no es con quien se acuesta —algo que, por cierto, tampoco influye en nuestro caso— ni únicamente cómo se percibe, sino una suma de factores que hacen que su entorno detecte en ella una incapacidad para convertirse en «un hombre hecho y derecho».[44] Son personas que, por así decirlo, fracasan en el juego de los roles de género, que no saben seguir todos los pasos para ser masculinos. Lo más chocante es que, al tratarse de una identidad reconocida socialmente, se ahorran el trámite de «salir del armario».

La primera vez que **Paul Gauguin** puso un pie en Tahití fue en junio de 1891. Como a tantos señores europeos del momento, lo exótico lo tenía fascinado. Quería regresar a lo que consideraba las raíces, vivir lejos de la civilización y conectado con la naturaleza. Esa era la teoría. En la práctica, acabó asentándose allí, lo plasmó en su arte y, ya de paso, cometió una larga lista de atrocidades (muy cancelables) por el camino. Gauguin fue, sin duda, una figura polémica. Se dedicó a sexualizar todo lo que se le ponía por delante, tuvo relaciones sexuales con chicas muy jóvenes, y llegó a casarse con una niña de 13 años a la que, por cierto, le pegó la sífilis. Contándote esto no busco que dejes de apreciar sus obras o que no admires su trabajo como artista, solo quiero quiero darte el contexto total para no deificarlo y leer sus visiones femeninas como lo que en gran medida son: el reflejo de su propia mirada.

Ahora sí, volviendo al tema que nos ocupa, algunas de las pinturas de Gauguin nos sirven para rastrear una figura interesante con respecto al género: la del *māhū*, cuya existencia había sido bastante aceptada, pero que para entonces se enfrentaba al estigma a causa de la colonización. Desde un primer momento, el pintor mostró interés por la expresión de género de los habitantes de las islas, que desde su prisma occidental le resultaba bastante ambigua. «*Hay algo de viril en ellas y, en ellos, algo de femenino*»,[45] llegó a escribir en su famosísimo *Noa Noa*.

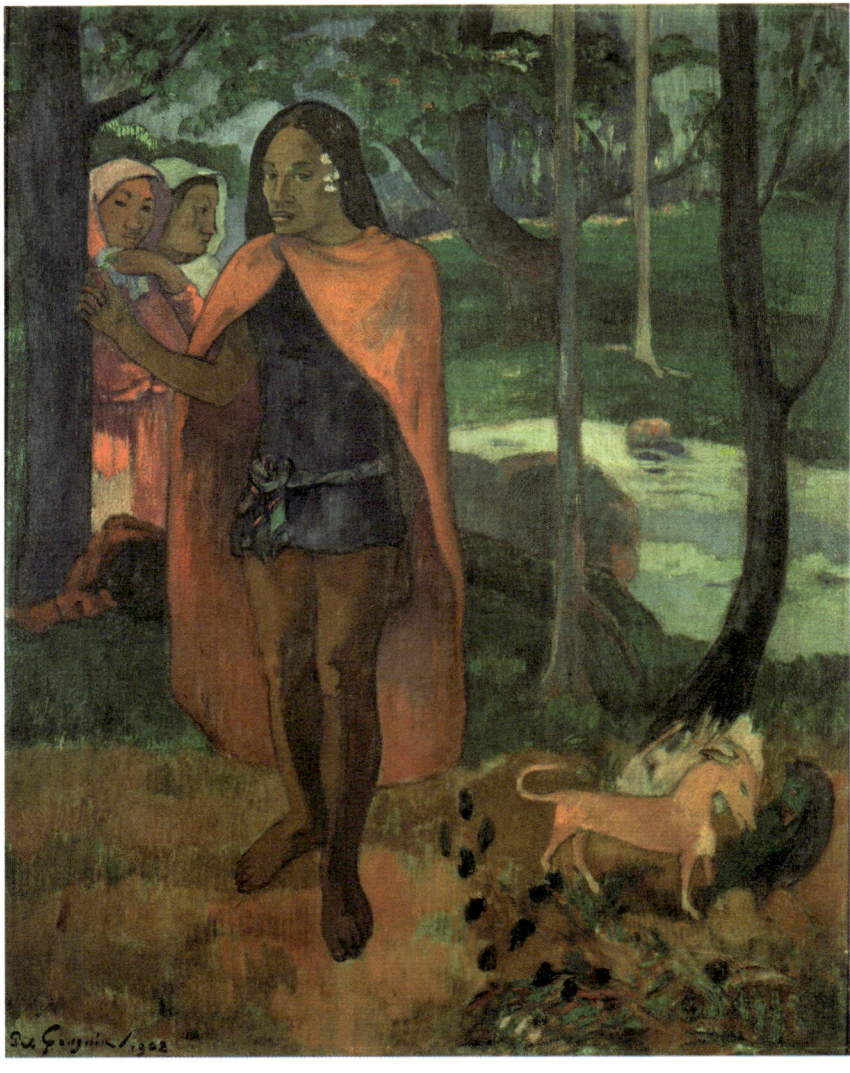

Durante su estancia en Hiva Oa, en las islas Marquesas —una sociedad mucho más tradicional y mucho menos europeizada que la de Tahití—, conoció a varios lugareños que llamaron lo suficiente su atención como para incluirlos en sus pinturas. Aunque tenía especial predilección por las mujeres jóvenes (por lo que sea, oye), hay alguna obra que puede englobarse dentro del concepto que estamos tratando. En 1902 pinta *El hechicero de Hiva Oa (Hombre marquesano con capa roja)*, cuyo protagonista, aunque descrito por el artista como un hombre, refleja esa fluidez de género típica de un sujeto *māhū*, que además cuadraría con el rol de sanador que estas personas solían desempeñar. También podemos observar lo que parece otra de estas figuras en *Agua misteriosa*, pintada algo antes, en 1893. Aunque está basada en una fotografía de Charles Georges Spitz, Gauguin relata en sus memorias el encuentro con una persona nativa de estas mismas características por la que, seguramente, sintió cierta clase de deseo.[46]

Entre los pueblos nativos americanos también existe un concepto parecido: las «berdache», un término despectivo tomado de los viajeros franceses del siglo XVIII para definir lo que hoy podemos leer como mujeres trans. Llamadas también «dos espíritus», su presencia ha quedado documen-

tada casi desde el principio del periodo colonial. Incluso conservamos alguna pintura (pocas, por desgracia) que inmortaliza a estas personas. En *Danza al Berdache*, George Catlin plasma una danza ceremonial que tuvo lugar en pleno siglo XIX, un ritual que ocurría una vez al año y que le resulta hasta divertido. Además, nos ofrece una descripción de la persona que lo protagoniza:

«(...) es un hombre vestido con ropa de mujer, así será toda la vida y, por los extraordinarios privilegios que él conoce poseer, es conducido a los deberes más serviles y degradantes, de los que no se le permite escapar. Y siendo el único de la tribu que se somete a esta degradación vergonzosa, es considerado como medicina y sagrado, y se le realiza un banquete cada año».[47]

Ya que hemos logrado salir de Occidente (reconozco que, por formación, es algo que me sigue costando), quedémonos un poco más por aquí. Porque hemos mencionado a los nativos de Polinesia y del continente americano, pero son solo uno de los muchos casos en los que podemos encontrar otras concepciones con respecto al género que demuestran que la disidencia ha estado presente desde siempre. Hemos visto ejemplos en la mitología grecorromana e incluso en el panteón cristiano, pero ¿qué hay de las religiones más allá de las fronteras europeas?

En la religión sumeria, una de las civilizaciones más antiguas de la historia, encontramos a Inanna, la diosa del amor y la fertilidad. No hay nada fuera de la norma en esto. Lo curioso es que se conserva un texto antiquísimo en el que se le atribuye el poder de transformar a hombres en mujeres y mujeres en hombres. Su autora es la princesa sumeria Enheduanna, sacerdotisa de la luna considerada como la primera poeta de la historia cuyo nombre ha llegado hasta nosotros (ojo, que estamos hablando de una señora que vivió en el siglo XXII a.C.). Sabemos que quienes trabajaban en el templo de la diosa —los *gala*— hablaban un dialecto reservado a mujeres, eran (como mínimo) andróginos y, en el British Museum (para variar), se conserva un fragmento escultórico que representaba a una de estas personas con la inscripción «Silimabzuta, mujer-hombre de Inanna».[48]

En el mundo romano encontramos un caso bastante parecido, incluso en el nombre: los *galli*, sacerdotes consagrados a la diosa frigia Cibeles (sí, la de la fuente más famosa de todo Madrid). En su caso no solo tenían cierta connotación femenina en la vestimenta y en la forma de hablar, sino que además se sometían a una castración ceremonial que los convertían en eunucos.

A lo largo de la historia también podemos identificar múltiples personajes que se representan ofreciendo una ruptura de los roles de género por motivos políticos o simbólicos. En Egipto, Hatshepsut logró convertirse en faraón pese a que era un título exclusivamente reservado para hombres (ni siquiera había una palabra propia que pudiera definirla como reina). Lo más impresionante de su caso se ve precisamente en las esculturas del templo Deir el-Bahari: Hatshepsut se retrata con un cuerpo masculino, siguiendo las formas clásicas de representación de los faraones, aunque las inscripciones aclaran que es una mujer. Lo más probable es que tomara esa decisión para alinearse a la tradición y conseguir ser respetada, algo que durante un tiempo consiguió. Pero su esfuerzo fue en vano: como casi todo ejemplo de disidencia, alguien —puede que fuese su ¿sobrino-hijastro? (por llamarlo de alguna manera) Tutmosis III— profanó y destruyó gran parte de sus representaciones,[49] en un intento de borrarla de la historia. Por suerte, no lo logró.

¿Podemos hablar de arte trans?

Hemos dedicado gran parte de esta sección a recuperar y visibilizar la existencia de personas u obras artísticas que podrían englobarse dentro de la categoría trans. Pero, para que todo este trabajo merezca la pena, creo que es necesario hacer un breve ejercicio de reflexión. Calma, no te voy a hacer pensar mucho; solo me gustaría abordar una pregunta a la que puedes llegar con relativa facilidad tras leer todos estos nombres: ¿realmente podemos hablar de «arte trans»?

La historia del arte, como tantas otras disciplinas, ha intentado crear una serie de cajones estancos —movimientos, estilos, escuelas— en los que clasificar a todos los artistas y estilos para tratar de entenderlos. La duda, para que me entiendas, es si este «arte trans» podría tener su propio cajón o si, por el contrario, es una práctica tan fluctuante, diversa y/o aislada que es imposible encasillarla.

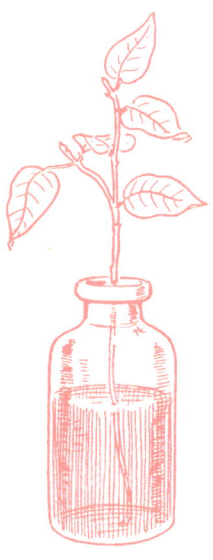

En el capítulo dedicado a la cuestión trans del pódcast *Arte Compacto* (si no lo conoces, no sé a qué estás esperando, sinceramente), mis queridísimos Bernardo Pajares y Juanra Sanz llegan a esta misma cuestión. Y ambos están más que de acuerdo en la existencia de un arte trans, tanto como si lo entendemos como la creación asociada a las personas que podrían identificarse con esta etiqueta, o como el arte que visibiliza la disidencia de género.

No es una cuestión sencilla, pero creo que en gran medida comparto esta visión. Durante siglos, la historia del arte se ha estudiado desde una mirada masculina, hetero, blanca y cisgénero, que ha determinado quiénes tenían derecho a representar y quiénes debían perdurar en la historia. Pero, sobre todo, ha hecho que, ante la falta de fuentes, demos por sentada esa misma norma, como ha ocurrido con las mujeres o las personas racializadas, las identidades trans han sido históricamente invisibilizadas. Tiene sentido que hoy recurramos a esta categoría para reivindicarlas, sabiendo que esto ayudará a miles de personas que han atravesado su misma situación, siempre que tengamos en cuenta que lo que une a todas estas obras no es un estilo característico, sino una voluntad de explorar más allá del género impuesto.

Las libertades y derechos que hemos conquistado han permitido que el arte contemporáneo tenga más espacio para hablar de disforia, disidencia y la experiencia trans. Aunque la tarea de escarbar el pasado en busca de referentes es valiosa —y necesaria, dado que son ejemplos que siguen siendo desconocidos—, el siguiente paso lógico es incluirlos en la medida de lo posible dentro del discurso, darles voz en los museos y exposiciones, pero, sobre todo, entender el porqué de su ausencia. Esta es una lucha compartida con la reivindicación feminista de las mujeres dentro de la historia del arte: ambos casos están atravesados por el género y, en ambos casos, debemos leer más allá de la estética. La conclusión, al final, siempre es la misma: solo teniendo en cuenta los debates actuales en torno al género podremos construir esa historia completa y diversa que tanto anhelamos. ▼

▼ Para profundizar sobre este tema recomiendo una entrada breve que descubrí gracias al pódcast de *Arte Compacto* y del que toma el nombre este apartado. No hay excusa, lo tienes disponible online. Viturro, P. (s.f.). ¿Es posible hablar de arte trans? CIBERTRÓNICA, Lo trans, 8, https://www.untref.edu.ar/cibertronic/lo_trans/nota02/index.html

CAPÍTULO 8

DISIDENCIA DE GÉNERO: El asombroso caso del hombre que se transformó en mujer [*Astounding case of the man who was changed into a woman*].

1   Heineman, H. (3 de diciembre 2018). Este activista alemán luchó por los derechos gay y trans hace cien años. *The Conversation*. Recuperado el 27 de agosto de 2025 en https://theconversation.com/este-activista-aleman-lucho-por-los-derechos-gay-y-trans-hace-cien-anos-107079

2   Sutton, K. (2012). We Too Deserve a Place in the Sun: The Politics of Transvestite Identity in Weimar Germany. *German Studies Review*, 35(2), pp 337-338. http://www.jstor.org/stable/23269669

3   McCabe, L. R. *Madame Bouguereau at Work*, II 694, como se cita en Pearo, C. (1997). *Elizabeth Jane Gardner: Her Life, Her Work, Her Letters* (Master's thesis, McGill University). Bibliothèque et Archives Canada, pp. 38-39 https://www.collectionscanada.gc.ca/obj/s4/f2/dsk2/tape16/PQDD_0005/MQ37226.pdf

4   Klumpke, Anna (2001). *Rosa Bonheur* (Gretchen van Slyke, Trad.). University of Michigan Press (trabajo original publicado en 1898), p. XXI.

5   Parker, R. y Pollock, G. (2013). *Old Mistresses: Women, Art and Ideology*. I.B. Tauris, p. 37.

6   Klumpke, A. (2001). *Rosa Bonheur* (Gretchen van Slyke, Trad.). University of Michigan Press (trabajo original publicado en 1898), p. 232.

7   Sanz, J. y Pajares, B. (2024). *Pasiones creativas: Parejas, tríos y líos de una noche que construyeron la Historia del Arte*. Aguilar, p. 204.

8   Klumpke, A. (2001). *Rosa Bonheur* (Gretchen van Slyke, Trad.). University of Michigan Press (trabajo original publicado en 1898), p. 206.

9   Friedli, L. (1987): 'Passing women': A study of gender boundaries in the eighteenth century. En Rousseau, G. S. y Porter, R. (Eds). *Sexual Underworlds of the Enlightenment*. Manchester University Press, pp. 240-241.

10   Higino (2009). *Fábulas*. (Javier del Hoyo y José Miguel García Ruiz Trads.). Editorial Gredos, p. 180.

11   Navarro, C. G. y Perdices, Á. (2023). *La mirada del otro: escenarios para la diferencia*. Museo Nacional del Prado, p. 79.

12   Herrán, M. (2024). *Sodomitas, vagas y maleantes. Historia de la España desviada de Atapuerca a Chueca*. Planeta, pp. 109-110.

13   Gutiérrez Usillos, A. (Ed.). (2017). *Trans*: diversidad de identidades y roles de género: Museo de América, 22 de junio - 24 de septiembre de 2017*. Ministerio de Educación, Cultura y Deporte, p. 275.

14   Visto en Herrán, M. (2024). *Sodomitas, vagas y maleantes. Historia de la España desviada de Atapuerca a Chueca*. Planeta, p. 248.

15   De Erauso, C. (2001), *Historia de la monja alférez, Alicante, Biblioteca Virtual Miguel de Cervantes*. Recuperado el 3 de septiembre de 2025 de https://www.cervantesvirtual.com/nd/ark:/59851/bmcw66f9

16   White, E. y Fahety, D. (2016). The Female Review (1797). *Just Teach One*, n.º 9, https://jto.americanantiquarian.org/just-teach-one-homepage/the-female-review-1797, p. 37.

17   Friedli, L. (1987): 'Passing women': A study of gender boundaries in the eighteenth century. En Rousseau, G. S. y Porter, R. (Eds) *Sexual Underworlds of the Enlightenment*. Manchester University Press, p. 243.

18   Ibid, p. 246.

19   *The Chevalier d'Eon*. Museo Británico. Recuperado el 4 de septiembre de 2025, de https://www.britishmuseum.org/collection/desire-love-and-identity/chevalier-deon

20   Clark, A. (2017). *Alternative histories of the self: a cultural history of sexuality and secrets, 1780-1917*. Bloomsbury Academic.

21   Hoyer, N. y Elbe, L. (2004). *Man into de woman: the first sex change. A portrait of Lili Elbe: the true and remarkable trasformation of the painter Einar Wegener*. Blue Boat Books, (trabajo original publicado en 1993), p. 65.

22   Ibid, p. 66.

23   Ibid, p. 67.

24   Raun, T. (2015). The trans woman as model and co-creator. Resistance and becoming in the back-turning Lili Elbe. En Gether, C., Høholt, S., Rygg Karberg, A. y Grubb Martinussen, A. (Eds.). *GERDA WEGENER*. ARKEN Museum of Modern Art, p. 41.

25   Ibid, p. 42.

26   Ibid, p. 48.

27   Lesbengeschichte - Biografische Skizzen - Charlaque (2015, diciembre 27). Lesbengeschichte.org. Recuperado el 2 de septiembre de 2025 de https://www.lesbengeschichte.org/bio_charlaque_d.html

28   Liucci-Goutnikov, N., Le Bon, L. y Rey, X. (2023). *Over the rainbow: autres histoires de la sexualité dans les collections du Centre Pompidou*. Ed. du Centre Pompidou, p. 77.

29   Ibid, p. 77.

30   Westen, M. (2025). From *Genius* to *Genii Loci*: Transcanonical Tales of Women's Art and Situated Modernisms. En Rollig, S., Auer, S., Bak, S. y Scheltinga, E. (Eds.). *RADICAL! Women Artists and Modernism* 1910 - 1950, p. 15.

31   Lander, M. (2025). Innovative. Inclusive. ABSTRACT! The Diversity of Visual Expression in Modernism. En Rollig, S., Auer, S., Bak, S. y Scheltinga, E. (Eds.). *RADICAL! Women Artists and Modernism* 1910 - 1950, p. 68.

32   Cserba, J. (2019). The Hungarian Prinner. The Courtauld Institute of Art. En Hock, B., Kemp-Welch, K. y Owen, J. (Eds.). *A Reader in East-Central-European Modernism* 1918–1956, p. 218.

33   Butler, J. (1999). *El género en disputa*. Paidós, p. 17.

34   Auer, S. (2025). Against All Odds: In Search of New Identities. En Rollig, S., Auer, S., Bak, S. y Scheltinga, E. (Eds.). *RADICAL! Women Artists and Modernism* 1910 - 1950, p. 186.

35   Gonnard, C. y True Latimer, T. (2025). Unbecoming women: becoming lesbians in the arts, 1850s - 1920s France. En Katz, J. (Ed.) *The First Homosexuals: The birth of a new identity* 1869-1939. Monacelli Press, p. 87.

36   Que me veux tu? (s.f.). The Metropolitan Museum of Art. Recuperado el 5 de septiembre de 2025, de https://www.metmuseum.org/art/collection/search/296276

37   Visto en Latimer, T. T. (2005). *Women together/women apart: portraits of lesbian Paris*. Rutgers University Press, p. 71.

38   Chadwick, W. (1988). Toyen: Hacia un arte revolucionario en Praga y París. *Symposium: Revista trimestral de literatura moderna*, 42 (4), pp. 277-296.

39   Leszkowicz, P. y Kitlinski, T. (2025). Queer jewels of centran eastern Europe. 3.

40   Ibid, p. 163.

41   Lander, M. (2025). Innovative. Inclusive. ABSTRACT! The Diversity of Visual Expression in Modernism. En Rollig, S., Auer, S., Bak, S. y Scheltinga, E. (Eds.). *RADICAL! Women Artists and Modernism* 1910 - 1950, p. 54.

42   Pilcher, A. (2017). *A Little Queer History of Art*. Tate Publishing, p. 67.

43   De Diego Otero, E. (2023). Desapercibidos. En Navarro, C. G. y Perdices, Á (Eds.). *La mirada del otro: escenarios para la diferencia*. Museo Nacional del Prado, p. 24.

44   Besnier, N. y Alexeyeff, K. (2016). En las fronteras del género: política y transformaciones de la no-heteronormatividad en Polinesia. *Sociología histórica*, (6), p. 31. https://doi.org/10.6018/sh

45   Gauguin, P. (1901). *Noa Noa*. La Plume, p. 87.

46   Vargas Llosa, M. (2010, 1 septiembre). The men-women of the Pacific. Tate. Recuperado el 7 de septiembre de 2025, en https://www.tate.org.uk/tate-etc/issue-20-autumn-2010/men-women-pacific

47   Citado en Robledo, B. Diversidad de género. Ritos de paso de pubertad en tribus de Grandes Llanuras y del Suroeste de Norteamérica. En Gutiérrez Usillos, A. (Ed.). (2017). *Trans*: diversidad de identidades y roles de género: Museo de América, 22 de junio-24 de septiembre de* 2017. Ministerio de Educación, Cultura y Deporte, p. 100.

48   VV.AA. (2023). *El libro de la historia LGTBIQ+*. Akal, p. 19.

49   Roehrig, C. H. (Ed.). (2005). *Hatshepsut: from Queen to Pharaoh*. The Metropolitan Museum of Art; Yale University Press, p. 295.

RACIAL

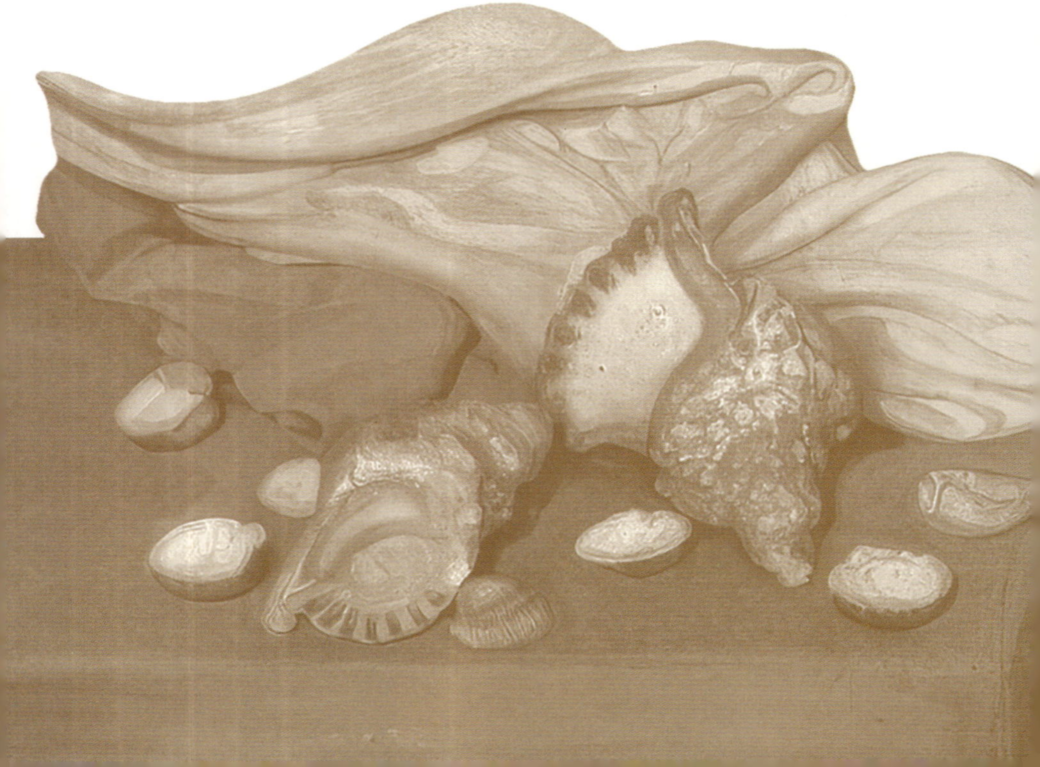

St. Louis Globe-Democrat

15 DE JULIO DE 1876

Un hombre de color que ha conseguido hacerse pasar por mujer durante veintisiete años

Algunos de los actos más importantes de la historia del colectivo estuvieron encabezados por personas racializadas. Pese a su papel fundamental, incluso dentro de los espacios seguros han sufrido discriminación y han sido históricamente marginadas y excluidas de la narrativa queer. *El arte no ha sido una excepción: desde la ausencia de representación hasta el fetichismo descarnado. Por eso, el marrón en nuestra bandera está dedicado a celebrar su existencia y a denunciar sus problemáticas.*

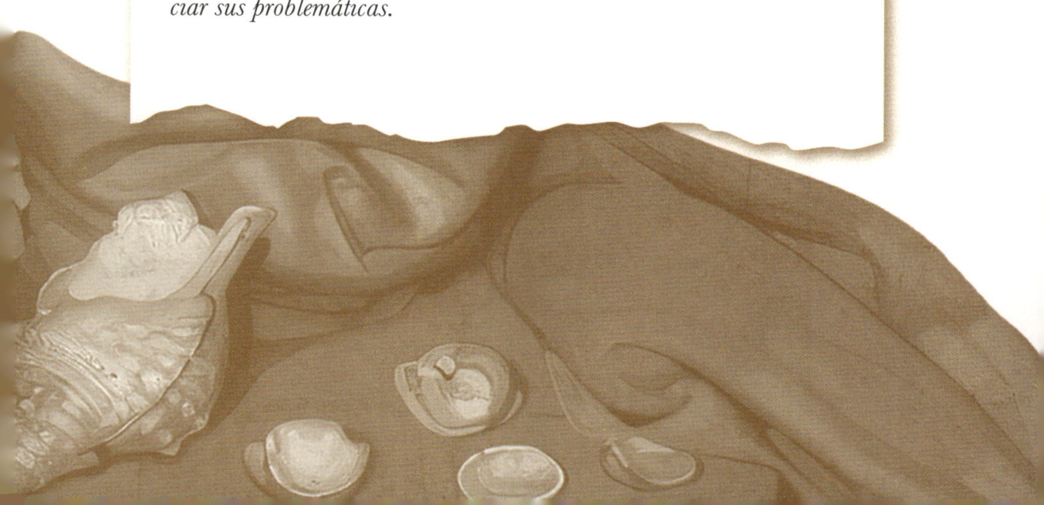

¿Es que no hay personas negras en los museos?

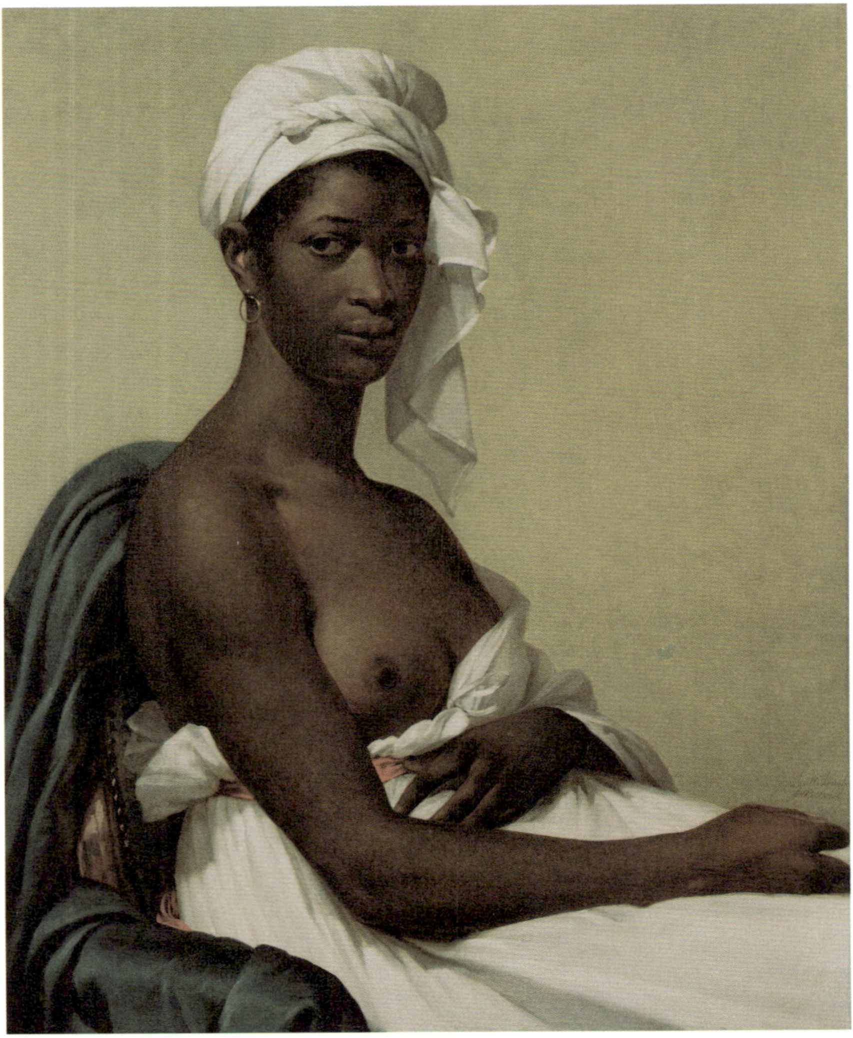

La primera vez que fui a París no sabía qué visitar. Nunca son demasiados días en la capital del arte moderno, así que tenía asumido que no me iba a dar tiempo a ver todo lo que quería. Aun así, el Museo del Louvre siempre estuvo entre mis paradas obligatorias. Es algo que no cambiará cuando vuelva, aunque no creo que la decisión te sorprenda: más allá de su valiosísima colección, no deja de ser el museo de arte más grande del mundo. Son más de 35.000 obras expuestas a lo largo de más de cuatrocientas salas, así que la titánica labor de intentar verlo en una sola visita es sencillamente imposible. No hay FOMO ▼ que valga; ni siquiera abren todas sus estancias a diario.

Lo que sí puede visitarse siempre es la *Mona Lisa*. Te aseguro que así seguirá siendo, por la cuenta que le trae al museo. En 2024, más de 8,7 millones de personas viajaron al Louvre desde sus respectivos países de origen.[1] Para que te hagas una idea, se estima que al menos el 80 % de los visitantes (y estamos tirando muy por lo bajo) no deja pasar la oportunidad de ver a la susodicha. Es más, yo tengo la teoría de que este es uno de los motivos por los que el museo no se decide a restaurarla y la tiene así, con todos los barnices amarillentos... ¿Te imaginas el lío que se armaría si durante unas semanas el cuadro que más gente quiere ver desapareciera de las salas? No es una excusa —podrían incluso restaurarla a la vista de todos (pagaría por verlo)—, simplemente intuyo que no va a ocurrir. Puede que esta fuera la única forma de reconciliarme, aunque sea un poquito, con la pintura más famosa del mundo.

La cosa es que, en mi peregrinación para ver la *Gioconda* (para poder criticarla con conocimiento de causa), me perdí por el museo. Lo confieso, no es que tenga el sentido de la orientación muy afinado. Nótese el tono jocoso. En una de la infinidad de salas que recorrí aquel día me reencontré con una obra sorprendente: ***Retrato de Madeleine***. Como la *Mona Lisa*, era un retrato de una mujer misteriosa, aunque en su caso vivió unos siglos más tarde, entre el XVIII y el XIX. Se presentaba erguida, sentada en lo que tu decoradora de interiores de confianza llamaría un «sillón Louis XVI» cubierto por un chal azul. No había más decoración; ni rastro de ostentación de riqueza. Nada de los típicos ropajes lujosos que una esperaría: solo un turbante blanco y una túnica del mismo color que además deja ver uno de sus pechos. Pero lo que me atrapó de aquella figura fue su actitud, cómo dirigía su cuerpo y su rostro hacia el espectador y le sostenía la mirada. Aquella es una de las pocas personas negras protagonistas incuestionables de una obra del museo.

Siento decepcionarte, pero no puedo contarte mucho más so-

▼ Sé que esta palabra es muy internetera, pero es que no se me ocurre otra que refleje mejor lo que siento cuando visito un museo y no veo todas sus salas. Son las siglas de «Fear Of Missing Out» [Miedo a perderse algo]. Ya ves tú, como si la mayoría de las obras no fueran a estar siempre ahí.

bre Madeleine. Así se llamaba esta mujer, aunque (para sorpresa de nadie) hasta hace relativamente poco desconocíamos hasta su nombre. Es más, cuando la autora de la obra, la pintora francesa **Marie-Guillemine Benoist**, presentó el lienzo en el Salón de 1800, el folleto que lo acompañaba pasaba por alto cualquier tipo de información sobre la modelo.[2] No parecía ser relevante y, siento decirte, que la cosa no ha cambiado desde entonces: cuando compré la guía del Louvre pude comprobar que no aparecía en sus páginas. Ahora te animo a que tú misma entres en la ficha de la obra en la web del museo para ver cómo se sigue presentando bajo el nombre ambiguo con el que fue más conocida, ***Retrato de una mujer negra***. Ni rastro de la identidad de Madeleine.

Habrá quien se pregunte qué hay de revolucionario en la representación de una mujer negra. Ojalá pudiéramos decir que nada, pero la realidad es que este cuadro se sitúa dentro de la excepción. Para empezar, fue creado durante la Revolución Francesa, periodo de avances y libertades que, entre muchas otras cosas, trajo la abolición —solo momentánea— de la esclavitud en las colonias francesas. ▼ Desde este prisma, la obra toma un matiz político más explícito, si es que no lo tenía ya, y se convierte en un claro alegato a la libertad. Pero que se sitúe en la excepción no hace que sea la única pintura nacida en este contexto. Podemos mencionar como ejemplo similar el *Retrato de Jean-Baptiste Belley* por Anne-Louis Girodet, quien pasó de nacer como esclavo a ser el primer diputado negro de la historia de Francia, tras ser elegido miembro de la Convención Nacional en París. En esta pintura, Girodet lo coloca estratégicamente apoyado sobre un busto de Guillaume-Thomas Raynal, una figura clave del abolicionismo que, además, cuando se pintó la obra en 1797, acababa de fallecer.

▼ Aunque el contexto revolucionario abolió la esclavitud en 1794, tan solo unos años más tarde Napoleón Bonaparte cedió a las presiones de los aristócratas y la restituyó. No fue hasta 1848, con la declaración de la Segunda República, que desapareció definitivamente.

De esclavos y sirvientes a protagonistas de su historia

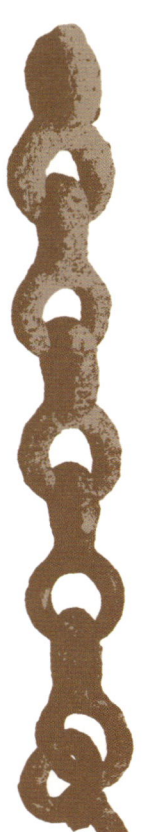

El motivo por el que este tipo de retratos nos sorprende no es otro que porque son escandalosamente poco frecuentes. Para comprobarlo, te invito a que hagas este ejercicio: en tu próxima visita a una exposición, trata de recorrer las salas desde una mirada consciente, buscando ejemplos de cuerpos racializados. A no ser que visites un museo más específico, los encontrarás, sí, pero casi siempre relegados a la servidumbre o bajo una mirada romántica, como algo «exótico» o «salvaje». Tiziano, por ejemplo, en su *Dánae recibiendo la lluvia de oro*, pinta a la protagonista junto a una sirvienta, una anciana con un tono de piel más oscuro cuyo único propósito es resaltar la belleza del desnudo femenino al que acompaña: el verdadero interés de la obra, para el que se escuda en la excusa mitológica. Unos siglos más tarde, tomando como referencia esta obra y *La Venus de Urbino* (también del pintor veneciano), Édouard Manet pinta su *Olympia*, donde reproduce el esquema ama-esclava, aunque esta vez colocando a una mujer negra cuya presencia pasó desapercibida ante el revuelo generado por el desnudo explícito, nada idealizado y sin ninguna excusa de por medio.

A lo mejor con este breve rastreo te ha venido a la cabeza la figura de Baltasar, el rey mago negro que, junto a Melchor y Gaspar, se dice que acudió a honrar con sus presentes al niño Jesús. Creo que es interesante abrir un breve inciso para contarte que, aunque tenemos su imagen muy asentada, Baltasar no siempre fue representado con este color de piel. La historia de la iconografía de los reyes magos es extensa, pero puede resumirse en un dato que lo marca todo: los textos bíblicos no dejan constancia de cuántos eran, de sus nombres, ni siquiera de su aspecto. El hecho de que fueran tres tal vez se debiera a la idea de la Santísima Trinidad, siendo el mosaico de la iglesia de San Apolinar el Nuevo, en Rávena (Italia), una de las primeras veces en las que se les representa junto a sus nombres, todos ellos de tez blanca. Es a partir del siglo XV cuando gana popularidad la imagen que hoy damos por sentada, que surge como un ardid para llamar a la empatía de toda la humanidad: eran la representación de las tres edades del hombre (juventud, adultez y vejez) y los tres continentes conocidos entonces (Europa, Asia y África).

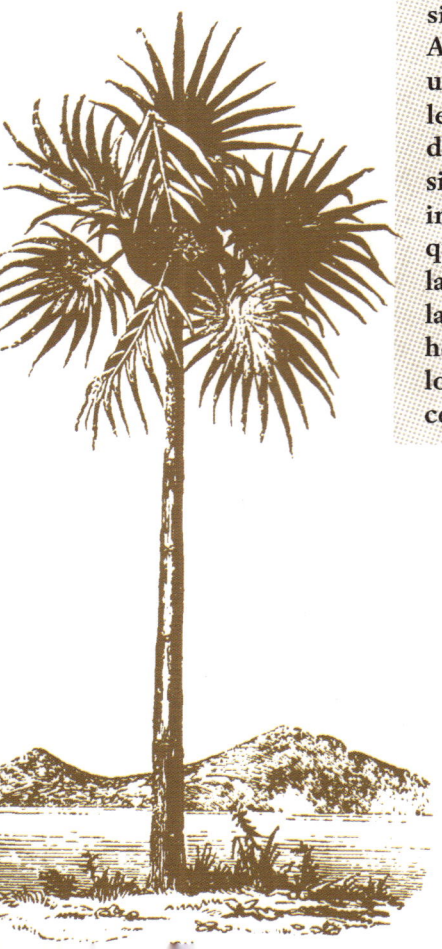

Volviendo al tema que nos ocupa —el de la ausencia de obras en las que el protagonismo recaiga de forma clara (y sin estigmas) en una figura racializada—, cabe recordar otra cuestión que traté también en mi primer libro (no es por hacerle promo) y que estoy segura de que repetiré una y otra vez hasta que la idea se asiente y cale en la memoria: la historiografía no tiene el enfoque neutro que nos han querido vender. Siempre se ha dicho que la historia la escriben los vencedores, algo que es extensible también al privilegio y que, más allá de una cuestión de género y de clase, incluye un indudable factor racial. El cuerpo negro de Madeleine se alza entonces como una excepción, dado que la norma es —y ha sido— la ausencia, siempre hablando desde el prisma del arte que más ha trascendido en nuestros libros de historia del arte general, que es casualmente el europeo y el norteamericano.

Esta pregunta (tal vez incómoda para muchos) se extiende también al ámbito de la creación: ¿es que acaso no ha habido artistas racializados que merezcan un hueco en nuestros museos? Porque su presencia en las salas es aún más excepcional, si cabe. Quienes logran irrumpir, como Juan de Pareja, pintor de origen morisco en la España barroca cuya obra *La vocación de San Mateo* se encuentra hoy colgada en el Museo del Prado, parecen ocupar ese puesto casi por accidente. Es curioso, porque, como pasa con la mayoría de artistas femeninas, en estos casos el discurso de la separación entre obra y artista —que siempre sale a colación al hablar de grandes «genios» con vidas cuestionables como Pablo Picasso o Paul Gauguin— se difumina. Aquí los factores vitales acaban por opacar a la propia obra, que siempre tiende a ser leída desde el trauma o la herida. En el caso de Pareja, por seguir con el mismo ejemplo, es más conocido por ser el esclavo de Velázquez, del que aprendió a pintar y al que parece tener que estar agradecido por haberle regalado su libertad, que por los cuadros que pudiera llegar a hacer.

Gracias al trabajo de las profesionales que han centrado su área de actuación en esta problemática histórica, cada vez más personas están despertando y tomando conciencia al respecto. Como todo, esto también tiene su reflejo en la creación contemporánea. Sobre ello hablaremos —aunque brevemente— más adelante en este capítulo, pero sí me gustaría darle un protagonismo especial a la obra de Harmonia Rosales, una artista afrocubana que en sus pinturas plantea una forma curiosa de revertir esta ausencia sistémica. ¿Qué hace para ello? Toma algunos de los iconos más famosos de la pintura occidental —principalmente obras del Renacimiento— y sustituye a sus protagonistas por mujeres negras. *En Creación de Dios*, toma una de las escenas más míticas capturadas por Miguel Ángel en el techo de la Capilla Sixtina y la invierte: ahora la primera en ser creada a partir de la arcilla de la tierra es la mujer, a imagen y semejanza de Dios, que es la otra mujer negra que irradia fortaleza y seguridad. Tal y como señala la propia artista, la elección de esta escena responde a una reivindicación histórica:

«Si pensamos que toda la vida humana surgió en África, el Jardín del Edén y todo eso, entonces solo tiene sentido representar a Dios como una mujer negra que da vida a su propia imagen».[3]

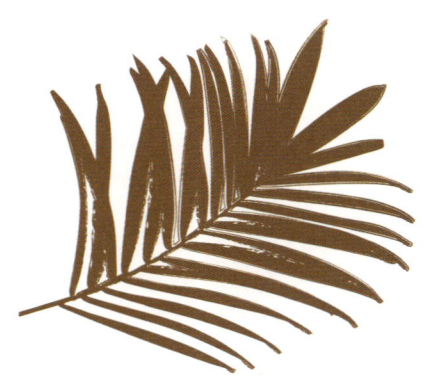

Otro de los temas más interesantes que aborda es el de la belleza estandarizada desde la mirada blanca y occidental, un canon que deja fuera cualquier realidad que se aleje de sus ideales. En *Nacimiento de Oshun*, tomando como punto de partida la famosísima obra de Sandro Botticelli, sustituye a Venus, la diosa romana del amor y la belleza, por la orisha Oshun, que cumple este mismo papel en la mitología yoruba, de origen africano. Las marcas doradas en su cuerpo —que, aunque recuerdan al vitíligo, a mí me llevan a pensar en la preciosa costumbre japonesa del *kintsugi*▼— remiten al episodio en el que salvó a la humanidad cuando, transformada en pavo real voló hasta el Olodumare, el dios supremo, para rogarle que trajera la lluvia tras una ardua sequía.[4]

Soy de las que defiende a capa y espada que las luchas deben liderarlas las personas que las sufren. Por eso mismo, en el ámbito racial, siempre he abrazado el papel de aliada: mostrando apoyo a la denuncia de las violencias que viven mis compañeras, pero jamás tomando una voz cantante que no me pertenece. Confieso que este capítulo es uno de los que más vértigo me generan. Me gusta pensar que su inclusión invitará a muchas personas a reflexionar o, al menos, a conocer las complicaciones históricas que han tenido que vivir determinadas personas *queer* única y exclusivamente por no ser blancas. Pero también soy consciente de que la línea que separa la visibilización y denuncia de caer en el maldito síndrome de la salvadora blanca es muy fina. Por ello, todo lo que escribo aquí parte, en su mayoría, de la visión de investigadoras racializadas, que son quienes deben llevar la batuta y a las que, sin lugar a dudas, deberías recurrir si quieres profundizar más en estas problemáticas.

¡Qué exótico eres!

A estas alturas ya debe haberte quedado claro que la historia del arte es mayoritariamente europea. Lo sé, lo repito mucho, pero es que es verdad. Durante siglos, los museos, las academias y los manuales se han construido desde esta mirada concreta, en la que Europa (o como mucho Norteamérica) se coloca como el centro del mundo. El resto conforma su periferia. Las personas, tradiciones y formas artísticas que se encontraban fuera de esta frontera simbólica eran reducidas a «lo otro». En ocasiones, ese otro acababa por tornarse deseable, ofreciéndose incluso como una vuelta a «lo primitivo» o a «lo salvaje». Y es justo aquí donde

---

▼ El Kintsugi es una técnica (y filosofía) ancestral japonesa que recupera las cerámicas rotas destacando sus grietas con una mezcla de resina y polvo de oro. La idea es darle una segunda vida al objeto, pero destacando sus roturas como parte de su historia y belleza.

entra en juego la idea de «lo exótico», un concepto que, disfrazado de admiración, romantiza las culturas procedentes de lugares lejanos y/o se apropia de sus formas.

Lo que sucede en la Europa del siglo XIX es algo parecido a lo que ya había ocurrido antaño, durante el Renacimiento, cuando casi toda la producción artística se puso al servicio de la admiración y reproducción del mundo clásico, en especial de Grecia y Roma. O, bueno, matizo: de lo que se creía saber de estas civilizaciones. Ahora, gran parte de los europeos posan sus ojos en tierras incluso más lejanas —sobre todo en Asia y el norte de África—, hacia aquello que ellos mismos habían bautizado como Oriente.

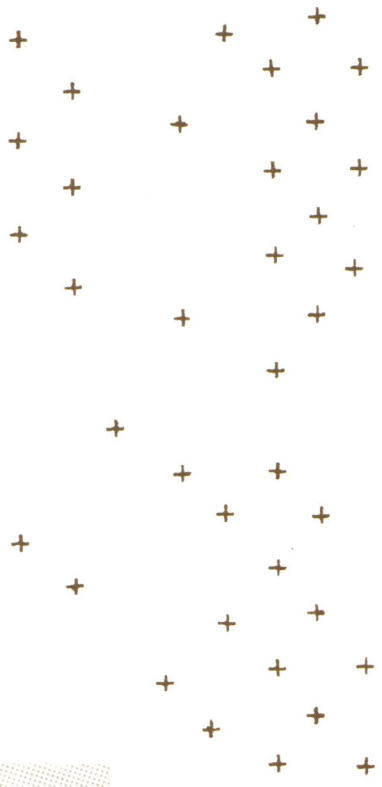

Ya hemos mencionado el ejemplo de Paul Gauguin, quien dejó todo atrás para sumergirse en una supuesta vuelta a los orígenes asentándose en Tahití. Sin embargo, su forma de romantizar esas tierras lejanas, «exóticas» y, en definitiva, orientales, no fue un caso aislado. Antes que él, Vincent van Gogh había recorrido media Francia en busca de la luz y el paisajismo que tanto le habían cautivado en las estampas japonesas, que coleccionaba, e incluso emuló en buena parte de sus obras. Y, poco después, Pablo Picasso acabaría convirtiéndose en el padre del cubismo gracias a su fijación, entre otras cosas, con las máscaras africanas y por aquellas manifestaciones artísticas que consideraba «primigenias», cuya huella resulta especialmente evidente en *Las señoritas de Avignon*.

Si nos centramos en la historia del arte como tal, usamos el término **orientalismo** para referirnos a las obras producidas dentro de esta fascinación europea por todo aquello que venía del Este. De nuevo, matizo aquí: no es tanto lo que sabían, sino aquello que creían saber sobre esas tierras remotas. Como ves, este es un concepto con clara herencia colonial que sirve como separación —tanto social como cultural— para designar todo aquello que no es propio de Occidente. Pero, aunque a priori podríamos relacionarlo con una simple categoría geográfica o como una admiración inocente hacia esos lugares, la cuestión es un poco más compleja (y problemática) de lo que parece. Ya lo explicaba el crítico y teórico Edward W. Said, quien acuñó definitivamente el término a finales del siglo pasado:

«Si tomamos como punto de partida aproximado el final del siglo XVIII (...) el orientalismo es un estilo occidental que pretende dominar, reestructurar y tener autoridad sobre Oriente».[5]

Lo importante al observar estas obras es entender que, por muy minuciosamente pintadas que estuvieran (porque otra cosa no, pero la técnica es bellísima), el arte orientalista no se puede entender como un reflejo exacto de lo que eran antaño ciudades como Damasco, Constantinopla o El Cairo. Más bien se trata de una fusión entre cierto grado de conocimiento y unas ideas preconcebidas (e incluso imaginarias) que se tenían de esos lugares remotos. En resumen: para la Europa de la época, Oriente era una idea que rebasaba los límites del conocimiento empírico, era más bien una construcción mental.[6]

En lo relativo a la sexualidad, con la burguesía europea en pleno auge, Oriente acaba por convertirse en un espacio donde se podía buscar una experiencia sexual que resultaba inaccesible en Europa.[7] Se vendía como un lugar con mayores libertades, donde cumplir fantasías y experimentar sin ataduras, algo que queda plasmado también en gran parte de las obras, al igual que lo hace en la literatura con novelas como las de Gustave Flaubert, cuyo nombre a lo mejor te suene por ser el autor de *Madame Bovary*.

La mayoría de los investigadores centran su estudio de la erótica orientalista desde un punto de vista heteronormativo. Hagamos una pausa aquí. Sé que esto no va a sorprenderte, así que te doy un minuto para que finjas tu mejor cara de estupor: el sujeto principal de su análisis es el cuerpo desnudo de las mujeres. Además, en muchas de estas obras, estas figuras están sometidas a un proceso de sexualización más que evidente. Bueno, o al menos eso pensaba yo hasta el día en que se me ocurrió hablar en mi perfil de Instagram de una pintura conservada en los fondos del Museo del Prado: *La esclava*, del pintor orientalista español Antonio Fabrés.

La imagen es sencilla, pero impactante: una mujer encadenada se exhibe junto a las joyas que la han llevado a estar privada de libertad. Lo sabemos gracias al letrero sobre su cabeza, que reza lo que traducido del árabe sería «Muerte al ladrón». La cosa es que hay algo perturbador en su postura, en la forma en la que abre la boca e inclina su cabeza hacia atrás. Sumado a su pecho desnudo —porque no iba el artista a desaprovechar la valiosa oportunidad de representar una teta—, la escena roza la línea entre un supuesto sufrimiento y el placer sexual. Esta lectura se hace aún más evidente cuando descubres que existe una acuarela idéntica en composición, pero protagonizada esta vez por un hombre negro, en la que no hay rastro alguno de esta aura sensual. Yo, como los expertos que escribieron la ficha de la obra en la web del museo, lo vi claro; sin embargo, una parte de mi audiencia, sobre todo masculina, por lo visto, no tanto.

Donde creo que sí estaremos de acuerdo es en el tema de los harenes. Este espacio doméstico, en teoría reservado a las mujeres, es uno de los tópicos más asociados a Oriente. Artistas como Jean-Auguste-Dominique Ingres utilizaron estos escenarios para dar rienda suelta a su imaginación retratando a las odaliscas (esclavas) desde un punto de vista innegablemente erótico. Pero para quien aún tenga dudas sobre la carga sexual de este tipo de obras, basta con observar alguna de las pinturas ambientada en los *hammam*, lo que nosotros conocemos como baños turcos o árabes. Desde principios de la Edad Moderna, los escritores disfrutaron excitando a sus lectores con lo que habían oído (o más bien leído de otros que fantaseaban con lo mismo) sobre las actividades sáficas en el *hammam* femenino.[8] Esta fantasía se plasmó también en la pintura: sin ir más lejos, el propio Ingres pinta un mar de mujeres desnudas, con poses a cada cual más erótico-festiva que la anterior, tal y como puede verse en su obra *El baño turco*.

Por su parte, Jean-Léon Gérôme, que sí que pisó algunas de las míticas ciudades orientales y que se hizo famoso por su máxima atención al detalle (con algún que otro gazapo),▼ tiene varias escenas en las que una esclava negra fro-

---

▼ Como curiosidad, a Gérôme se le atribuye la expansión de algunos de los falsos mitos más asentados en torno al Imperio romano, entre ellos la creencia de que los gladiadores saludaban al emperador con la mítica frase «Ave Cesar Imperator morituri te salutant», la misma que da nombre a una de sus más célebres pinturas.

ta suavemente la piel de su ama blanca. Estas imágenes, pensadas claramente para el deleite de la mirada masculina, usan este recurso para enfatizar todavía más la piel de porcelana de su objeto de deseo, siguiendo siempre el canon de belleza tradicional. Sobre esta cuestión reflexionaba Linda Nochlin, una de las figuras clave en la historia del arte con perspectiva de género, al señalar que, en el caso de la pintura orientalista, esta contraposición entre la ama, bella y blanca, y la sirvienta, fea y negra, podía servir también para representar algo aún más prohibido: una insinuación lésbica.[9] Nada nuevo en el horizonte.

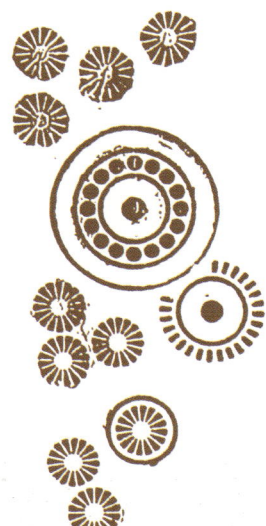

Buscando casos de homoerotismo en el orientalismo

Como hemos visto, la mayoría de los artistas pintaban estos lugares a partir de descripciones imaginadas, pues al final se trataba de espacios privados y, lo que es más importante, reservados para mujeres.

Bueno, pues no todos. Tenemos el caso de **Elisabeth Jerichau-Baumann**, una pintora polaco-danesa que, gracias a sus orígenes burgueses, su relación con la corona y su condición de mujer, tuvo la oportunidad de acceder y pintar los harenes. Lo curioso de Jerichau-Baumann es que, aunque estaba casada con el escultor Jens Adolf Jerichau y tenía hijos, el camino que sin duda debía seguir toda mujer decimonónica, tuvo cierta fijación —e incluso un poco de *gay panic*, si me permites el atrevimiento— por una de sus modelos predilectas durante uno de sus viajes por Turquía, Grecia y Egipto: la princesa egipto-otomana

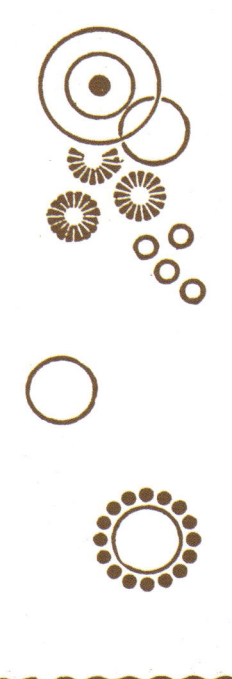

Nazli Fazil Hanum. Sobre su primer encuentro
con ella, le escribió a su marido: «*Ayer me ena-
moré de una bella princesa turca (...) la estrella de
mis sueños orientales*».[10] También escribió sobre
ella en su *Brogede Rejsebilleder (Motley Images
of Travel)* [Fotos de viajes variadas], y le dedicó varios retratos, entre ellos el más conocido,
pintado en 1875, **Princesa Nazili Hanum**.

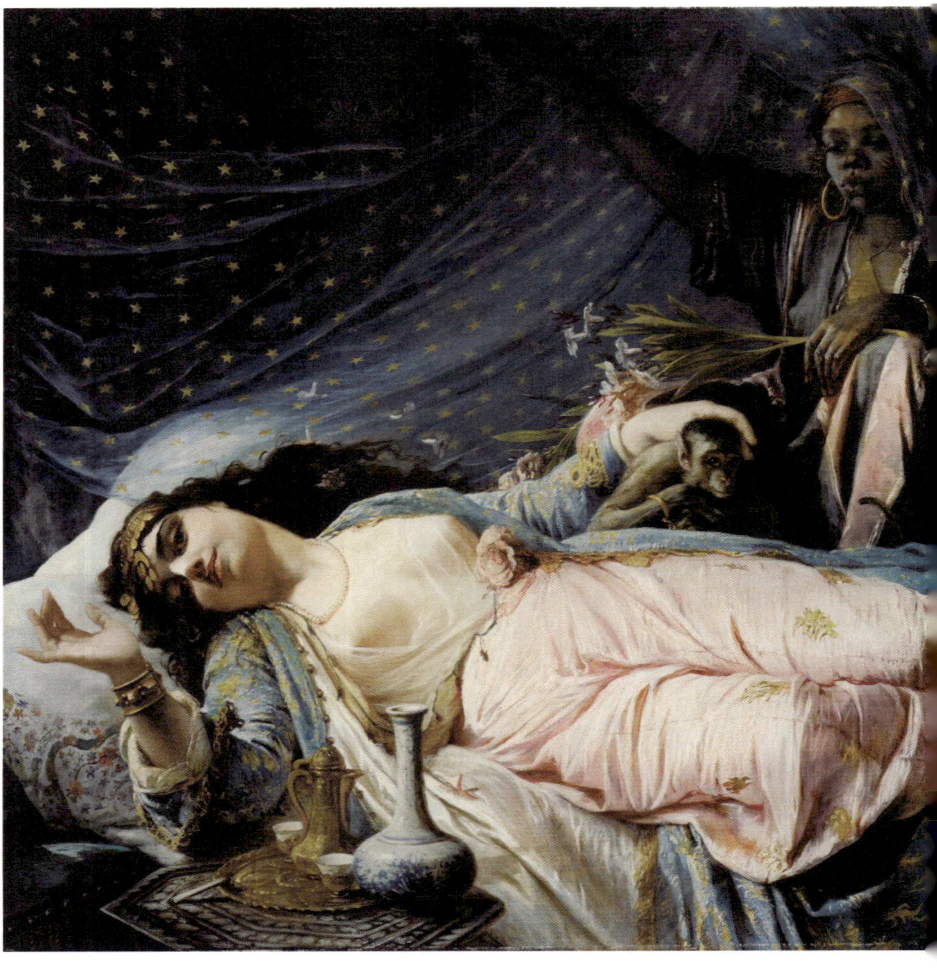

¿Solo estaba admirando su belleza o había cier-

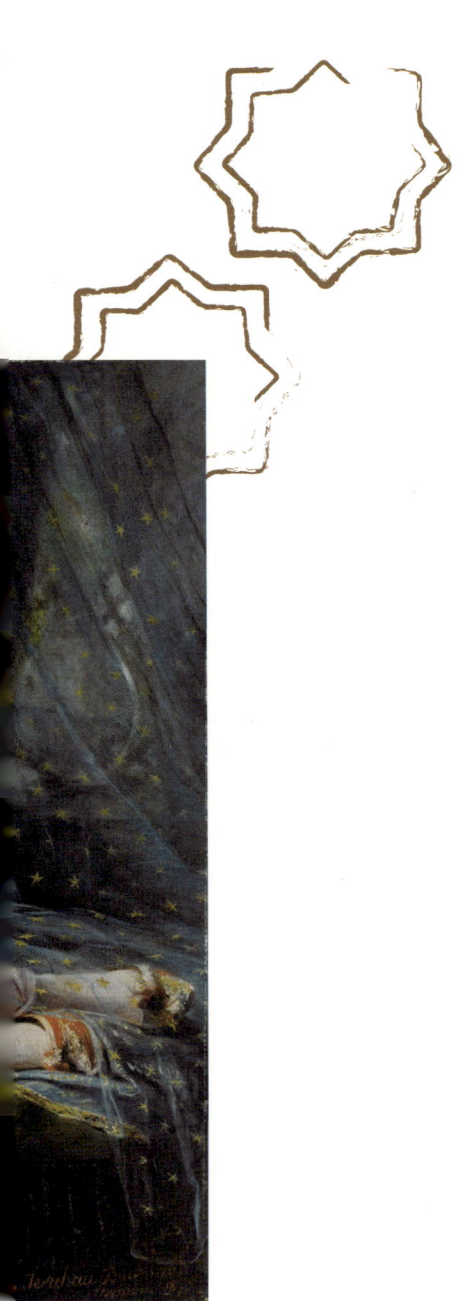

ta atracción? Una vez más, es algo que probablemente no llegaremos a saber, pero merece la pena considerar esta lectura. Lo que sí está documentado es que su vínculo trascendió el trabajo artístico: se tiraron varios años carteándose personalmente desde que se conocieron en 1869.

En la pintura, la princesa se transforma prácticamente en una odalisca que descansa en su harén. Como hemos visto que era común en este tipo de composiciones, Jerichau-Baumann introduce a una mujer negra, usando el ya conocido recurso para tratar de aumentar —más si cabe— el erotismo. Sin decir nada, lo dice todo. La protagonista busca con la mirada al espectador y todo está construido para que este se sienta parte de la escena: en la bandeja de oro reposan dos copas, la princesa ha dejado un cigarro aún humeante y un mono nos devuelve la mirada. Abajo, la firma de la artista nos revela que estamos ante una obra creada por otra mujer: es ella quien observa y crea esta escena.

Resulta irónico, pero Nazli Fa-

zil acabó casándose con Khalil Sherif Pasha. Seguro que dicho así te has quedado igual, pero este señor fue muy conocido por poseer una completa colección de arte subido de tono. Fue él quien encargó *El origen del mundo* a Gustave Courbet, la revolucionaria pintura que por primera vez convirtió una vulva en la única protagonista, y también, *El sueño*, de este mismo autor, obra de la que ya hemos hablado y que me atrevo a afirmar sin tapujos que representa a dos mujeres después de haber compartido un buen revolcón.

Si seguimos rastreando ejemplos de homoerotismo implícito en este tipo de pinturas, es imposible no mencionar a **Gabriel Morcillo Raya**. Aunque es conocido por su coqueteo con el régimen franquista —hasta retrató al dictador—, su faceta orientalista es mucho más interesante. Tiene sentido, al final este señor era de Granada y vivió con vistas a uno de los mejores ejemplos de arte andalusí que se conservan: la Alhambra. Supongo que así se entiende mejor lo mucho que romantizaba el mundo árabe.

Lo interesante de sus pinturas no reside tanto en los temas —que ya hemos visto que estaban a la orden del día— como en su manera de abordar el cuerpo masculino. Basta una mirada atenta para comprobarlo. En *El dios de la fruta* re-

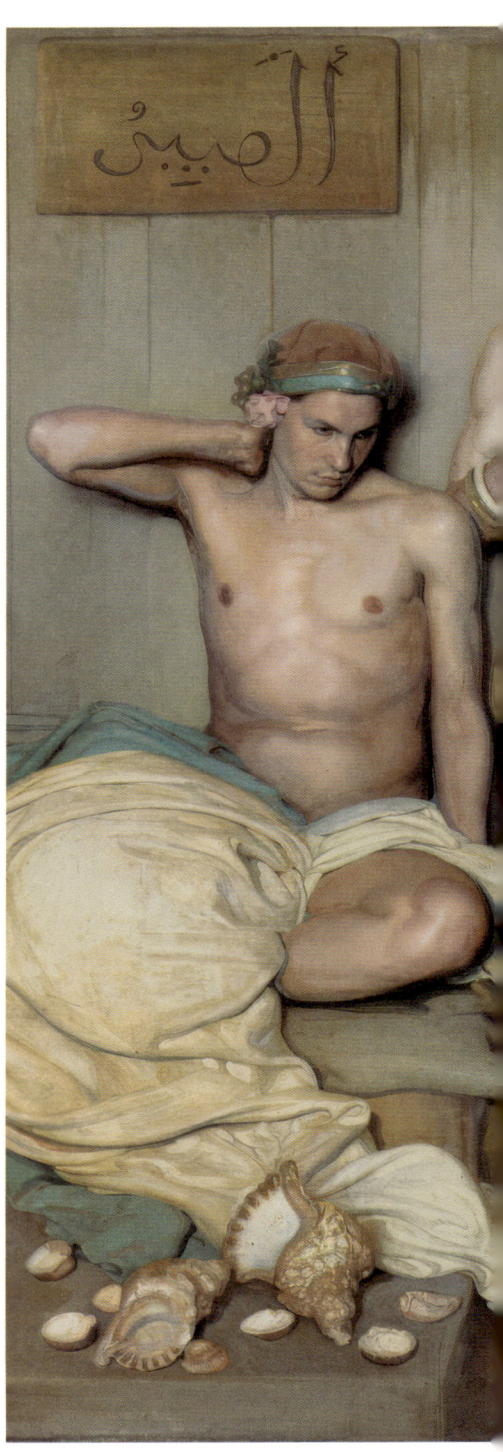

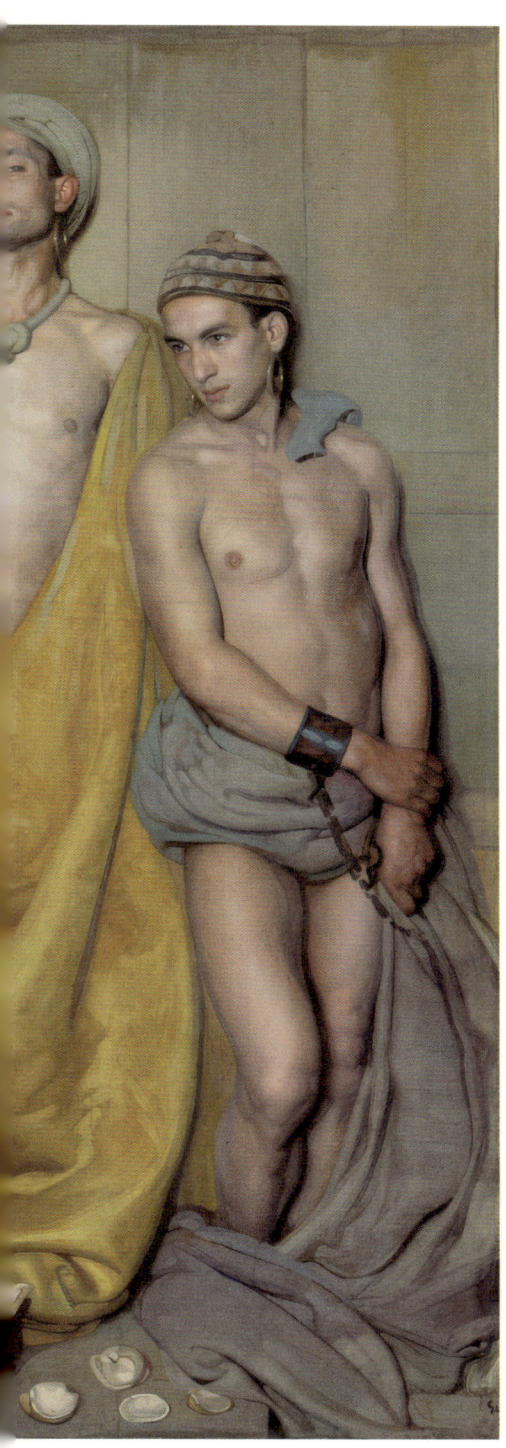

trata a un joven delgado, ataviado con un turbante y unos aros dorados en sus orejas que contrastan con su torso desnudo. Sujeta una cesta repleta de frutas, que completan la escena a través de un bodegón improvisado justo al lado contrario de la imagen. Parece evidente: el muchacho retratado no reproduce el ideal de masculinidad canónica, fuerte y temible. Pero por si quedara alguna duda, el componente homoerótico es todavía más explícito en las obras con varios protagonistas, como en _Esclavos_, una de las últimas pinturas que haría en esta línea, pues data de 1941 —ya en plena dictadura (con lo revolucionario que hay en ello)—, donde representa a tres jóvenes efebos con una indumentaria similar. Aunque no hay contacto explícito entre ellos, una puede respirar el aura sensual en el ambiente.

Aunque Morcillo Raya estuvo casado y tuvo una hija, su vida privada y su sexualidad han sido objeto de numerosas especulaciones, especialmente en investigaciones de la última década que apuntan a la posibilidad de que fuera homosexual. Durante años, los pocos estudios dedicados a su figura evitaron por completo esta cuestión (para sorpresa de nadie).

Al parecer, muchos de los modelos de sus escenas orientalistas ejercían la prostitución en la famosa Cuesta del Chapiz, en un momento en el que la ciudad andaluza era conocida por su intensa actividad homosexual.[11] Además, varios historiadores han señalado que el pintor aprovechaba sus viajes a Madrid para mantener relaciones con otros hombres y vivir de forma clandestina su sexualidad, en el relativo anonimato que le podía conferir la capital.[12]

La fina línea que separa el fetichismo de la reivindicación

El fotógrafo neoyorquino Robert Mapplethorpe se ganó su hueco en la historia del arte deslumbrando (o escandalizando, según quiera verse) a la élite estadounidense de los años setenta. Su mirada fotográfica era capaz de encontrar la belleza en casi cualquier cosa que se posara delante de su objetivo, sin importar si esta era más o menos obvia; retrataba desde flores a hombres desnudos y repletos de cintas de cuero.

Lo cierto es que Mapplethorpe es conocido por muchos motivos, pero para mí hay dos que destacan por encima de todos. El primero es su tierno vínculo con Patti Smith, la bautizada como madre del punk, una relación que empezó como un noviazgo de juventud y acabó convirtiéndose en una amistad íntima e inquebrantable. ▼ El segundo, tal vez el más relevante aquí, es su estilo a la hora de retratar el deseo erótico entre hombres, ya sea a través de una visión romántica del desnudo o mediante imágenes muy explícitas —pornográficas incluso— del fetichismo sexual en general y, muy en particular, del universo BDSM.

Pero algo evidente —que desde luego quedó muy reflejado en su obra y que es el motivo por el que se encuentra en este capítulo— es su interés (casi rozando la obsesión) por la anatomía masculina, más concretamente la de los hombres negros. A menudo, su cámara recorría sus cuerpos, creando composiciones novedosas que beben del mundo clásico, como la que podemos ver en esta fotografía, *Jimmy Freeman*, en la que parece analizar su musculatura como si fuera una escultura clásica. En ocasiones creaba pequeños fragmentos de estos cuerpos que, con su técnica y tratamiento de la luz, parecían hechos de piedra. Por ello, sus fotografías pueden leerse como un alegato a la belleza racial, una forma de elevarla al mismo canon occidental que históricamente ha relegado el cuerpo negro a la categoría de «lo otro».

Pero afirmar esto categóricamente puede hacer que nos quedemos

▼ Te recomiendo mucho leer *Éramos unos niños*, el libro en el que Smith cuenta todo el desarrollo de su relación con el fotógrafo, incluyendo su acompañamiento en la exploración de sus deseos homosexuales.

solo en una lectura superficial. Cabe preguntarse si realmente existe algo positivo en convertir a estas personas en sujetos pasivos de la contemplación. ¿No se trataría entonces de meros objetos de disfrute? ¿De verdad hay algún prisma reivindicativo en la obra de Mapplethorpe o solo incita al placer visual y estético?

Numerosos historiadores racializados o especializados en esta temática han señalado a lo largo del tiempo que, tras la exaltación de la belleza negra de Mapplethorpe, se esconde un cierto grado de racismo que, sin embargo, no se manifiesta desde el odio, sino a través del deseo y la cosificación. La manera en la que incurre en estereotipos como el cuerpo atlético y brillante por el sudor o el tamaño de sus penes —que a menudo ocupan el centro de sus composiciones—, puede entenderse como una forma de discriminación positiva: el llamado fetichismo racial que, créeme, va mucho más allá de una cuestión de preferencias o gustos sexuales, pues estas últimas no incurren en tópicos.

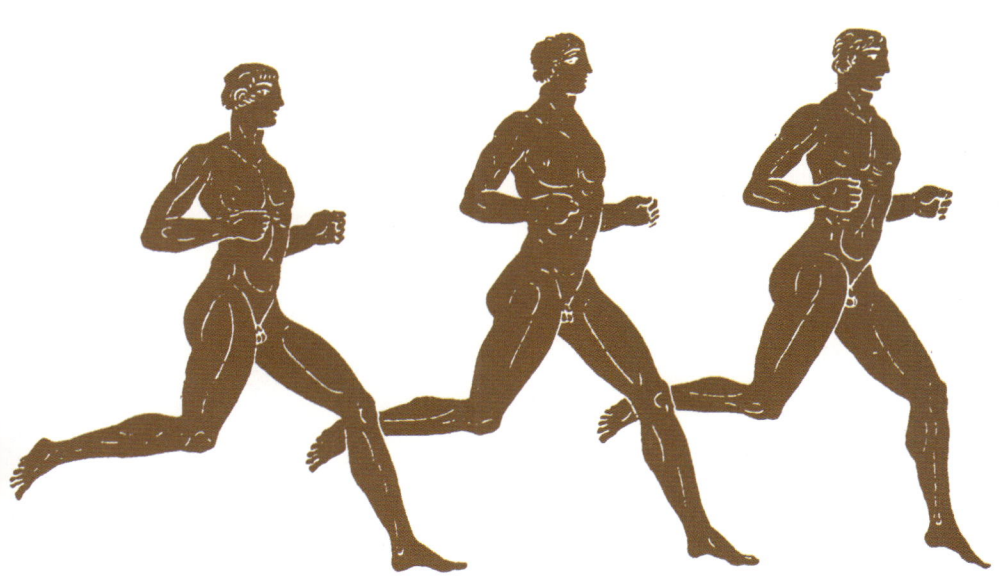

Para entender mejor esta cuestión, podemos tomar como punto de partida una famosa cita de Susan Sontag, que en 1977 afirmaba que *«Fotografiar es apropiarse de lo fotografiado. Significa establecer con el mundo una relación determinada que parece conocimiento, y por lo tanto poder»*.[13] Desde esta perspectiva, las fotografías de Robert Mapplethorpe —especialmente las que se recogen en *The Black Book*— podrían verse como el reflejo directo de esta relación de poder en la que la mirada del fotógrafo, famoso y reconocido, reduce a la categoría de objeto anónimo al modelo racializado, aunque su nombre bautice el título de la fotografía. Si lo piensas, esta lógica no se sale tanto del canon de la historia del arte convencional: desde siempre, en general, el cuerpo convertido en objeto de deseo ha sido el de la mujer blanca. Retoma, de hecho, la idea de las Guerrilla Girls que, ante la ausencia de artistas femeninas en los museos, en 1989 se preguntaban si era necesario que las mujeres estuvieran desnudas para formar parte de la colección del MET. En el caso de Mapplethorpe, este rol pasivo y sensual recae en otro hombre, pero, aunque podría verse como un igual, socialmente no deja de ser percibido como inferior, ya no solo por su sexualidad disidente, sino por el mero hecho de no ser blanco.[14]

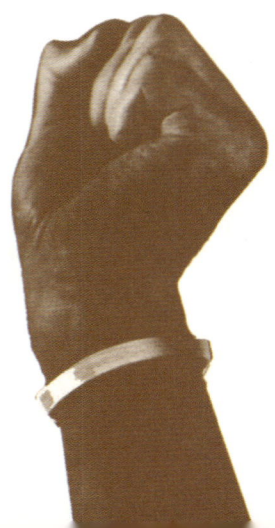

Esta figura del artista blanco convertido en un ente externo que observa, romantiza e incluso sexualiza las realidades negras no es nueva. La vimos cuando hablamos del pensamiento expandido de los lugares remotos como espacios salvajes y/o exóticos. En esta misma línea, unas décadas antes de la producción de Robert Mapplethorpe, Carl Van Vechten publicó en 1926 su novela romántica *Nigger Heaven*, ambientada en la efervescencia del Renacimiento de Harlem. La recepción entre el público negro fue de todo menos positiva: la mayoría tildaron al autor de ser lo peor de lo peor del «*voyeurismo blanco*».[15] Paradójicamente, en su labor como fotógrafo, Van Vechten nos legó cerca de 15.000 retratos de músicos, escritores y pintores, entre los que se encuentran numerosas figuras *queer* racializadas.

El debate, como ves, es controvertido. Supongo que lo mejor es sumergirse en la obra del artista para tratar de crearte una idea propia. En estos casos se hace evidente que el arte tiene un claro componente subjetivo en relación con quien lo observa, y cómo se transforma a partir de las vivencias, ideas y prejuicios de esa mirada. Un buen ejemplo de ello es la experiencia de Kobena Mercer, uno de los historiadores del arte que más duramente ha criticado el trabajo de Robert Mapplethorpe. Años después de estas reflexiones, volvió sobre sus textos para matizar ciertas afirmaciones: aunque seguía sin encontrar comodidad en las fotografías, reconocía haberse sentido interpelado por ellas desde su propia experiencia como hombre negro y gay:

«Se podría decir que la difícil y problemática cuestión que plantean los desnudos masculinos negros de Mapplethorpe —¿refuerzan o socavan los mitos racistas sobre la sexualidad negra?— es estrictamente imposible de responder».[16]

Tampoco existe consenso sobre la supuesta mirada reivindicativa de su obra. Según las memorias publicadas por Jack Fritscher —activista que, además, tuvo un *affair* con el fotógrafo—, Mapplethorpe no estaba demasiado interesado en «inscribir la contribución cultural africana en la historia blanca del arte»,[17] sino que su motivación no era otra que la de vender sus obras. Esto no quita que desafiara todos los gustos raciales aceptados en aquella época al exhibir el cuerpo de un hombre negro desnudo (algo el doble de tabú que el cuerpo del hombre blanco desnudo).[18] Siguiendo esta idea, podemos citar el texto del escritor estadounidense Edmund White en *Black Males*, publicado por la galería Jurka, en el que manifiesta una opinión contraria:

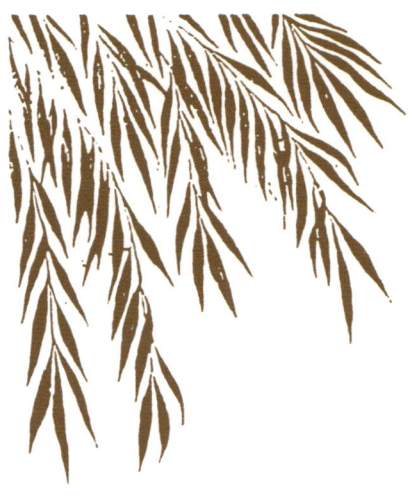

«Cuando Robert Mapplethorpe mira a los hombres negros, los ve desde dos de las pocas perspectivas disponibles para un estadounidense blanco hoy en día: desde un punto de vista estético o crítico (...) Por supuesto, hay liberacionistas que dirían que cada vez que un blanco desea a un negro se está produciendo algún tipo de "racismo", del mismo modo que, supuestamente, cada vez que alguien mayor desea a alguien más joven, debería ser culpable de "edadismo". Pero tales afirmaciones, por muy bien que suenen como retórica de desfile, nunca se sostienen en el caso individual. Porque el deseo sexual, en definitiva, es una forma de amor».[19]

Fueron muchos los modelos que posaron ante la cámara de Mapplethorpe, incluidos varios hombres blancos, como el mismísimo Arnold Schwarzenegger. Ante posibles sospechas, te confirmo que sí: con algunos de estos muchachos mantenía relaciones íntimas. Uno de sus favoritos fue Milton Moore, protagonista de algunas de sus fotos más emblemáticas (y polémicas), entre ellas *Hombre en traje de poliéster*, en la que lo único que podemos ver del modelo son sus manos y su pene en estado de semierección. Al parecer, Mapplethorpe enseñó esta fotografía a Edmund White mientras le contaba su historia con Moore, afirmando orgulloso que así podría saber por qué lo quería tanto.[20] Con respecto a esta posible cosificación, resulta especialmente interesante el testimonio del propio Milton Moore, quien años después de su ruptura afirmó: «nunca tuvimos lo que se podría llamar una relación de verdad (...) Creo que él me veía como un mono en un zoo».[21]

El cuerpo negro desde los ojos de quien lo habita

Controversias aparte, aunque Robert Mapplethorpe sea tal vez el más conocido, al menos por el público general, no fue el único artista en ensalzar la belleza del hombre negro. A lo largo de la historia pueden encontrarse varios artistas que también situaron el cuerpo de sus iguales como centro de su investigación creativa, explorándolo a través de técnicas y perspectivas muy diversas. En este apartado, sin embargo, los que más nos interesan son aquellos que vivieron la racialización en sus propias carnes.

En la década de 1970, aparece la figura de Rotimi Fani-Kayode, fotógrafo nigeriano que emigró a Reino Unido con tan solo once años. Su trabajo a menudo ha sido comparado con el de Mapplethorpe —al ser ambos contemporáneos y víctimas del sida (como veremos en el siguiente capítulo)—, pero sobre todo por centrarse también en la exploración de los nexos de la sexualidad entre hombres y la raza. Los paralelismos son más que obvios. Por ejemplo, igual que el neoyorquino presentó *The Black Book* en 1986, Fani-Kayode publicó *Black Male / White Male*, su primer libro, apenas dos años después, en 1988. Sin embargo, el concepto de ambas publicaciones es muy distinto: en el caso de Rotimi, el impulso creativo nace del deseo de investigar cómo los hombres negros interiorizan los mitos sobre la negritud producidos por la sociedad colonial.[22]

A diferencia de las fotografías de Mapplethorpe, Fani-Kayode, como fotógrafo africano y abiertamente gay, plasmaba en sus escenas el deseo que sentía a través de un clima tierno, y las entrelazaba con su herencia cultural. Varias de sus obras, ya sea en color o en blanco y negro, hacen referencia a las ya mencionadas deidades yoruba, así como al arte africano. Puede que fuera el sentimiento de desarraigo y el habitar una sexualidad no normativa lo que le llevó a tratar de reconectar con

sus raíces. En su ensayo *Traces Of Ecstasy*, reflexiona sobre este sentimiento de no pertenencia, que funciona como motivación para la reivindicación presente en muchas de sus obras:

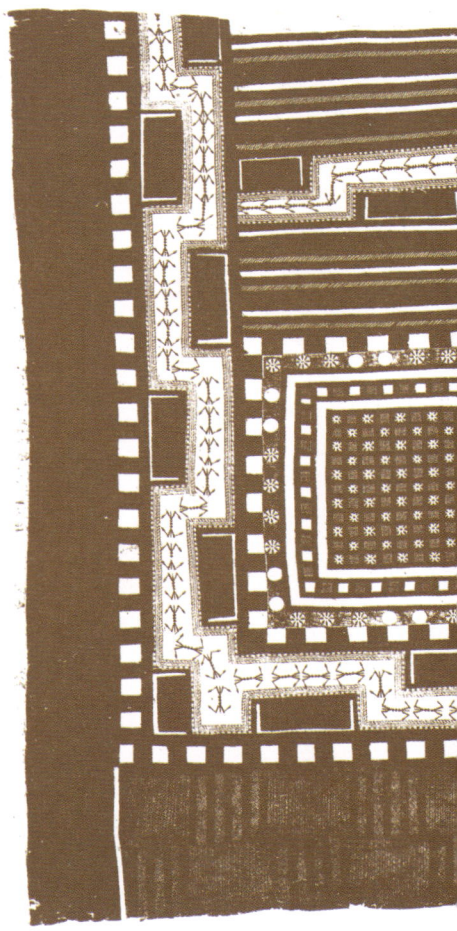

«Soy forastero por tres motivos:
en términos de sexualidad;
en términos de desplazamiento geográfico y cultural;
y en el sentido de no haberme convertido
en el tipo de profesional respetable y casado
que mis padres podrían haber esperado».[23]

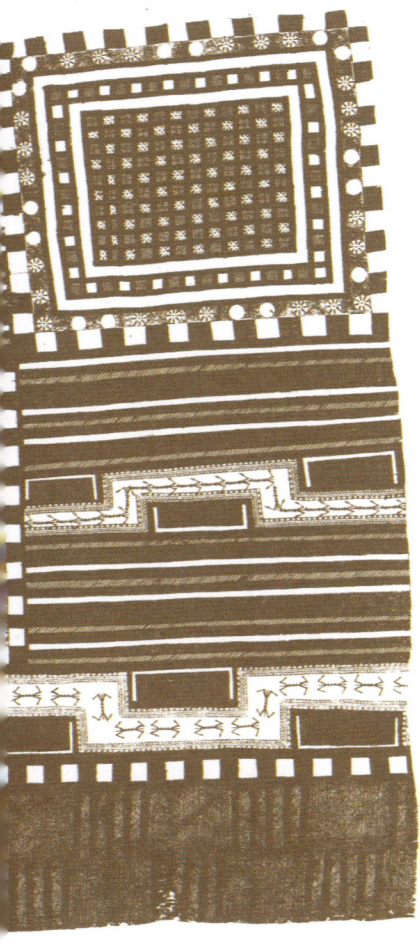

Como decía, sus fotos estaban repletas de motivos visuales que hibridaban el desnudo masculino —indudablemente homoerótico— con sus raíces culturales africanas. Sobre todo, fue novedoso en su forma de explorar sus vivencias como hombre negro gay en un continente que le es ajeno. Uno de los ejemplos más potentes es *Bronze Head* [Cabeza de bronce], una fotografía en la que el trasero de un hombre negro parece estar siendo penetrado por la escultura de una cabeza de rasgos africanos, identificada como una divinidad indígena. Lo mismo ocurre con su serie *Abiku*, cuyo título proviene del yoruba y significa «*nacido para morir*», una de las últimas que hizo antes de fallecer por complicaciones relacionadas con el VIH/sida.

Ojo, creo que aquí es necesario hacer una aclaración. A pesar de que la obra de Rotimi Fani-Kayode tiene un aura reivindicativa tanto del amor entre hombres como de la belleza y multiculturalidad racial, es importante entender que estos factores no son algo que le viene dado de nacimiento. No es algo que se encuentre solo porque el artista es negro. Igual que ser gay no te hace inmune a tener comportamientos y pensamientos homófobos (piensa en la plumofobia) ni obliga a que todo lo que hagas sea activismo LGTBIQ+, ser racializado no te transforma en un ser de luz, ni hace que tu arte sea indiscutiblemente reivindicativo con respecto a tu etnicidad. Eso no funciona así. Como bien señala Kobena Mercer, los artistas negros gais y las artistas negras lesbianas que exploran la cuestión de la identidad en sus obras no lo hacen porque sean lesbianas y gais negros, sino porque han tomado decisiones culturales y políticas conscientes a partir de su situación marginal.[24]

También en Estados Unidos, en pleno contexto de la crisis de VIH/sida, encontramos la figura de Marlon Riggs, que utiliza el videoarte para explorar las intersecciones entre raza, género y sexualidad. Aunque realizó varios títulos en los que explora estos conceptos, tal vez la obra que más nos interesa, la que le convirtió en una figura polémica, es *Lenguas*

desatadas, estrenada en 1989. Esta película se centra en la reivindicación del amor entre hombres afroamericanos, presentándolo como un acto revolucionario. Lo que indudablemente hace que merezca su hueco en este apartado es la forma en la que toma como punto de partida el cine documental, pero le da una vuelta de 180 grados a su concepto original. Aquí no hay rastro de las típicas entrevistas que conforman este tipo de películas, sino que se trata de una *performance* con breves actuaciones conjuntas, monólogos, poesía y musica que se combinan con imágenes que documentan la vida cotidiana de hombres negros homosexuales.[25]

El propio Riggs encarna la representación perfecta de lo que se reivindica en el documental y, por eso mismo, se convierte en uno de los protagonistas de la cinta. De este modo, introduce su propia experiencia personal con la homosexualidad y el racismo desde la infancia y la doble discriminación que sufre por su diagnóstico seropositivo. Al igual que Fani-Kayode, fallecería antes de tiempo en 1994.

Unas décadas antes, en el marco del Renacimiento de Harlem —cuando, tras la conocida como la Gran Migración, el barrio neoyorquino se convirtió en un efervescente punto artístico para la comunidad negra—, encontramos la obra del escultor Richmond Barthé. Este artista se hizo conocido por retratar la experiencia negra centrándose sobre todo en la representación de la belleza del cuerpo masculino, pero con escasa o nula sexualización. Pongamos como ejemplo *The Awakening of Africa* [El despertar de África], una escultura realizada en 1859 que tomó como referencia el arquetipo de héroe caído de la estatuaria clásica. Barthé nos presenta a un hombre negro desnudo tendido en el suelo. Pero lejos de la expresión de rendición que suelen tener este tipo de obras — como la que puede verse en *Gálata moribundo*, que, de nuevo, es una copia romana de un original griego—, la imagen de Barthé parece mirarnos con furia, buscando las fuerzas para volver a levantarse. Por ello, esta escultura podría leerse como una representación de las dificultades de las personas negras para prosperar en un Occidente dominado por anglosajones, una experiencia que el propio Barthé conocía de primera mano.[26]

En otras ocasiones, el escultor encontró inspiración en sus contemporáneos, incluidos varios personajes que hoy identificaríamos como parte del colectivo. En 1935 realizó una preciosísima escultura dedicada a François Benga, un joven bailarín senegalés más conocido por su nombre artístico, Féral Benga. Benga formaba parte de la escena parisina de artistas negros que triunfaban en los escenarios europeos gracias al cabaret. Barthé lo retrata desnudo, de pie, poco después de asistir a una de estas funciones. Es su obra más conocida y una de las que presenta una carga homoerótica más evidente.

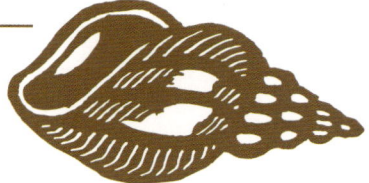

En los carteles de «se busca»

En 1836, en algunas tiendas de Nueva York empezó a aparecer un cartel peculiar. Lejos de lo que nuestra mirada contemporánea nos podría llevar a pensar, no había nada de publicitario en aquella litografía; funcionaba más bien como una especie de advertencia. A simple vista, todo parecía normal: solo era una imagen de una mujer negra, vestida con un traje blanco con pequeñas flores azules. Llevaba el pelo recogido y sujeto con una peineta dorada. Cualquiera habría dicho, por su pose y atuendo, que se trataba de una mujer elegante, pero el título, que aparecía justo debajo de la ilustración revelaba el auténtico motivo de su difusión: en él se bautizaba a la joven con el sobrenombre de *The Man-Monster* [El hombre-monstruo].

Tras esta imagen se esconde una historia real: la de Mary Jones, considerada hoy como una de las primeras mujeres trans documentada en la historia de Nueva York. El motivo por el que había acabado en aquellos carteles era un juicio mediático que ella misma había protagonizado tan solo unas semanas antes. ¿Su «delito»? Robarle la cartera a uno de sus clientes, un albañil blanco con el que habría tenido un encuentro sexual la noche anterior. Como tantas otras mujeres vulnerables, prostituirse se había convertido en su forma de ganarse la vida. Aquella noche, sustituyó la cartera de Robert Haslem —con 99 dólares en efectivo— por la de un hombre desconocido con el que había tenido un encuentro previo, que contenía una orden bancaria que ascendía a 200 dólares.[27] Pero el orgullo de Haslem le impidió abrazar su suerte y denunció a la susodicha, aunque eso significara exponerse como cliente de este tipo de servicios, y más aún, de haberlo hecho con una mujer trans y negra.

Empezó siendo un juicio por hurto mayor —del que, por cierto, fue declarada culpable y condenada a cinco años de prisión—, pero acabó por poner en cuestión el género de Mary Jones. Tuvo que soportar burlas de todo tipo e incluso se vio obligada a hacer declaraciones para justificar los motivos que le habían llevado a «vestirse de mujer». Declaraciones que nos demuestran que su identidad era aceptada entre las comunidades negras:

«He estado trabajando con mujeres de mala reputación (...) y ellas me propusieron vestirme con ropa de mujer, y me dijeron que me veían mucho mejor así. Siempre he asistido a fiestas entre la gente de mi propio color vestida de esta manera, y en Nueva Orleans siempre me vestía así».[28]

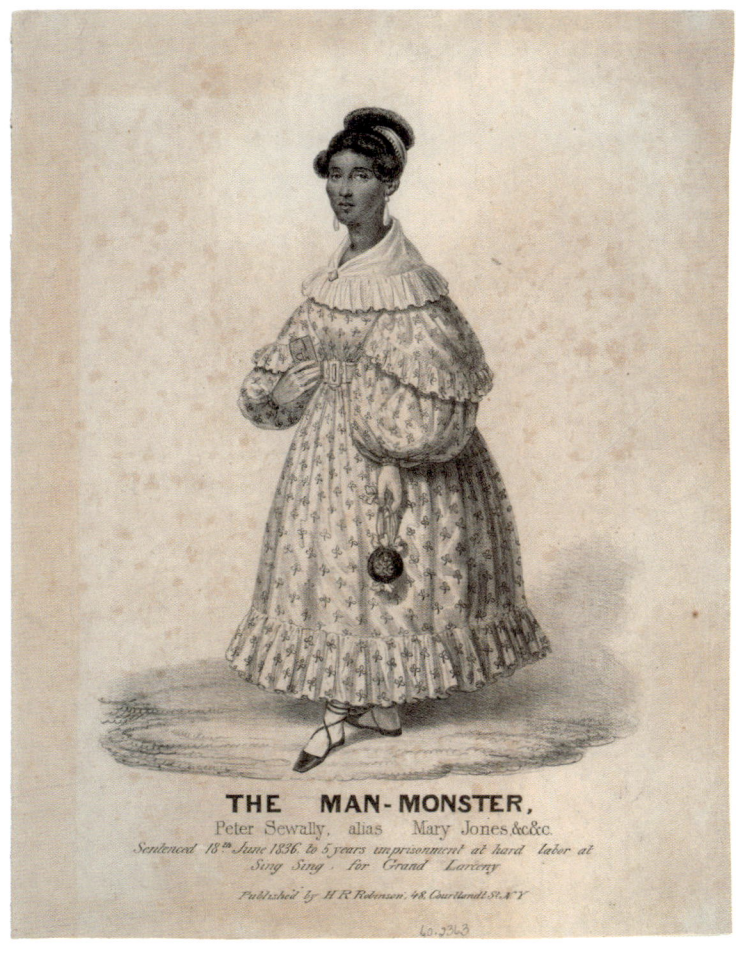

THE MAN-MONSTER,

Peter Sewally, alias Mary Jones &c&c.

Sentenced 18th June 1836. to 5 years imprisonment at hard labor at
Sing Sing. for Grand Larceny

Published by H R Robinson; 48. Courtlandt St. N. Y.

Poco antes, el caricaturista Edward Williams Clay había decidido centrar sus tiras cómicas en la cuestión racial. Su serie más conocida, *Life in Philadelphia* [Vida en Filadelfia] está repleta de escenas abiertamente racistas, en las que trata de hacer humor —aunque, entre tú y yo, le sale regular— a través de las supuestas diferencias entre «razas». La llamada supremacía blanca, para que nos entendamos. Él, como otros artistas de la época, puso su obra al servicio del discurso antiabolicionista, en un momento en el que la posibilidad de un negro libre hacía tambalear el sistema de clases estadounidense. Para que luego tu tío José Manuel diga en la cena de Navidad que el arte no es político. Pista: (casi) siempre lo fue.

Aunque el caso de Mary Jones está sorprendentemente bien documentado solo lo está en el contexto de su juicio. No sabemos nada sobre su vida, sus inquietudes o sobre la forma en la que le pudo afectar el proceso al que fue sometida. Lo que sí sabemos es que aquella litografía es el ejemplo perfecto de cómo las personas tratan de deshumanizar aquello que no entienden o, más bien, aquello que se escapa del orden canónico y que pone en juego su privilegio: recordemos que en el caso de Mary, a parte del hurto, sus únicos pecados fueron no ser asignada mujer al nacer y no ser blanca.

Y no fue la única persona trans negra en vivir este estigma en Estados Unidos. Podemos mencionar a Frances Thompson, mujer trans con discapacidad que antaño había sido esclava, arrestada en 1876 acusada de travestismo. Una década antes había sido violada durante la masacre de Memphis (Tennessee), por la cual prestó testimonio. Este hecho se utilizó en su contra para construir una imagen de lascividad y justificar así la violencia que había sufrido.[29] Thompson, como Mary Jones, siempre afirmó ser mujer y contaba con la aceptación de su comunidad desde que era pequeña.[30]

O, ya en el siglo XX, encontramos el sonado caso de Lucy Hicks Anderson, que en 1945 fue juzgada y condenada por un tribunal por «hacerse pasar por mujer». Es más, su abogado intentó defenderla recurriendo a la intersexualidad como una forma de justificar así su disforia, sabiendo que no se examinarían sus geniales hasta después de su muerte.[31]

Volviendo a la ilustración de Mary Jones, lo más relevante es, sin duda, la forma en que nos habla de la realidad en plena década de los años cuarenta, cuando el debate sobre la posibilidad de acabar con la esclavitud empezaba a ganar peso. Este tipo de imágenes impresas, que eran fáciles de reproducir a un coste relativamente bajo, se convirtieron en un arma de difusión potentísima para aquellos que estaban en contra de la abolición. Así, sobre todo en Estados Unidos, podemos encontrar ejemplos de carteles de «Se busca», pero sin la estética típica de los wésterns, sino publicados en la prensa para dar caza a las personas esclavizadas que habían huido. En algunos casos, el texto se acompañaba de ilustraciones esquemáticas, casi siempre de hombres negros con un huso, subrayando su condición de prófugos.

Cada vez más personas negras huían a Europa en busca de libertad. Para cerrar este apartado, es interesante mencionar el caso de Ellen y William Craft, una pareja esclavizada estadounidense que trazó un plan conjunto para huir de sus respectivas plantaciones en Macon (Georgia) hasta llegar al Reino Unido, donde la esclavitud llevaba años prohibida. El plan salió a la perfección: Ellen se travistió de hombre blanco para hacer las veces del amo de su pareja, William, aprovechando su piel clara que le permitía pasar por blanca. El propio William recoge una anécdota que nos ilustra por un lado los privilegios asociados a la blanquitud (entendida esta como mucho más que el tono de la tez) y a la deshumanización a la que se sometía a las personas esclavizadas:

> *«A pesar de que mi mujer era de origen africano por parte de madre, es casi blanca, de hecho, lo es tanto que la tiránica anciana señora a quien perteneció inicialmente, terminó tan cansada de confundirla con una hija de la familia (...) [que] la ofreció cuando tenía once años a una hija como regalo de bodas».[32]*

Las primeras *drag queens* fueron negras

Como vimos anteriormente, los disturbios de Stonewall —así como otros que se dieron incluso en años previos, como los de Cooper Donuts— estuvieron encabezados en gran medida por personas racializadas, especialmente por mujeres trans negras y latinas. También vimos entonces que la aportación de esta comunidad no se quedó solo en lo revolucionario, sino que algunas de las facetas artísticas más directamente asociadas con el colectivo, como el *voguing*, están indisolublemente ligadas a lo racial. En este apartado se incluye una de las manifestaciones más queridas y apreciadas por el colectivo: las *drag queens*.

Hoy, pensar en una *drag* es pensar en una diva, una persona que vive en los escenarios y que encuentra confort en el maquillaje y las lentejuelas. Es más, desde el fenómeno *RuPaul's Drag Race*, es casi sinónimo de pensar en un formato televisivo. Pero no debemos olvidar que el origen podría situarse en la cultura *ballroom*, que nació como un espacio de resistencia política y, ante todo, un lugar seguro para la afirmación personal, sobre todo para las personas que se salían del canon blanco.

Una de las figuras que mejor encarna esa tensión entre arte, raza y resistencia es Crystal LaBeija, mujer trans afrodescendiente y pionera indiscutible de la escena *ballroom* neoyorquina. Su intervención en la película documental *The Queen*, estrenada en 1968, se convirtió en icónica y marcó un antes y un después en la historia del colectivo. La cinta se grabó durante el certamen de belleza Miss All-American Camp, que otorgó la victoria a una reina blanca. Incapaz de callarse ante lo que consideraba un amaño, LaBeija denunció el racismo estructural que atravesaba incluso este tipo de espacios propios del colectivo, pronunciando una frase que hoy ya es mítica: «*Tengo derecho a mostrar mi color, ¡soy preciosa y sé que soy preciosa!*».[33] En 1972, a raíz de este suceso, fundó *House of LaBeija*, la primera *House of Ballroom* de la historia, abriendo así un nuevo capítulo en la historia del arte LGTBIQ+. Aunque, claro, todo esto ya te lo conté en el capítulo del orgullo.

De lo que no hablé entonces es de que, para encontrar a la primera *drag* de la historia —la primera persona que se entendió y proclamó como tal—, tenemos que viajar casi un siglo antes del emblemático *speech* de LaBeija. Porque antes de que incluso el propio colectivo LGTBIQ+ estuviese pensado, ya había alguien desafiando los límites y normas sociales en torno a la raza y género y haciéndolo en una sociedad que apenas acababa de abolir la esclavitud. Su nombre era William Dorsey Swann ▼ y fue la primera persona conocida en autodenominarse *queen of drag* [reina del drag]. Así, tal cual lo lees.

Nacido en Maryland en 1858, Swann vino al mundo en un contexto de esclavitud. Más tarde, ya como una persona libre, decidió expresarse naturalmente sin importarle la época que le había tocado vivir. Así, la reina del *drag* empezó a organizar bailes clandestinos en el corazón de Washington D.C. que pronto se convirtieron en lugares de resistencia racial y sexual donde acudían principalmente hombres negros que, como él, habían sido esclavos.

▼ El redescubrimiento de William Dorsey Swann ha sido relativamente reciente: fue obra del periodista Channing Joseph, quien encontró la noticia de su arresto mientras investigaba para su

El 13 de abril de 1888, entre los titulares del *Washington Post* se incluía «*Negro Dive Raided*» [Asalto a un antro de negros]. La noche anterior, la policía había irrumpido en una casa de la capital donde habían encontrado a decenas de hombres negros bailando, muchos de ellos vestidos con «ropa femenina» de seda y satén. Al parecer, era el 30.º cumpleaños de su anfitrión, el citado William Dorsey Swann, quien ni siquiera hizo el amago de huir. Él, junto a otros doce hombres afrodescendientes, resultaron detenidos. Sus nombres, como era habitual, fueron difundidos en los diarios. Como bien señala Channing Joseph, es irónico que lo que entonces se consideraba un acto de desprestigio, hoy sea tal vez el único motivo por el que podemos saber de su existencia.[34] En el caso de William, la acusación era la de «ser un personaje sospechoso» que, sumado a la posterior acusación de «mantener una casa desordenada», viene a significar dirigir una casa de mala reputación donde presuntamente se ejerce la prostitución.[35] Ni que decir tiene que las pruebas para tal afirmación eran: ninguna.

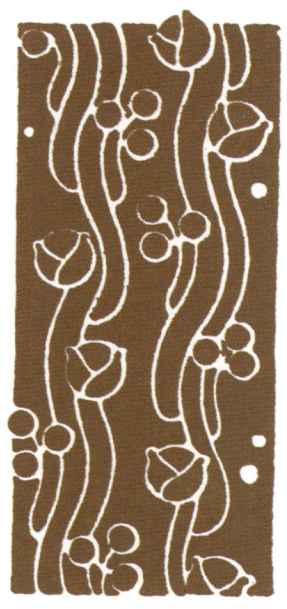

Esta no fue ni la primera ni la última vez que Swann resultó detenido en uno de sus famosos bailes *drag*. Lo que resulta tan revolucionario es que aquella vez decidió no someterse al arresto, convirtiéndose en uno de los primeros actos de resistencia violentos para conseguir derechos con respecto al género y la sexualidad documentado en la historia. Más tarde, en 1896, Swann se convirtió en el primer y único activista conocido en solicitar un indulto presidencial tras ser arrestado y condenado a diez meses de prisión. En su caso, el pecado fue seguir organizando este tipo de encuentros.[36]

tesina. Próximamente publicará un libro sobre este enigmático personaje, que me habría encantado tener en mi poder mientras escribo estas páginas.

La falta de información sobre este enigmático personaje, cuya entereza puede entenderse como un precedente de las emblemáticas activistas que vinieron después —incluida la mismísima Marsha P. Johnson— hace que la mayoría de los pocos artículos dedicados a recuperar su figura se ilustren con una fotografía que da lugar a equívocos. Se trata de una postal en la que se identifica a dos personas negras, una con pantalones y la otra con un vestido elegante, titulada **Le Cake-walk**. En ocasiones se afirma que la segunda es Swann, una afirmación totalmente errónea.

Hoy sabemos que la postal inmortaliza a Charles Gregory —el que luce los pantalones a rayas— y Jack Brown —con tocado, abanico y vestido—, dos actores que presumiblemente formaron parte del espectáculo circense *Les Joyeux Nègres*. Ambos participaron en una película antiquísima, de cuando el cine era mudo y en blanco y negro, que constituye la primera manifestación conocida que tenemos del *drag* registrada en vídeo. Inmortalizada por el emblemático cineasta Louis Lumière entre 1902 y 1903, la cinta nos muestra, en su escaso minuto de duración, a la pareja bailando el conocido *cakewalk*, uno de los bailes más característicos e identitarios de la comunidad afroamericana. Se cree que este baile surgió en el entorno de las plantaciones esclavistas, tal vez como una forma burlona de parodiar los bailes de los blancos, que a su vez creían estar imitándolos a ellos,[37] y que es un precedente directo del popular *voguing*. ▼

Reivindicar desde la ternura

Las personas que dedicamos nuestros estudios a la historia del arte somos el ejemplo perfecto de cómo romantizar el pasado. No quiero justificarlo, pero supongo que es comprensible: nos pasamos la vida admirando y tratando de comprender piezas artísticas creadas en épocas cada vez más remotas. La cosa es que, a no ser que centremos nuestra carrera en alguno de los campos relacionados con el mercado del arte (no es mi caso), tendemos a olvidarnos de estudiar, difundir o siquiera prestar atención al arte producido en nuestro propio tiempo. Es una de nuestras grandes tareas pendientes: unirnos con las artistas vivas y apoyar su obra y su mensaje, que al final es el que mejor debería representar nuestra sociedad, sus problemáticas, intereses e inquietudes.

Siendo este libro un intento de recuperar ejemplos de arte pro-

▼ Hemos hablado en profundidad sobre ello en el capítulo del orgullo, pero, como recordatorio, es un estilo de baile surgido en Nueva York y especialmente practicado por personas latinas y afrodescendientes del colectivo.

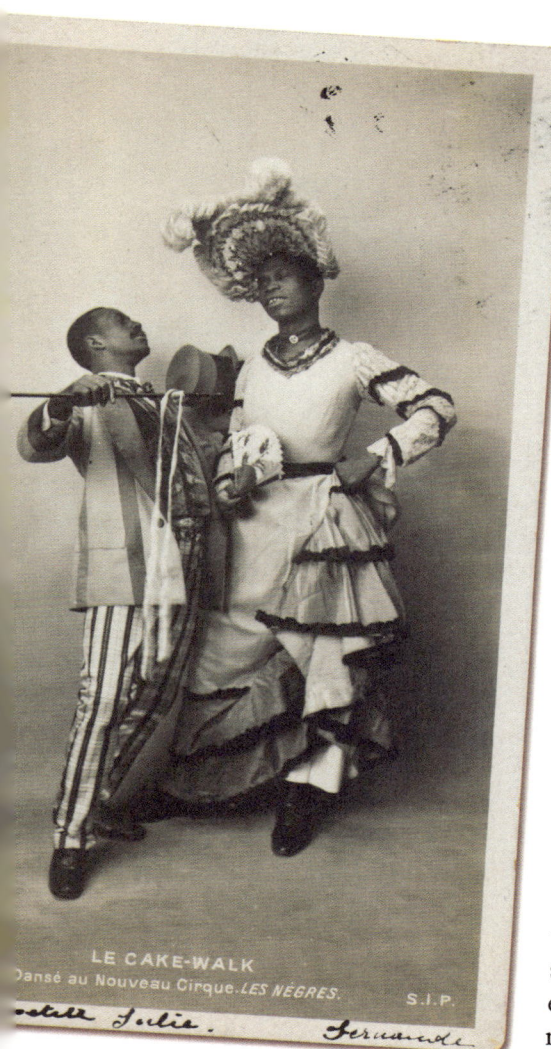

LE CAKE-WALK
Dansé au Nouveau Cirque. *LES NÉGRES.*

S.I.P.

ducido en relación con el colectivo LGTBIQ+ —o, más bien, de obras que podríamos leer desde esta perspectiva—, me parece imprescindible detenerme en la creación contemporánea, en el tiempo en el que más activamente se habla de esta cuestión. He intentado hacerlo de forma transversal, pero en el caso de la racialidad no se me ocurre mejor forma de cerrar el capítulo que hablando de artistas actuales. Y no desde el activismo más frontal, sino que también me gustaría traer ejemplos que tratan el tema desde una perspectiva cotidiana, casi doméstica, en la que la ternura es el arma de reivindicación.

Creo que es interesante empezar mencionando a Zanele Muholi, una figura imprescindible de la fotografía actual. A partir de su experiencia como persona no binaria y negra, Muholi explora en sus instantáneas las relaciones entre la raza, la sexualidad y el género. Se define como activista visual y lleva más de dos décadas convirtiendo a personas intersexuales, lesbianas, gais y/o trans negras en protagonistas de sus obras. De hecho, ha proclamado que su misión no es otra que *«reescribir una historia visual* queer *y trans negra de Sudáfrica para que el mundo conozca nuestra resistencia y existencia en pleno apogeo de los delitos de odio en Sudáfrica y más allá».[38]*

Muchas de sus fotografías evocan momentos de intimidad. Es el caso de *ID Crisis* [Crisis de identidad], tomada en 2003, que muestra a una persona joven mientras envuelve sus pechos con una venda, tratando de modificar su anatomía con una especie de *binder* ▼ improvisado. Esta es una de las imágenes más conocidas de su serie más temprana, *Only Half the Picture* [Solo la mitad de la imagen] en la que, desde un punto de vista doméstico pero respetuoso, nos introduce en la vida de distintas personas y donde se sirve de los títulos para contextualizar cada problemática. Estas imágenes no se centran tanto en la identidad de sus retratados, cuyos rostros no son claramente visibles, sino en la denuncia social de distintas situaciones de violencia o dificultades a las que estas personas tienen que enfrentarse.

En series posteriores, los protagonistas miran directamente a la cámara, conscientes de sí mismos e incluso con actitud desafiante, como los retratos que recoge en *Faces and Phases* [Caras y fases]. También son muy interesantes sus autorretratos, sobre todo los incluidos en *Somnyama Ngonyama [¡Salve! Oscura leona], donde, según sus propias palabras, alaba su ascendencia y le da su lugar e importancia a su propio dolor, más allá de las vivencias de otras personas, que son las que suelen protagonizar sus obras.[39]*

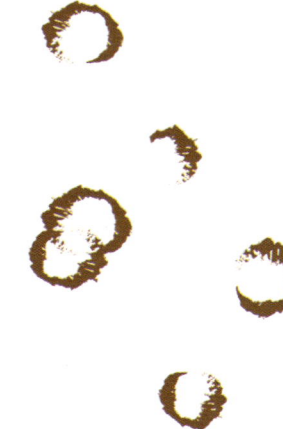

▼ El *binder* es una pieza de vestir cuya función es aplanar o disimular el pecho mediante la compresión del mismo. Es una prenda muy útil especialmente (aunque no de forma exclusiva) para hombres trans y personas no binarias que tienen disforia con esta parte de su cuerpo, ayudándoles a sentirse seguras.

Las motivaciones introspectivas de Zanele Muholi son compartidas. Me recuerdan, salvando las distancias, a las de Kudzanai-Violet Hwami, una artista zimbabuense criada en parte en Sudáfrica que, a través de sus coloridos *collages* pictóricos (con clara inspiración en los dibujos animados que veía de pequeña), explora temas relacionados con la identidad racial y *queer*. «*Estaba obsesionada con la idea de vivir físicamente en un cuerpo diferente. Toda mi frustración y confusión se expresaron a través del estudio del cuerpo* queer», señaló en una entrevista.[40]

La obra de Hwami está íntimamente ligada a su identidad y a la sensación de desplazamiento, como persona que se vio obligada a emigrar. De hecho, la mayoría de sus coloridos retratos de personas negras parten de su álbum familiar o de fotografías que ella misma tomó durante sus viajes de regreso. Su imaginación y libertad artística se mezclan con su interés por representar realidades desalentadoras, incluidas en ellas las relacionadas con los derechos LGTBIQ+. En su trabajo, estas cuestiones se proyectan hacia un horizonte optimista, casi utópico: «*En mis pinturas, me gusta crear un futuro positivo… como una utopía. Así que pinto el futuro de Zimbabue con ligereza, en lugar de pintar lo que ocurre ahora, porque eso no me ayuda a sanar*».[41]

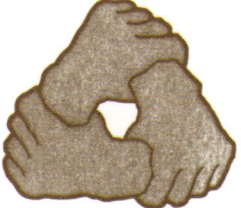

CAPÍTULO 9

RACISMO: Un hombre de color que ha conseguido hacerse pasar por mujer durante veintisiete años *[A colored man who has successfully passed as a woman for twenty-seven years]*

1   Dato recuperado el 1 de octubre de 2025, de https://presse.louvre.fr/8-7-million-visitors-to-the-louvre-in-2024/

2   Musée d'Orsay, (2019). Le modèle noir: de Géricault à Matisse [Comunicado de prensa]. https://www.epmo-musees.fr/sites/default/files/2021-02/DP_le_modele_noir_de_gericault_a_matisse.pdf.

3   Creation of god. (s/f). Creation of God | Catalogue | Harmonia Rosales. Recuperado el 2 de octubre de 2025, de https://www.harmoniarosales.art/catalogue/creation-of-god

4   Birth of Oshun. (s/f). Birth of Oshun | Catalogue | Harmonia Rosales. Recuperado el 2 de octubre de 2025, de https://www.harmoniarosales.art/catalogue/birth-of-oshun

5   Said, E. W. (2008). *Orientalismo*. Debolsillo, p. 21.

6   Ibid, p. 88.

7   Ibid, p. 259.

8   Boone, J. (2015). *The Homoerotics of Orientalism*. Columbia University Press, p. 78.

9   Nochlin, L. (Mayo, 1983). The Imaginary Orient. Art in America, 71, n°. 5, p. 126.

10   Visto en Creed, M. (22 de mayo de 2023). Elisabeth Jerichau-Baumann sapphic orientalism. Perspective. Recuperado el 2 de octubre de 2025, de https://www.perspectivejournal.dk/en/elisabeth-jerichau-baumann-sapphic-orientalism/

11   Gonnard, C. y True Latimer, T. (2025). Between discretion and daring: art as escape and homosexual survival in early-twentieth-century Spain. En Katz, J. (Ed.) *The First Homosexuals: The birth of a new identity 1869-1939*. Monacelli Press, p. 87, p. 117.

12   Antón, M. M. (2018). Los Muchachos en Flor: Una relectura en clave gay de la obra y las fuentes del pintor Gabriel Morcillo Raya [Trabajo de Fin de Grado. Universidad Complutense de Madrid], p. 26.

13   Sontag, S. (2006). *Sobre la fotografía*. Alfaguara, p. 16.

14   Mercer, K. (1994). Reading racial fetishism: the photographs of Robert Mapplethorpe. En *Welcome to the Jungle: New positions in black cultural studies*, Routledge, p. 174.

15   Lord, C. (2013). *Art & Queer Culture* (C. Lord & R. Meyer, Eds.). Phaidon Press.

16   Ibid, p. 192.

17   Fritscher, J. (1990). *Robert Mapplethorpe: Assault with a deadly camera*. Knights Press, p. 208.

18   Ibid, p. 208.

19   Visto en Morrisroe, P. (1997). *Mapplethorpe: a biography*. Da Capo Press, p. 249.

20   Ibid, p. 249.

21   Ibid, p. 260.

22   Cita de Gen Doy. Vista en Sealy, M. (2019). *Decolonising the camera: Photography in racial time*. Lawrence & Wishart, p. 227.

23   Cita de Rotimi Fani-Kayode. Sealy, M. (2019). *Decolonising the camera: Photography in racial time*. Lawrence & Wishart, p. 230.

24   Mercer, K. (1994). Reading racial fetishism: the photographs of Robert Mapplethorpe. En *Welcome to the Jungle: New positions in black cultural studies*, Routledge, p. 214.

25   Harper, P. B. (1995). Marlon Riggs: The Subjective Position of Documentary Video. *Art Journal*, 54(4), p. 71 https://doi.org/10.1080/00043249.1995.10791723

26   The awakening of Africa. The Aquila Digital Community. Recuperado el 11 de octubre de 2025, de https://aquila.usm.edu/cookartgallery_perm/12/

27   Snorton, C. R. (2019). *Negra por los cuatro costados: una historia racial de la identidad trans*. Edición bellaterra, p. 95.

28   Cita de Mary Jones. Snorton, C. R. (2019). *Negra por los cuatro costados: una historia racial de la identidad trans*, pp. 95-96.

29   Timmons, N. (2020). Towards a trans feminist disability studies. *Journal of feminist scholarship*, 17(17), https://doi.org/10.23860/jfs.2020.17.04, p. 52.

30   Ibid, p. 53.

31   Snorton, C. R. (2019), *Negra por los cuatro costados: una historia racial de la identidad trans*, p. 207.

32   Cita de William Craft. Visto en Snorton, C. R. (2019), *Negra por los cuatro costados: una historia racial de la identidad trans*, p. 117.

33   La frase original que pronuncia Crystal es «I have a right to show my color, I am beautiful and I know I'm beautiful». Visto en Simon, F. (Director). (1968). *The Queen* [Documental]. SiLit Productions.

34   Joseph, C. G. The First Queer American Hero. About House of Swann: Where Slaves Became Queens — and Changed the World. Channing Joseph. Recuperado el 14 de octubre de 2025, de https://www.channingjoseph.com/elements/discoveries.html

35   Morga, M. From slavery to voguing: the House of Swann. (s/f). National Museums Liverpool. Recuperado el 13 de octubre de 2025, de https://www.liverpoolmuseums.org.uk/stories/slavery-voguing-house-of-swann

36   Ibid.

37   Cita de Daphne Brooks. Visto en Snorton, C. R. (2019). *Negra por los cuatro costados: una historia racial de la identidad trans.* Edición bellaterra, p. 24.

38   Yancey Richardson Gallery Website. Recuperado el 11 de octubre de 2025, de https://www.yanceyrichardson.com/artists/zanele-muholi

39   Muholi, Z., «Zanele muholi – "in my world, every human is beautiful" | Tate». Tate. 21 de septiembre de 2020. Recuperado el 11 de octubre de 2025, de https://www.youtube.com/watch?v=oEgf1XmtWCo&t

40   Abrams, A.-R. & Catherine Hyland-Photography. (19 de diciembre, 2020). Kudzanai-Violet Hwami's modern-pop portraits frame gender, sexuality and race. Wallpaper. Recuperado el 11 de octubre de 2025, de https://www.wallpaper.com/art/kudzanai-violet-hwami-artist-profile

41   Kudzanai-Violet Hwami: If You Keep Going South You'll Meet Yourself. (6 de septiembre, 2017). Contemporary And. Recuperado el 11 de octubre de 2025, de https://contemporaryand.com/exhibition/kudzanai-violet-hwami-if-you-keep-going-south-youll-meet-yourself/

VIH/

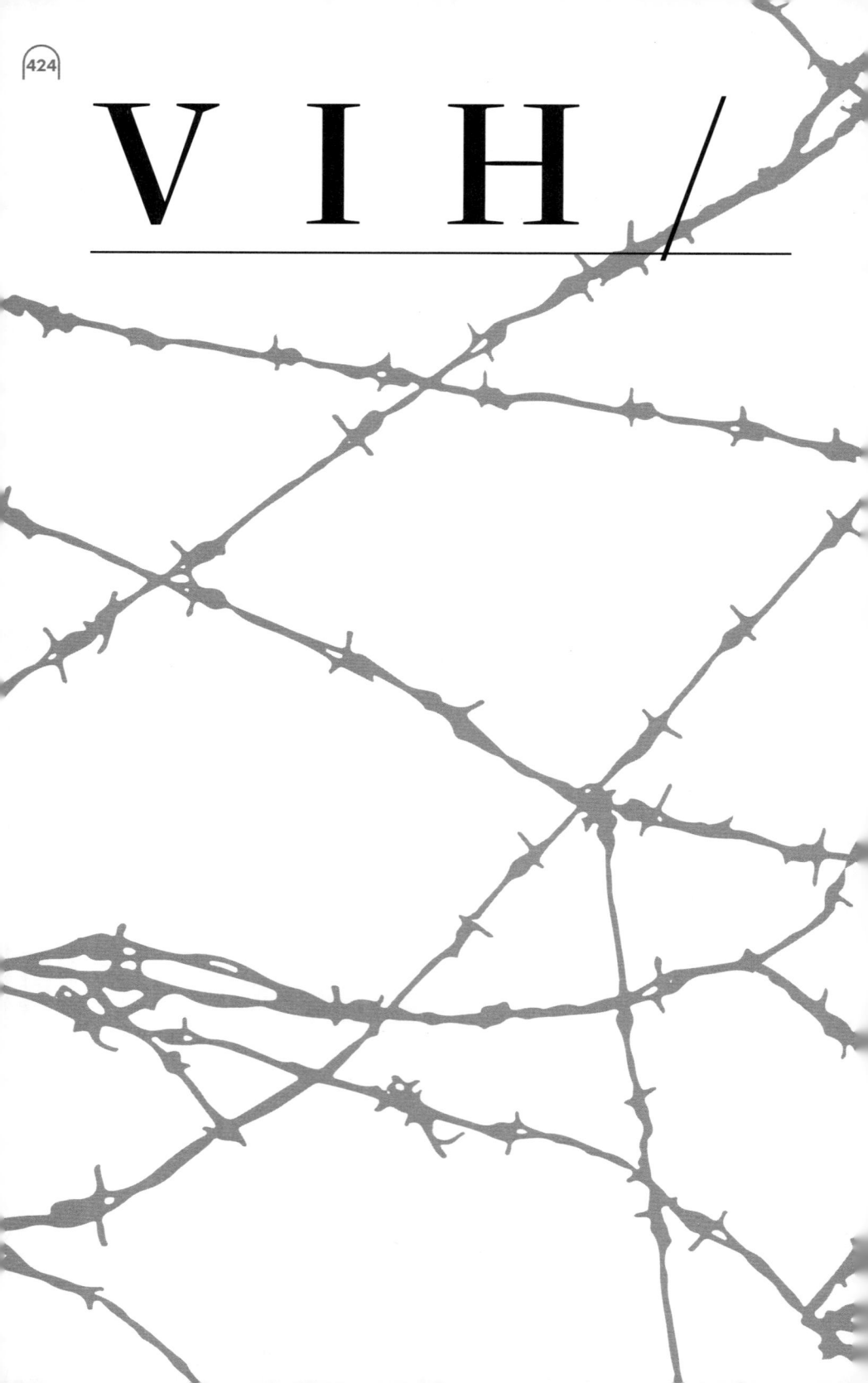

SIDA

The New York Times
3 DE JULIO DE 1981

Cáncer raro observado en 41 homosexuales

Una de las mayores crisis sanitarias de la historia se convirtió en uno de los capítulos más oscuros de la historia LGTBIQ+: el VIH/sida. A esta epidemia, que sigue arrasando con la vida de miles de personas en todo el mundo, dedicamos el capítulo negro, no por casualidad, el color del luto. Porque en los tiempos difíciles el arte se convierte en una herramienta de lucha y en un arma potente para hacer oír nuestra voz.

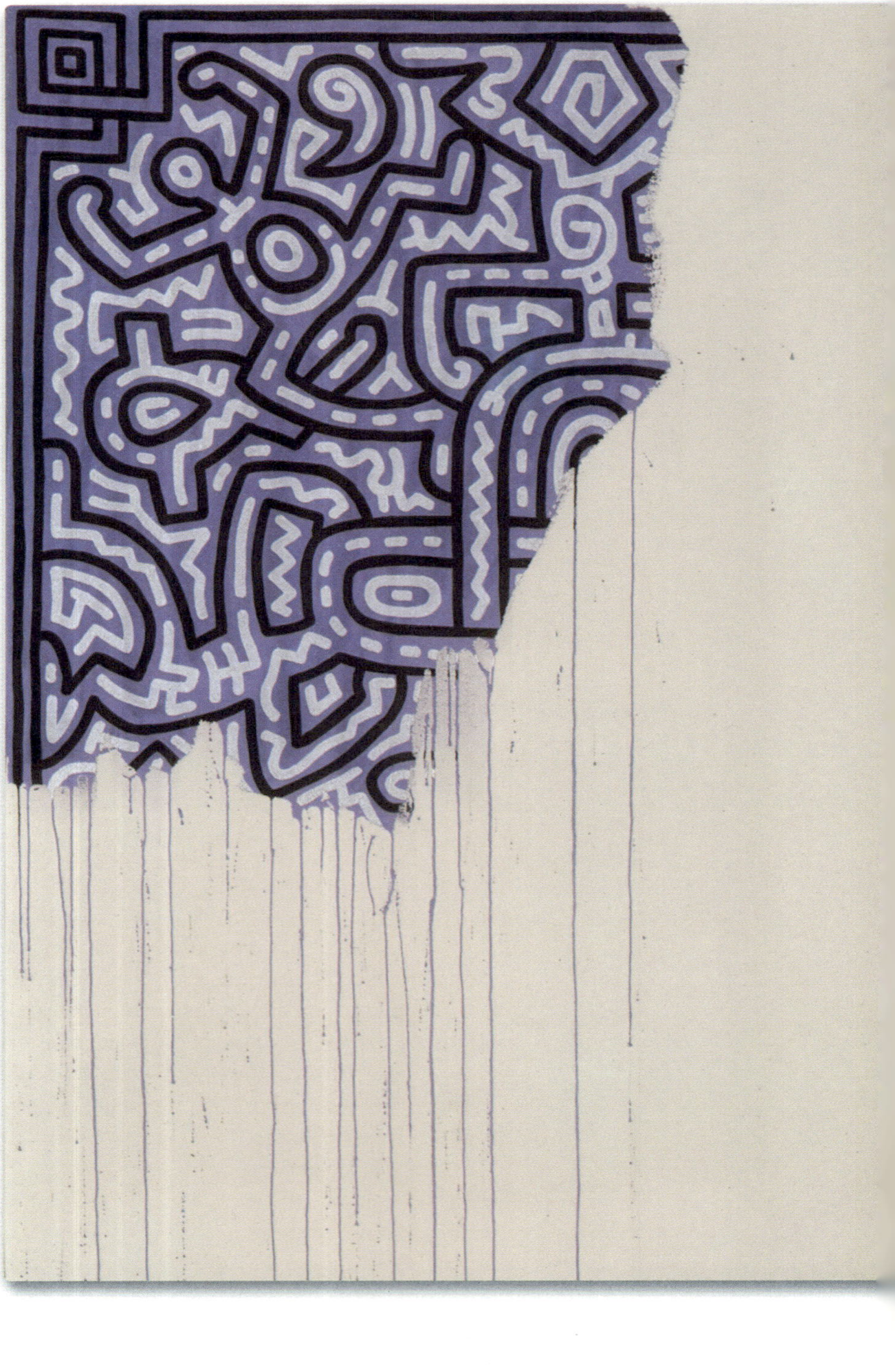

Cuando el color se vistió de luto

Hay una obra de Keith Haring que tengo clavada en la memoria. Si no conoces a este artista, solo puedo definir su estilo como la antítesis del vacío: sus murales y lienzos son un estallido de color, a menudo saturado de figuras en movimiento. Perros, monigotes, platillos volantes... Los habitantes de su particular universo —que sus detractores consideraron demasiado repetitivo— solían cubrir toda la superficie de sus pinturas. Pero en 1989, poco antes de su fallecimiento, Haring dejó una de sus obras a medias. No fue algo casual, sino una decisión consciente. El artista, fanático del *horror vacui*,▼ utilizó el vacío como medio de expresión. El resultado fue una obra que marcaría a todo aquel que conoce su historia y que se ha convertido en un icono de una de las mayores crisis sanitarias de la era contemporánea.

Pintura inacabada solo deja entrever el inconfundible estilo de **Keith Haring** —el que lo llevó al estrellato— en una de sus esquinas. Sobre un fondo de un morado profundo, sus personajes, esbozados con gruesas líneas negras y completados con sus distintivos motivos geométricos en blanco, parecen querer emerger desde ese punto. Pero esta vez, lejos de inundarlo todo, sus figuras se detienen ante la más absoluta de las nadas. Solo comprendemos que estamos ante un lienzo prácticamente en blanco —el mismo que tanto temía el pintor— al ver los rastros de pintura que, cuando todavía estaba fresca, resbalaron sobre la superficie.

▼ En historia del arte, esta expresión latina se utiliza para hacer referencia a cualquier tipo de creación en la que toda la superficie se cubre con motivos decorativos, figuras o detalles. Su traducción es bastante literal: miedo al vacío.

Apenas un año después, en 1990, su vida se apagó. Tenía 31 años. Atrás quedaba el sueño de una carrera artística que, aunque imborrable, apenas había empezado a esbozar. Habían pasado poco más de diez años desde que, en el metro, decidiera amenizar sus esperas interviniendo en los espacios publicitarios vacíos con sus monigotes dibujados con tiza, aprovechando que las autoridades solían cubrirlos con papel mate negro. Todo era culpa de esa nueva enfermedad, una sentencia de muerte que ya había apagado lenta y dolorosamente la vida de varios de sus amigos, ante la impasividad del gobierno y de las fuerzas políticas. La misma que se convirtió en un tema recurrente en su obra, donde, bajo la brillantez de sus colores, se ocultaban temas crudos y al servicio de la justicia social, como el racismo o la homofobia. Como te imaginarás, fue esta misma motivación la que le empujó a dejar ese lienzo en blanco: fue un gesto poético para mostrar cómo la enfermedad le estaba arrancando la vida, sin derecho a tener su propio final.

Cuando pintó (o abandonó, según se mire) este lienzo, Haring llevaba un tiempo conviviendo con el sida. Pero lejos de frenar su creatividad, la enfermedad se convirtió en un motor fundamental para su arte. Ese mismo año, en Barcelona, en pleno corazón del Raval, pintó un mural de grandes dimensiones que incluía, entre otros personajes, una serpiente amenazante dividida en dos por unas tijeras. La cola culminaba en un preservativo. Allí escribió una frase que dio nombre a la obra efímera: «Todos juntos podemos parar el sida». Y precisamente un par de años antes, el 20 de marzo de 1987, cuando aún no había sido diagnosticado, reflexionó en sus diarios sobre la importancia que ya tenía para él su arte:

«Mis amigos caen como moscas y sé de corazón que solo la intervención divina me ha mantenido con vida tanto tiempo. No sé si me quedan cinco meses o cinco años, pero sé que mis días están contados. Por eso ahora mis actividades y proyectos son tan importantes. Hacer todo lo posible. Estoy seguro de que lo que perdurará después de mi muerte es lo bastante importante como para sacrificar ahora mi lujo personal y mi tiempo de ocio. El trabajo es todo lo que tengo y el arte es más importante que la vida».[1]

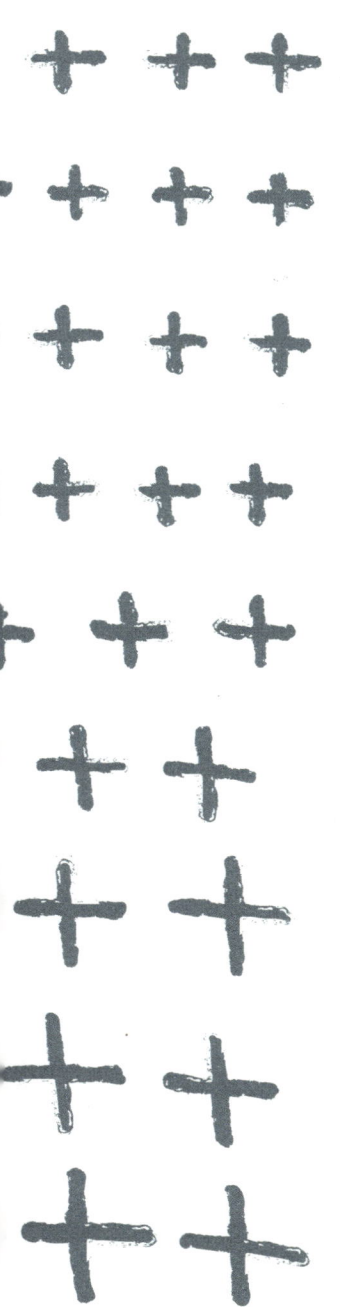

Tal y como relata el propio Keith Haring, su fin fue una condena compartida con muchos otros. Desde que se reportaron los primeros casos en 1981 hasta la actualidad, se calcula que las complicaciones relacionadas con el sida han terminado con la vida de alrededor de 44,1 millones de personas [37,6 millones – 53,4 millones],[2] convirtiéndose en una de las epidemias más letales de la historia. Cuatro décadas más tarde, los avances científicos han permitido controlar en gran medida el desarrollo del VIH —el virus que en su etapa más avanzada causa la enfermedad—, pero aun así sigue segando la vida de cientos de miles de personas cada año, especialmente si ampliamos nuestra mirada más allá de los países occidentales. Además de la muerte, las personas que conviven con el virus siguen enfrentándose al estigma, causado, como en la mayoría de los casos, por la más pura ignorancia.

Durante el momento más crítico de la epidemia, entre los años ochenta y noventa, el diagnóstico equivalía a firmar una doble sentencia. Más allá de ver su cuerpo atravesado por una degradación extrema, los enfermos se enfrentaban a un fuerte rechazo social.▼ Uno de los grupos más afectados por el VIH/sida fue la comunidad gay y bisexual masculina. Para muchos, la enfermedad llegó como un azote inesperado en un momento de euforia y descubrimiento: tras décadas de clandestinidad, la lucha les había abierto la puerta a experimentar una mayor libertad sexual. Justo cuando parecía que el deseo podía expresarse cada vez con menos miedo, apareció una nueva amenaza que pronto se convirtió en sinónimo de castigo y vergüenza.

▼ En *El sida y sus metáforas*, ensayo que acompaña a *La enfermedad y sus metáforas*, Susan Sontag reflexiona sobre el estigma de la enfermedad en comparación con los enfermos de cáncer. En sus páginas, señala muy acertadamente que «para muchos el sida supone una muerte social anterior a la física» (p. 119).

Aunque los hombres que mantenían relaciones homosexuales no fueron los únicos afectados por el síndrome, desde el inicio se asoció directamente a sus prácticas y a su supuesto «estilo de vida», en un nuevo (y, si me permitís, nada sorprendente) ejercicio de homofobia. A principios de los ochenta, tras la aparición de los primeros casos oficiales, empezaron a referirse a la enfermedad como el «cáncer o neumonía gay», la «peste rosa» o el GRID, las siglas en inglés de *Gay-Related Immune Deficiency* [inmunodeficiencia relacionada con la homosexualidad]. Los principales síntomas incluían una neumonía atípica —también presente en jóvenes— y un cáncer del sistema linfático, el sarcoma de Kaposi, que se manifestaba especialmente a través de unas lesiones características en la piel de color rojizo o morado. No fue hasta 1983 cuando se descubrió que se trataba de un virus y que una de las principales vías de transmisión era la sexual.

Pero, para entonces, el estigma ya estaba más que arraigado. El tratamiento sensacionalista por parte de los medios de comunicación y la pasividad de los gobiernos —con especial impacto en el caso de Estados Unidos, uno de los principales focos de la epidemia— no hizo más que avivar el odio hacia la comunidad. Más que verlo como una crisis sanitaria, se percibía como un castigo moral, una consecuencia del exceso y de llevar un estilo de vida «desviado». Incluso cuando se demostró que el virus no discriminaba entre personas por su sexualidad, se empezó a diferenciar entre las víctimas que adquirían el patógeno por vía indirecta —como niños y niñas nacidos con VIH o personas que habían recibido transfusiones de sangre— y aquellas que habían adquirido la enfermedad por su estilo de vida, como la comunidad homosexual y trans. Unas eran inocentes y las otras culpables.[3]

Como ocurrió en el resto de esferas de la sociedad, el impacto del VIH alcanzó de lleno al mundo del arte. Pintores, fotógrafos, músicos, escritores y *performers* que formaban parte de la comunidad LGTBIQ+ vieron sus carreras truncadas. Más allá del citado Keith Haring, nombres como Freddie Mercury, Martin Wong o Robert Mapplethorpe resuenan en nuestras cabezas cuando tratamos este tema. Pero muchos otros artistas vivieron en primera o segunda persona la experiencia de la pérdida, el estigma y la urgencia de un cambio. Y, más allá de reflejar sus vivencias, pusieron su creación al servicio de la causa.

Arte para el cambio: el caso estadounidense

Durante los primeros años de la epidemia, los gobiernos hicieron la vista gorda. Como ya hemos señalado, la mayoría de las personas afectadas formaba parte de colectivos considerados marginales, por lo que se asumió que el problema no afectaría a la población general. Además, en el caso de Estados Unidos —el que tiene más protagonismo por la inquietud artística que despertó y cómo sentó las bases para los que vinieron después—, el estallido de la crisis coincidió prácticamente con la llegada de Ronald Reagan a la presidencia, cuyas ideas conservadoras se demostraron en su más que cuestionable gestión de la situación.▼

Ante la indiferencia de los altos mandos, no tuvo que pasar mucho tiempo antes de que empezaran a surgir un número significativo de asociaciones que alzaron su voz ante la injusticia que se estaba cometiendo. Tampoco tardaron mucho en comprender el potencial de la creación artística como motor de cambio, convirtiendo las obras en una vía para denunciar la situación y exponer a los que consideraban sus culpables. Creo que Andrea Galaxina —cuyo libro *Nadie miraba hacia aquí* te recomiendo muchísimo si quieres profundizar un poco más en este tema— consigue definir a la perfección el rumbo que tomó la mayor parte del arte nacido durante la crisis del sida, utilizado sobre todo «como una herramienta contra el silencio y contra la ocultación de los cuerpos enfermos».[4]

Pero, como en toda lucha, era necesario crear un emblema, algo que la hiciera reconocible. En este sentido, creo que merece la pena que nos detengamos en *Silencio = Muerte*, una imagen que demuestra que, en muchas ocasiones, se puede impactar y compartir un mensaje con la sencillez como aliada. Sobre un fondo negro, el protagonismo lo ocupaba el eslogan que le da título, escrito en gruesas letras blancas. La composición se completaba con un triángulo de color rosa, un elemento heredado del distintivo que los nazis colocaban a los homosexuales, pero presentaba una sutil diferencia: en los campos de concentración lo hacía invertido, mientras que aquí se encuentra del derecho. Al parecer, esta fue una decisión accidental, pero resultó efectiva;[5] al final, aunque sin quererlo, se estaba creando un símbolo nuevo y totalmente desvinculado de la victimización y el horror al que fueron sometidos.

▼ Aunque la mayoría de los medios no lo afirman abiertamente, la comunidad LGTBIQ+ tachó a Reagan de homófobo declarado. Sin ir más lejos, ACT UP, asociación de la que hablaremos más adelante, incluyó al entonces presidente en su pieza *Let the Record Show*, que recogía, entre otros detalles, retratos y declaraciones de personalidades destacadas por su homofobia y/o posicionamiento con respecto al sida. La placa que acompañaba al presidente aparecía vacía. Tal vez no es necesaria más demostración; no debemos olvidar que la indiferencia y el silencio, en la mayoría de los casos, también son un posicionamiento político.

Creada hacia 1985 por seis activistas atravesados de distintas maneras por la enfermedad y, más tarde, difundida y asociada a ACT UP —una de las asociaciones más importantes surgidas en la lucha contra el VIH/sida—, esta imagen icónica nació como un cartel y acabó formando parte de pancartas, chapas e incluso camisetas. Su alcance creció hasta convertirse en una llamada a la acción. He llegado a encontrar un testimonio de una persona que se convirtió en activista antisida y que definía este emblema «como la Batseñal»,[6] en un guiño simpático a la señal luminosa que convocaba a Batman, el mítico superhéroe. Pero su influencia no se detuvo aquí: fue reinterpretada hasta el infinito e inspiró otras piezas artísticas. Para mí, una de las más impactantes es una fotografía de David Wojnarowicz tomada por Andreas Sterzing en 1989, que lleva este mismo título y en la que el artista —que, como veremos más adelante, también murió a causa del sida— hizo del silencio algo físico al presentarse a sí mismo con la boca cosida. La imagen se convirtió en una dolorosa metáfora del silencio impuesto a aquellos que, como él, padecían la enfermedad, en un intento de esquivar el estigma.

El propio Keith Haring también adoptó este símbolo en varias de sus obras, lo que nos permite imaginar un poco mejor el impacto que tuvo. Una de ellas, creada en 1989, presenta este eslogan acompañado de otro con la misma potencia y que completa el nombre de la pieza: *Ignorancia = Miedo, Silencio = Muerte*. La imagen está protagonizada por tres de sus icónicos personajes que se tapan los ojos, los oídos y la boca respectivamente, reforzando el valor crítico de la obra y su denuncia de la indiferencia gubernamental. Mis ojos de historiadora del arte (y de friki, por qué no decirlo) no pueden evitar ver aquí una alusión directa a una imagen que a muchas personas les será familiar: la de los *emojis* de los tres monos. Aunque este no es su origen: son Mizaru, Kikazaru e Iwazaru, los «tres monos sabios» de la mitología japonesa, una representación de un código de conducta milenario: no ver, no oír y no decir el mal. Su imagen más icónica se encuentra en el santuario sintoísta de Toshogu (así que ahora ya puedes usar estos personajes con conocimiento de causa).

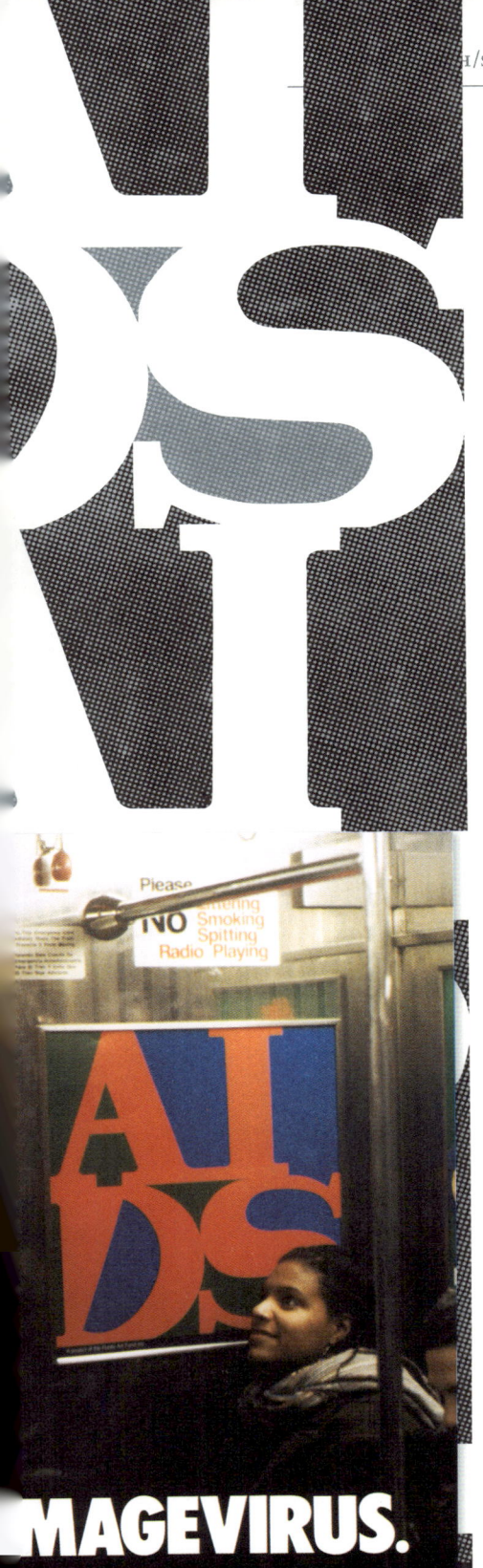

Pero volvamos al arte nacido por y para la crisis del sida. Si asumimos que gran parte de esta producción se puso al servicio de la reivindicación, podremos intuir que la mayoría de los soportes empleados seguían este mismo patrón de transgresión de la tradición artística. Aunque esto puede sonar técnico, la idea es bastante sencilla: más allá de lienzos y murales, el activismo apostó por soportes fácilmente reproducibles y alejados de lo «habitual», como carteles, folletos e incluso *fanzines*. Lo mismo ocurre con las imágenes y conceptos, que a menudo parten de obras de arte o imágenes asentadas en la cultura popular que, en un acto de apropiacionismo, se reutilizan e intervienen para dotarlas de un nuevo significado.

Podemos encontrar muchos casos de apropiacionismo en el contexto del activismo contra el sida. Uno de los que más recurrió a este recurso fue el colectivo **General Idea**, un trío artístico canadiense que nació con el objetivo de combatir los estereotipos homosexuales pero que después puso su creación al servicio de la crisis del VIH. De su mano nacieron algunas de las imágenes más icónicas (a la par que polémicas) del momento, como es el caso de *Imagevirus*, que partía del concepto de una obra preexistente: *AMOR*, el icónico cartel de Robert Indiana, que estoy segura que al menos te sonará. Bien, pues en la versión de General Idea se mantiene la composición y la selección de colores de la original, sustituyendo únicamente la palabra protagonista, la que daba nombre a la obra, por el acrónimo de la enfermedad en inglés: *AIDS*. Según explicaron sus creadores, la producción en masa de los distintos carteles y las pegadas masivas fue un acto consciente que intentaba reproducir visualmente el concepto de repetición automática e imprevisible del virus.[7]

Otro ejemplo clave de esta apropiación dentro del activismo en torno al VIH/sida nos lleva directamente a una de las problemáticas centrales de la crisis, denunciada insistentemente por quienes la padecían: el acceso a medicación y los problemas derivados de la misma. El primer medicamento para tratar la enfermedad, el AZT, se aprueba en 1987 y se mantiene como la única opción hasta 1991. Su patente pertenecía a *Burroughs Wellcome Fund*, que tuvo la exclusividad en la producción, distribución y control de su precio durante más de una década, lo que le otorgó el dudosísimo honor de ser el medicamento más caro de la historia (y eso que estaba subvencionado por el gobierno).[8] En 1988 —como crítica a la falta de interés por investigar y aprobar otro tipo de tratamientos—, Vincent Gagliostro y Avram Finkelstein —miembros del colectivo Gran Fury, a su vez vinculado a ACT UP▼— crean la pieza *Enjoy AZT* [Disfruta AZT]. El planteamiento del cartel es, de nuevo, tan sencillo como efectivo: tomando como punto de partida la identidad visual y el eslogan de Coca-Cola, equiparan el tratamiento a un objeto de consumo, denunciando así los intereses económicos escondidos tras la comercialización del medicamento.

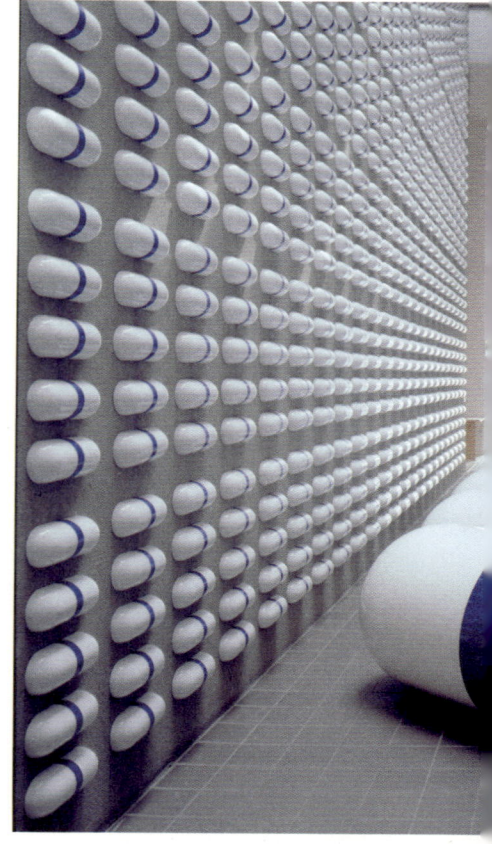

▼ ACT UP estaba integrado por distintos grupos focalizados en temas específicos. Gran Fury era uno de estos colectivos y se centraba especialmente en la creación en el ámbito de las artes visuales. No profundizaremos en otros grupos y modelos de creación por una cuestión de espacio (sobre ello existen libros completos), pero sí me gustaría mencionar la importancia que tuvieron en la asociación el videoarte y los documentales, especialmente a través de DIVA TV.

Con respecto a la medicación, colectivos como el ya mencionado Gran Fury, centraban gran parte de su activismo en demandar mayor amplitud en los ensayos clínicos y agilidad a la hora de aprobar nuevos tratamientos. Esto implicaba también poner el foco en colectivos que sufrían el virus pero que la sociedad parecía ignorar sistemáticamente, como las mujeres o las personas racializadas (para sorpresa de nadie). Po-

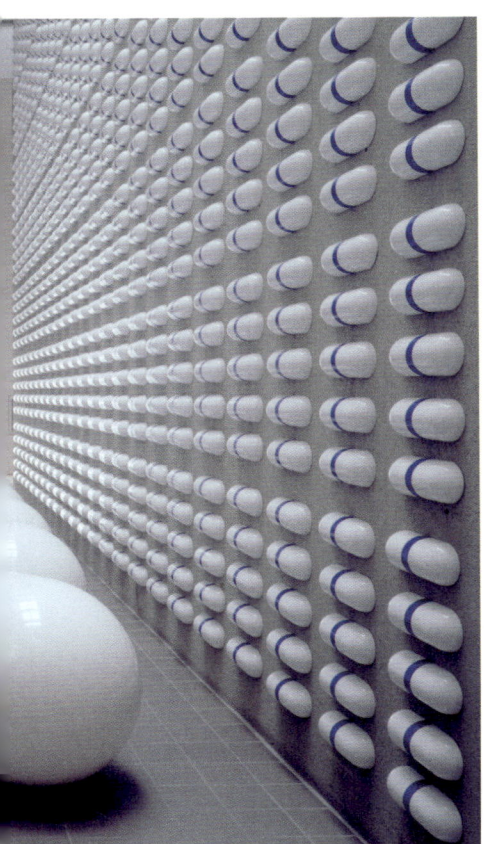

demos encontrar ejemplos como el cartel *Women Don't Get AIDS, They Just Die From It* [Las mujeres no contraen sida, simplemente mueren a causa de él] creado en 1991, donde se visibiliza la enfermedad en las mujeres y se reclama que se las incluya en los estudios médicos.

Por su parte, **General Idea** también exploró ampliamente el tema de la medicación, aunque su enfoque es ligeramente distinto. El mismo año en que Gran Fury lanzaba este cartel, el colectivo presentó *One Year of AZT [Un Año de AZT]*, una instalación formada por 1.825 esculturas de píldoras. Esta cifra correspondía a la dosis anual que en aquel entonces tomaba Felix Partz, uno de los integrantes del trío, que, como su compañero Jorge Zontal, acabaría muriendo a causa del sida. Para tratar de dar una visión más amplia del problema, esta obra suele exponerse junto a otra, *One Day of AZT [Un día de AZT]*, que, en contraposición, presenta cinco píldoras de grandes dimensiones. Las pastillas se convirtieron prácticamente en un elemento identitario para el grupo canadiense. Sobre la importancia que tomaron las píldoras en sus obras, AA Bronson, el único integrante de General Idea que sobrevivió a la crisis, afirmó: «*Nuestra vida estaba llena de pastillas, nuestro apartamento es-*

taba lleno de pastillas... así que se convirtieron en parte de nuestro trabajo».[9]

Más allá de funcionar como una herramienta de denuncia, el arte también se puso al servicio de la educación. La falta de información con respecto al virus, sus efectos y las formas más eficaces de evitar su transmisión no hacía otra cosa que incrementar el miedo y el rechazo hacia quienes convivían con él. Tanto las asociaciones como algunos artistas a título individual editaron, repartieron folletos y pegaron carteles que contenían información sobre los síntomas o que trataban de difundir cómo mantener relaciones sexuales de forma segura. Pero, además, buena parte de los activistas también usaron algunas de sus obras para romper con los estigmas en torno a la transmisión, un tema que durante mucho tiempo fue polémico.

Con el fin de normalizar el acto de besarse (y de paso romper un poco con la homofobia), surge *Read My Lips* [Lee mis labios], una de las obras más emblemáticas de Gran Fury, creada como parte de la movilización de *ACT UP Nine Days of Rage*, en mayo de 1988. La pieza tomaba como punto de partida una frase pronunciada por George H. W. Bush (otro ejemplo maravilloso de apropiacionismo), para combinarla con imágenes históricas de parejas del mismo sexo. En el caso de la versión masculina,▼ la que se hizo más viral, los protagonistas son dos marineros que se funden en un beso, intensificando aún más el componente homosexual que a menudo se ha dado a estos personajes en el arte. De hecho, en la fotografía original —que fue recortada— podían verse los penes de ambos.[10]

▼ Los miembros de Gran Fury también intentaron crear una versión sáfica, pero encontraron dificultades para dar con una imagen de dos mujeres que mostrasen pasión evidente, como lo hacían los dos marineros, sin que fuera sometida a una evidente sexualización. Este es solo un ejemplo más de la invisibilidad histórica al que se ha sometido el amor entre mujeres, algo que llevamos viendo a lo largo de todo el libro.

Más allá de eliminar el estigma asociado al beso como posible vía de contagio, las imágenes de *Read My Lips* remiten directamente a la emblemática fotografía del beso robado entre una enfermera y un marinero en Times Square, uno de los besos más famosos de la historia capturado por Alfred Eisenstaedt en 1945. Si lo piensas, puede leerse como una crítica implícita a la normalización de ver besos entre parejas heterosexuales —incluso cuando el consentimiento es más que dudoso— frente al estigma de cualquier muestra de afecto entre personas del mismo sexo.[11] No sé a ti, pero esto me resulta tremendamente actual. Y por eso mismo, da pena.

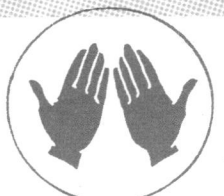

Esta misma idea —la de la imposibilidad de contagio del virus a través de la saliva y la normalización de los besos— es aún más evidente en *Kissing Doesn't Kill: Greed and Indifference Do* [Besar no mata: la avaricia y la indiferencia sí]. En 1989, como parte del programa *Art Against AIDS On The Road* y bajo el apoyo de la organización artística *Creative Time*, Gran Fury ideó una imagen que acabaría siendo colocada en los laterales de varios autobuses, lo que permitiría que circulara por varias ciudades. Para lograr su objetivo, tomaron como punto de partida las campañas de la marca Benetton —conocidas por celebrar la diversidad racial y multicultural sobre fondos neutros— y ampliaron su mensaje más allá de lo homosexual: junto a las parejas gay y lésbica aparecía también una pareja hetero, reforzando la idea de que la transmisión podía darse independientemente de tu sexualidad.

En este punto, es bastante probable que te haya surgido una pregunta: ¿de verdad todas estas obras tuvieron un impacto? ¿Cambiaron algo? ¿Afectó la creación artística a la visión y gestión de la crisis sanitaria provocada por el VIH? Para mí, la respuesta es un sí rotundo. Creo que, a partir de los casos que he mencionado, se puede intuir que el arte no solo dio visibilidad a la problemática del estigma y al tratamiento precario que recibían sus enfermos, sino que creó un sentimiento de acompañamiento y una profunda red de apoyo a quienes convivían con la enfermedad, que hasta entonces habían estado aislados. Pero para que esto no quede solo en palabras, aprovecharé el cierre de este apartado para poner un ejemplo concreto.

En octubre de 1988, ACT UP organiza una acción en torno a la mejora de los tratamientos que se bautiza como *Seize Control of the FDA* [Tomar el control de la FDA]. Entre las obras que se generan en este contexto, tal vez la más emblemática fue *The Government Has Blood On Its Hands* [El gobierno tiene sangre en las manos], ideada por Gran Fury, que mostraba junto al eslogan la huella de una mano ensangrentada. La imagen resultó tan potente que fue tomada por otros colectivos para sus propias reivindicaciones, como ocurrió con el número 4 del fanzine *De un plumazo*, de la organización española Radical Gai, que incluía en sus páginas su propia versión de la obra. Volviendo a citar a Andrea Galaxina, lo realmente interesante es que, tras la acción en la FDA, «el proceso de aprobación de medicamentos se agilizó, los tratamientos se hicieron más accesibles y se empezó a incluir a personas que viven con sida, personas racializadas y muje-

res en los consejos asesores del gobierno y las farmacéuticas».[12] Así que sí: el arte y la movilización, usadas inteligentemente, tienen la capacidad real de cambiar las cosas.

Reivindicación en otros lugares del mundo

Aunque, como habrás podido comprobar, nos hemos centrado casi en exclusiva en el caso estadounidense —por ser la cuna del activismo frente al VIH/sida—, las bases que allí se sentaron tuvieron reflejo en el arte y la acción política que surgiría en muchos otros países. Aquí, en España, surgieron asociaciones como la ya mencionada Radical Gai, en Madrid, o el propio ACT UP, que contó con una sede en Barcelona. En muchos casos, estas agrupaciones reutilizaron los carteles y acciones creativas que se estaban desarrollando en Estados Unidos. Era una forma de unir fuerzas y garantizarse un mayor impacto. No debemos olvidar que aquí la motivación creativa pasaba, casi exclusivamente, por hacer llegar un mensaje que podía marcar la diferencia entre la vida o la muerte.

Aparte de estas organizaciones, merece la pena detenerse en la que se considera una figura imprescindible para el activismo contra el sida en nuestro país: el artista cordobés **Pepe Espaliú**.▼ Pocas obras han logrado visibilizar con tanta potencia el miedo al contagio, el estigma social y el abandono institucional que vivían las personas con sida en los años ochenta y noventa como lo hizo *Carrying* [Acarreando]. El proyecto nació inicialmente como una serie escultórica que evocaba palanquines, un medio de transporte histórico asociado a la nobleza que les permitía desplazarse sin tocar el suelo y observar sin ser vistos. Estas piezas, cargadas de simbolismo, hablan sobre la fragilidad y el cuidado del enfermo, a la vez que denuncian la invisibilidad y el aislamiento a los que este se ve sometido. Pero fue su transformación en *performance* la que dotó a la serie de un profundo significado político y emocional que ha calado en la memoria de todos aquellos que la presenciaron.

El 1 de diciembre de 1992, coincidiendo con el declarado como Día Mundial del Sida, un grupo de personas recorrió el trayecto entre el Congreso de los Diputados y el Museo Reina Sofía cargando

en brazos a Espaliú. Lo hicieron de dos en dos, transformado sus brazos en un trono para el cuerpo enfermo del artista, en una evocación del típico juego infantil —la sillita de la reina— que, en este caso, nada tenía de inocente. En

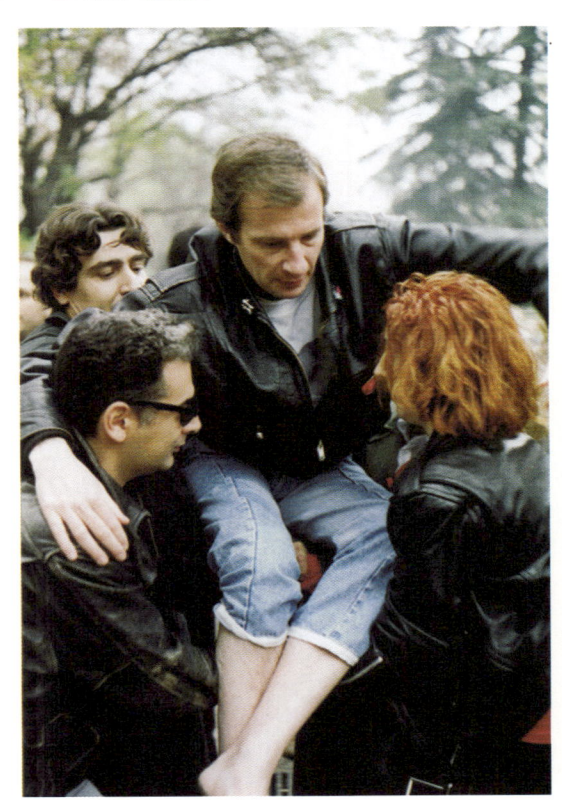

la versión madrileña (unos meses antes se había hecho en San Sebastián) de aquel acto de amor y cuidado, a la par que de denuncia pública, participaron caras tan conocidas como Alaska, Pedro Almodóvar o Carmen Romero. Esta

---

▼ Aunque es especialmente conocido por la pieza que comentaremos a continuación, la labor artística y activista de Pepe Espaliú se expandió mucho más allá, ocupando infinidad de formatos y textos reflexivos denunciando la situación que vivía como enfermo de sida. Sobre estos últimos, recomiendo la lectura de *La imposible verdad. Textos 1987-1993*, una edición de Jesús Alcaide publicada por La Bella Varsovia.

última estaba entonces casada con Felipe González, el que era el presidente del gobierno, lo que, como puedes imaginar, dio mucho de qué hablar.

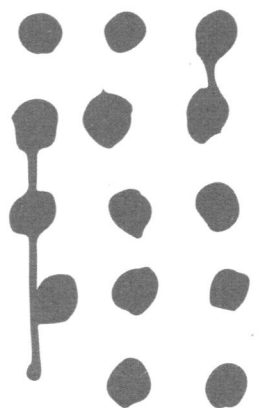

En palabras del propio artista, más allá de hablar de cuidados, *Carrying* se planteó como una acusación directa a la cobardía en todas sus formas, pero sobre todo a la de quienes no se atrevían a nombrar la enfermedad, y la de unas instituciones, tanto políticas como culturales, que optaron por el silencio cuando más se necesitaba su voz.[13]

Otra de las grandes figuras con respecto a la visibilización y la denuncia del estigma asociado al VIH en España es Pepe Miralles, cuyo trabajo se extiende hasta la actualidad. Sin ir más lejos, en 2024, su retrospectiva *Yo lo vi* pudo visitarse en Valencia, en el Centre del Carme de Cultura Contemporània (CCCC). El título recordaba a la labor cronista de Francisco de Goya, que dejó constancia de los horrores de un conflicto bélico en *Los desastres de la guerra.* De la misma forma, las obras de Miralles se han centrado en dejar constancia del dolor que ha causado uno de los capítulos más negros de nuestra historia, desde mediados de los años ochenta hasta hoy.

Retomando la idea de la indiferencia de los altos cargos políticos, podemos poner como ejemplo una de sus intervenciones más famosas, incluida dentro del proyecto *Silencio General. Tres Intervenciones sobre un mismo tema,* surgido en 1993 a raíz de la ausencia de planes de prevención del VIH en los programas electorales. El proyecto constó de tres acciones: la introducción de textos sobre el VIH/sida en los casilleros del profesorado de la Universidad Politécnica de València (UPV), una pegada de carteles en el centro de la misma ciudad y, la más impactante de todas, una intervención en una valla con una publicidad electoral del PP. Así, sobre la boca de José María Aznar podía leerse *Per què no parlen ara de la sida?* [¿Por qué no hablan ahora del sida?].

Al otro lado del mundo, el artista y escritor chileno Pedro Lemebel convirtió también la crisis del VIH/sida en uno de los ejes centrales de su producción. Tiene varios libros en los que aborda la visión de la homosexualidad en su país, pero el que más destaca con respecto al tema que nos ocupa es *Loco afán: crónicas de sidario* que, publicado en 1996, recoge toda una serie de crónicas en torno a la enfermedad, así como a la marginalidad que asolaba a las personas travestis de Chile a finales del siglo XX.

Pero quizá aún más interesante es el trabajo que realizó en el marco de Las Yeguas del Apocalipsis, el dúo artístico que formó junto a su compañero Pancho Casas y que, desde el humor, desarrollaba *performances* críticas y profundamente políticas. *Lo que el SIDA se llevó*, una de las más evidentes, fue en realidad una exposición de treinta fotografías del dúo artístico realizadas y seleccionadas por el fotógrafo chileno Mario Vivado. En ellas, Lemebel y Casas se transformaban en distintos personajes, algunos inspirados en la literatura, como las hermanas de *La casa de Bernarda Alba* de Federico García Lorca, y otros en el mundo del cine, como Marilyn Monroe o Buster Keaton.[14] Usando principalmente prendas de amigas trans y travestis —algunas de ellas ya fallecidas por la enfermedad—, todo el proyecto se planteó como una potente denuncia de la marginación de las personas disidentes en el país y, muy especialmente, a aquellas que padecían el VIH/sida.

Por último, no me gustaría pasar de largo e ignorar por completo cómo afectó la crisis del VIH/sida al continente africano, sobre todo teniendo en cuenta que allí sigue siendo un problema candente en la actualidad. Se trata de un tema complejo y que se aleja un poco de lo que hemos explorado hasta ahora,▼ pero es necesario mencionar el trabajo de artistas como el congolés Chéri Samba, cuya obra, impregnada de una visión crítica de su sociedad, no dejó de lado la denuncia de la crisis a través de pinturas como *Le Sida ne sera guérissable que dans* 10 *ou* 20 *ans* [El Sida no será curable hasta dentro de 10 o 20 años]. Por su parte, el caricaturista sudafricano Jonathan Shapiro, más conocido por su nombre artístico Zapiro, realizó una serie de dibujos entre la crítica y la sátira que también se centraron en dar voz a esta problemática.

▼ Principalmente porque en estos países el contexto cultural es completamente distinto, así como el avance de la enfermedad y los grupos sociales afectados.

Más allá del morbo: convivir con la enfermedad y la pérdida

Las imágenes más famosas de la crisis del sida y el VIH a menudo parten desde una perspectiva problemática. A menudo se centran en aspectos morbosos, en detalles que solo alimentan el sensacionalismo, el miedo y la visión catastrófica de la enfermedad, contribuyendo así a la construcción del estigma que sigue vigente a día de hoy. Como hemos visto anteriormente, esta fue una de las grandes luchas de los activistas: lograr que las personas enfermas siguieran siendo vistas como personas y que no acabaran convertidos en un simple número más.

Uno de los fotógrafos que se hicieron famosos por capturar los estragos que el síndrome causaba en el cuerpo de los que lo padecían fue Nicholas Nixon. Sus instantáneas muestran una imagen estereotipada del sida: la mayoría de sus retratados son varones, a menudo aparecen solos o con suerte en compañía de algún familiar —muy pocos junto a su pareja, que a menudo era otro hombre— y el foco se sitúa en sus cuerpos escuálidos, llenos de llagas y que vaticinan una muerte casi segura. Pero, para mi gusto y citando algunos estudios que he leído al respecto, lo peor de todo es que en casi ningún caso se nos revela la identidad de las personas retratadas: ningún dato sobre su historia ni nada más allá del retrato de su cuerpo enfermo.

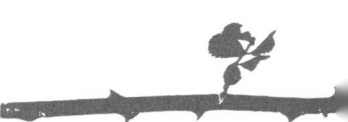

Aunque Nixon no fue el único en ofrecer este tipo de imágenes de la enfermedad, lo he elegido como ejemplo porque su trabajo fue duramente criticado por los activistas por ser demasiado sensacionalista. El historiador del arte y activista Douglas Crimp publicó a principios de la década de los noventa *Portrait of People with AIDS* [Retratos de gente con SIDA], un ensayo que incluye una crítica mordaz a la exposición retrospectiva del fotógrafo que en otoño de 1988 había acogido el MoMA de Nueva York. En el texto relata una protesta simbólica que llevaron a cabo varias activistas de ACT UP con motivo de dicha exhibición:

«Sentadas en un banco de la galería donde se exhibían los retratos de gente con sida de Nixon, una joven lesbiana sostenía una foto de un hombre de mediana edad sonriente. El epígrafe decía: "Este es un retrato de mi padre, tomado mientras vivió con sida durante tres años". Otra mujer sostenía la foto del cofundador de PWA Coalition (Coalición de Gente con SIDA), David Summers, mostrado hablando frente a varios micrófonos. Su epígrafe rezaba: "Mi amigo David Summers, viviendo con sida"».[15]

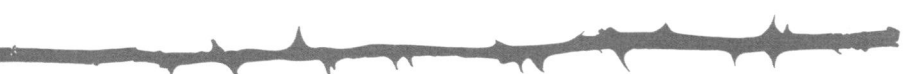

La acción se completaba con la entrega de un folleto que, tras un texto crítico sobre la visión del sida que ofrecían estas fotografías, se remataba con una frase tan real como demoledora: «Dejen de mirarnos y empiecen a escucharnos». Y justo eso vamos a intentar a continuación: escuchar las voces de aquellos que sufrieron la enfermedad en todas sus formas. Porque aparte del evidente activismo implícito, lo que emerge desde sus ojos es un arte hecho desde la experiencia directa: obras que narran la pérdida, el miedo y la supervivencia con la propia voz o el cuerpo, con un sentido casi testimonial.

Creo que es interesante seguir explorando el medio fotográfico, porque es un punto que nos va a permitir entender mejor el porqué de las críticas que recibieron las instantáneas de Nicholas Nixon, al igual que las de su contemporánea, Therese Frare. Porque sí: las personas que vivieron el sida en primera persona documentaron sus cuerpos y los de sus seres queridos con sus cámaras, pero lo hicieron desde lugares muy distintos: en la mayoría de los casos, la motivación principal pasaba por el deseo de permanencia, la necesidad de congelar un recuerdo. Me gustaría recuperar una cita que se le atribuye a la fotógrafa estadounidense Nan Goldin y que creo que define a la perfección no solo su obra, sino la de muchos de sus compañeros y compañeras:

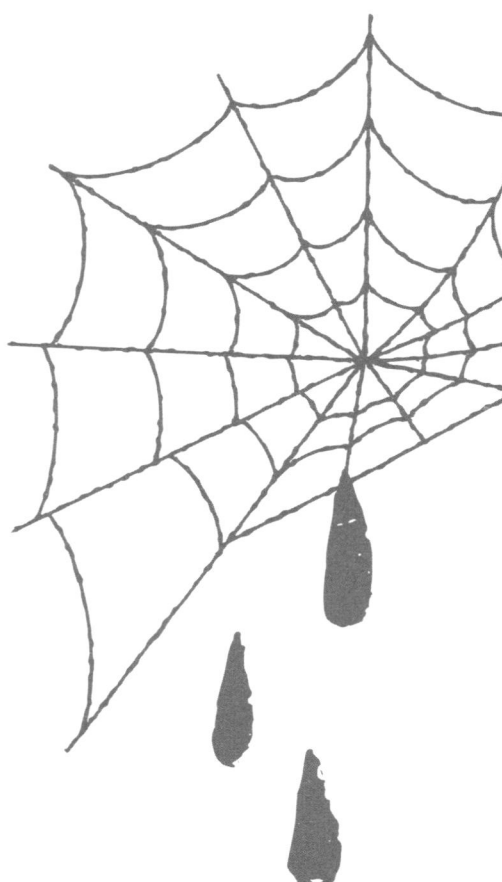

«Solía pensar que nunca perdería a nadie si lo fotografiaba suficiente. De hecho, mis fotografías me muestran lo mucho que he perdido».

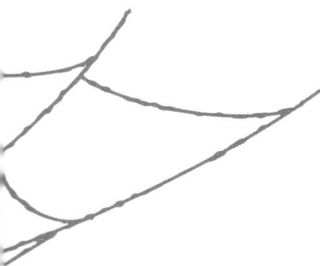

Goldin, especialista en capturar con su cámara su día a día sin filtros ni búsqueda de la belleza alguna, no convivió con el VIH en sus propias carnes, pero sí fue testigo de cómo el sida le arrebataba gran parte de su círculo de amigos. Tras poner fin a una relación de maltrato en 1988, dejó Nueva York para ingresar en un programa de desintoxicación en Boston y, al volver, muchos amigos y conocidos habían fallecido.[16] El que podríamos considerar como su proyecto vital, *La balada de la dependencia sexual*, una especie de diario visual presentado en un primer momento con más de 700 retratos, es un compendio de momentos que ella misma vivió. Entre ellos se encuentran fotografías de su familia elegida, víctimas de la enfermedad, pero lejos del estigma y el morbo de los retratos que conocemos, lo que Goldin retrata aquí son sus vidas.

Una de las fotografías más controvertidas y, al mismo tiempo, más conocidas de la crisis del sida fue la tomada por Therese Frare en 1990. Por hacer un símil con un tema muy extendido en la historia del arte, a simple vista su composición recuerda al tema pictórico de la piedad. Ya sabes, la típica escena en la que la Virgen, a menudo acompañada de los apóstoles u otros personajes bíblicos, llora su pérdida sosteniendo el cuerpo inerte de su hijo tras el descendimiento de la cruz. En el caso de la instantánea de Frare, la figura esquelética que atrae la atención inmediata del espectador es David Kirby, quien había sido activista en favor de los derechos homosexuales, cuyo cuerpo estaba a punto de sucumbir a la enfermedad. A su alrededor, sus seres queridos lloran su pérdida. Solo con esta descripción podréis intuir que la imagen es dantesca; no hay una lectura mucho más allá del morbo. Es la reproducción de un momento íntimo que podría leerse como una excusa para usarlo de denuncia, pero cuyo objetivo se puso en duda.

Esta no es la primera vez que alguien decide inmortalizar el último soplo de vida. Basta un breve repaso a la historia del arte para encontrar muchos otros precedentes. Así de primeras, se me ocurre el caso de Claude Monet, padre del impresionismo, quien retrató en 1879 a su esposa Camille en su lecho de muerte en la que, para mi gusto, es una de las pinturas más impactantes de toda su producción. Por su parte, entre 1914 y 1915, el pintor suizo Ferdinand Hodler dedicó toda una serie de pinturas a capturar la agonía de Valentine Godé-Darel, su compañera, que acabaría muriendo a causa de un cáncer. Pero estos no deben entenderse como casos aislados; para más ejemplos basta pensar en la tradición de las máscaras mortuorias, presentes en la cultura funeraria desde tiempos remotos, o en la fotografía *post mortem*, tan popular en el siglo XIX y a principios del XX. La cosa es que todos comparten una idea común que, a mi parecer, no se encuentra en la fotografía de Frare: la necesidad de permanencia, de aferrarse a un recuerdo para gestionar la pérdida de alguna forma (o, al menos, recordarla).

En esta misma línea, existe una serie de fotografías igual de impactantes que las de Therese Frare, pero cuya motivación es radicalmente distinta y se acerca mucho más a la idea de guardar un recuerdo de la persona amada. Su autor fue David Wojnarowicz —hemos hablado brevemente de él hace algunas páginas—, artista estadounidense que también acabaría por sucumbir a la enfermedad poco años después. Lo menciono aquí porque inmortalizó los momentos inmediatamente posteriores a la muerte del que fue brevemente su amante, su amigo y su mentor de por vida: el fotógrafo Peter Hujar, al que seguramente conozcas por la elección de una de sus fotos como portada del libro *Tan poca vida*, de Hanya Yanagihara, concretamente *Hombre orgásmico*.

Aquel 26 de noviembre de 1987, ante el cuerpo inerte de la persona más importante de su vida, Wojnarowicz pidió intimidad para sacar su cámara y tomar una serie de fotografías de la cabeza, las manos y los pies de Hujar. Algunas de ellas le servirían más tarde como materia prima para obras posteriores. Pero su motivación se describe en la frase que él mismo escribió en su diario tres días después del suceso: la de la necesidad de guardar algo de él, de seguir sintiendo su compañía. *«Me ve, sé que me ve. Está en el viento, en el aire que me rodea.»*[17]

El homenaje de **David Wojnarowicz** a Hujar no se limitó a lo póstumo. Aunque gran parte de su producción se centró en dar visibilidad a la crisis del sida y luchar por los derechos homosexuales, el artista también encontró tiempo para homenajear a su amigo. Y lo hizo precisamente a través del viento. *Viento (Para Peter Hujar)* forma parte de una serie de pinturas dedicada a los cuatro elementos para una exposición en la

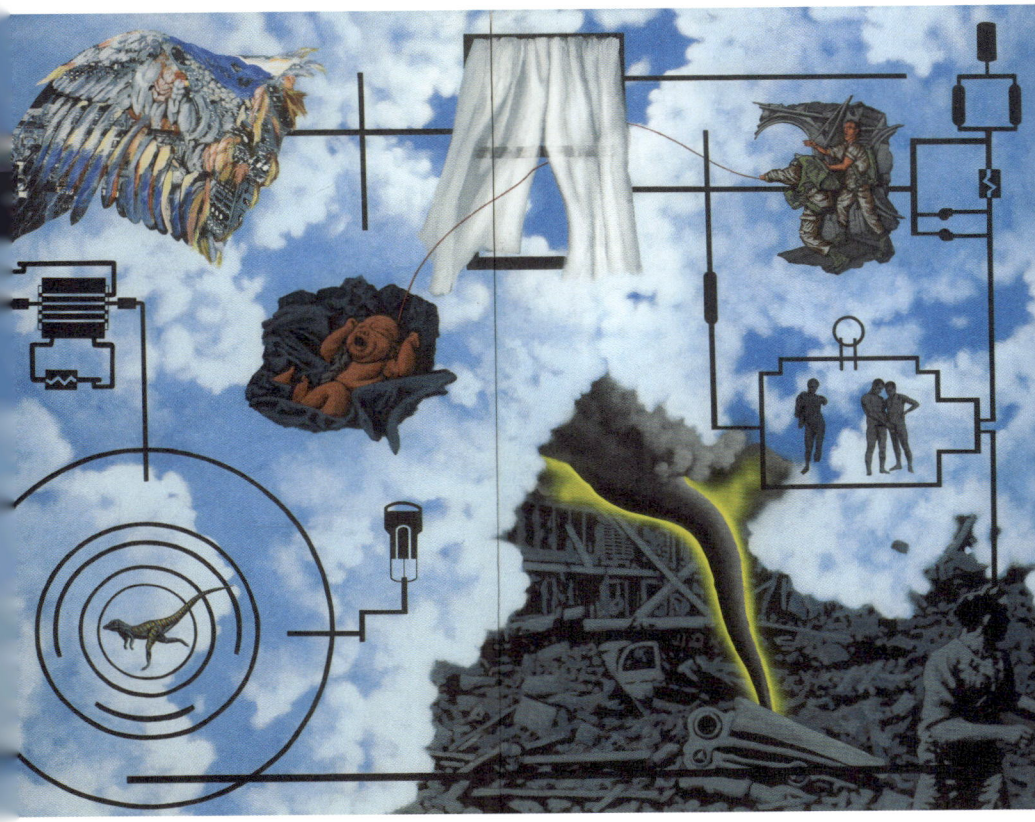

Galería Anna Friebe, en Colonia (Alemania). Esta es, sin duda, la pieza más íntima y autobiográfica de todas: más allá de los elementos relacionados con la vida, la muerte y con la dimensión social, lo más interesante es una enorme y bellísima ala de carraca azul. Esta imagen se corresponde en realidad con un dibujo del pintor y grabador renacentista Alberto Durero, una obra que, al parecer, el propio Hujar tenía colgada cerca de su escritorio. Lo triste es que el fotógrafo murió tan solo unos meses después de que Wojnarowicz le dedicara esta pintura, en lo que pareció confirmar un presentimiento: la ventana abierta con las cortinas meciéndose al viento que aparece en la obra había sido un sueño que el propio artista interpretó como el presagio de una muerte inminente.[18] Por desgracia, no se equivocaba. Poco después escribió un texto que hablaba de la necesidad de convertir «nuestro dolor personal por la pérdida de los amigos, los familiares, los amantes y los desconocidos en algo público».[19]

Me es imposible seguir hablando del reflejo de la pérdida en la creación en torno al VIH/sida, sin mencionar al artista cubano Félix González-Torres. Fue una de las voces individuales más apreciadas y recordadas por vivir en sus propias carnes el efecto devastador

del sida: primero con la pérdida de su pareja y, poco después, con su propia muerte. A él le dedicó un retrato tierno y sumamente conceptual, una obra en la que no hay imágenes reconocibles. El soporte no es lienzo, ni mármol ni papel fotográfico. Es única y exclusivamente lo que se ve: una montaña de caramelos.

Sin título (Retrato de Ross en L.A.) fue creada en 1991 y actualmente está expuesta en el Art Institute of Chicago. Su única materia prima son 79 kilos de caramelos envueltos en papeles de colores brillantes. Ese peso corresponde al que, presumiblemente, tenía su pareja, Ross Laycock, fallecido de sida ese mismo año. A medida que los visitantes toman los caramelos, la obra va desapareciendo, del mismo modo que lo hizo Ross. Pero, por suerte, aquí el final es más poético: la pieza puede reponerse una y otra vez, del mismo modo en que su memoria permanece viva.

Una vez más, tras la aparente sencillez del arte de González-Torres, se oculta una profundidad conceptual que me resulta abrumadora... ¿Qué decir de un señor que es capaz de hacerte llorar usando como único medio creativo dos relojes de cocina, tal y como se demuestra en su obra *Perfect Lovers*? ¿Qué decir de quien convierte al espectador en parte activa e irrenunciable de sus obras a través de un acto aparentemente tan inocente como coger un caramelo?▼ Si no hay talento y creatividad en eso, yo ya no sé.

Como comentábamos anteriormente, durante un tiempo el diagnóstico de la enfermedad suponía firmar una sentencia muerte a la que se sumaba el estigma social. Por eso mismo es comprensible encontrar reacciones como la del propio Peter Hujar, quien, tras enfrentarse a su diagnóstico, parece abandonar su cámara casi por completo. Pero, como veíamos en Keith Haring, para muchos la enfermedad no hizo otra cosa más que avivar su arte, bien porque les dio un motivo para seguir creando o bien por la necesidad de seguir con su vida con normalidad.

Este es el caso de Robert Mapplethorpe, quien ya vimos que se convirtió en uno de los fotógrafos más polémicos y alabados de la escena neoyorquina, principalmente por inmortalizar —desde su característico canon clásico— escenas explícitas de prácticas sexuales, amor gay y desnudos masculinos, con especial fijación por las personas racializadas. El caso es que, desde que recibió su diagnóstico en 1986, abrazó su creatividad y se encaminó hacia una faceta de su arte mucho menos conocida por el público general: la de sus preciosos bodegones florales.[20]

Pero, al igual que lo hicieron otros compañeros, durante los meses previos a su muerte sintió la necesidad de dejar constancia de sí mismo. La obra más representativa en este sentido es un impactante autorretrato capturado en 1988, en el que opta por una composición sencilla y por su característico juego de luces que

▼ En una entrevista con el también artista Tim Rollins de 1993, Félix González-Torres confiesa el auténtico papel que tienen los espectadores en su arte: «Sin público, estas obras no son nada. Necesito al público para completarlas. Pido al público que me ayude, que asuma la responsabilidad, que forme parte de mi obra, que se una a ella».

hace que emerja de las sombras. Su cara, con muestras evidentes del avanzado estado de la enfermedad, parece flotar en la nada con un gesto impasible, mientras que su mano sujeta con fuerza un bastón coronado por una calavera. Vista la proximidad de su muerte, no se puede negar la directa alusión de este elemento a ella.

Sobre la cuestión racial —tema que vimos que también abordó Mapplethorpe desde una lente algo polémica—, me gustaría volver a traer a estas páginas a la figura de Rotimi Fani-Kayode. Nacido en Nigeria y criado en Inglaterra, exploró a través de la fotografía los nexos entre la raza y la sexualidad, pero, como víctima del sida, también reflejó su condición en su arte. En *Sonponnoi*, una fotografía de 1987, el propio título nos habla directamente del tema representado: para los yoruba, originarios de África Occidental, Sonponnoi —conocido también como Shapona— era el dios de la viruela, rechazado por los otros espíritus, los *orisha*, y condenado a vagar solo.[21] En Inglaterra, en aquel momento, el virus temido era el VIH, cuyo estigma azotó doblemente al autor de esta obra: por ser homosexual y por ser negro. La imagen de este dios marginado probablemente se convirtió en un emblema para él, sobre todo teniendo en cuenta que los puntos en su piel, los mismos que dibuja en el cuerpo del foto-

grafiado, coincidían con uno de los síntomas más visibles del sida: las marcas del sarcoma de Kaposi.

Estamos hablando mucho de fotografía, pero la experiencia con la enfermedad también quedó plasmada en otros medios, como la pintura. En este sentido, me gustaría destacar a un artista que, aunque tal vez menos conocido, consiguió inmortalizar a la perfección la convivencia con el sida desde un prisma doméstico, íntimo y profundamente tierno. Él es **Hugh Steers**, un pintor es-

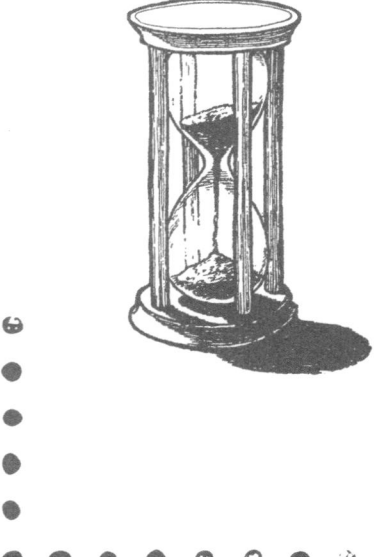

tadounidense que abrazó el arte figurativo en un momento en el que esta rama de la pintura parecía estar superada. Gran parte de su producción se centra en capturar momentos de intimidad entre hombres que a menudo aparecen semidesnudos o llevando tacones y/o vestidos, prendas tradicionalmente asociadas con la feminidad. Lo hizo en un momento en el que el sida era una amenaza real, que segaba la vida de sus amantes y amigos, cosa que también reflejó en su obra. El propio Steers conocía esta experiencia de primera mano: abiertamente gay, murió por complicaciones relacionadas

con la enfermedad en 1995, con tan solo 32 años.

Pintada apenas dos años antes, en 1993, _**Cama de Hospital**_ es una de las imágenes que más explícitamente representa los estragos de la enfermedad. Se trata de una escena conmovedora en la que un hombre abraza a su amante, conectado a una máquina de oxígeno. En una entrevista como parte de _Art after Stonewall: 12 Artists Interviewed,_ el propio artista habla de cómo gran parte de su arte trata sobre el cuidado y la convivencia con la enfermedad. Sobre su motivación, señala:

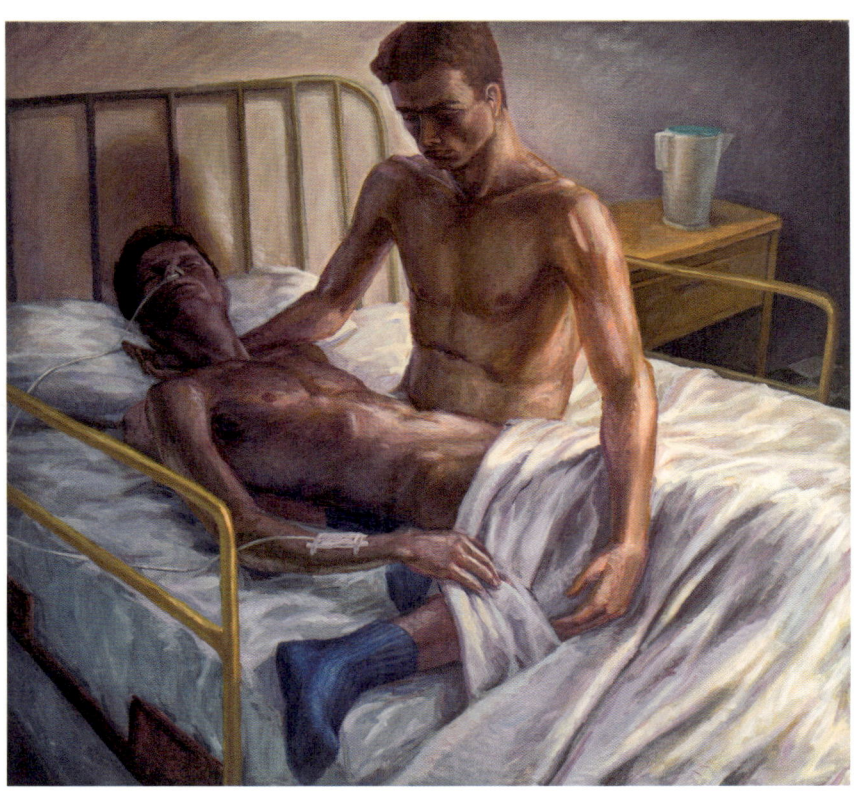

«Siento que estas pinturas del hospital están impactando en mi vida mientras las hago, ayudándome a aceptar mi propia sexualidad y mi enfermedad (...) Me gustaría poder actuar, o que alguien se preocupara por mí, de la misma manera que algunas de las personas de mis cuadros actúan o se preocupan unas a otras. Es como si pintarlo lo convirtiera en realidad».[22]

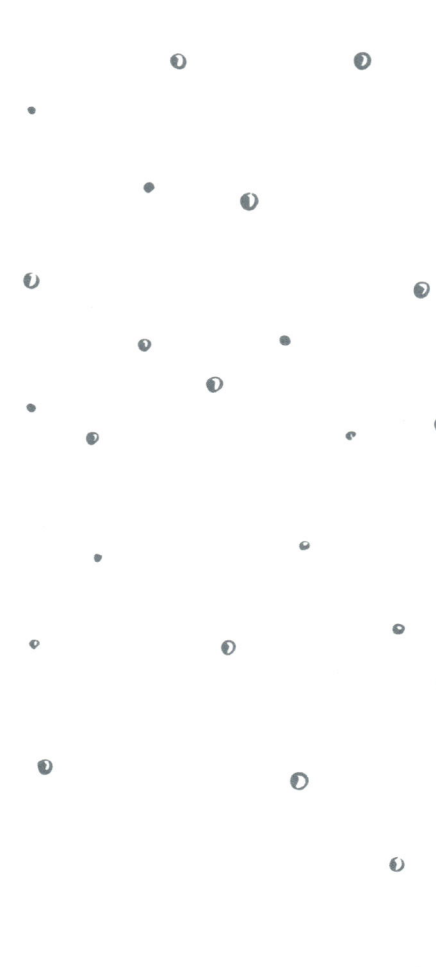

La lista de artistas que experimentaron la pérdida en torno al VIH/sida es casi infinita. Podríamos detenernos en el pintor chino-estadounidense Martin Wong, que en 1999 pintó *¿Alguna vez tuve una oportunidad?*, su última obra, un supuesto retrato de Patty Hearst▼ como Kali, la diosa hindú de la muerte y el tiempo. Lo hizo postrado en la cama del hospital, pocos días antes de morir. O podríamos explorar el arte de David Robilliard, creador británico conocido por el protagonismo que tiene el texto en sus dibujos, que, con su característico humor ácido, empezó a hacerse llamar *David Robilli-aids* tras conocer su diagnóstico.[23] Pero rastrearlos y mencionarlos a todos, una vez más, no es el objetivo final de este texto.▽

Todo lo que busco con estos ejemplos es ofrecer un atisbo del impacto y el dolor que causó en la comunidad esta epidemia y cómo puede medirse no solo en las vidas perdidas, sino también a través de la creación artística. Carreras in-

---

▼ El supuesto retrato de Patty Hearst se ha leído como un emblema de la corrupción en las altas clases americanas, al ser heredera de la mediática familia Hearst y sufrir un secuestro y posterior adoctrinamiento de una guerrilla militante, en 1974.   ▽ Si este tema es de tu interés, te recomiendo muchísimo

terrumpidas, giros de guion ante la necesidad de dejar huella o el dolor —e incluso la culpa— que a veces acompañó a aquellos que lograron sobrevivir. Porque, como en todas las crisis, el arte se transformó en un refugio desde el que hacer frente a la desaparición y al duelo y, en muchos casos, en una herramienta para tejer redes de acompañamiento. Por encontrar algo de belleza en la catástrofe, podemos decir que hoy muchas de esas heridas individuales forman parte de la memoria colectiva, lo que garantiza que sus protagonistas vivirán para siempre.

Sobrevivir al virus

Cincuenta y cuatro toneladas. Ese es el peso casi imposible de imaginar de los más de 50.000 paneles de tela que, cosidos entre sí, forman *The AIDS Memorial Quilt* [La colcha conmemorativa del SIDA], el proyecto artístico comunitario más grande de la historia.[24] Una geografía del duelo y el amor, pero también una negativa al olvido. No hay dos paneles iguales, pero todos se bordan o pintan para encerrar en ellos la identidad de alguien a través de su nombre de pila. En la actualidad, el proyecto ha recogido más de 110.000 nombres de amantes, amigos, madres, hijos y desconocidos

a los que el sida se llevó demasiado pronto. La colcha, que empezó en 1985 como un proyecto del activista Cleve Jones en San Francisco, ha desbordado todas las expectativas. Aún hoy, cuatro décadas más tarde, se siguen añadiendo nombres y no parece que esta labor titánica vaya a llegar a su fin.

No es difícil imaginar que, para quienes sobreviven a la enfermedad, el paso del tiempo pueda suponer una mezcla agridulce de emociones: cada día ganado es una celebración de vida, pero también una oportunidad para no olvidar a quienes, con mucha menos suerte, ya no están. Pero ¿cómo recordar sus nombres? ¿Cómo celebrar sus vidas? ¿Cómo encontrar una forma de hacerlo sin quedar atrapadas únicamente en el dolor o la nostalgia?

Me resultaba imposible cerrar este capítulo dedicado al negro —el color de nuestra bandera asociado con la crisis del sida— sin tratar, aunque sea brevemente, los conceptos de supervivencia y memoria. Estos no pasan solamente por recordar a aquellos que perdieron la vida, como en el caso de esta colcha ceremonial, sino por no dejar que su sufrimiento se repita. Una de las formas de hacerlo es seguir identificando y señalando todas aquellas políticas, declaraciones y circunstancias homófo-

que explores la página de Visual AIDS, organización surgida en 1988 que utiliza el arte para luchar contra el sida. Entre sus acciones, está el apoyo de artistas seropositivos y tienen un archivo enorme donde puedes explorar muchas de sus obras e historias.

bas, racistas o destinadas solo a determinadas clases sociales que, en gran medida, fueron las que empeoraron la crisis, y causaron más muerte y dolor.[25] Porque, aunque mucho más controlado, es importante no olvidar que el VIH sigue siendo una amenaza activa con la que conviven millones de personas en todo el mundo.

Aparte de las exposiciones y actos conmemorativos que han buscado mantener viva la memoria de la crisis del sida, existen numerosos monumentos, obras y proyectos que llevan inscrita la huella de este duelo colectivo. Uno de los más conmovedores —por su vínculo directo con la *AIDS Memorial Quilt* y por apoyarse en una forma de creación tan asociada al colectivo como es el *drag*— es el *Memorial Dress* [Vestido Memorial]. La pieza fue ideada por el artista y activista de ACT UP Hunter Reynolds, atravesado por el dolor de la pérdida de tantos amigos y amantes, y también por el peso del azar en su propia supervivencia (él mismo vivía con VIH).

En 1993, Patina du Prey, el *alter ego* del artista, lució durante dos meses un vestido de gala hecho de seda negra. Su *performance*, portando esta prenda, podía verse prácticamente a diario en el Institute of Contemporary Art de Boston. Pero en este vestido había algo particular: tomando como referencia la idea de la colcha, tenía estampado en letras doradas miles de nombres, todos pertenecientes a personas fallecidas a causa de la epidemia. Durante esta y posteriores exposiciones en distintos países, se ofrecía la posibilidad de enviar nombres de seres queridos para crear un libro conmemorativo, logrando recopilar la friolera de más de 25.000.

Para la construcción de una memoria colectiva en torno a la epidemia también se han creado monumentos públicos. Por ejemplo, desde 2006, en el parque de la Villette de París, podemos encontrar *L'Artère - Le Jardin des Dessins* [La arteria - El jardín de los dibujos], una intervención cerámica de Fabrice Hyber. Creado a petición de la asociación Sidaction, este paseo de 1.001 metros de longitud cuenta con varios miles de dibujos destinados a hacernos reflexionar sobre el impacto de la epidemia, sobre nuestros cuerpos y sobre la sexualidad en sí misma. Todo el proyecto se inspira en el logotipo de la propia organización —el típico lazo rojo asociado al luto por esta enfermedad—, pero en este caso la cinta se encuentra desatada. Así, funciona como un homenaje a las víctimas que se llevó el sida, pero también como un abrazo a todas las personas que en la actualidad conviven con el virus o con la pérdida. Tal y como el propio artista francés señaló, fue creado como «un lugar de vida, recuerdo y conocimiento», un «antimonumento» donde «está prohibido morir».[26]

Durante mucho tiempo, el relato principal sobre el VIH/sida se centró casi exclusivamente en los hombres gais y en la pérdida de una generación de creadores y activistas. Soy consciente de que he perpetuado en parte esta mirada en estas páginas, que no pretenden ser más que una humilde introducción a un tema complejo y extensísimo, al que muchas investigadoras han dedicado años de trabajo. Sin embargo, quiero dejar constancia del importantísimo papel que desempeñaron las mujeres —especialmente las lesbianas— en la gestión de la epidemia.

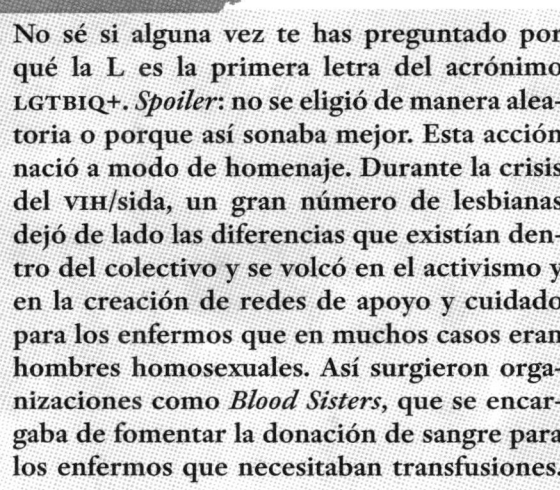

No sé si alguna vez te has preguntado por qué la L es la primera letra del acrónimo LGTBIQ+. *Spoiler*: no se eligió de manera aleatoria o porque así sonaba mejor. Esta acción nació a modo de homenaje. Durante la crisis del VIH/sida, un gran número de lesbianas dejó de lado las diferencias que existían dentro del colectivo y se volcó en el activismo y en la creación de redes de apoyo y cuidado para los enfermos que en muchos casos eran hombres homosexuales. Así surgieron organizaciones como *Blood Sisters*, que se encargaba de fomentar la donación de sangre para los enfermos que necesitaban transfusiones.

Las mujeres lesbianas también tuvieron un importante papel en la creación artística en torno al sida. Uno de los grupos más destacados y conocidos al respecto es *Fierce Pussy*, colectivo lésbico que, como Gran Fury, estaba vinculado a ACT UP. Su arte abarcaba temas relacionados con el feminismo y la reivindicación de derechos para los distintos grupos que integran el colectivo, pero quiero destacar una pieza dedicada a la memoria de la epidemia del sida y a la reflexión de su vigencia actual.

Creada en 2013, *For The Record* [Para que conste] recupera la cartelería que tanto caracterizó al activismo en torno al VIH/sida, aunque en este caso el texto adquiere un protagonismo absoluto para llamar a la reflexión, sin ningún otro acompañamiento visual. A través de variaciones de la frase *«Si él/ella/elle viviera hoy…»*, la obra coloca ante el espectador aspectos cotidianos no solo para las personas con VIH/sida, sino para cualquiera que habite el mundo. Su objetivo es hacernos reflexionar sobre nuestra relación con la enfermedad y sobre problemáticas que siguen vigentes. Es una obra sencilla, pero clave, por su reivindicación de la memoria tanto de la epidemia en sí como de todas aquellas personas que perdieron la vida a causa de ella, a quienes rinde homenaje.

Siguiendo con la intención de romper con los estereotipos que se tienen de las personas que viven con VIH —y de hacerlo mencionando a artistas que usaron su propia supervivencia como creación—, no hay mejor ejemplo que el de Kia LaBeija. ▼ Nacida en 1990 en el corazón de Nueva York, LaBeija llegó al mundo con el virus, una realidad que se ha convertido en el eje central de su obra artística: gran parte de su trabajo explora la experiencia de vivir con VIH como mujer *queer* y negra. Aunque es especialmente conocida por ser la protagonista del videoclip *Dove* de Pillar Point, donde aparece bailando *voguing*, lo que más nos interesa aquí son sus trabajos fotográficos, a menudo autorretratos, situados en espacios domésticos.

Para su serie 24, LaBeija captura distintas estancias de la casa en la que creció, explorando a través de ellas los retos a los que se enfrentó como niña creciendo con el virus y lidiando con la ausencia de su madre. Dentro de esta serie se encuentran obras como *Kia and mommy* [Kia y mami], que habla del recuerdo y la pérdida, aunque nadie mejor que la propia artista para explicar su sentido:

▼ Efectivamente, su apellido viene de la emblemática, *House of LaBeija*, la primera en fundarse dentro de la esfera *ballroom*.

«Cuando estaba encontrando mi camino como fotógrafa, tuve un momento en el que deseé poder capturar un retrato de mi madre y yo juntas. Me enfadó no poder hacerlo... pero entonces me di cuenta de que sí podía. Tomé una de mis fotos favoritas de ella y nos coloqué en el suelo. Aprendí a caminar sobre ese suelo. También es donde pasé tanto tiempo con esa misma foto, rezando para que ella viviera y llorando cuando ya se había ido».[27]

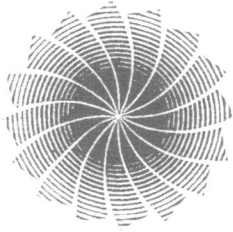

Son muchos los artistas que, pese al estigma, abrazan la visibilidad y centran parte de su arte en la experiencia de la supervivencia. Con la intención de salir un poco de nuestras gafas occidentales, creo que es interesante mencionar a Sunil Gupta, fotógrafo nacido en la India cuya familia emigró a Canadá. La mayor parte de su arte se centra en denunciar las injusticias que los homosexuales sufren en todo el mundo y, más concretamente, en su vivencia como hombre gay indio. Diagnosticado de VIH en 1995, realizó a finales de los años noventa la que tal vez sea su serie más famosa, compuesta por varios paneles sobre la aceptación de la enfermedad y sobre cómo esta ha condicionado su vida. Para ella eligió un título precioso: *From here to eternity* [De aquí a la eternidad].

CAPÍTULO 10

VIH/SIDA: Cáncer raro observado en 41 homosexuales [*Rare cancer seen in 41 homosexuals*]

1   Haring, K., Thompson, R. F. y Hockney, D. (1996). *Keith Haring Journals*. Viking pp. 122-123.

2   Estos datos estadísticos han sido extraídos de la Hoja Informativa publicada por UNAIDS. Los números entre corchetes reflejan una estimación del mínimo y máximo número de víctimas, mientras que el número que aparece de forma independiente se corresponde con la media. Recuperado el 15 de julio de 2025, de https://www.unaids.org/es/resources/fact-sheet

3   Sontag, S. (2005). *La enfermedad y sus metáforas y El sida y sus metáforas*, Taurus, pp. 112-113.

4   Galaxina, A. (2024). *Nadie miraba hacia aquí: Un ensayo sobre arte y VIH/sida*. Continta Me Tienes y el primer grito, p. 64.

5   Ibid, p. 73.

6   Lowery, J. (2022). *It was vulgar & it was beautiful: How AIDS activists used art to fight a pandemic* [Kindle edition]. Bold Type Books.

7   Visto en Galaxina A. (2024). *Nadie miraba hacia aquí: Un ensayo sobre arte y VIH/sida*. Continta Me Tienes y el primer grito, pp. 136-137.

8   Ibid, p. 94.

9   AA Bronson, AA Bronson sobre el arte en los años 60, Universidad de Chicago, 10 de febrero de 2012, https://www.youtube.com/watch?v=JXoWTBVVeHc. (Visto el 23 de julio de 2025 en https://www.aci-iac.ca/art-books/general-idea/key-works/one-year-of-azt).

10   Lowery, J. (2022). *It was vulgar & it was beautiful: How AIDS activists used art to fight a pandemic* [Kindle edition]. Bold Type Books.

11   Ibid.

12   Galaxina, A. (2024). *Nadie miraba hacia aquí: Un ensayo sobre arte y VIH/sida*. Continta Me Tienes y el primer grito, p. 89.

13   Arte Contemporáneo B. (2023, 15 agosto). *Performance «Carriyng» de Pepe Espaliú*. [Vídeo]. YouTube. Recuperado el 24 de julio de 2025, en https://www.youtube.com/watch?v=k9MYz74-I6o

14   *Yeguas del Apocalipsis*. (s.f.). Yeguasdelapocalipsis.cl. Recuperado el 1 de diciembre de 2025, de https://www.yeguasdelapocalipsis.cl/1989-lo-que-el-sida-se-llevo/

15   Crimp, D. (1993). Retratos de gente con sida. En *La mirada oblicua: estudios culturales y democracia*; Delfino, S. (Comp.) La Marca, Buenos Aires.

16   Galvan, M. (2023). The Photographer and Curator. Nan Goldin's Witness to HIV/AIDS. En *In Visible Archives: Queer and Feminist Visual Culture in the 1980s*. Open Access Manifold Edition. (Visto el 30 de julio de 2025 en https://manifold.umn.edu/projects/in-visible-archives).

17   Breslin, D., Kielh, D., Ault, J. y Carr, C. (2019). *David Wojnarowicz. La historia me quita el sueño* [Catálogo de exposición]. Museo Nacional Centro de Arte Reina Sofía / Ministerio de Cultura, p. 167.

18   Ibid, p. 166.

19   Ibid, p. 32.

20   Martineau, P. y Salvesen, B. (2016). *Robert Mapplethorpe: The Photographs*. J. Paul Getty Museum, p. 176.

21   Pilcher, A. (2017). *A queer little history of art*. Tate Publishing, p. 99.

22   Esta cita está sacada de la entrevista de Holland Cotter a Hugh Steers, publicada como parte de *Art after Stonewall: 12 Artists Interviewed*. Art in America, Junio de 1994, pp. 56-57.

23   Figes, L. Remembering artists impacted by the 1980s AIDS crisis. Art UK, 20 febrero de 2020. Visto el 31 de julio de 2025 en https://artuk.org/discover/stories/remembering-artists-impacted-by-the-1980s-aids-crisis

24   Así lo afirma la página web del proyecto (www.aidsmemorial.org), donde además puedes explorar los paneles que conforman la obra a través de un buscador.

25   Galaxina, A. (2024). *Nadie miraba hacia aquí: Un ensayo sobre arte y VIH/sida*. Continta Me Tienes y el primer grito, p. 205.

26   Hyber, F. (2009). L'Artère – Le Jardin des Dessins, citado en Wolters, J. (2021). AIDS memorials from obituaries to artworks – a photo essay. *Science Museum Group Journal*, Autumn 2020, Special issue: Curating medicine. https://dx.doi.org/10.15180/201403

27   LaBeija, K., *Kia LaBeija*. ArtForum, enero de 2018. Visto el 31 de agosto de 2025 en https://www.artforum.com/features/kia-labeija-237156/

Créditos de las imágenes

- **VIDA**   p. 20-21. *Niankhkhnum y Khnumhotep* (© François Guénet / Akg-images / Album) | p. 25. *Copa Warren* (© The Trustees of the British Museum c/o Scala, Florence) | p. 32-33. *Adriano y Antínoo* (© Album) | p. 40-41. *Safo y Erina en el jardín de Mitele*, Simeón Solomon (©Akg-images / Album) | p. 44-45. *Las rosas del Heliogábalo*, Lawrence Alma-Tadema (© Heritage Images / Hulton / Getty Images) | p. 48. *Amor Vincit Omnia*, Michelangelo Merisi da Caravaggio (© Album) | p. 56. *El sueño*, Gustave Courbet (© Heritage Art/Heritage Images/ Album) | p. 60-61. Sarah Bernhardt et Louise Abbéma sur le lac au Bois de Boulogne, Louise Abbéma (© Album)

- **SALUD**   p.70-71. *La destrucción de Sodoma y Gomorra*, John Martin (© Album) | p. 73. *Infierno 15 o Dante y Brunetto Latini*, Priamo della Quercia (© Alamy / Album) | p. 81. *Codex Vindobonensis 2554* (© Album) | p. 83. *La muerte de Orfeo*, Alberto Durero (© Album) | p. 86. *Panfleto de María Antonieta y Yolande de Polastron* (© Album) | p. 96. *Acteon*, George Platt Lynes (© Album)

- **ORGULLO**   p. 122. *Celebration After Riots Outside Stonewall Inn*, Fred W. McDarrah (© Fred W. McDarrah/The New York Historical / Getty Images) | p. 128-129. *COME OUT!!*, Peter Hujar | p. 136. *Los actores Nakamura Nakazō II como Aramaki Mimishirō y Nakamura Noshio II como Konohana, hija de Ki no Tsurayuki*, Katsukawa Shun'ei (© Album) | p. 138-139. *Viola y la condesa*, Frederick Richard Pickersgill (© Album) | p. 150. *Escena de Rocky Horror Picture Show* (© Michael Ochs Archives/Getty Images) | p. 155. *The Toilette of Salome I*, Aubrey Beardsley (© Granger, NYC / Album)

- **NATURALEZA**   p. 166. *Oscar Wilde con clavel verde*, William y Daniel Downey (© Granger, NYC/ Album) | p. 174. *El baño (Madeleine Zillhardt)*, Louise Catherine Breslau (© Fine Art Images / Album) | p. 177. *Narciso*, Benvenuto Cellini (© Album) | p. 179. *La muerte de Jacinto*, Jean Broc (© Erich Lessing / Album) | p. 180-181. *Iris Negro III*, Georgia O'Keeffe (© Georgia O'Keeffe Museum, VEGAP, Barcelona, 2026) | p. 183. *El sacrificio de la rosa*, Jean-Honoré Fragonard (© Alamy / Album) | p. 185. *Cromático*, Gluck (© Hannah Gluckstein / VEGAP, Barcelona, 2026) | p. 190-191. *La poza para nadar*, Thomas Eakins (© The Pierce Archive / Album)

- **ARMONÍA**   p. 202-203. *Encuentro casual*, Suane Michals (© Album) | p. 206-207. *Charles Ricketts y Charles Shannon como Santos Medievales*, Edmund Dulac (© Album) | p. 208. *Tango*, Tom of Finland (© Tom of Finland Foundation, VEGAP, Barcelona, 2026) | p. 214-215. *En la cama: el beso*, Henri Toulouse-Lautrec (© Fine Art Images / Album) | p. 220. *The Darned Club*, Alice Austen (cortesía de © Alice Austen House) | p. 230-231. *Natalie con violín*, Alice Pike Barney (© Album) | p. 240-241. *Interior con Hendrik Andersen y John Briggs Potter en Florencia*, Andreas Andersen (© Alamy / Album) | p. 243. *Le Bal Élegant/La danse à la campagne*,

Marie Laurencin (© Fondation Foujita, VEGAP, Barcelona, 2026)

- **ESPIRITUALIDAD**   p. 254-255. *Martirio de san Sebastián*, Guido Reni (© Album) | p. 260. *Tríptico de Santa Wilgefortis/Tríptico de Santa Liberata* (© Fine Art Images / Album) | p. 267. *David y Jonatán*, Rembrandt (© Album) | p. 274. *El rapto de Ganímedes*, Pedro Pablo Rubens (© Album) | p. 278. *Júpiter, bajo la apariencia de Diana, y Calisto*, François Boucher (© 2026 Image copyright The Metropolitan Museum of Art/Art Resource/Scala, Florence) | p. 284. *The US Series, Group VIII. No. I*, Hilma af Klint (© Album) | p. 286-287. *Resurrección*, Elisàr Von Kupffer (© Album)

- **INTERSEXUALIDAD**   p. 294-295. *Hermafrodito durmiente* (© G. DAGLI ORTI / DEA / Album) | p. 196-297. *Ardhanarishvara* (© R. u. S. Michaud / akg-images / Album) | p. 303. *La mujer barbuda*, José de Ribera (© Artelan / Album) | p. 305. *Brígida del Río*, la barbuda de Peñaranda, Juan Sánchez Cotán (© Album) | p. 318-319. *La Anunciación*, Fra Angélico (© Album) | p. 321. *San Rafael*, Julio Romero de Torres (© AFO / Album) | p. 322-323. *La Escuela de Platón*, Jean Delville (© Artelan / Album) | p. 324-325. *Poemas de la tierra*, Néstor Martín Fernández de la Torre (© Fine Art Images / Album)

- **DISIDENCIA DE GÉNERO**   p. 334-335. *Felipe Próspero de Austria*, Diego Velázquez (© AFO / Album) | p. 344. *Aquiles descubierto por Ulises y Diomedves*, Pedro Pablo Rubens (© Album) | p.347. *Mosaico de los trabajos de Hércules* (© Prisma / Album) | p. 352. *El duelo de esgrima entre el Caballero Saint-George y el Caballero d'Eon*, Alexandre-Auguste Robineau (© Universal History Archive/Universal Images Group / Album) | p. 354-355. *En el camino a Anacapri*, Gerda Wegener (© Alamy / Album) | p. 359. *Calor de verano*, Gerda Wegener (© Fine Art Images / Album) | p. 364. *¿Qué quieres de mí?*, Claude Cahun (© Album) | p. 370-371. *Autorretrato*, Romaine Brooks (© Album) | p. 374. *El hechicero de Hiva Oa (Hombre marquesano con capa roja)*, Paul Gaugin (© Joseph Martin / Album)

- **RACIAL**   p. 384. *Retrato de Madeleine*, Marie-Guillemine Benoist (© Erich Lessing / Album) | p.396-397. *Princesa Nazili Hanum*, Elisabeth Jerichau-Baumann (© Fine Art Images / Album) | p. 398-399. *Esclavos*, Gabriel Morcillo (© Casa Ajsaris) | p. 411. *The Man-Monster*, H.R. Robinson (© Alamy / Album) | p. 416-417. *Jack Brown and an unidentified* (© Album)

- **VIH/SIDA**   p. 426-427. *Pintura inacabada*, Keith Haring (© The Keith Haring Foundation) | p. 433. *Imagevirus*, General Idea (Cortesía de © General Idea) | p. 435. *One Year of AZT*, General Idea (Cortesía de © General Idea) | p. 439. *Carrying*, Pepe Espaliú (© Pepe Espaliú, VEGAP, Barcelona, 2026) | p. 447. *Viento (Para Peter Hujar)*, David Wojnarowicz (© 2026 Digital image, The Museum of Modern Art, New York/Scala, Florence) | p. 451. *Cama de hospital*, Hugh Steers (© Hugh Steers, VEGAP, Barcelona, 2026)

Agradecimientos

Este libro ni empieza ni acaba conmigo. Su existencia es un acto de memoria y, como tal, me resulta imposible no dedicar unas palabras de agradecimiento a todas aquellas que lo han hecho posible.

Empiezo dando las gracias a todas esas historias que, sin buscarlo, por un motivo u otro, han acabado recogidas en estas páginas. A sus protagonistas, que se atrevieron a existir y a crear arte fuera de los moldes de lo socialmente aceptado. A quienes expresaron sus afectos sin saber que, siglos más tarde, alguien los recogería en un libro y los ensalzaría precisamente por su disidencia. A quienes alzaron su voz, a quienes nos abrieron camino aun poniendo su vida en juego. Allá donde estéis, gracias por servirnos de referente y por hacernos la vida más fácil a las que hemos venido detrás.

Como no podía ser de otra forma, tengo que hacer mención a todo el equipo que ha puesto su granito de arena para que esta lectura sea real. Crear un libro no es un proceso tan solitario como pueda parecer. Gracias por dejarme escribir un libro que se sale del molde, que algunos llamarían «nicho» y que precisamente por eso evitarían. Desde mi editora, que ha entendido mis tiempos y me ha acompañado durante todo el proceso, hasta las personas involucradas en el diseño y la maquetación, pasando por la fotógrafa, la correctora, las chicas de promoción y, por supuesto, mi agencia de representación. Gracias por creer en lo que hago y por tratarlo en cada fase con el mismo mimo con el que lo haría yo.

A las que, sin formar parte del equipo oficial, se han sumado a él en las sombras. Gracias a todas las personas que me han ayudado a matizar, enfocar y, sobre todo, a pillar las dichosas erratas que una a veces comete sin saber muy bien ni cómo ni por qué. Las que me han aportado su visión en cualquiera de las fases del proceso. Las que han leído algún que otro capítulo solo para darme su opinión sincera. Las que me han ayudado a contrastar cualquier dato, por muy mínimo que pareciera: desde confirmarme el nombre de una flor, hasta recomendarme un libro donde poder hacerlo yo misma. No creo que haga falta detenerse en sus nombres, sé que se reconocerán en estas palabras: también formáis parte del proyecto.

Por supuesto, no puedo dejar de agradecer en un plano más emocional a quienes me han acompañado durante este proceso, han entendido mis ausencias y han creído en mí incluso cuando yo misma me sentía incapaz. A mi familia, porque, por muy obvio que parezca, siempre me ha abrazado tal y como soy, sin cuestionamientos, y me ha impulsado a ser mi mejor versión. También a mi familia elegida, por ser siempre mi refugio y mi abrazo cuando más lo necesito. Y, en general, a todas las personas a las que quiero (o he querido), porque estén o no en mi vida me han llevado a ser la persona que soy hoy. Por ellas, mi corazón está muy repartido: entre Alicante, Valladolid, Córdoba, Madrid, Sevilla e incluso Viena. Os abrazo.

Y lo más importante, como siempre, lo dejo para el final. Gracias a las personas que durante años han apoyado mi trabajo en redes, y muy especialmente a ti, que sostienes este libro entre las manos. Gracias por leerlo sin buscar certezas cómodas y plantearte la posibilidad de que en la historia y, sobre todo, en el arte, no todo sea como hasta ahora te han contado. Sin tu apoyo, nada de esto sería posible.

© Clara González Freyre de Andrade, 2026
Corrección de estilo a cargo de Júlia Sala

© Editorial Planeta, s. a., 2026
   temas de hoy, un sello editorial de Editorial Planeta, s. a.
   Avda. Diagonal, 662-664, 08034 Barcelona (España)
   www.planetadelibros.com

Primera edición: marzo de 2026
ISBN: 979-13-87869-68-7
Depósito legal: B. 463-2026
Composición: Daniel Tudelilla
Impresión y encuadernación: Cachiman
Printed in Spain - Impreso en España

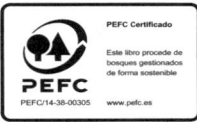